ERNST LOTHAR

DAS WUNDER DES ÜBERLEBENS

Erinnerungen

Mit einem Nachwort von
Daniel Kehlmann

Paul Zsolnay Verlag

Das Buch erschien erstmals 1960 unter dem Titel
»Das Wunder des Überlebens. Erinnerungen und Ergebnisse«
im Paul Zsolnay Verlag Wien.

Die Orthografie wurde leicht modernisiert.
Offensichtliche Satzfehler wurden korrigiert.

Mit freundlicher Unterstützung der
Kulturabteilung der Stadt Wien, Literatur

1. Auflage 2020

ISBN 978-3-552-05979-5

Satz: Nele Steinborn
Autorenfoto: © Elfriede Broneder / Zsolnay Verlag
Umschlag: Anzinger und Rasp, München
Foto: © Barbara Pflaum/Imagno/picturedesk.com
Druck und Bindung: GGP Media GmbH, Pößneck
Printed in Germany

FSC
www.fsc.org
MIX
Papier aus verantwortungsvollen Quellen
FSC® C014496

»Denn dieses scheint die Hauptaufgabe der Biographie zu sein,
den Menschen in seinen Zeitverhältnissen darzustellen
und zu zeigen, inwiefern ihm das Ganze widerstrebt,
inwiefern es ihn begünstigt, wie er sich eine Welt- und
Menschenansicht daraus gebildet …«

Goethe

Erster Teil

DIE GRENZEN DER GEOGRAPHIE

Klanglose Ouvertüre

Meine ersten Erinnerungen sind aufgepflanzte Bajonette und eine Theatervorstellung. Beides in Brünn, der Hauptstadt Mährens, jener Markgrafschaft der österreichisch-ungarischen Monarchie, die eine aus Deutschen und Tschechen gemischte Bevölkerung hatte. Die Tschechen verlangten gleiche Rechte wie die Deutschen und demonstrierten dafür, daher waren Gewehrpyramiden mit aufgepflanzten Bajonetten nächst unserer Wohnung aufgestellt. Vom Fenster sah es lustig aus, wie die Leute auf dem Platz sich plötzlich nicht bewegen konnten, doch als ich darüber lachte, wurde es mir verwiesen. Ich gedenke der schrillen tschechischen Schreie und der Stimme meines Vaters, der sagte: »Da ist nichts zu lachen!«

Mein Vater war Rechtsanwalt, zu lachen nicht gewohnt. Auch meine Mutter hatte sich das Lachen frühzeitig abgewöhnt, zumindest sah ich sie meist ernsthaft; nur wenn sie Scherzgedichte zu spärlichen geselligen Anlässen verfertigte und sie mit ihrer Altstimme vortrug, erkannte man, wie fröhlich sie hätte sein können.

Ihr danke ich die zweite mir bewusste Erinnerung, einen Theaternachmittag. Selbst damit lief es nicht zum Besten ab, weil ich, vor Aufregung oder was es sein mochte, gerade als ich mich zum Weggehen fertigmachte, Krämpfe bekam, weshalb man mir einen erhitzten irdenen Deckel – »Stürzel« genannt – vorband. So ausgerüstet, schaffte eine ältere Aufsichtsperson mich in das nur eine Straße entfernte Stadttheater.

»Die Geisha« führten sie auf, eine in China spielende Operette, und der Deckel auf meinem Leib behinderte den Anfang. Auf einmal spürte ich ihn nicht mehr. Eine jähe Vergessenheit des Wirklichen kam über mich, »Tschin, tschin, Tschainamann, bist ein armer Tropf!«, sangen sie, dass jemand mich beaufsichtigte, wusste ich nicht, dass andere Leute außer mir da waren, verschwand, ich war glücklich. Davon, was auf der Bühne vorging, weiß ich nichts mehr, nur von dem Glücksgefühl. Und von einer willigen Bereitschaft, dem Wirklichen zu entlaufen.

Wenn ich daran zurückdenke, erscheinen mir diese ersten beiden Erinnerungen, vor denen ein absolutes Bewusstseins-Nichts liegt, kennzeichnend für mein Leben. Mit Bajonetten und dem Theater fing es an. Fast endete es so.

Wir wohnten auf dem Glacis, einer ehemaligen Befestigungsanlage, zu einer hübschen grünen Promenade umgewandelt, wo mittags und abends Leute lustwandelten, die sich Muße leisten konnten, vom »Schwedendenkmal« bis hinauf in die Nähe des »Deutschen Hauses«, fast täglich dieselben. Ein Finanzrat, der die Musikkritiken für den »Tagesboten« schrieb – die Schauspielkritiken schrieb ein Mathematiklehrer –; die koketten Töchter des Polizeidirektors; der Schauspieler Recke, der ihm begegnenden Bekannten den Text seiner Rollen rezitierte, um ihn bequemer zu erlernen, etwa mit den Worten: »Wie sagt Dr. Rank?«; der Professor der Technischen Hochschule von Bleyleben, dessen Söhne in Wiener Ministerien saßen; der liberale Reichsratsabgeordnete Baron d'Elvert, der gelegentlich stehenblieb, mit dem Spazierstock ärgerlich auf den Boden klopfte und seine Opposition kundgab; der Reichsratsabgeordnete Otto Lecher, den eine sechzehnstündige Obstruktionsrede berühmt und den »Filibuster«-Senatoren auf Capitol Hill zum Muster gemacht hatte; der bucklige Halsarzt Landesmann, sein Vater, Hieronymus Lorm genannt, zählte zur mährischen Literatur wie der düstere J. J. David, Richard Schaukal, modisch und hoffähig, und der robuste Karl Hans Strobl, schon damals ein brüderlicher Heimatkünder, der den deutschen Bruder herbeiwünschte; der blutjunge, flinke Hubert Marischka vom Stadttheater, an der Seite eines nicht viel älteren, schnurr- und knebelbärtigen Kapellmeisters namens Robert Stolz; immer dieselben Leutnants des Infanterieregimentes No. 8, gelegentlich einige des gleichfalls in Brünn stationierten nobleren Dragonerregimentes No. 6 mit wechselnden Begleiterinnen, an Sonntagmittagen spielte die Militärkapelle von No. 8 blechern dazu auf. Vom Oktober bis zum April.

Im Mai aber »übersiedelten« wir, das heißt, es wurde ein Möbelwagen gemietet, der Kisten und Körbe verfrachtete, während wir mit der »Lokalbahn«, einer dampfbetriebenen Beförderung, die kleine halbe Stunde zurücklegten, um in einen Vorort zu gelangen. Dort besaßen wir, Schreibwaldstraße 120, ein Sommerhaus, »Villa« genannt, ein einstöckiges Fünfzimmergebäude mit brauner, wildweinbewachsener Schweizerstil-Veranda, deren Aussicht die Rübenfelder der Bauer'schen Zuckerfabrik bildeten. Von dieser Veranda sah ich einen in Bärenfelle notdürftig gehüllten jungen Hünen bei einem Festzug das Ganze zum jähen Stillstand bringen und, unterhalb unseres Hauses, meiner Mutter ein Ständchen bringen, er schmetterte es zu ihr hinauf, hieß Leo Slezak und war ein Sänger des Stadttheaters. Von hier geschah es auch, dass ich den Posten kerzengerade auf und ab schreiten sehen durfte, wenn allsommerlich der Kommandant des 2. Armeekorps, Graf Alexander Üxküll-Gyllenband, die Brünner Garnison inspizierte und bei meinen Eltern zu Mittag speiste.

Mit der Rückfront ging unsere Villa in einen Garten über, der die Freude meiner Kindheit blieb. Nicht breit, doch langgestreckt, führte er mäßig steigend, in Zier-, Gemüse- und Obstgarten geteilt, endlos ins Unendliche, wie mir damals schien, obschon es kaum mehr als zehn Minuten in Anspruch nahm, um zu dem Holzzaun zu gelangen, der ihn abschloss, und womit er an die unbebauten Hügel der »Pulvertürme« grenzte; doch eine Tür mit verrostetem Schloss, zu der es einen versteckten Schlüssel an einem rostigen Nagel gab, öffnete ihn. Und sobald diese Tür aufging, hinter der sich nie jemand befand, nur Halden, Sträucher und im Hintergrund dichte Laubwälder, herrschten Unbegrenztheit und Einsamkeit, die mich mit Lust erfüllten, mit Schutz vielmehr. In der Einsamkeit und in der Grenzenlosigkeit, fand ich, war gut sein.

Ein spätgeborenes Kind alternder Eltern, hätte ich eine Schwester ersetzen sollen, die ein Jahr vorher gestorben war. Meine beiden Brüder, Robert um dreizehn, Hans um acht Jahre älter, befanden sich längst in Wien auf der Universität, als ich in die Brünner Volksschule eintrat. So war ich zeitig auf mich angewiesen. Die Eltern taten das Erdenkliche für mein leibliches Wohl, woran es oft gebrach, die Aufsichtspersonen sorgten für ihr eigenes; Kinder, meiner Anfälligkeit für ansteckende Krankheiten wegen, kamen selten in meine Nähe; es gab Wochen, Jahre will mir scheinen, da ich außer mit meinen Eltern mit niemandem sprach, in beständiger Angst vor neuem Fieber, abermaligem Bettgefängnis, jedes Klopfen an der Tür den Arzt androhend, das verhasste Niederhalten der Zunge mit einem großen kalten Löffel nebst jenem »Ah!«-sagen-Müssen, das sich von Freudenrufen unerfreulich unterschied.

Kinderspiele kannte ich kaum. Umso inniger genoss ich jene grenzenlose Freiheit unseres Gartens. Ich stieg den steilen Weg in die Unendlichkeit hinauf, bis zum »großen Nussbaum«, vergewisserte mich, dass ich allein war, öffnete die rostige Tür und, wohin ich schaute, trat nichts mir in den Weg. Von Märchen belehrt, die ich gierig las, erhob ich mich zum Herrscher einer gefügig hingebreiteten Welt, indem ich, auf einem Stein sultanisch thronend oder mit zusammengezogenen Knien und verschränkten Armen indianisch auf der Erde kauernd, meine Wälder aufbot, dafür zu sorgen, dass ich ungestört blieb. Später baute ich mir unter dem Nussbaum ein »Verlies«. Dort las ich, was mir in die Hand kam. Andersen blieb mein Liebling, und »Das hässliche junge Entlein« wusste ich auswendig.

Wenn man dergleichen nach sehr vielen Jahren zu Papier bringt, regt sich beträchtlicher Widerstand. Nicht nur, dass einem das Mitgeteilte, außer für einen selbst und an den Fingern einer Hand abzuzählende andere, bedeutungslos erscheint, was Grund genug wäre, die Menge der Selbsterinnerungen nicht zu vermehren, tritt das sich dabei einschleichende Übel der Selbstbeweihräucherung noch unliebsamer hervor. Mag man immerhin, da man nun einmal Rechenschaft über das eigene Leben abzulegen beschloss, sich damit beschwichtigen, dass manches in diesem Leben verdiente, der Vergessenheit zu entgehen, nicht nur weil es ungewöhnlich war, sondern weil es zu den Ergebnissen der Einordnung führte, in der die Existenz den Sinn empfängt, so bleibt trotzdem das Peinliche bestehen, sich darstellen zu sollen. Da lauert auf Schritt und Tritt die Gefahr der Voreingenommenheit, weil man mit sich ja ebenso schlecht bekannt wie nachsichtig ist. Doch mag der Leser glauben, dass der Autor, dieser Gefahr inne, ihr begegnen will; wie er sich auch, wo es die Wahrheit verlangt, an sie und sonst an nichts halten wird. Anders erscheinen Lebenserinnerungen mir zwecklos, weil sie, wenn überhaupt etwas, Tatsachen sind, die weder der Schminke noch der Schmückung bedürfen. Wer die Schuld am Verschuldeten nicht sich und denen gibt, die sie haben, kann auch das Anzuerkennende nicht rühmen.

Die grundsätzliche Bemerkung zwang sich auf, angesichts der rühr- und trübseligen Figur des kränklichen Knaben, der, seiner Einsamkeit märchenhaft ergeben, Vorahnungen irgendwelcher Auserwähltheit zu erwecken bestimmt schien. Dies aber ist nicht der Fall. Denn er brachte es zwar nie zur Robustheit, verlor indes allmählich seine Scheu, machte weder zu gut noch zu schlecht die Aufnahmsprüfung in das Brünner »Erste Deutsche Staatsgymnasium« und wurde, als seine Eltern Brünn verließen und Wien zum Wohnsitz wählten, ein Gymnasiast, der Wien verführerisch und, wie tausende andere Gymnasiasten, das Gymnasium eine Zwangsanstalt fand. Daher entlief er ihr, sooft er konnte, bestand trotzdem die Matura und wurde, weil sein Vater keinerlei besondere Fähigkeiten an ihm entdecken konnte, Jurist an der Wiener Universität, um später die väterliche Kanzlei zu übernehmen, obschon ihr bereits in dem Ältesten, Robert, ein juristisch graduierter Anwärter zur Verfügung stand. Dass der Jüngste inzwischen Gedichte gemacht hatte, von denen einige abgedruckt wurden, erweckte in der Familie umso weniger Eindruck, als sie an einem Schriftsteller bereits genug hatte, dem Zweitgeborenen, Hans.

Die Familie war von Seiten der Mutter mit dem Theater entfernt verknüpft. Einer ihrer Onkel war der Münchner Hofschauspieler und Molière-Darsteller Alois Wohlmuth, ein anderer der Musikkritiker Eduard Hanslick, von Wagner in den »Meistersingern« als Hans Lick – der später Beckmesser hieß – mit einem Denkmal gerechten Zornes bedacht. Des zarten eisgrauen Männchens, das mich auf dem Tappeiner-Weg in Meran unwillig nach meinem Namen fragte und dem damals Elfjährigen, nur damit er sich schnell wieder entferne, einen Apfel schenkte, erinnere ich mich gut. Und standen zwar die sogenannten »unsoliden Berufe« bei meinem Vater nicht hoch im Kurs, im Falle der schriftstellerischen Raketenlaufbahn meines Bruders Hans war eine Ausnahme erlaubt, und sie wurde gemacht; Hans war der Stolz der Familie, im Besonderen der meine.

Die Beziehung zu ihm, erst in späteren Jahren durch äußere Umstände getrübt, behielt eine tiefe Zärtlichkeit. Auf Studienurlaub in Brünn, war er immer wieder an meinem Bett gesessen, um mir vorzulesen oder vorzuspielen, und ihm danke ich es, wenn trotz Masern und Mumps, Rippenfellentzündung und Wechselfieber selige Stunden der Verzauberung schlugen; einmal, bei jenem Aufenthalt in Meran, wohin man mich zur Rekonvaleszenz geschickt hatte, war er meine einzige Aufsicht und unterrichtete mich auf Spaziergängen in den vielen versäumten Gegenständen mit solcher Geduld und Phantasie, dass sich die Ziffern, Vokabeln und Regeln einfanden, als wären sie keine Bürde, sondern Spielgefährten. Und als ich heranwuchs, erfüllten mich, dem dergleichen ungleich schwerer wurde, die Leistungen seines strömenden Talentes, die Leichtigkeit seiner Erfindung, die Ursprünglichkeit seiner Formbegabung mit Bewunderung. Ich gedenke des Tages, als ich, achtzehnjährig, vor der Direktionstür des Burgtheaters, durch die ich später so oft gehen sollte, stundenlang auf Hans wartete, der eines seiner ersten Schauspiele, »Die Puppenschule«, dem Direktor Paul Schlenther eingereicht hatte; an den Gitterstäben des gegenüberliegenden Volksgartens zählte ich: ja, nein, ja, nein, desto aufgeregter, je länger es dauerte, bis er mit der Nachricht erschien: »Angenommen! Premiere 8. Mai, Hauptrolle Sonnenthal!« Da hatte dieser junge Mann mit dem Dutzendnamen Hans Müller verwirklicht, was mir so entscheidend schien, das Ausbrechen aus der geordneten, erbötigen, selbstzufriedenen Bürgerlichkeit, das Hinzeigendürfen auf eine brüchig gewordene Majoritätsmoral, den Anspruch, gehört zu werden, wenn für *unsere* Gerechtigkeit das Wort genommen wurde – so jedenfalls erschien mir damals sein Beginnen. Denn das war es ja, was mich selbst zum Schreiben zwang, wobei ich, im Schatten des Erfolgumglänzten unsichtbar, mir keinen Augenblick einbildete, es ebenso gut oder gar besser zu machen. Und als ich einsah, dass ich es anders machte, sah das sonst niemand, zumindest nicht die Familie, ich legte den Familiennamen ab und beschränkte mich auf meine Vornamen.

In dieser Feststellung liegt keine Bitterkeit. Es versteht sich, und ich verstand es, dass in einem auf Disziplin gestellten Haushalt – nicht zufällig war mein Vater Vizepräsident des Disziplinarrates der mährischen Advokatenkammer gewesen – gerade noch für einen Einzelgänger Raum blieb, nicht für deren zwei; und dass vor dessen Lorbeerkränzen und Einkünften die einzelne Postkarte, ein Gedicht sei für fünfzehn Mark zum Abdruck erworben worden, wenig Glanz verbreitete. Wenn ich mir neben so Brotlosem gar noch in den Kopf gesetzt hatte, sozialkritische Essays, ja einen länglichen, nie fertiggewordenen »Versuch über die ideelle Verpflichtung des Dramas« zu verfassen, behielt ich es für mich; wurde aber hin und wieder in Hardens »Zukunft«, in der »Münchner Allgemeinen Zeitung« oder in der Wiener Monatsschrift »Der Merker« etwas davon gedruckt, dann schaffte ich die Belegexemplare beiseite oder verbarg sie wie meine übrigen Schreibereien in den Skripten des Römischen Rechtes.

Diese waren damals mein Teil, und ihnen bewahre ich kein gutes Gedenken. Dass ich je an einem Beamtenschreibtisch sitzen würde, hielt ich für ausgeschlossen, weil Ämter mich abstießen – Stefan Zweig sagte mir in New York, nicht lange vor seinem Selbstmord: »Man fühlt sich schon schuldbewusst, wenn man nur in das Vorzimmer eines Beamten tritt!« Dass ich Rechtsanwalt werden könnte, kam mir noch unmöglicher vor. Denn nach allem, was zu Hause über die »Kanzlei« geredet worden war, fabelte ich sie mir als einen Ort der Rechtsverdreherei und des Ohrenabschneidens zusammen, deren Sinn es blieb, Recht nicht herzustellen, sondern zu verdunkeln.

Auch das verbarg ich, wenn ich, anscheinend ein fleißiger Student, morgens die elterliche Wohnung verließ, um bei Herrn Professor Adler Rechtsgeschichte, bei Herrn Professor Wlassak »Römische Institutionen« zu hören. Ich nahm auch den richtigen Weg zur Universität – fast bis dorthin. Nur begab ich mich, hinter dem Burgtheater, in das Café Landtmann, wo man, winters durch die Fenster, in der guten Jahreszeit von der Terrasse, die Universität, doch auch das Burgtheater vor Augen hatte. Mit der Aussicht auf beide und den Honoraren für meine Gedichte als Taschengeld, entnahm ich meinen Studienbehelfen die

Manuskriptblätter, an denen ich gerade schrieb, und so gelang es mir, binnen zwei Semestern zwar nicht die erforderlichen Kolloquien, dafür aber einen Roman zu machen; er hieß »Der Strom«, befasste sich mit dem Leerlauf des äußeren Lebens, enthielt eine Studentenrevolution und eine Belagerung der Universität – die Gewehrpyramiden meiner Kindheit! – und erschien niemals. Das nahm ich in Kauf, denn ich hatte, mit neunzehn, an der Rolle eines Weltverbesserers genug. Das Fatale war nur, wie die Sache aufkam.

Seit dem Frühjahr hafteten meine Augen beim Schreiben auf einer Dame am Nebentisch. Da ich sie reizend fand, grüßte ich sie beim Kommen und Gehen, und als ich nicht mehr zweifeln konnte, dass ihr Lächeln einiges verhieß, sprach ich sie an, das erste weibliche Wesen, bei dem ich das wagte. Sie ließ es nicht nur zu, was mir umso mehr schmeichelte, als sie älter war als ich, sie ließ sich auch in Gespräche ein, ja eines Junimorgens folgte sie meiner Einladung, ihr Frühstück an meinem Tische einzunehmen.

Es ergab sich, dass sie nicht, wie ich vermutet hatte, eine Dame der Gesellschaft, sondern eine Studentin war, die Moralphilosophie bei Laurenz Müllner hörte, also meinesgleichen, und ihr schmeichelhaftes Interesse an mir ging so weit, dass sie mich bat, ihr aus dem Manuskript vorzulesen, dessen Wachstum, sie erwähnte das, seit längerem ihre Aufmerksamkeit erwecke. Ob auch das Vorgelesene sie fesselte, erfuhr ich von ihr nicht, weil sie aufbrechen musste, um ihre eigene Vorlesung nicht zu versäumen. Doch als ich am selben Mittag nach Hause kam, gab mir mein Vater bekannt, er wisse längst, ich vergeude, statt zu studieren, die Tage mit Nichtstun; da indes die ersten beiden Semester eines Juristen traditionell durchfaulenzt würden, habe er mich meiner Wege in der Erwartung gehen lassen, ich würde ihrer endlich von selbst überdrüssig werden. Dass ich allerdings seine Langmut damit lohne, Schundromane zu erzeugen, ja mir zur Stätte des darin getriebenen Unfugs die Universität ausersehe, sei ein zu starkes Stück, um es seinerseits hinzunehmen. Er erging sich dann absprechend über das Kapitel, das ich am Vormittag jener an mir so freundlich interessierten Dame vorgelesen hatte.

Erfahrene Juristen lassen sich nicht hinters Licht führen, das wunderte mich nicht. Dass sich aber reizende junge Damen dazu hergaben, ihnen das Licht aufzustecken, enttäuschte mich. Ich weigerte mich daher entschieden, das mir abgeforderte Manuskript herauszugeben, fasste jedoch zwei Entschlüsse: den Roman niemandem mehr zu zeigen und vor dem Lächeln angeblicher Moralphilosophinnen auf der Hut zu sein. Den ersten Entschluss führte ich aus, brachte mich sogar dahin – vermöge sogenannter Schnellsiederkurse –, Staatsprüfungen und Rigorosen abzulegen. An der Verwirklichung des zweiten scheiterte ich, weniger kraft der Moralphilosophinnen als dank der Verzauberung, die sie und minder gewitzte Geschlechtsgenossinnen in unsere Existenz bringen, die ihrer unermesslich bedarf. Die zu nüchtern waren, sterben früh. Doch die zu wenig Freude hatten, leben nicht.

Ankläger

14. Juni 1914. Durch die hohen Fenster eines Prüfungssaales der Wiener juristischen Fakultät fällt die Sonne. Der Rigorosant im Gehrock, der weiße Glacéhandschuhe aus einer Hand in die andere nimmt und entlang dem mit grünem Tuch überzogenen Prüfungstisch hin und her geht, hat keine Augen für den Sommer, der, unter den Fenstern, aus dem Rathauspark und, weiter links, aus dem Volksgarten herüberstrahlt, er behält die Tür im Auge, durch die der Prüfer jeden Augenblick eintreten wird. Es ist das letzte Rigorosum, der Rigorosant bin ich.

Nach dieser Prüfung ist die Zeit der Knechtschaft vorbei. Dann liegt die Welt offen da – gut, man ergab sich darein, das staubige Zeug, das man sowieso nie brauchen wird, in sich hineinzupauken, jedoch die Abrede lautete: Sobald das Doktorat bestanden ist, darf ich ein Jahr auf Reisen gehen; die Mittel dazu liefern mir zwei inzwischen erschienene Bücher, und was fehlt, werde ich mir durch Zeitungsberichte erwerben; keinem werde ich zu Hause fehlen, niemandem zur Last fallen, aber Rom, Paris, London, das Meer endlich gesehen haben! Und sollte ich mir nach diesem Jahr zu meinen Vornamen einen Namen gemacht haben, von dem sich leben ließ, werde ich in die väterliche Anwaltskanzlei nicht eintreten, sondern Schriftsteller bleiben. So lautete die Abrede mit meinem Vater. Und die nächsten eineinhalb Stunden würden darüber entscheiden.

Die Tür öffnete sich, ein kleiner nervöser Herr tritt ein. Hat er sich geirrt? Es ist Hofrat Bernatzik, Professor des Staatsrechtes, das nicht zum Lehrgebiet des »Romanum« gehörte, einer der sarkastischesten Prüfer der Universität – er hatte bei der Staatsprüfung des jungen Grafen Kielmansegg, dessen Vater Statthalter gewesen war, gesagt: »Dass Sie Statthalter werden, kann ich nicht verhindern, aber verzögern werd' ich's!« Und als Fritz Stiedry, später Wagner-Dirigent der Metropolitan, Herrn

Bernatzik, der nach der ersten unbeantworteten Frage aufstand, tollkühn erklärte: »Ich habe meine Prüfungstaxe für je fünfzehn Minuten bezahlt!«, hatte er sich wieder hingesetzt, die Uhr in der Hand, weitergeprüft, ohne dass der Prüfling den Mund auftun konnte, und nachher bemerkt: »Danke, Herr Kandidat, Ihre fünfzehn Schweigeminuten sind auf die Sekunde vorbei.«

Er nennt meinen Namen, nimmt Platz. Ich fühle mich verpflichtet, ihn darauf aufmerksam zu machen, dass ich das »Römische Rigorosum« abzulegen habe, nicht das von mir bereits bestandene staatswissenschaftliche; er antwortet: »Das stimmt. Ich suppliere für Herrn von Hussarek.« Mehr Pech konnte man nicht haben! Auf Herrn von Hussarek, Ordinarius für Kirchenrecht, einen der freundlichsten Examinatoren, hatte ich meine Hoffnungen gebaut, denn in Kirchenrecht wusste ich mich am schwächsten.

»Sagen Sie mir, Herr Kandidat«, begann sein Stellvertreter im typischen Prüferton, »schreiben Sie nicht in der ›Neuen Freien Presse‹?« Auf die Pflichten des Diözesanbischofs oder die Ehehindernisse nach kanonischem Recht gefasst, bejahte ich. »Das war also von Ihnen, dieses Feuilleton ›Kunst und Zeit‹?« Ich bejahte neuerlich. »Sie meinen aber, dass die Kunst der Zeit nachzuhinken hat?«

»Mit ihr zusammen- oder ihr vorauszugehen, Herr Hofrat.«

»Wie die Damenkleider? Sie glauben, weil man nicht mehr in der Postkutsche fährt, sind Hexameter nicht mehr möglich, und weil man elektrisches Licht brennt statt Kerzen, muss man den ›Faust‹ im heutigen Anzug spielen?«

Jetzt war ohnedies alles verloren, denn wenn er zu höhnen anfing, ließ er durchfallen. Daher sagte ich genauso scharf: »Ich glaube, dass jede Zeit der Kunst ihren Ausdruck prägt. Es gibt überzeitliche Kunst, den Homer, den ›Faust‹, und es gibt zeithafte Kunst; aber keine zeitlose. Das Nachahmen der überzeitlichen ist Sache der Epigonen, das Der-Zeit-Ausweichen ist Sache der Amüseure. Die es ernst meinen, suchen in der Kunst ihre Zeit und umgekehrt.«

»Und Sie *meinen* es ernst, Herr Kandidat?« Sein sarkastischestes Lächeln begleitete die Frage, und weil ein solenner Durchfall jetzt unzweifelhaft war, bejahte ich sie. Jedoch der supplierende Prüfer für Kirchenrecht zeigte ein Lächeln. »Was wissen Sie vom Aufgabenkreis des Patrons?«

Aus dem Schnellsiederkurs fiel mir ein lateinischer Vers ein:

»Patrono debetur honor, onus, utilitasque,
Praesentat, praesit, defendat, alatur egenus.«

Der Prüfer stand auf. »Ausgezeichnet, Herr Kandidat. Ich hoffe, dass Sie das bald wieder vergessen werden. Meinerseits habe ich vergessen, Ihnen zu sagen, dass ich Ihr Novellenbuch ›Die Einsamen‹ für eine Talentprobe halte. Schaun S' nur, dass Sie den Schnitzler nicht kopieren! Kirchenrecht werden Sie jedenfalls nicht mehr brauchen!« Und ging.

Wie typisch österreichisch! Unter der Maske des Sarkasmus Teilnahme; im exakten Beruf die Lust am Musischen. Dass die Wiener Chirurgen Klarinette, die Internisten Geige, die Laryngologen Klavier spielten, wusste ich aus den Büchern Arthur Schnitzlers, den nicht zu kopieren mir empfohlen war; dass die Staatsrechtslehrer in Literatur dilettierten, erfuhr ich jetzt. Eine Stunde später stand ich, »per majora« approbiert, in der wolkenlosen Sonne. Von den vier Prüfern hatten nur drei mir ihre Stimme gegeben. Sollte der für das Kirchenrecht supplierende Staatsrechtslehrer sie mir verweigert haben? Auch das wäre typisch österreichisch gewesen. Man zeigt Charme und hat Tücke.

Durchgekommen war ich, das Jahr der Freiheit begann. Es endete zwei Wochen später. Da befand ich mich schon in Belgien, von allem entzückt, von Brüssel, von »Bruges, la morte«, von Verhaeren, an den ich eine freundliche Empfehlung Stefan Zweigs hatte, vom Meer, von dem Badeort Westende, wo ich eine junge Wienerin wiedertraf, deren Vater Franzose war – so entzückt war ich, dass ich mich, ich war kaum angekommen, mit der in London geborenen jungen Wienerin verlobte; es war der 27. Juni.

Am 28. ging ich zum Postamt, um den Eltern meine Verlobung mitzuteilen. »Bin unaussprechlich glücklich«, telegraphierte ich. Als ich das Postamt verließ, wurde eine Depesche öffentlich angeschlagen: Der österreichische Thronfolger und seine Gattin waren in Sarajevo einem Attentat zum Opfer gefallen.

Auf der »Plage« fand ein Kinderfest statt. Mary, meine Braut, führte ihre zehnjährige Schwester im Zuge mit, die vielen Kinder jauchzten, Mary winkte mir selig. Am nächsten Morgen kam ein Telegramm meines Vaters: »Musst du alles überstürzen. Politische Situation erfordert sofortige Rückkehr.« Offenbar sah Mary mir an, dass dieses Telegramm nichts Gutes enthielt, denn sie fragte: »Bin ich deinen Eltern zu arm oder zu hässlich? Oder beides?«

Die elf Worte entschieden über einen Teil meines Lebens. »Sie sind von dir begeistert«, antwortete ich.

»Willst du's mich nicht lesen lassen?«, fragte sie.

Ich las ihr etwas vor, das nicht darin stand, nur die politische Situation zitierte ich. Doch dass sich diese drohend verändert haben sollte, schien uns in unserem Sommerglück Schwarzseherei. Was für andere Folgen konnte der abscheuliche Mord haben, als dass man ihn abscheulich fand? Das sprichwörtliche Maßhalten unseres alten Kaisers jedenfalls schloss jede Voreiligkeit aus.

»Sur le pont d'Avignon – on y dance tout en rond«, sangen die Kinder auf der »Plage«. Zärtlich sangen die Erwachsenen »Ouvre tes yeux bleux, ma mignonne!«, in der »Rotonde«. So viele Sterne über dem Ozean wie diese Nacht hatte ich vorher nie gesehen.

Sie verschwanden, raues Wetter setzte ein. Kaum jemand badete im Meer, wir befanden uns unter den wenigen. Dass der Zuruf »Sales Autrichiens!« uns gelten konnte, als wir frierend in die Badekarren zurückliefen, war unwahrscheinlich. Doch galt er uns, und mein zukünftiger Schwiegervater, der trotz seiner Jugend in London und den Mannesjahren in Wien die französische Denkart beibehalten hatte, erklärte uns, »le Ballhausplatz« – was er »Ballohplace« aussprach – treibe eine unmögliche Politik der Herausforderung, die vom Quai d'Orsay gebremst werden müsse, sollte nicht »une conflagration Européenne formidable« entstehen. Als wären sie heute gesprochen, höre ich seine Worte, die ich, auf der obersten Stufe des Badekarrens sitzend, absurd empfand. Im Frieden aufgewachsen, von Vätern oder Müttern stammend, die mitunter in dem Hause starben, wo sie geboren waren, solcher selbstverständlichen Sicherheit genossen sie, war meiner Generation der Begriff Krieg abhandengekommen.

In dem Staatsanwaltssubstituten-Zimmer, dreieinhalb Jahre später, war er mir, wie meiner ganzen Generation, fürchterlich bekannt. Dem k. u. k. Dragonerregiment No. 6, hellblauer Waffenrock, schwarze Aufschläge, das dreimal totgeschossen, dreimal wieder aufgestellt wurde, gehörte ich nicht mehr an. Ich war kriegsunfähig erklärt worden, »superarbitriert« nannte man das, und machte jetzt Dienst im Hinterland als Staatsanwaltsgehilfe; Zwang und improvisierende Eile, damals an der Macht, verwandelten mich aus einem widerwilligen Rechtspraktikanten in einen »Auskultanten«, wie die erste Stufe der richterlichen Laufbahn hieß; als solcher hatte ich nach Wels in Oberösterreich »abzugehen«, um den auf einen wichtigeren Posten berufenen Staatsanwaltsstellvertreter zu ersetzen – ich schneite im wahrsten Sinne des Wortes in meine Bestimmung hinein; es war ein eisiger, schneegepeitschter Winter, und von meinem neuen Dienst wusste ich nicht viel mehr als die Schneeflocken, die an mein Fenster flogen.

Gleichwohl musste ich dem »Chef«, Erstem Staatsanwalt Dr. Erwin Budinsky, einem Mann von sittlichem Ernst und Menschenkenntnis, »oben« und »unten« zur Verfügung stehen. Oben, das heißt im zweiten Stock des Kreisgerichtsgebäudes – es verfügte über ein Gefangenenhaus, das buchstäblich »Fronfeste« hieß –, hatte ich Anklagen zu verfassen, unten, nämlich im Parterre, hatte ich sie als sogenannter »staatsanwaltschaftlicher Funktionär« zu vertreten: Die oben galten jenen schweren Delikten, die Staatsanwälte in Barett und Talar einem Gerichtshof vorbringen; die unten den Vergehen und Übertretungen, welche lediglich vor einen Bezirksrichter kamen. Zu den »oberen« Agenden aber gehörte auch die Kriegszensur der Presse, strengen Permanenzdienst erheischend, ob es sich nun darum handelte, »Nachrichten über die Entbindung der Kaiserin Zita zu unterdrücken«, oder um die Unterdrückung der Unterdrückungen Krieg, die mir aus etwas Unvorstellbarem in dreieinhalb Jahren gespenstisch vertraut geworden war.

»Anzuklagen« befand ich mich hier, jedoch das, was ich innerst anzuklagen und für dessen Sträflichkeit ich aus dreieinhalb Jahren niederschmetternde Beweise anzuführen gehabt hätte, genoss meinen ausdrücklichen Schutz. Ein Zyniker hätte sagen können: Der Mörder klagte den Mord an.

Ich sitze dort in der grünen, mit violettem Samt ausgeschlagenen Dienstbluse der Gerichtsleute, schreibe aus dem Formelvorrat meines Vorgängers ab: »Die k. k. Staatsanwaltschaft Wels erhebt gegen X. Y. die Anklage, X. Y. habe an dem und dem Tage dies und jenes Unzulässige und dadurch das Verbrechen nach Paragraph soundso begangen«, ohne es ein wirkliches Verbrechen zu finden. Denn aus dreieinhalb Jahren weiß ich viel zu viel von Mord, Meuchelmord, Totschlag und schwerer körperlicher Beschädigung, die nicht angeklagt, sondern belohnt worden waren.

»Sie müssen über diesen innern Konflikt hinwegkommen«, meinte der Chef, »Sie haben ja nicht für sich allein einzustehen. Sie haben Frau und Kind!« Jawohl, der Herr Erste Staatsanwalt hatte recht – ich hatte geheiratet, und das Kind lag im Wägelchen, das Mary schob, pünktlich um eins und sechs holte sie mich vom Kreisgericht ab, wenn die Anklagen erhoben, »vertreten« und die Strafen ausgeteilt waren. Denn dass unnachsichtlich gestraft wurde, war unser Amt, gegen zu geringe Strafen erhoben wir Berufung und gegen Freisprüche die Nichtigkeitsbeschwerde.

»Du taugst zu dem Beruf nicht«, sagte Mary.

Beide hatten sie recht, der Chef und sie. Ich taugte zu dem Beruf nicht, doch ich übte ihn aus; ich hatte nicht für mich allein einzustehen, denn ich besaß eine Frau und ein Kind, und war sechsundzwanzig.

Eines Nachmittags trat jemand, dessen Anblick mich aufspringen und verneigen ließ, in mein Arbeitszimmer. Heinrich Lammasch war es – bei dem ich Strafrecht inskribiert, teilweise sogar gehört hatte –, später österreichischer Ministerpräsident und, als Mitglied der Haager Friedenskonferenz, eine Weltgestalt, von der Welt mit Respekt genannt. Sein weißbärtiges Gesicht musterte mich einen Augenblick, dann sagte er: »Der Herr Erste Staatsanwalt ist auf einer Dienstreise, höre ich. Darf ich mich an Sie wenden?«

An mich wenden! Dürfen! Ich bejahte dienstfertig und lud den alten Herrn zum Sitzen ein, doch er zog es vor zu stehen. Er wäre hier auf der Durchreise, sagte er, nehme bereits den nächsten Zug, sein Anliegen sei kurz. Die Staatsanwaltschaft Wels behandle den Fall eines gewissen jungen Mannes, dessen Namen er nannte: Der junge Mann sei ein Verwandter. War der Fall mir bekannt?

Er war es, und es war kein leichter Fall. Dies aber schien der berühmte Besucher anzunehmen, oder schien er zu wünschen, dass es angenommen werde? Ich fürchtete, was er jetzt sagen würde. Denn er war es gewesen, der uns Studenten die Unabhängigkeit der Justiz gelehrt und streng gefordert hatte, sie zu wahren, um jeden Preis: keine Interventionen, keine Beeinflussungen. »Das Einzige, was bei einem Richter zu intervenieren hat«, pflegte er zu sagen, »ist das gesatzte Recht.« Würde er im Amtszimmer seines Schülers seine Lehre verleugnen?

Den Akt in der Hand, fürchtete ich es. Er fragte: »Wird die Anklage erhoben werden?« Als ich bejahte: »Hat das die Voruntersuchung unangreifbar ergeben?« Auf mein abermaliges Ja zögerte er, sagte dann: »Ich danke für Ihre Auskunft.« Die Worte fielen ihm schwer, er fügte nichts hinzu, reichte mir die Hand und empfahl sich. Vom Fenster aus sah ich ihn, wie er im Schnee fortging, ein wenig gebückt. Jedoch seine Grundsätze hatte er aufrechterhalten und mir ein Beispiel gegeben, um dessentwillen ich zum ersten Male Stolz empfand, der Justiz zu dienen.

Unvergesslicher Besuch. Wann immer seither Persönliches das Sachliche bei mir zu verdrängen drohte, beschwor ich die Erinnerung an den alten, makellosen österreichischen Herrn, der im Schnee verschwand.

Noch als ich mich in Wels aufhielt, rief ich sie zu Hilfe. In der kleinen Provinzstadt, an der gemessen die Provinzstadt Brünn eine Metropole gewesen war, gab es weniges, das verborgen blieb, jeder erfuhr von jedem, und so wurde auch bekannt, der Erste Staatsanwalt verfüge über einen Gehilfen aus Wien, der dort Bücher geschrieben hatte und damit hier fortfuhr. In der Tat war ich an dem tintigen Schreibtisch im zweiten Stock des Kreisgerichtes, wann immer eine freie Stunde kam, mit einem Roman beschäftigt. »Der Feldherr« hieß er, und was anderes hätte er zum Inhalt haben können als den Krieg.

Eines Abends befand ich mich wieder beim Schreiben, da erschien unvermutet der Chef; schnell wollte ich mein Manuskript unter Akten verschwinden lassen, als er neben mir stehend sagte: »Um diese Gabe beneid' ich Sie! Wie schön muss es sein, sich von dem allen befreien zu können!« Dabei schob er die Akten auf den Platz zurück, wohin sie gehörten. Dass ich Schriftsteller sei, wusste er von Frau Urban, der Zuckerbäckerin, Frau Urban hatte es von Herrn Höng, dem Fleischhauer und Eigentümer des Hotels Greif, erfahren, und dieser von dem Oberleutnant Heine-Geldern des in Wels garnisonierten Landwehrulanenregimentes; gelesen freilich hatte keine der Gewährspersonen etwas von mir, man hielt nicht viel von Büchern in der kleinen Stadt, deren künstlerische Ansprüche von Operettengastspielen des Linzer Landestheaters im Saal des Hotels Greif befriedigt wurden.

Immerhin wusste der Chef, wie meine Bücher hießen, und missbilligte nicht einmal, dass ich auch hier im Amte eines schrieb – keiner meiner Vorgesetzten übrigens hat das je getan, im Gegenteil. Vom Ersten Staatsanwalt Budinsky bis zum Sektionschef Siméons fühlten sie sich als Schutzherren meiner Arbeiten, fast stolz darauf; sie trachteten sogar, mir ihrethalben den Dienst zu erleichtern. Wie österreichisch auch das!

»Eigentlich g'hört's dazu«, meinte Herr Budinsky an jenem Abend. »Der Grillparzer hat ja auch im Amt g'schrieben. Und der Sektionschef Schaukal und der Wildgans, wie er bei Gericht war. Wenn s' zu schreiben anfangen, sind s' meistens Rechtspraktikanten oder Auskultanten wie Sie. Und wenn s' Hofräte sind, sind s' berühmt und schreiben noch immer. Passen S' auf, auch bei Ihnen wird's so sein. Und glauben S' mir, eine bessere Schule zum Schreiben als die Justiz, wo man die Menschen sieht, wie sie wirklich sind, kann's gar nicht geben!«

Dass ich Hofrat und berühmt werden würde, brachte mich zum Lachen, die Freundlichkeit und das Verständnis aber bewegten mich. War es die Vermehrung meiner Kenntnisse von den Menschen, »wie sie wirklich sind«, die den Ersten Staatsanwalt bestimmten, mich bald darauf zu einer Hinrichtung zu delegieren? An einem allzu frühen Morgen jedenfalls befand ich mich in einer zum Kreisgerichtsprengel gehörigen

Strafanstalt, um einem Hinzurichtenden als Amtsperson gegenüberzutreten.

Da ich dessen gedenke, wird mir noch heute vor Grauen kalt. Es ist Winter und finster. Im Gefängnishof, notdürftig beleuchtet von übelriechenden Karbidlampen, wird ein Mann »vorgeführt« werden, der um 5 Uhr 15 tot sein muss. Es ist 5, einige Gerichtspersonen, der Henker und sein Gehilfe warten. Dahin führt das, denke ich. Das Anklageerheben, das Anklagevertreten, das Scharfsein. Das Aufschnellen vom Sitz, wenn der Verteidiger etwas zugunsten des Angeklagten vorbringt oder ein Zeuge ihn entlastet, der Hohn, womit man dergleichen abtut, dahin führt das: dass aus dem bewachten Tor dort einer kommen, in der linken Ecke am Galgen hängen und um 5 Uhr 15 tot sein wird – jetzt lebt er noch, betet vielleicht, hat Frau und Kinder und irrsinnige Angst! Aber er hat ein Verbrechen begangen, rede ich mir zu, einen tückischen Mord, mit Gift, meuchlerisch, das fordert Sühne – wohin käme die menschliche Gesellschaft, wenn das ohne Todesstrafe abginge! Es geht aber ohne sie ab, widersprach ich mir, zu ebendieser verzweifelt-frühen Stunde geschah hundertfach, was dieser einzelne Mann tat, mit Trommelfeuer geschah es, am Isonzo und an der Somme, es wurde sogar verlangt, wer es nicht tat, wurde als Kriegsverbrecher bestraft, wer es am tödlichsten tat, als Held dekoriert.

Da wird er schon hereingeführt, zwischen zwei Justizwachen, der Gefängnisgeistliche geht voran. Ein junger Mensch ist es, er schaut zuerst in die falsche Richtung, auf uns, dann in die richtige, auf den Galgen. Sein Gesicht, von den stinkenden Lampen angeleuchtet, ist fahl und glatt, hat er sich rasiert? Es bekommt einen unsäglichen Ausdruck um die schmalen Lippen, als er des Galgens ansichtig wird, er schreit: »Hilfe!«

»Sie müssen jetzt sprechen«, sagt einer der Gerichtsleute leise zu mir. Was ich zu sprechen habe, habe ich gelernt: »Ich übergebe den Delinquenten dem Herrn Scharfrichter.« Ich spreche diesen Text als Antwort auf den Schrei: »Hilfe!«, eingedenk des Beispiels, das Professor Lammasch gab. Dann dreht sich alles um mich, »Ihnen ist von dem Karbidgeruch nicht ganz wohl geworden«, sagt jemand neben mir, da bin ich wieder bei Bewusstsein, und am Galgen hängt der Mann, der »Hilfe!« geschrien hatte, starr.

Wie ich zu meiner Frau zurückkam, ist mir entschwunden; ich weiß nur, dass sie ein Frühstück bereit hatte, das ich erbrach. Und die Stunde darauf bewahre ich im Gedächtnis, in der ich meinem Chef gegenüberstand, um ihm zu melden, dass ich aus dem staatsanwaltschaftlichen Dienst auszutreten entschlossen sei. Der Erste Staatsanwalt wollte gerade zu einer Verhandlung gehen, er nahm den schwarzen rotgeränderten Talar und das roteingefasste schwarze Barett aus dem Kasten. »Es ist gekommen, wie ich mir's gedacht hab'«, sagte er und zog den Talar an. »Dabei hab' ich Ihnen mit Absicht einen Fall ausg'sucht, wo Mitleid überhaupt nicht in Frage kommt!«

Mitleid komme immer in Frage, erinnere ich mich, geantwortet zu haben. Und dass darauf eine – für seine sonst gedämpfte Tonart ungewöhnlich heftige – Entgegnung erfolgte. Er warf mir mit der höhnischen Schärfe, die er sonst für die Verteidiger und unzuverlässigen Zeugen bereithatte, meinen Irrtum vor, Menschlichkeit mit menschlicher Schwäche zu verwechseln und dieser doppelt zu erliegen, weil ich an und für sich schwach sei, daher für die Schwäche anderer viel zu viel Verständnis habe. Einem typischen Kriegsfolgen-Defätismus sei ich verfallen, »taedium vitae ex horrore belli«, wie der geübte Lateiner sich ausdrückte. Dann nahm er die Anklageschriften und ging zur Verhandlung.

Bei diesem Gegenüberstehen, damals wie ungezählte Male später, beunruhigte mich die Erkenntnis, dass von zwei, die grundsätzlich anderer Meinung sind, anscheinend jeder recht hat; wer Schwächling sagt, hat recht, und wer Stärke nur bedingt gelten lässt, hat recht. Aller Gegensatz im Grundsätzlichen aber, damals zum ersten Mal empfand ich es so stark wie heute noch, verschwindet, sobald das Individuelle daraus verschwindet; jedoch sobald es auftritt und sich behauptet, wird der Gegensatz unversöhnlich. Mord darf gerechter Strafe nicht entgehen, und wäre sie der Tod, das ist richtig; es wird im selben Atemzug fragwürdig, wenn man statt Mord Mörder sagt und des Weges gedenkt, den er aus seiner Zelle zum Galgen, zum Erschießen, zum elektrischen Stuhl geht. War das Schwäche, dann bekannte ich mich dazu, in Wels damals, wie ich mich noch heute leidenschaftlich dazu bekenne. Denn damals schien es mir, heute aber weiß ich es, dass in der Stärke, die fast immer Härte wird, der Fluch liegt und nicht in der Schwäche, die Mitleid zeugt. Und dass der Inbegriff alles Daseins, die Gerechtigkeit, mehr dieser entspricht als jener, weil Abstraktes nur im Hinblick auf das Konkrete sich erprobt, Gesetz wie Idee. Die Menschen machen und sind das Maß der Dinge, von den Menschen zu dem Menschen aber ist nur ein Schritt. Will das Gesetz die Menschen schützen, dann hat es auch den Menschen zu schützen. Geschähe es zulänglich, würde er nicht zum Dieb, zum Mörder, würfe nicht Bomben auf die Welt, wäre, geschähe es, nicht ein Atom im Atomkrieg, ein Gesichtsloser in der namenlosen Masse, sondern ein Einzelner mit der Bestimmung, weder leiden zu müssen noch leiden zu machen.

»Unverstandener Individualismus«, urteilte der Erste Staatsanwalt. Sollte ich ihn damals nicht verstanden haben, so habe ich in der Epoche der Vermassung und Verparteiung mehr als genug Zeit gehabt, ihn zu verstehen. Jedenfalls beharrte ich ihm gegenüber darauf, eine Pflicht nicht länger erfüllen zu müssen, gegen die sich meine »Schwäche« wehrte, ich nahm mir das zweite Beispiel an Professor Lammasch, fuhr nach Wien zu Herrn Oberstaatsanwalt Schuster, an den meinetwegen ein Bericht abgegangen war – dank der Einsicht meines Vorgesetzten ein wohlgesinnter –, und ich wurde abberufen.

Es dauerte kaum einen Monat, da wartete Mary mit der kleinen Agathe vor dem Handelsmuseum in der Wiener Berggasse, um mich von einem Dienst abzuholen, der nicht mehr im Anklagen bestand. Und es dauerte kaum einen weiteren Monat, da wurden die Ankläger des Nachgebens und der Schwäche stumm, denn es gab die österreichisch-ungarische Monarchie nicht mehr.

Ein Reich wird klein

Der Tag, an dem Österreich-Ungarn unterging, traf mich wie Unzählige ins Herz. Wir wussten mit schneidender Klarheit: Etwas Unersetzliches war gestorben, dessengleichen nicht wiederkam.

Denn was da unterging, war eine Macht und Herrlichkeit ohne Beispiel gewesen; um sie herrlich zu finden, brauchte man kein Österreicher zu sein, als der ich ja über Nacht nicht länger galt: Durch Geburt gehörte ich der gleichfalls über Nacht entstandenen tschechoslowakischen Republik an, sofern ich nicht für Österreich optierte, was ich selbstverständlich tat. Jedoch das Österreich, das ich wählte, nannte sich Deutsch-Österreich und umfasste statt der vierundfünfzig Millionen Einwohner der Monarchie nur noch deren sieben.

Auf ein Achtel war ein Reich reduziert worden, worin ein kleines Universum Platz gefunden hatte: das Meer und die Steppe, die Gletscher und die Kornfelder, der Süden, der Westen und der Osten, das Deutsche, das Romanische, das mannigfach Slawische, das Magyarische, ja das Türkische – die Vereinigten Staaten von Europa, hier existierten sie seit Menschenaltern, obschon sie heute noch nirgendwo anders zum Zusammenleben gebracht werden konnten. Und die Hundertfalt dieses einen Reiches, seiner Sprachen, Kulturen, Temperamente, die aus diametralen Gegensätzen leuchtend gemischte Farbe, gab es nur hier. Reiste man aus den Kukuruzfeldern Ungarns am Morgen weg, fast aus Asien, abends konnte man unter den Lorbeeren der Adria sein. Vom Firnschnee des Großglockners kommend, fand derselbe Staatsbürger sich nachmittags im Schatten der Apfelgärten Bozens, tags darauf in den Weingärten des Wienerwaldes zu Hause.

Dass solch verschwenderischer Reichtum der Geographie nationalen Anwartschaften nicht genügt, hatte ich aus den fanatischen Widerspruchschreien der Tschechen schon als Kind erfahren; dass er dagegen die Kultur der Sinne, die Üppigkeit des Schöpferischen großartig fördert, steht fest.

Das Geheimnis der Fruchtbarkeit ist, nach einem Worte Montaignes, die Mischung aus dem Konträren der Existenz. Hier gab es sie. Ob es den Nationalitäten der Monarchie politisch wohl ging, ist eine andere Frage; den Österreichern, die sich für nichts anderes hielten, erwuchs aus dem Zusammenhang von Wien und Budapest, Prag und Lemberg, Salzburg und Triest, Agram und Trient eine Weite und Diskriminierung des Anzuschauenden, die sie zu Weltbürgern ihrer eigenen Welt machte. Diese Welt war untergegangen, und ich, der unverbrüchlich an sie geglaubt hatte, konnte mich nicht fassen.

Jedoch derselben Fassungslosigkeit, und das blieb das Unvergesslichste, begegnete man auf Schritt und Tritt; die Leute auf der Straße waren ein einziges endloses Leichengefolge. Zwanzig Jahre später würden die Straßen Wiens einen treuloseren Anschein haben, so als jubelten sie über die Untreue zu Österreich. Damals trauerten sie. Mit einer merkwürdig schrillen Stimme hielt ein mir damals von Angesicht unbekannter Herr im Vortragssaal des Buchhändlers Hugo Heller auf dem Bauernmarkt einem pessimistischen politischen Resümee Josef Redlichs entgegen: »Die Verstümmelung Österreichs wird der Kultur des Westens mehr schaden, als der von ihm gewonnene Krieg ihm jemals nützen kann!« Wie ich nachher erfuhr, war der Herr, der dies in die Debatte warf, Hugo von Hofmannsthal, und er hat es, als ich ihn Jahre später kennenlernte, noch prägnanter formuliert: »Die Kulturwelt hat in einem historischen Irrtum die Botschafter der Kultur abberufen!« Im europäischen Sinn traf dies zu, die Verwirrung, die Ratlosigkeit, die Erkenntnis der Vergeblichkeit – die tödlichste, die es geben kann – nahmen überhand.

In jenen Tagen des Stürzens der Fundamente suchte ich in einem Hause Trost, das dem Amtsgebäude in der Berggasse, wo ich zurzeit Dienst versah, gegenüberlag. Zum ersten Mal war ich mit meiner Mutter dort gewesen, die den Arzt Dr. Sigmund Freud konsultieren wollte. Seither hatte ich ihm einen Artikel, den ich über ihn veröffentlicht hatte, geschickt und von ihm die Aufforderung zu einem Besuch erhalten,

»sollte es mir danach zumute sein«. »Ich fürchte fast«, endete der Brief, »dass das öfter ist, als Sie zugeben werden.«

Wusste er das von seinem Adepten Baron Alfred Winterstein, der im selben Departement 29 arbeitete wie ich? Oder aus der seine Befürchtungen unzulänglich verbergenden Miene des Sohnes einer Sterbenden? In meinem Aufsatz hatte ich über ihn geschrieben: »Er sieht einem durch die Stirn.« Als ich in einer Nachmittagspause die Berggasse überquert hatte, kam ich zu jemandem, der das tat.

»Der berühmteste Österreicher«, wie H. G. Wells ihn später nannte, war in einer typisch österreichischen Ärztewohnung zu Hause. Man gelangte in ein finsteres, auch bei Tageslicht künstlich beleuchtetes Vorzimmer, danach in ein Wartezimmer, so bedrückend wie alle Wartezimmer. Und der Herr, der nach einigem Wartenlassen auf der Schwelle erschien und routinemäßig »Bitte einzutreten« sagte, sah wie ein typisch österreichischer Arzt aus. Schnurr- und Kinnbart, kurzgehalten in einem schmalen Gesicht, tiefer Kragen, der dem Hals Bequemlichkeit ließ, eine kleine schwarze Masche zwischen den Kragenrändern – so trugen sich sein Verkleinerer, der Neurologe und Nobelpreisträger Wagner-Jauregg, und der Anatom Tandler.

Hinter den Schreibtisch tretend, von dem aus man die gegenüberliegenden Fenster meines Amtszimmers sehen konnte, sagte er: »Nehmen Sie Platz.« Wie andere österreichische Ärzte. Doch schon im nächsten Augenblick war er keineswegs wie andere, da um seine Lippen ein wissendes Lächeln ermutigend lag und, während er sich setzte, mit seinen Augen etwas geschah, was ich seither an niemandem gesehen habe: Sie erhielten Licht von innen. Da saß dieser Mann am Schreibtisch und machte eine Röntgenaufnahme der Seele mit nichts als seinen Augen. Das dauerte weder lange noch war es Quacksalberei; man hätte sagen können, er verabfolge eine Injektion, zu gleichen Teilen gemischt aus Phantasie und Wissen – ein Wissen freilich von einer Abgründigkeit, Schärfe und Kompromissfeindschaft, das der Einbildungskraft so viel wie der Exaktheit, dem Dichterischen nicht weniger als der Medizin verdankte. War es das, was ihn den Wiener Medizinern so verdächtig, der Wiener Universität so zweitklassig machte, dass sie keine Professur für ihn übrig hatte? Da saß der typische Österreicher, dem Österreich nicht wohlwollte, und stellte untypische Fragen. Aber ich wehrte ab. Als Patient sei ich nicht gekommen – »obwohl Sie einer sind!«, sagte er –, ich sei da, um ihn meinerseits etwas zu fragen; des Widersinnes meiner Absicht wurde ich erst inne, als ich sie äußern wollte, allein da war es zu spät. »Fragen Sie«, sagte er. Ich fragte: »Wie kann man ohne das Land leben, für das man gelebt hat?«

Er hatte, offenbar anderes erwartend, etwas aufgeschrieben, das strich er durch. »Dass Ihre Frau Mutter gestorben ist, hat mich bewegt«, sagte er. »Wie lang ist das jetzt her?« Es waren fünf Monate. »Und Sie leben weiter. Die Mutter ist die Heimat, die man hat. Dass man ohne sie weiterlebt, ist eine biologische Tatsache, weil die Mutter vor den Kindern stirbt.«

Er verfehlte den beabsichtigten Eindruck. Da Österreich ihn ungebührlich behandelt, dachte ich zu spät, bedeutet Österreich ihm nichts. Eine falschere Adresse für mich kann es nicht geben! Da sagte er: »Zu einem bestimmten Zeitpunkt verwaist jeder Erwachsene. ›Das Land gibt es nicht mehr‹, sagen Sie? Vielleicht hat es das Land, das Sie meinen, nie gegeben, und wir haben uns darüber hinweggetäuscht. Das Sich-hinwegtäuschen-Müssen ist auch eine biologische Tatsache. Zu einem bestimmten Zeitpunkt erkennt man zum Beispiel, dass ein Mensch, der einem nahesteht, nicht das ist, was man in ihm zu sehen glaubte. Man täuscht sich darüber hinweg.« Etwas Unversöhnliches war jäh um seinen Mund, die Lippen pressten sich zusammen.

»In Österreich habe ich mich nicht getäuscht! Es ist das einzige Land, wo ich leben kann!«, beharrte ich.

»In wie vielen Ländern haben Sie schon gelebt?«, fragte er, die Unversöhnlichkeit war verschwunden. »Seien Sie nicht ungehalten, ich will Ihnen helfen. Sie glauben an mich – zumindest steht das in dem Artikel, den Sie mir sandten. Da werden für Sie einige Daten vielleicht von Interesse sein. Ich stamme wie Sie aus Mähren. Ich habe wie Sie eine unbändige Zuneigung zu Wien und Österreich, obschon ich, vielleicht nicht wie Sie, seine Abgründe kenne. Erst vor wenigen Tagen, am 11. November, als es, wie Sie sagen, ›das Land nicht mehr gab‹, habe ich mir Folgendes notiert.« Er nahm Papiere aus der Schreibtischlade, las: »Österreich-Ungarn ist nicht mehr. Anderswo möchte ich nicht leben. Emigration kommt für mich nicht in Frage. Ich werde mit dem Torso weiterleben und mir einbilden, dass es das Ganze ist.«

Der nächste Patient wurde gemeldet. »Sie haben nämlich recht«, beendete er, »es ist ein Land, über das man sich zu Tod ärgert und wo man trotzdem sterben will.« Er war aufgestanden. »Vielleicht hilft Ihnen das.«

Ich schrieb es sofort darauf nieder, und da ich es jetzt in dem Bewusstsein wieder schreibe, dass Sigmund Freud, wenn nicht der größte, so doch der berühmteste und umkämpfteste Österreicher, einundzwanzig Jahre später an Zungenkrebs in der Emigration starb, erscheint mir die falsche Prophetie gespenstisch. Damals tröstete sie mich.

Ein Essaybuch, »Weltbürgerliche Betrachtungen zur Gegenwart«, noch während des Krieges erschienen und gegen die Kriegsverblendung gewendet, die jedes Fremdwort bespie, hatte mir mehr Feinde als Freunde eingetragen, und jenem im Welser Staatsanwaltszimmer beendeten Roman »Der Feldherr« erging es nicht viel besser; er gewann zwar einige Verbreitung und seinem Verfasser den Bauernfeld-Preis, zog ihm aber auch den Verdacht unverbesserlichen Defätismus zu. Der Kritiker Alexander von Weilen – »Langweilen« war sein Spitzname – tat mich in Acht und Bann, jeden der Absätze seines Verdikts mit der Frage schließend: »Was weiß denn so ein Menschenkind davon?« Meine schriftstellerische Existenz also war wie die staatsbürgerliche in Frage gestellt, und ich konnte nichts anderes tun als »mich darüber hinwegtäuschen«. Dies vermochte ich nur, indem ich weiterschrieb, ohne das Geschriebene zu veröffentlichen, ja dies auch nur zu versuchen – für den Sinn des Schreibens hielt ich nach wie vor die Wahrheit, die Wahrheit aber war missfällig und wurde nicht gekauft. Und da Mary, wenn sie mich abholen kam, die kleine Hansi im Kinderwagen liegen hatte, während Agathe bereits daneben ging, blieb es beim Beamtendienst.

Damals trafen sich bei Stefan Zweig in der Kochgasse 8 des achten Wiener Bezirks einige Schriftsteller, zu denen Robert Musil, Franz Werfel, Joseph Roth, Hermann Broch, Felix Braun, der Lyriker

Grünewald, F. Th. Csokor und ich zählten, ein Kreis jüngerer Wiener Literatur, während der viel ältere – noch immer »Jung-Wien« genannt – aus Hofmannsthal, Schnitzler, Beer-Hofmann, Wassermann, Kassner, Bahr, Auernheimer und Salten bestand, und ein nur wenig jüngerer sich um Mell, Wildgans, F. K. Ginzkey und meinen Bruder sammelte. Auch bei unseren damaligen Zusammenkünften war von fast nichts anderem als vom österreichischen Zusammenbruch und seinen geistigen Folgen die Rede, und als ich einmal den Amtszwang beklagte, der mir das Schreiben verleide, apostrophierte mich Zweig mit seiner ganzen Verve und Luzidität: »Sie sind ein Dichter, der zufällig in einem Amt ist. Das brauchen wir jetzt am wenigsten. Was wir brauchen, sind Beamte mit Ideen im Hauptamt. Warum dichten Sie mit Ihren Akten nicht das kleine Österreich größer! Das wäre eine Aufgabe!«

Mit der Wirklichkeit ohnehin auf schlechtem Fuß, hatte ich die Verwirklichung des Unwirklichen immer herausfordernd gefunden. Im Augenblick fand ich das mehr denn je. Es bleibt eine merkwürdige Erfahrung, und mancher wird sie machen, der den Menschen skeptisch, ihren Möglichkeiten optimistisch gegenübersteht, dass solcher Skepsis unvergleichlich mehr Positives entspringt als der Bejahung. Der Hemmschuh, den sie den Anfängern anlegt, verhindert nicht die Bewegung, nur den Absturz, wogegen unbedingte Zuversicht, wie Jakob Burckhardt gültig erkannte, auf den Kreuzweg der Enttäuschungen, also in die Irre führt. Daher ist es ein Irrtum, dass den Optimisten die Existenz gehört; ihnen gehört nur das Leichternehmen; das tätige, ja das schöpferische Überwinden des Schweren vielmehr ist die Sache der Pessimisten, die mit dem Schwersten rechnen.

In der verzweifelten Verwirrung jedenfalls, die mich damals überfiel, griff ich nach Strohhalmen. Und als ein Krawattenfabrikant namens Hochmuth, wegen eines Exportförderungsanliegens vorsprechend, das zu den Aufgaben des Departements 29 gehörte, vorwurfsvoll bemerkte: »Warum hat Wien nicht längst eine Messe gegründet wie Leipzig?«, ergriff ich die vage Anregung, die mich unter anderen Umständen gleichgültig gelassen hätte, mit Begier. Würde Herr Hochmuth einen Vorschlag beibringen, Vergleiche, Ziffern, Einzelheiten, das, was man ein »Exposé« nannte? Er fand sich dazu bereit. So großsprecherisch es klingt und war: Zwei Jahre später wurde die erste Wiener Messe eröffnet.

Kraft hieß der Minister, dem dies oblag und den ich zu begleiten hatte, ein ehemaliger Schuhhändler aus Graz; beim Rundgang an allem Bemerkenswerten vorbeigegangen, blieb er auf den geflüsterten Rat des Präsidialisten Baron Dahlen, es wäre an der Zeit, etwas Anerkennendes zu äußern, abrupt vor einer Terrakottagruppe stehen. »Das ist was Schönes!«, äußerte er zu Hofrat Alfred Roller, Gustav Mahlers berühmtem Bühnenbildner.

»Das ist Kunstgewerbe!«, widersprach dieser streng. »Was Herr Minister vorher besichtigten, waren Kunstwerke!«

»Ah, da irren S' sich, Herr Hofrat!«, widersprach Herr Kraft seinerseits. »Ganz was Ähnliches hab' ich mir vor vierzehn Jahren in Klagenfurt 'kauft, und es haltet mir immer noch!« Die lapidare Äußerung verwies das angestrebte Weltunternehmen zwar sofort wieder in die Provinz, jedoch die Wiener Messe war gegründet und der erste Akt meines »Dichtens in Akten« vorbei.

Drei sollten es im Ganzen werden.

Der zweite bestand in der Umwandlung der Exportakademie in die »Hochschule für Welthandel«, wozu ein Gesetz nebst zahl- und endlosen Besprechungen im Parlament notwendig waren. Zu jung, um Abgeordnete zu beeindrucken – Franz Josephs Österreich ist vom Thron bis zum kleinen Beamten hinab jahrzehntelang ein Land der Greisenherrschaft gewesen –, zu unpolitisch, um Politiker imposant zu finden, fiel ich in dem pompösen, der griechischen Antike nachgebauten Palast jenen auf die Nerven, die den »jungen Mann« und seine Persistenz unterschätzten. Dabei musste ich in den mir gezogenen Grenzen bleiben, ich hatte ja wieder einmal etwas zu »vertreten«, keine Anklage zwar, sondern einen Gesetzentwurf, obschon die Art, wie ich es tat, sich von der eines Anklägers nicht wesentlich mochte unterschieden haben. Jedenfalls klagte ich so deutlich über den mangelnden Ehrgeiz, einem entkräfteten Land auf jede Weise wieder zu Kräften zu helfen, dass ich zum Minister beschieden wurde, es war nicht mehr der Schuhgroßhändler, und mich darüber unterrichten ließ, was man unter parlamentarischem Benehmen verstand.

»Ich hör' ja, Sie schreiben auch?«, sprach der hohe Vorgesetzte unwirsch. »Wenn S' das schon müssen, dann machen S' es gefälligst in Ihrer freien Zeit. Und bitt' Sie, reden S' mir keine Leitartikel, wenn S' im Amt und gar wenn S' als Regierungsvertreter in einem parlamentarischen Ausschuss sind! Der Herr Nationalrat« – er nannte einen völkischen Abgeordneten – »hat mir erzählt, Sie halten blumige Ansprachen. Also, bitte, der Grillparzer hat zwar auch Gedichte g'schrieben, aber damals waren halt andere Zeiten. Heut' ist es zu so was zu ernst!« Um Gedichte zu schreiben, war, dem Herrn Minister zufolge, die Zeit zu ernst. Bisher hatte ich gemeint, sie sei nur in Gedichten zu überwinden.

Immerhin stutzte ich das Blumige meiner Werbung um eine neue Schule bis zur Dürre, ließ aber so lange nicht nach, bis das von mir entworfene Gesetz angenommen wurde. Nicht der Minister, sondern Stefan Zweig hatte recht behalten; die »Hochschule für Welthandel« gedieh mit den Jahren zu Weltruf.

Noch an einem dritten und letzten Akt des »Dichtens in Akten« war mir teilzuhaben erlaubt, geheimnishaft zog sich von ihm die Brücke in die Zukunft. Zu meinem Referat im Handelsministerium gehörten die Exportförderung und das gewerbliche Schulwesen, was jeweiliges Einvernehmen mit dem Unterrichtsministerium verlangte; von dort erhielt ich die Mitteilung, es liege ein Antrag vor, in Salzburg Festspiele zu begründen; ob »vom Standpunkt der Exportförderung« etwas dazu zu bemerken sei?

Von wem der Antrag stamme, war meine Gegenfrage.

Von dem »Schauspieldirektor und Regisseur« Max Reinhardt in Berlin, sowie von dem Wiener »Dichter und Schriftsteller« Hugo von Hofmannsthal. Die schrille Stimme, die in Herrn Hellers Buchladen Österreichs Verstümmelung zornig beklagt hatte, klang mir nach. Noch in derselben Nacht schrieb ich an Reinhardt nach Berlin, an Hofmannsthal nach Rodaun – jenem überhaupt nicht, diesem aus flüchtigen Begegnungen und einigen Veröffentlichungen bekannt. Meine Zwitterstellung als Beamter und Schriftsteller bestehe darin, erklärte ich beiden, dass meine österreichischen Bemühungen, mangels eines großen Gedankens, bisher nur auf Umwegen unternommen werden konnten. Allein was jetzt angestrebt sei, treffe das Problem ins Wesen, weil es das aus der Welt vertriebene Österreich der Welt wieder vor Augen bringen würde. Und ich stellte, ohne von irgendwem dazu ermächtigt worden zu sein, meine Dienste zur Verfügung.

Reinhardt antwortete nicht. Von Hofmannsthal, in seiner eiligen Hand geschrieben, kam eine freundliche Zeile der Bestätigung: Vielleicht könnte ich im Unterrichtsministerium nachfragen, was man dort zu unternehmen gedenke. Das tat ich unverweilt, bekam auch das bisher Vorliegende zu Gesicht; mit Amtsbräuchen vertraut, hielt ich Ergänzungen für angebracht, um Missverständnisse und Quertreibereien hintanzuhalten. Daher schrieb ich, unaufgefordert, den Entwurf eines Memorandums, das von den Anregern – »Proponenten« nannte man sie im Amtsstil – benutzt werden konnte.

Den täglichen Notizen, die ich während des größten Teiles meines Lebens machte und die mir diese Aufzeichnungen ermöglichen, entnehme ich die Worte: »Wessen Salzburg bedarf, das ist die Konzentrierung der bedeutendsten künstlerischen Anreger, wettbewerbend, in seiner Mitte. Wessen die Welt bedarf, ist dieses Zentrum angestrebter Vollkommenheit, die zur Höhe der Kunst und zum Fundament des internationalen Verständnisses führt, so dass die Reise dahin einer Pilgerfahrt gleichkäme.« Der missfällige Blick des Ministers, der mir »blumige Ansprachen« verwiesen hatte, muss mir, als ich das schrieb, warnend erschienen sein, denn ich ging zu trockenen Ziffern, Kompetenzen und Kleinkram über; Reinhardt und Hofmannsthal erhielten je eine Abschrift. Diesmal war es Reinhardt, der mir antwortete; vermutlich von Hofmannsthal aufmerksam gemacht, fand er für die Sendung überaus herzliche Worte und fragte mich, ob er einiges davon in einer Schrift verwenden könne, die er vorbereite. Genau das hatte ich bezweckt.

So ereignete sich nach einiger Zeit der eigentümliche Fall, dass einem Beamten eine Denkschrift zur Einsicht vorlag, an der er mitgeschrieben hatte. Um nicht in den Verdacht eines Amtsmissbrauches zu geraten, packte ich den Stier bei den Hörnern, ließ mich beim Minister melden und gestand, ich hätte an dem Memorandum, das ich ihm übergab, einen schmalen Anteil. Daher möge mir seine amtliche Bearbeitung erlassen und einem unparteiischen Kollegen zugewiesen werden. War es dieser Freimut oder der inzwischen gefestigte Ruf der Hochschule für Welthandel, ich wurde weder verwarnt noch der an sich durchaus unwesentlichen Bearbeitung des Aktes enthoben. Vielmehr ließ sich der Minister erklären, worum es sich handle, und – die Gerechtigkeit widerfahre ihm – war auf der Stelle dafür eingenommen, ja er erklärte aus freien Stücken, er werde für die Sache eintreten. »Das hat an' Sinn! Das wird denen draußen zeigen, wer wir sind!«

Sonderbares Österreich, das immer überrascht, weshalb man sich so selten darauf verlassen kann. Sein angeborenes Misstrauen gegen den Geist – »Tolstoj ist ein alter Tepp!«, hatte, hiedurch denkwürdig, der christlichsoziale Gemeinderat Bielohlawek dereinst in öffentlicher Sitzung ausgerufen – verschwindet im Augenblick, da man es »denen draußen« zeigen kann.

Der Stein war jetzt im Rollen, und dass er nicht innehielt, dafür sorgte Hofmannsthal mit einer beispiellosen, in dem zarten Manne nicht zu vermutenden Stoßkraft. Treppauf, treppab eilte der schnell Ermüdende, von Unverstand und Unzartheit leicht zur Verzweiflung zu Treibende, um das Großwerden eines kleingewordenen Reiches kämpfend – ein unsäglich ermutigender Anblick, ihn der Utopie nachlaufen zu sehen, die er als Realität erreichte.

Denn es stand auf einem Brettergerüst vor dem Dom in Salzburg der Schauspieler Moissi in der Rolle des »Jedermann« und riss, von Reinhardt geführt und gesteigert, die Zuschauer so völlig hin, dass sie, nachdem alles längst zu Ende war, regungslos auf ihren Plätzen verharrten: Die Salzburger Festspiele hatten begonnen. Es wäre mir damals wie ein Fiebertraum erschienen, dass ich auf demselben Platz dreißig Jahre später denselben »Jedermann« auf demselben Gerüst inszenieren sollte.

Mit meinem »Dichten in Akten« aber war es vorbei.

Kritiker

Es fügte sich, dass nach dem Tode Hugo Wittmanns, des Burgtheaterkritikers der »Neuen Freien Presse«, eine Stelle frei wurde, die ich bekam. Abermals hatte sich, wie das in meinem Leben öfter geschah, etwas mit mir ereignet, das ich nicht anstrebte, das es aber von Grund auf änderte. Von heute auf morgen: Gedichtemacher, Ehemann, Dragoner, Staatsanwaltsgehilfe, Romanschreiber, Ministerialbeamter, jetzt also Kritiker und kulturpolitischer Mitarbeiter einer Zeitung, deren Einfluss im liberalen Bürgertum beträchtlich war.

Mit den Londoner »Times« als Vorbild, hatte die »Neue Freie Presse«, die sich, ihrer literarischen Ambitionen wegen, gern das »Burgtheater der Journalistik« genannt hörte, namhafte Zeitgenossen zu Beiträgern, und an ihrem »Feuilleton« mitzuarbeiten, jener aus Paris importierten impressionistischen Tageschronik – ihr berühmtester Feuilletonist, Ludwig Speidel, hatte sie »die Unsterblichkeit eines Tages« genannt –, verschmähten weder Hofmannsthal noch Schnitzler oder Bahr. In dieser Gattung hatte ich mich bereits früher versucht und gedenke einer Antwort, womit der Urwiener Eduard Pötzl, Feuilletonredakteur des »Neuen Wiener Tagblattes«, mir eine Einsendung zurückgab: »Wenn Sie beim Schreiben den Smoking aus- und den Hausrock anziehen würden, wären Sie etwas für uns.« In der »Neuen Freien Presse« aber war man mit dem Smoking und sogar damit einverstanden, dass ich bis zu der von mir angesuchten Pensionierung aktiver Ministerialbeamter bleibe. Tagsüber »Sektionsrat«, besuchte ich daher an den Premierenabenden das mir als Referat zugewiesene »Deutsche Volkstheater« – die »Neue Freie Presse« konnte es sich leisten, fünf Kritiker zu besolden: für das Burgtheater Raoul Auernheimer, für das Theater in der Josefstadt Felix Salten, für das Deutsche Volkstheater mich, Julius Korngold für die Musik, A. F. Seligmann für bildende Kunst – und stellte jede zweite Woche das »Sonntagsfeuilleton« bei.

Ein junger Feuilletonist, das ging noch an. Ein junger Kritiker dagegen? Jedoch Ernst Benedikt, der Herausgeber und Chefredakteur, der mich geholt hatte, »hielt« mich auch; allerhand Umtriebe sollten den unbequemen jungen Menschen vorläufig nicht beseitigen, der – »Staatsanwaltsallüren« nannten sie es – in der Stadt der Beziehungen weder Protektionen, noch im Klüngel der Profitmacherei Unvereinbarkeiten hold war. Als ich aber auf einem internationalen Kritikerkongress in Bukarest verlangte, Theaterkritiker dürfe niemand werden, der Stücke schreibe – ich hatte vor Jahren eines geschrieben, »Ich!«, hieß es und fiel jämmerlich durch –, erhob sich, vor allem bei den Franzosen und Wienern, einmütiger, empörter Widerstand. Nichts war erklärlicher. Sie wünschten ihre Stücke aufgeführt zu sehen und hätten unirdische Wesen sein müssen, wäre ihnen nicht beim Kritikenschreiben vor Augen gestanden, dass sie dem kritisierten Theater nächstens ein Stück einreichen würden, daher den Direktor und die Schauspieler bei Laune erhalten müssten. Ich nannte sie öffentlich »die im Spielplan benachbarten Kritiker«, und den Wutschrei, den sie erhoben, hörte man von Bukarest bis Wien und Paris. »Du wirst dich um deine neue Stellung gebracht haben, bevor du von deiner alten pensioniert bist«, warnte mich Mary. Die neue Stellung behielt ich, vorderhand. Pensioniert aber wurde ich mit dem Titel eines Hofrates.

Ich war zu Beginn der dreißig, so dass Richard Beer-Hofmann, von dem nebst anderem Außerordentlichen eines der schönsten Gedichte der Welt, »Schlaflied für Mirjam«, stammt, patronisierend sagen konnte: »Sie müssen sich eine weiße Perücke dazu besorgen. Bei uns bekommt man den Hofratstitel erst, wenn man Verkalkung bekommt!« Doch den Titel hatte ich, und vielleicht weil ich sein jüngster Inhaber war, haftete er mir bis ins Alter unzertrennlich an, in der titelsüchtigen Stadt Wien, wo Wäschereibesitzerinnen »Frau Chefin«, Leute mit Brillen »Herr Doktor«, Kellnerlehrlinge »Herr Ober«, Telegraphisten »Herr Adjunkt«, Apothekerinnen »Frau Provisor« angeredet wurden und, wie man von Nestroy weiß, jemand, der nichts als den Namen Fischer zu bieten hatte, in der Umgangssprache »Herr von Fischer« hieß.

Da saß ich, fünfte Reihe, Ecksitz, rechts, bei den Premieren des Deutschen Volkstheaters, Mary neben mir, später, wenn das Stück geeignet war, Agathe, und hatte die fatale Entschlossenheit, die Sache bitterernst zu nehmen, die des Theaters, die der Schauspieler, die der Kritik.

Theater, das hatte ich in dem bereits erwähnten dramaturgischen Versuch meiner Anfänge geschrieben, hieß für mich militante Auseinandersetzung mit dem Leben, wo es am menschlichsten ist. Seine Zaubermacht, die von der Erweckung der Teilnahme bis zur Erschütterung, also über die Sinne zum Sinn reicht, schien mir seine Sache. Kritiken schreiben hieß daher für mich, in dieser entscheidenden Sache unbedingt sachlich sein. Ich hütete mich vor dem Jungmädchenvokabular der »himmlisch« und »fabelhaft« ebenso wie vor dem Scharfrichterjargon, der vergisst, dass das absprechende gedruckte Wort verletzender trifft als das gesprochene; ich wich aber auch dem Wortwitz aus, jenem sich leicht aufdrängenden und aufdringlichen Ornament, dessen ihm verfallene Verwender zuerst nach dem Witz und dann erst nach der Sache sehen, woraus ein schielender Blick entsteht, unbekömmlich der Einsicht.

Ich sei ein Spielverderber, hieß es; wie könne ich »solche Ansprüche stellen!« Wolle ich meinem Großonkel Hanslick nacheifern? Mein Vorgänger habe mit höchstem Lob bedacht, was ich jetzt tadle. Sei er nicht unvergleichlich erfahrener und angesehener gewesen?

Er war es. Unerfahren schrieb ich haarsträubende Dinge, zum Beispiel: »Dass Wien nicht die Theaterstadt ist, für die es sich hält, und die es dank seinem angeborenen Sinn für Schaustellen und Schauen sein könnte, daran war vor dem Krieg das Publikum, nach dem Krieg der Krieg schuld. Das Publikum vor 1914, gebildet, konservativ, saturiert, ging nicht um der Stücke willen ins Theater, sondern der Gewohnheit und der Schauspieler wegen. Damit vertrieb es das Theater von dem geistigen Kampfplatz, der es unter allen Umständen sein muss, in die Singspielhalle oder in den Zirkus der Schauspielerei. Das Publikum nach dem Kriege aber hatte nicht die Nerven, und wenn es sie hatte, nicht das Geld für ein Theater der problematischen Stücke. Aus dieser Echolosigkeit ging zu den Zeiten der ›Dollarprinzessin‹ diese, geht jetzt, zur Zeit des Expressionismus, der Ruf nach der ›Dollarprinzessin‹

hervor. Gebe sich niemand einem Irrtum hin: Auch noch so geniale Tragöden, und hießen sie Kainz, täuschten nicht über miserable Tragödien hinweg, und noch so geniale Komödianten, und hießen sie Girardi, Tyrolt, Pallenberg, nicht darüber, dass die Rolle, die ihnen zum Anlass dient, im menschenleeren Raum steht. Theaterstadt? Nein. Schauspielerstadt? Schauspielen heißt Menschen darstellen. Und in Machwerken gibt es keine Menschen.« Dergleichen behagte den Wienern nicht, es hagelte Beschwerdebriefe an die Redaktion, anonyme und unterzeichnete, und als ich im »Kulturbund« über »Die Schande des Kunstkommerzes« sprach, schrie ein erbitterter Zuhörer: »Ihr Onkel Hanslick hat genauso wenig vom Theater verstanden!«

Ich schrieb aber auch in einem Aufsatz »Von der Freiheit der Theaterkritik« die folgenden Sätze, die ich noch heute aufrechterhalte, weshalb mir das Selbstzitat zulässig scheint:

»Dass Kritik frei zu sein hat, ist eines der Fundamente, worauf die Demokratie steht und womit sie fällt; dass der politische Wettstreit der Demokratie, die Dinge auf seine – dem politischen Zweck dienlichste – Art zubereitend, gelegentlich die Freiheitsgrenzen überschreitet, gehört zu den notwendigen Übeln der Demokratie. Grundlegend anders, weil der Politik grundsätzlich entzogen, verhält es sich mit der Theaterkritik. Da hier die Grundlagen ins Wanken gerieten, ist es an der Zeit, sie zu stützen.

Theaterkritik dient: der Unterrichtung der Theaterbesucher über das im Theater Gebotene; der Unterrichtung der Theaterleute über das Gelingen oder Misslingen ihrer Leistungen. Theaterkritik dient. Daher hat sie keine herrschende, sondern eine den Aufgaben des öffentlich urteilenden Richters verwandte Funktion zu sein und bleibt von Unparteilichkeit bedingt.

Ein Geschworener, der den Gerichtsraum mit vorgefasster Meinung betritt, ist ein schlechter Richter, und das Gesetz erlaubt, ihn abzulehnen. Der voreingenommene Kritiker hingegen bleibt im Amt. Seine Voreingenommenheit mag eine parteigebundene sein, die gelten lässt oder mit Milderungsgründen bedenkt, was der Partei nähersteht, womit das unpolitische Grundprinzip jeder Kunstbetrachtung verleugnet wird; sie mag mit Klasse oder Rasse, mit Vorlieben oder Abneigungen, mit Gunst oder Neid, sie mag aber auch mit einem Nebenberuf zusammenhängen, was sich vordringlich dann kundgibt, wenn Theaterkritiker Theaterstücke schreiben, und besonders dann, wenn sie solche Erzeugnisse den von ihnen rezensierten Theatern zur Aufführung übergeben – ›Menschen, Menschen san m'r alle!‹ Und es ist oder es gilt für ›menschlich‹, wenn ein Rezensent, in dessen Stück Fräulein X gestern eine Rolle spielte, ihrer bei der nächsten Gelegenheit dankschuldig gedenkt. Von der Stammtisch-Voreingenommenheit zu schweigen, die das Dazugehörige lobt, und was sich davon fernhält, tadelt, denn dergleichen gehört zum ältesten und übelsten Kaffeehausinventar.

Neu am derzeitigen kritischen Missbrauch ist zweierlei, und beides fordert zur Abwehr heraus:

Erstens die Savonarola-Attitüde, mit der solche Anmaßung auftritt, um sich den Anschein einer Reinhaltung der Kategorien zu geben. Reinhalten aber können nur saubere Hände. Und um die Kategorien wissen nur jene Bescheid, die nichts für die eigene Person, alles für die Sache wollen, also keinesfalls in der Karl-Kraus-Schule Sitzengebliebene.

Zweitens der skrupellose Missbrauch der ihnen gewährten Freiheit, Vorurteile statt Urteile drucken zu lassen, wobei sie, und da liegt der Hund begraben, auf die Feigheit der Betroffenen oder ihr Ungeschick spekulieren, sich wirksam zur Wehr zu setzen. Hier aber ist nicht nur die Grenze der kritischen Freiheit, sondern auch die Gewähr, die Übertreter in die Grenzen zu weisen: Die Paragraphen 491 und 493 des österreichischen Strafgesetzes statuieren, dass eine Ehrenbeleidigung begeht, ›wer einen anderen … in Druckwerken … es sei namentlich oder durch auf ihn passende Kennzeichen … dem öffentlichen Spotte aussetzt.‹ Und dass dergleichen mit Arrest von einem bis zu sechs Monaten bestraft wird. Dies in Erinnerung zu bringen, mag einem gewesenen Staatsanwaltsgehilfen zustehen.«

Doch dies war noch nicht alles zerbrochene Porzellan; um das Maß vollzumachen, verlangte ich, die Bücher von Alfred Polgar rezensieren zu dürfen, was der mir freundschaftlich gesinnte Ernst Benedikt gerade noch zuließ. Als ich aber über die hundertste Vorlesung von Karl Kraus zu berichten verlangte, des Mannes, dessen Namen die »Neue Freie Presse« seit Jahrzehnten verschwieg, kam es zu einer Auseinandersetzung, bei der ich, vom Standpunkt eines Redakteurs, durchaus im Unrecht war. Ich konnte nicht leugnen, dass Kraus die Zeitung, für die ich schrieb, beharrlich, unbarmherzig und sehr oft ungerecht angeprangert hatte. Jedoch ich leugnete, dass es zulässig sei, mit Verschweigen zu ahnden, was vielleicht unzulässig, doch dank der Zunge der Außerordentlichkeit unüberhörbar redete; ein Großfeuer müsse selbst dann gemeldet werden, wenn es das eigene Haus verbrenne.

Mit dieser Meinung blieb ich isoliert. Ich besäße kein »Blattgefühl«, wurde mir von dem verantwortlichen Schriftleiter Julian Sternberg vorgeworfen – die Beziehungen zwischen mir und der Zeitung, von der sich auch Ernst Benedikt nicht lange nachher trennte, erkalteten. Wenn ich nicht gerade über meine Kinder schrieb, worin Theodor Herzl, der es von den seinen unvergleichlich getan hatte, mein Meister blieb, führten meine Beiträge zu Kontroversen oder zu Missverständnissen. Trotzdem fand sich die verärgerte Redaktion bereit, meinen inzwischen geschriebenen Roman »Bekenntnis eines Herz-Sklaven« in Fortsetzungen zu veröffentlichen. Dadurch wurden Heinrich Mann und Jakob Wassermann auf mich aufmerksam, denen ich, wie später auch Thomas Mann, näherkam.

Wassermann im Besonderen war es, der mich darin bestärkte, das Wesen der erzählenden Epik in der Gestalt zu erblicken. Oft kreisten unsere Gespräche um diesen Kern- und Erkennungspunkt, der kleine Mann mit der Riesenstirn und den glühenden kohlenstiftschwarzen Augen wurde nicht müde, in dem ihm eigenen fränkischen Tonfall seiner Heimatstadt Fürth die Frage aufzuwerfen, der er einen seiner Essays gewidmet hatte: »Was bedeutet die Gestalt?« – »beteutet« sprach er es aus.

Ich teilte seine Meinung, dass sie das Entscheidende des Erzählens war; ohne Gestalt gibt es weder Roman noch Novelle, an der Macht der zwingenden Menschengestaltung misst man die Macht des Erzählers. Auf Handlung kann die echte Erzählung verzichten, nicht auf die Gestalt, die im Bewusstsein des Lesers zu bleiben und mit ihm weiterzuleben hat, solange er lebt: So leben der Fürst Myschkin, Rodion

Raskolnikoff, die Brüder Karamasow; so die Madame Bovary; so der Vater Goriot; so Anna Karenina; Don Quixote und Sancho Pansa; d'Artagnan, Athos, Portos und Aramis; so der junge Werther; Jürg Jenatsch; Hans Castorp und die Familie Buddenbrook; so Mr. Pickwick und Sam Weller, David Copperfield und Nicholas Nickleby; der Professor Unrat; der Liftjunge Clyde Griffith; so Viktoria und Effie Briest; der arme Spielmann; der unkundige Caspar Hauser; Dr. Gräsler, Badearzt – ich nenne einige, aufs Geratewohl, eine Stunde und länger könnte ich die Namen der Gestalten herzählen, die mir wie Millionen anderen die Kindheit beglückt, das Heranwachsen verklärt, die Reife vertieft, das Altem erleichtert haben: Sie waren da, Fleisch und Blut, sie sind da, die erfundenen Gestalten, sie sind mir lebendiger und näher als die meisten Lebenden.

Das bedeutet die Gestalt! Und das lässt sich durch nichts substituieren, trotz allen denen, die, des Gestaltens ohnmächtig, das Erzählen zur Pseudowissenschaft verfälschen, Zwitter einer Missehe zwischen Philosophie und Leben. »Die Abgrundtiefe des Gedankens«, sagt Gide von Dostojewskij, »enthob ihn nie der primären erzählerischen Verpflichtung, überzeugendes Leben zu schaffen.«

Allein am entschiedensten für mich in dieser Epoche eines Kritikers, auf den man widerwillig hörte, war ein Abend im Deutschen Volkstheater, an dem Hofmannsthal mich in ein Gespräch über die Beurteilung zog, die ich einer Aufführung von Grillparzers »Ein Bruderzwist in Habsburg« kürzlich gewidmet hatte.

Wir standen in einem Seitengang mit vielen Türen, Ein- und Ausgehende störten unablässig, ohne dass ich es merkte. Er habe mir nach der Lektüre meiner Kritik schreiben wollen, sagte Hofmannsthal, und hole jetzt nach, was er zu sagen habe: Ich selbst möge das Stück inszenieren.

Verblüfft antwortete ich, vom Inszenieren wisse ich nicht genug.

Dafür das Notwendige von Grillparzer, beharrte er, und darum gehe es, nicht um Regiekünste, sondern um Grillparzer, noch dazu um eines der schönsten Stücke der Weltliteratur. Mit seiner nervösen, leicht in Diskant umschlagenden Stimme beklagte er Grillparzers Verkennung: Einen Lesebuch-Klassiker habe man aus ihm gemacht, indem man seinen Griechendramen den Kothurn anzog, statt sie als Wiener Sinnbilder tragisch anmutig zu spielen, und das großartige Zwielicht des »Bruderzwistes« sei völlig erloschen, weil man sich nicht daran wagte, oder, wie die vereinzelte Aufführung bewies, über die ich geschrieben hatte, »statt des beherrschend Brüchigen das Ganze in den Vordergrund rückte, das bisher weder Gewagte noch Gelungene: den historischen Inhalt eines vergangenen, trotzdem fortwirkenden Zeitalters in Gestalten«.

Während er sprach, bewunderte ich wie immer, wenn ich mit ihm zusammentraf, den schnellen Hochflug seines Geistes, in den er den Zuhörer mitriss. Jedoch der Gedanke, ich könnte Regisseuren ins Handwerk pfuschen, war mir undenkbar, und das entgegnete ich.

»Sie sollen ja nicht Regisseur werden«, erwiderte er gereizt. »Sie sollen dafür sorgen, dass der ›Bruderzwist‹ so aufgeführt wird, wie Sie darüber geschrieben haben; wenn man etwas so vor Augen sieht, kann man es! Denken Sie darüber nach. Eine Grillparzer-Renaissance ist notwendig, und Sie sind der Mann dazu!« Der Saal verfinsterte sich, das Stück ging weiter.

Meine Frau, der ich davon erzählte, lachte, als hätte ich ihr einen Spaß erzählt. Anderen teilte ich es gar nicht mehr mit.

So geriet es in Vergessenheit, auch deswegen, weil ich damals eine Zeitungsnotiz las, wonach ein Ehepaar unter merkwürdigen Umständen aus dem Leben geschieden war: Der Mann hatte die unheilbare Frau auf ihr Verlangen getötet, dann sich, vorher aber feierten sie den Abschied voneinander und vom Leben; an einem Tisch mit Wein und den Resten einer Mahlzeit wurden sie gefunden, Hand in Hand. Die wenigen Zeilen ließen mich nicht los, mir schien darin vom Äußersten der Existenz unendlich viel zu stehen, Schritt um Schritt versuchte ich, mir diesen letzten vorzustellen. So entstand »Die Mühle der Gerechtigkeit oder Das Recht auf den Tod«. Ich wusste, dass ich, indem ich die Euthanasie rechtfertigte, zu einem Teil der öffentlichen Meinung in Widerspruch trat. Doch nachgerade war ich das gewohnt. Nur geschah etwas, das sich nicht voraussehen ließ.

Als das Buch erschien, gab ich es, wie alle meine Veröffentlichungen, meinem seit kurzer Zeit in den Ruhestand getretenen Vater, dessen Kanzlei sich jetzt mein älterer Bruder Robert annahm; nie hatte er mir völlig vergeben, dass ich das nicht gleichfalls tat. Immerhin bewahrte er sich die Objektivität eines eminenten Juristen, alles, was ich schrieb, genau zu prüfen und es, je länger ich publizierte, im großen Ganzen gelten zu lassen, nicht so uneingeschränkt wie die Hervorbringungen meines Bruders Hans, doch keineswegs absprechend.

Mit der »Mühle der Gerechtigkeit« verhielt es sich tragisch anders. Ohne dass wir Söhne es wussten, war der damals Sechsundsiebzigjährige von einer unheilbaren Krankheit befallen worden, die er stoisch mit sich trug. Den Ausweg, dem mein Buch galt, statuierte er nicht. Als er es las, Station um Station der Leiden, die er selbst erduldete, ohne ihnen zu entfliehen, kehrte sich alles in ihm gegen eine Auffassung, die der seinen diametral widersprach. Er ließ mich kommen, wie er es tat, wenn er sich mit mir auseinanderzusetzen hatte. Wie sonst saß er an seinem Tisch, auf dem Bücher lagen, noch immer Gesetzbücher. Diesmal lag auch mein Buch dort. Er nahm es in die Hand, blätterte den Titel und die Widmung auf und reichte es mir, ohne ein Wort zu sagen. Ich wusste nicht, worauf er mich aufmerksam zu machen wünschte. »Wolltest du mir etwas zeigen?«, fragte ich.

»Ich will das Buch nicht«, sagte er. »Nimm es.«

Auch ein Sohn ist ein Autor. »So sehr missfällt es dir?«, fragte ich.

»So sehr verachte ich es!«, erwiderte er, den Blick auf den Gesetzbüchern.

Ich hielt die Arbeit eines Jahres in der Hand. Bitterkeit riss mich hin. »Das tut mir leid«, sagte ich und wollte gehen.

»Bleibe!«, verlangte er. »Ich habe dir noch etwas zu sagen. Du hast dir immer viel auf dein Rechtsgefühl eingebildet. Hast du dich deshalb für das niederträchtigste Unrecht eingesetzt? ›Recht auf den Tod‹? Non datur! Es gibt kein Recht auf den Tod, wenn es das Recht im Leben geben soll. Wer das nicht erkennt, hat das Recht verwirkt, von Recht zu reden! Dass mein Sohn diesen Freibrief auf Mord geschrieben hat, ist die bitterste Enttäuschung, die ich in meinem an Enttäuschungen reichen Dasein hatte!«

Wie immer in Augenblicken der Erbitterung versagte sich mir das Wort. Ich ging.

In derselben Nacht des 7. März starb er. Am Herzen, konstatierte der Arzt, doch sei es eine Gnade Gottes; so erfuhr ich, dass er unheilbar krank gewesen war.

An der Enttäuschung über mich ist er gestorben, jedoch die Gnade Gottes, schien es, hatte sich meiner bedient: »Das Recht auf den Tod«, auf das er so missbilligend gewiesen hatte, als er mein Buch zurückwies, wurde ihm zuteil. Was musste er gelitten haben, der stoische Mann, der, Ehre seinem Andenken, das Leiden verschwieg, um kein Mitleid zu erregen.

Adrienne

Der Augenblick ist da, den Namen zu nennen, der über meinem Leben steht. Sie war fünfzehn, ich ein junger Student der Rechte, die ich nie erlernte, da machte ich ihr eine deutsche Hausaufgabe über den Rückert'schen Vers »Wenn die Rose selbst sich schmückt, schmückt sie auch den Garten«, womit ich nicht genügend anzufangen wusste, so dass sie die Zensur »minus genügend« bekam, was von meinen Schriftsteller-Gaben wenig erhoffen ließ. Sie erhoffte trotzdem alles davon. Welches Glück, einen Menschen zu haben, der an einen glaubt. Welch unverdientes, großartiges Glück!

Wir standen am »Blumentag« unweit der Oper und sammelten Geld. Sie trug ein weißes Kleid und einen breiten Strohhut, darunter strahlte ihr spitzbübisches Gesicht. Die vorwitzig aufstrebende Nase, die halbgeöffneten vollen Lippen, die grauen sprechenden neugierigen Augen, die alles blitzschnell erblickten – ein junges Lachen hatte es, eine bezwingende Anmut und Fröhlichkeit. Sie war jetzt siebzehn, Schauspielschülerin, in derselben Klasse saß Elisabeth Bergner; ihre Schwester Grete hatte sich am Deutschen Volkstheater bereits einen Namen gemacht, auch ihre Mutter war Schauspielerin gewesen, ihr Großvater, Carl von Bukovics, Schauspieler des Burgtheaters, ihr Großonkel, Emmerich von Bukovics, erster Direktor des Deutschen Volkstheaters; ihr Vater Hofrat Gustav Geiringer aber war ein gesuchter Gesangspädagoge an der Staatsakademie.

Da standen wir einige Schritte vom Hotel Bristol, auf dessen Balkon Enrico Caruso, der, sooft er nach Wien kam, mit ihrem Vater seine Rollen repetierte, durch einen »Operngucker« in ihr Fenster schaute, denn sie wohnte gerade gegenüber, Kärntner Ring 8. Er zeichnete Karikaturen von ihr und schrieb ihr Billette, sie fand, er singe göttlich, und machte sich nichts aus ihm. Mit den Sammelbüchsen standen wir, schauten einander an, statt die Vorübergehenden, sie lachte ihr überredendes Lachen, unernster konnte nichts sein. Ernster konnte nichts sein. Es war fürs Leben.

Ein Missverständnis hielt uns jahrelang auseinander. Doch als ich, an meinem Hochzeitstag, mit Mary im offenen Fiaker zu meinem Schwiegervater fuhr, überquerte sie zufällig die Straße. Ich ließ halten, sie setzte sich zwischen uns und fuhr ein ganz kurzes Stück mit, vom Hotel Sacher bis zum Michaelerplatz; sie gab sich Mühe, über der Situation zu sein, doch war sie die große Schauspielerin noch nicht, die sie werden sollte; man merkte, was während der Augenblicke in ihr vorging, da sie zwischen dem Hochzeitspaar saß, von dessen Hochzeit sie nichts gewusst hatte. Als sie ausstieg, sagten wir uns adieu, abermals für Jahre. Sie ging an die Münchner Kammerspiele zu Falckenberg ins Engagement, mich hatte der Krieg engagiert.

Sonderbar, wie mein Bruder Hans unwissentlich bei mir Vorsehung spielte. Durch ihn hatten wir uns als halbe Kinder zu der Zeit kennengelernt, in der er Adriennes Schwester den Hof machte; durch ihn kamen wir lange nachher wieder zusammen. Da waren meine Kinder schon so groß, um ins Theater zu gehen, und sehr stolz waren sie, Tante Adrienne spielen zu sehen, die sie kannten; Mary und ich aber hatten uns auseinandergelebt. In dem Roman »Eine Frau wie viele« hatte ich versucht, »Das Recht in der Ehe« und die Ursachen zu ergründen, die es sabotieren. Doch machte sich gekränkte Eigenliebe darin breit, eine deutliche Absicht, der Partnerin aufzuhalsen, was man selbst zu verantworten hat. So sehe ich es heute. Und Mary, mit ihrer Unerschöpflichkeit an gutem Willen unter mannigfachen anderen Gaben, hat mir hoffentlich verziehen. Sie pflegte ja so oft zu sagen: »Ein Mann ist eitler als zehn Frauen!«

Die Kinder aber sollten darunter nicht leiden – das ist leicht hingeschrieben, eine der sträflich leeren Phrasen, die man ausjäten müsste wie Unkraut. Wie sollten Kinder nicht darunter leiden, wenn sie, je persönlicher sie heranwachsen, Harmonie vermissen, die gesündeste Luft, in der die Kindheit gedeiht.

Sie taten, als merkten sie es nicht, Agathe jedenfalls, die Ältere, mit ihrem unheimlich früh zutage tretenden Takt. Johanna, die Jüngere, nach meiner Mutter genannt, obwohl wir sie Hansi riefen, tat alles, was die Ältere tat, eines ausgenommen. Agathe hing ein wenig mehr an mir, Hansi beträchtlich mehr an der Mutter. Agathe, so sonderbar das bei einem Kinde klingt, hatte Verständnis für mich. In ihrem ganzen Leben, das um ein Leben zu kurz war, hat sie an keinem bewussten Tag nicht auf mich Rücksicht genommen. Sogar als sie, achtzehnjährig, an Kinderlähmung starb, dort in dem trostlosen Zimmer des Innsbrucker Spitals, sagte sie zu mir, da ich, jäh verständigt, eintrat, und schluckte dabei um Luft: »Fürcht dich doch nicht, Vati, es geht mir ja schon wieder gut.« So rücksichtsvoll war sie. Hansi aber, obwohl sie ihrer älteren Schwester vieles nachmachte, auch das frühe Sterben, dort in dem trostlosen Zimmer des New Yorker Spitals, ließ, da beide noch lebten, keinen Zweifel daran, dass sie die Mutti besser verstand. »Sie lacht mehr als du«, sagte sie einmal. So lustig war sie.

Es schien an der Zeit, ihnen die Harmonie zurückzugeben, daher einigten Mary und ich uns, voneinanderzugehen. Auch das ist eine gefärbte Behauptung. Es gibt Entschlüsse, die man um seiner selbst willen fasst, obwohl man es zugunsten anderer zu tun vorgibt.

Adrienne, seit Jahren gewohnt, abseits zu stehen, griff nicht ein. Sie war inzwischen nach Wien zurückgekehrt, gehörte zuerst Rudolf Beers Raimundtheater an, und als Max Reinhardt das Theater in der Josefstadt übernahm und zu einer Kostbarkeit der europäischen Schauspielkunst machte, holte er sie hin. Sie griff nicht ein, sie wachte nur darüber, dass ich meine Arbeit tat, und bestärkte mich darin.

Zum ersten Mal widerfuhr mir das. In meinem Elternhaus war ich, bestenfalls, ein schwächerer Zweiter gewesen, in meinem eigenen eine Art Sonderling, der sich, statt Sektionschef zu werden und es bequem zu haben, an Schreibereien verzettelte, die ihm nur Verdruss bereiteten. Und die Ermutigung, die man von Mitstrebenden erfuhr, blieb gleichfalls kaum der Rede wert. Die großen Kollegen, wir nannten sie »die im Range vorgesetzten Dichter«, spendeten gelegentlich ein Wort, ein gedrucktes sogar, das stolz machte; die Mehrheit aber blieb gleichgültig oder widerstrebend, je prinzipieller ausgesprochen man war und je weniger umgänglich, Kaffeehäusern und Vereinsmeierei abhold, in diesem Sinn also denkbar unwienerisch.

Adrienne ersetzte alles. Für alles nahm sie sich Zeit. Sie identifizierte sich mit jedem Wort, das ich schrieb. Sie las, in einer der Redaktion der »Neuen Freien Presse« gegenübergelegenen »Bodega«, mit mir die Korrekturen meiner Aufsätze und Bücher, sie sparte weder an Anerkennung noch an Kritik, jedoch – auch dies geschah mir zum ersten Mal – sie nahm, was ich schrieb oder schreiben wollte, wichtiger als ihren eigenen Beruf. Damit gab sie mir, der auch dann an sich gezweifelt hätte, wäre es ihm weniger leicht gemacht worden, es zu tun, die unschätzbare Zuversicht, dass ich auf dem Wege sei.

Welche Haltung sprach in dieser Heiterkeit einer Zwanzigjährigen sich aus. Wie einzigartig in einer kaum Erwachsenen dieser Selbstverzicht um eines andern willen. Nicht zufällig erwarb sie sich als der kranke Knabe in Rabindranath Tagores »Postamt« ihren ersten Bühnenruhm. Denn ihr ging es auf der Bühne um das Leben und im Leben um die Bestimmung. Denke ich zurück an das Mädchen, das so bezwingend leichtsinnig lachte und trotzdem die Voraussicht der Überlegenheit besaß, dann erscheint mir die Mischung aus bedingter Bejahung und unbedingter Kritik denkwürdig. Was hatte Freud mir empfohlen: sich darüber hinwegzutäuschen, wenn ein Mensch, der einem nahestand, plötzlich enttäuschend sich entpuppt? Mit vielen Menschen widerfährt einem das, vermutlich mit den meisten. Mit ihr ist es mir nie so ergangen.

Das aber, was ihr die Kraft dazu gegeben hat, war das Seltenste von allem. Sie prätendierte nicht. Keinmal in der ganzen Zeit unserer Aufeinander-Gewiesenheit habe ich sie einen Satz sagen gehört, der nur um die Schwingung eines Tonfalls anders gewesen wäre als ihre natürliche Sprache; nie sie flunkern oder sich verstellen gesehen; nie sich vordrängen, nie im Licht sein wollen. Was sie empfand, las man ihr vom Gesicht ab, vernahm man ungeschminkt von ihren Lippen. Und sie war eine Schauspielerin. Und wurde trotzdem eine große Schauspielerin. Nicht trotzdem – deswegen. Das unbedingt Natürliche, das sie vom Leben forderte, gab sie ihrer Kunst. Nie, wenn sie auf die Bühne trat, begnügte sie sich mit dem bloßen Wahrscheinlichkeitsbeweis; jeder ihrer Auftritte trat den Wahrheitsbeweis an und erbrachte ihn. Als sie von der Erfolgsfeier eines Stückes vorzeitig wegeilte, um mich zu treffen, tadelte Max Reinhardt: »Eine wirkliche Schauspielerin hat kein Privatleben!«

»Wahrscheinlich bin ich keine!«, entgegnete sie und ging. Darin war sie ganz. Ihre Bescheidenheit. Ihre Unbedingtheit.

Je weiter diese Erinnerungen fortschreiten, desto deutlicher wird sie hervortreten, die das Hervortreten nicht mag, obschon es ihr Beruf ist. Allein bereits zu der Zeit, von der ich jetzt berichte, hatte ich mich daran gewöhnt, ihrem Urteil zu vertrauen, zumindest – »Ein Mann ist eitler als zehn Frauen!« – meinem zu misstrauen, wenn es von dem ihren abwich. So ging ich nicht, wie ich sonst wohl getan hätte, darüber hinweg, dass sie das Datum unserer Heirat hinausschob; ich ahnte ja, sie tue es meiner Kinder wegen, zu denen sie Neigung empfand. »Willst du warten, bis beide erwachsen sind?«, drängte ich. »Vielleicht«, antwortete sie. »Zehn Jahre?«, sagte ich entsetzt, »da sind die Kinder erwachsen und wir beinahe alt!« Ich höre sie antworten: »Die Ehen alter Leute sind die besten.« Sie war jung, sie lachte nicht, sie meinte es.

Und hätte, wäre es nach ihr gegangen, weiter gewartet und weiter im Schatten gestanden. Das ertrug ich nicht länger. Eines Abends sagte ich ihr, unsere Hochzeit sei am 22. Mai.

Das war im Februar und trug sich auf einem der Wiener Karnevalsfeste im Konzerthaus zu. Ich sehe mich die Treppe zum ersten Stock hinauflaufen – »musst du alles überstürzen?«, hatte mir aus ähnlichem Anlass mein Vater nach Westende telegraphiert, obschon er diesmal vermutlich sein billigendes Lächeln gehabt hätte, das er mir so selten zeigte –, ich hatte mich etwas verspätet, suchte Adrienne in den überfüllten Sälen. Die notwendigen Papiere waren beschafft, sie steckten in der Tasche meines Fracks. Doch Adrienne war nicht da.

Hinunter lief ich, wieder hinauf, hielt Bekannte an, niemand hatte sie gesehen, ich telefonierte ins Theater, sie war fort. Auch zu Hause war sie nicht. Auch nicht beim »Weißen Hahn«, wo wir gelegentlich zu Abend aßen. Seit ich sie kannte, hatte sie mich nie warten lassen. Hundertmal, wenn ich sie an der Ecke der Piaristengasse und Josefstädter Straße aus dem Theater abholte, war sie, oft noch vor dem Publikum, atemlos aus der Bühnentür geeilt, hundertmal hatte sie mich auf den Glockenschlag getroffen, heute fehlte fast eine Stunde, und sie war nicht da.

Angst bemächtigte sich meiner. Sollte sie erfahren haben, was ich vorhatte? Sollte ihr etwas zugestoßen sein? »Sie schaun aus, als ob Ihnen wer g'storben wär'!«, sagte der ungnädige Herr, der mich hin und wieder wegen meiner Rezensionen zur Rede stellte. Da kam sie. Sie war im Direktionsbüro der Josefstadt aufgehalten worden, hatte der Telefonistin aufgetragen, es mir auszurichten – vor Erleichterung verstand ich kaum, es handle sich um einen Antrag, im Frühjahr in Berlin zu spielen. Als ich es begriffen hatte, sagte ich: »Den Antrag musst du ablehnen. Wir heiraten am 22. Mai. Hier sind die Papiere.«

Die Röte verschwand aus ihren Wangen, einen Augenblick war sie nicht fest auf den Füßen, musste sich setzen.

»Hast du dich so hergehetzt?«, fragte ich. »Nein«, sagte sie. »Ich bin so glücklich.« Die Röte kehrte in ihre Wangen zurück.

»Obwohl du dich so dagegen gewehrt hast?«, sagte ich, »zweimal mussten wir verschieben!«

»Das war deinetwegen«, sagte sie, »jetzt denke ich nur an mich!« Jemand forderte sie zum Tanzen auf, etwas sei ihr in die Füße gefahren, entschuldigte sie sich. Dann tranken wir ein Glas Wein, und ich begleitete sie die wenigen Schritte nach Hause, Kärntner Ring 8, noch immer wohnte sie bei ihren Eltern. »Schlaf gut«, sagte ich.

»Wenn man glücklich ist, will man nicht schlafen«, antwortete sie.

Wenn Menschen in einem Roman so handeln und so reden, nennt man es Schönfärberei. Wenn es im Leben geschieht, sollte man sich nicht scheuen, es ein Wunder zu nennen.

Am Tage vor der Hochzeit musste ich ihr versprechen, dass wir morgen nicht im offenen Fiaker fahren würden, damit sich niemand zwischen uns setze. Am Hochzeitstag trug sie ein hellgraues Kostüm von der Farbe ihrer Augen, »um nicht aufzufallen«. Überwacht vom Bürgermeister Seitz, einem Freunde der Kunst, wurde die Zeremonie vollzogen, und Hugo Thimig, ehemaliger Burgtheaterdirektor, jetzt ihr ältester Kollege in der Josefstadt, war Adriennes Trauzeuge; der meine war mein Kollege Raoul Auernheimer.

Vom Rathaus fuhren wir in einem geschlossenen Auto, von niemandem begleitet, auf den Kobenzl, den sanften Berg, von dessen Höhe man Wien, nein, Österreich zu Füßen hat. So machten wir unsere Hochzeitsreise, eines Halbtages – länger konnte sie nicht fernbleiben, weil sie ja wie jeden Abend auftrat – fast ins Ausland. Denn was da unten im Dunst verschwamm und von der Sonne, jäh angezündet, hervortrat, waren Teile Ungarns und der Tschechoslowakei. Weich schimmerte die Donau dazwischen, Wien lag ausgebreitet, man unterschied den Prater mit dem Riesenrad, den Stephansturm, das kupfergrüne Karlskirchendach, Schönbrunn mit der kaiserlichen schwebenden Gloriette, es war ein Tag, an dem man alles Sichtbare sah. Zum Essen tranken wir Erdbeerbowle, und ich fragte, ob ich einen Toast ausbringen dürfe. »Wenn er kurz ist und ihn niemand hört als ich«, antwortete sie. Sie hatte denselben glücklichen Ausdruck wie an jenem Abend im Konzerthaus. Einen Menschen glücklich machen! Konnte ich das überhaupt? Auch Mary, damals in Westende, hatte sich glücklich genannt. Der Toast werde kurz und leise sein, versprach ich und sagte die Verse von Novalis:

»Ich sehe dich in tausend Bildern,
Maria, lieblich ausgedrückt,
Doch keins von allen kann dich schildern,
Wie meine Seele dich erblickt.
Ich weiß nur, dass der Welt Getümmel
Seitdem mir wie ein Traum verweht
Und ein unnennbar süßer Himmel
Mir ewig im Gemüte steht.«

»Ich heiße nicht Maria«, antwortete sie. »Aber das Gedicht ist herrlich.«

Als wir in die winzige Wohnung kamen, wo wir leben wollten, bis wir eine größere gefunden hatten, waren meine Kinder da gewesen und hatten Blumen mitgebracht. Agathe weißen Flieder, Hansi eine himmelblaue Hortensie. Kärtchen hatten sie dazu geschrieben, Agathe in ihrer Steilschrift, Hansi mit ihrer Kinderschrift. Auch andere Blumen waren abgegeben worden. Adrienne stellte den Flieder in der schönsten Vase, die sie besaß, zusammen mit der Hortensie mitten auf den Tisch. Die anderen Blumen verwies sie anderswohin.

Doch der Flieder war kaum welk geworden, da war auch Agathe nicht mehr. Drei Tage nach ihrem achtzehnten Geburtstag starb sie an Kinderlähmung, an einem der blauesten schwärzesten Tage. Nichts Schwarzes, was nachher kam, und vieles sollte kommen, war so schwarz.

In diesem Schatten lag der Beginn unserer Ehe. Adrienne wusste, was Agathe mir war, statt des bisschens Glück, auf das sie so viel Anspruch gehabt hatte, fand sie sich damit ab, mir über das Unglück hinwegzuhelfen; sie bestand darauf, dass ich Wien verlasse, wo alles mich erinnerte, und da sie, an ihr tägliches Auftreten gebunden, nicht mitkommen konnte, bestimmte sie mich, es zumindest eine Woche in Venedig zu versuchen, wo sich Franz Werfel mit seiner Familie aufhielt. Ich erwähne es, weil es zu einem unfasslichen Zusammentreffen führte.

Am Morgen meiner Ankunft saß ich mit Werfel bei Quadri auf dem Markusplatz. Warmherzig wie immer, wollte er jede Einzelheit von der Erkrankung Agathes erfahren, die seiner Stieftochter Manon fast auf die Stunde gleichaltrige Freundin gewesen war. Während ich ihm berichtete, kam das schöne Mädchen – vielmehr, sie eilte auf uns zu, als sie uns sah. »Hops doch nicht so!«, rief Werfel ihr entgegen, im offenbaren Wunsch, ich möge den Gegensatz nicht so krass vor Augen haben. In derselben Nacht erkrankte Manon an Schwindel, Gliederschmerzen und Fieber, es wurde Kinderlähmung festgestellt; die rechtzeitige Injektion von »Rekonvaleszentenserum«, dem einzigen Gegenmittel, das man damals kannte und das bei Agathe zu spät angewendet worden war, verhalf ihrer Freundin zu einigen Monaten der Qual. Dann starb auch sie.

Dergleichen Zusammentreffen für möglich zu halten, weigert sich die Vernunft. Aber der Tod hat keine.

Experimente

Der große Konferenzsaal im Bundeskanzleramt auf dem Ballhausplatz. Den Vorsitz führt Bundeskanzler Prälat Ignaz Seipel, das strenge Asketengesicht auf die Versammlung gerichtet. Zu seiner Rechten der massige Unterrichtsminister Schmitz, zu seiner Linken sitze ich, denn ich habe die Konferenz veranlasst; mir ist zu meinem Titel noch ein anderer zuteilgeworden: »Präsident des Gesamtverbandes schaffender Künstler Österreichs«, eine Standesvertretung der Schriftsteller, Musiker und bildenden Künstler, angestrebt zumindest, um der beschämenden Tatsache abzuhelfen, dass vom Kanalräumer bis zum Minister jeder im Staate eine Instanz hatte, die sich seiner Interessen annahm, nur schöpferische Menschen nicht. Und meines »Dichtens in Akten« eingedenk, hatte man mir den Vorsitz übertragen, weil man von dem Ex-Beamten die Lebensart in Ämtern, von dem Unkompromissler Zähigkeit erwartete. Die Versammlung, die erste dieser Art in Österreich, wo man auf seine Künstler zwar stolz war, sie aber nicht ernst nahm, sollte das erste Exempel statuieren: Es handelte sich um das vom Unterrichtsminister beabsichtigte Schmutz- und Schundgesetz, und ich wollte es zu Falle bringen.

Dabei befand ich mich in einem Konflikt. Erst kürzlich hatte ich die »Austreibung der Scham« aus dem öffentlichen und kulturellen Leben in einem Aufsatz heftig angegriffen, jenes Sansculottentum des Wortes, das Expressionismus und Neo-Naturalismus begünstigten; anderseits unterlag es keinem Zweifel, dass der Wunsch nach Anstand in Sprache und Bild nur zum Vorwand einer Wiedereinführung der von der Republik abgeschafften Zensur diente, die das Kind mit dem Bade ausschütten und alles politisch und sonst Missliebige mundtot machen würde. Den Freibeutern der geistigen Freiheit, wenn auch indirekt, helfen zu sollen, widerstrebte mir; doch blieb dies das kleinere Übel. Angesichts des gegenwärtigen beschwor ich die Erscheinung jenes anderen österreichischen Ministerpräsidenten, Lammasch, der mir in Wels die Lehre erteilt hatte, wie man sich bei inneren Konflikten verhielt.

Mir gegenüber an dem sehr langen Konferenztisch sitzt Arthur Schnitzler, neben mir befinden sich Beer-Hofmann und Anton Wildgans, die Ehrenmitglieder der Literatursektion des neuen Verbandes. Der abwesende Hofmannsthal hat, ebenso wie Bahr, Zweig, Werfel, Wassermann und Arnold Schönberg, schriftlich wissen lassen, dass er unsere Meinung teilt. Auch Musil ist da, Kassner, Schönherr, Hermann Broch, Joseph Roth, der alte Herr von Kralik, Karl Hans Strobl, Rudolf Hans Bartsch, die Präsidenten des Künstlerhauses und der Sezession, sogar Alban Berg fehlt nicht, der mit Wilhelm Kienzl und Julius Bittner die Komponisten vertritt – zum ersten Mal versammelt sich in dem Saale Metternichs ein Künstlerparlament.

Ich habe unseren Standpunkt dargelegt, der Unterrichtsminister den seinen, der Kanzler unterstützt den Unterrichtsminister, eine Annäherung scheint nicht erzielbar. Schnitzler, mir gegenüber, macht Notizen, meldet sich zu Wort. Seine weiche, harmonische, fast zärtliche Stimme ist nicht wiederzuerkennen, so rau klingt sie. Er spricht von der Unzulässigkeit, künstlerischen Erzeugnissen, die in keiner anderen Absicht als in einer künstlerischen hervorgebracht werden, »einen Maulkorb anzulegen«.

»Verzeihen Sie, Herr Doktor«, unterbricht Prälat Seipel in dem gesammelt-gleichförmigen grauen Ton, den er bevorzugt. »Woraus geht diese Absicht hervor?«

»Aus dem Kunstwert«, antwortet Schnitzler.

»Ist der absolut?«, fragt der Kanzler im Gewand des Priesters.

»Relativ wie alles, Herr Bundeskanzler«, antwortet Schnitzler, herausgefordert; es ist eindeutig, dass er bitterste Erinnerungen unterdrückt.

»Dann gäbe es«, examiniert der Vorsitzende weiter, »kein gültiges Kriterium dafür, was Sie Kunstwerk nennen? Denn der eine hielte für Kunst, was dem anderen als Frivolität oder Blasphemie erscheinen könnte?«

»Das ist eine Frage der Urteilsfähigkeit«, sagt Schnitzler kurz.

Die Zuhörer werden unruhig, die Explosion liegt in der Luft. Ich will vermitteln, doch der Kanzler lässt nicht nach. »Wer besitzt die nach Ihrer Meinung?«, wünscht er zu wissen.

»Der Künstler«, antwortet Schnitzler. »Und die für Kunst Empfänglichen. Wozu Politiker selten gehören.«

Ein dünnes Lächeln huscht um den Asketenmund und verschwindet. »Gibt es Gegenstände, die sich nach Ihrer Meinung der künstlerischen Gestaltung entziehen, sich sozusagen von selbst verbieten?«

Sofort antwortet Schnitzler: »Alles, was zum Leben und zum Tod gehört, ist Gegenstand der Kunst. Nicht der Gegenstand verbietet sich, sondern nur die unkünstlerische Art, ihn zu behandeln. Der Gegenstand ist frei.«

An dem Tisch regt sich kein Laut.

Da schaut der Prälat durch seine scharfe Brille auf den Dichter. »Herr Doktor Schnitzler«, sagt er grau, ohne die Stimme zu erheben, »da trennen uns Welten!«

Bevor eine Antwort möglich ist, werfe ich ein, dass wir um eine Besprechung angesucht haben, weil wir die Standpunkte nähern, nicht entfernen wollten. Arthur Schnitzler habe den gültigsten Beweis, den es für seine These geben könne, durch sein Wirken und das Schicksal erbracht, das es fand. Sein »Leutnant Gustl« habe ihn zur Persona ingrata bei Hof gemacht, sein »Reigen« sei verboten, »Professor Bernhardi« nur widerwillig erlaubt worden. Dass hier Kunst am Werk gewesen sei, auf die Österreich stolz zu sein Anlass gehabt hätte, könnten nicht einmal jene behaupten, die sie verunglimpften.

Beer-Hofmann unterstützt mich, Wildgans desgleichen, der das vorbildliche Wort findet: »Man muss jemandem, der Menschen leben und sterben lässt, den guten Glauben zubilligen!« Eine hitzige Diskussion folgt, jedoch das Beste, was wir erreichen können, ist das Versprechen der Regierung, den Gesetzentwurf zu vertagen. Es ist ein halber Sieg, dessen niemand froh wird, und den Präsidententitel eines Verbandes, dem das ortsübliche Misstrauen gegen den Geist die Türen nur dann und sogar dann nur halb öffnet, wenn es ihm mit kompakter Majorität abgerungen wird, lege ich zurück. Ich hatte gehofft, die Stimme wirklicher Künstler, mit denen sie zum ersten Mal zusammengetroffen sein mochten, werde eingefleischte Politiker umzustimmen vermögen, und der lebendige Geist werde die Berge des Vorurteils und der Abneigung versetzen. Es war ein Irrtum.

Eine andere Erfahrung, fast zur gleichen Zeit, war nicht weniger lehrreich. Spät eines Abends erschien Otto Tressler bei mir und fragte offiziell im Namen der bedeutendsten Mitglieder des Hauses an, ob ich die bisher von dem Schauspieler Franz Herterich innegehabte Direktion des Burgtheaters zu übernehmen bereit wäre; meine Kritiken hätten seine Kollegen zu der Meinung gebracht, ich sei der Mann, den sie brauchten.

Nichts wäre mir unerwarteter gekommen. Doch mit der angeborenen Liebe zum Burgtheater, die jeder geborene Österreicher empfindet, antwortete ich, ich sei ebenso überrascht wie geehrt, würde es mir durch den Kopf gehen und von mir hören lassen; Vorbedingung bleibe selbstverständlich völlige Diskretion, die ich meinerseits wahren würde. Dies wurde mir zugesagt, und ich legte mich mit der Empfindung schlafen, wieder einmal über Nacht ein völlig verändertes Leben vor mir zu haben; dass ich Adrienne nicht ins Vertrauen ziehen durfte, fiel mir schwer.

Am folgenden Tag hatte ich in Bratislava, dem ehemaligen Pressburg, eine Vorlesung aus eigenen Schriften zu halten; beim Aussteigen erwarteten mich Zeitungsleute, die, Bleistift und Notizblock in der Hand, wissen wollten, was es mit meiner »Burgtheater-Kandidatur« auf sich habe. Ich antwortete, mir sei nichts davon bekannt. Kandidiert hatte ich ja nicht. Das Wiener Mittagsblatt »Die Stunde« meldete am nächsten Tag unter der Überschrift »Wird Ernst Lothar Burgtheaterdirektor?« Äußerungen, die ich nie getan hatte. Folglich schrieb O. M. Fontana, mit dem mich später herzliche Freundschaft verband, im »Tag« eine bissige Glosse unter dem Titel: »Frau Gräfin sucht einen Direktor«, womit Else Wohlgemuth gemeint war, die einen Grafen Thun zum Manne hatte. Im »6-Uhr-Abendblatt« kommentierte Ludwig Ullmann die Nachricht zu meinen Gunsten. Die »Neue Freie Presse« aber widmete der Sache einen Leitartikel, der, ohne meinen Namen zu nennen, den Wunsch aussprach, an die Spitze des Burgtheaters möge jemand treten, der nicht aus der Zunft, sondern vom Schreibtisch komme, am besten ein erfahrener Kritiker und jedenfalls ein schöpferischer Schriftsteller – wer Augen hatte, konnte meinen Namen lesen, ohne dass er gedruckt war. Das Telefon stand nicht mehr still, Adrienne sagte erstaunt: »Und du erzählst mir nichts?«

Der Schweigepflicht durch wen immer enthoben, erzählte ich. Aber sie sagte nur noch erstaunter: »Und das nimmst du ernst? Was Schauspieler beschließen? Kennst du Schauspieler so wenig? Wer hat sich denn noch an dich gewendet? Das Ministerium? Die Intendanz?«

Sie hatte es kaum gesagt, da wandte sich der Herr Generalintendant an mich und bat, ich möge ihn am nächsten Tage besuchen. Bis dahin blieben mir vierzehn Stunden. Ich telegraphierte an Max Reinhardt nach Berlin: »Würden Sie, wenn ich Direktor wäre, am Burgtheater jährlich mindestens drei Inszenierungen durchführen?« Nachts kam die Antwort: »Unter Ihrer Direktion bereit, zwei bis drei große Klassiker in jeder Spielzeit zu inszenieren. Auswahl, Besetzung, Bedingungen im Einvernehmen. Grüße Ihres Max Reinhardt.«

»Das ist mein Anstellungsdekret«, sagte ich, denn bisher war es niemandem gelungen, den größten lebenden Regisseur mit dem Burgtheater zu verbinden.

»Glaubst du wirklich?«, fragte Adrienne.

Der Generalintendant hieß Schneiderhan und war seinerzeit Hutfabrikant gewesen. Mit beamteten Schuhhändlern hatte ich einige Erfahrung, mit Hutfabrikanten keine. Ich wusste daher auch nicht, dass das Kopfschütteln, welches Herrn Schneiderhan selten verließ, keine Verneinung, sondern nur eine nervöse Behinderung bedeutete. Immerhin fand ich es nicht ermutigend, jemandem gegenüberzusitzen, der dauernd abzulehnen schien. Es war ein Sonntag, es regnete, wir saßen in dem großen auf die Habsburgergasse schauenden Hinterzimmer der Intendanz, und es entwickelte sich folgendes Gespräch:

»Also, Herr Hofrat, Sie möchten gern Burgtheaterdirektor werden?«

»Die Schauspieler möchten es, Herr Generalintendant.«

»Jaja, die Schauspieler. Die wollen so manches. Und was haben Sie selbst für sich anzuführen?«

»Nichts, Herr Generalintendant. Nur dieses Telegramm.«

Er las es kopfschüttelnd. »Aha«, sagte er. »Vom Herrn Professor Reinhardt. Glauben S' denn, dass der Herr Professor etwas fürs Burgtheater wär'?«

»Die Rettung«, sagte ich.

»No ja«, sagte er. »Kann schon sein. Und was da in den Zeitungen drinsteht – das haben Sie hineingegeben?«

»Selbstverständlich nicht, Herr Generalintendant.«

»Soso. Das ist ganz von selbst hineingekommen.« Er reichte mir das Telegramm.

»Sie wollen es nicht behalten?«

»Aber bitte, wenn Sie's mir dalassen? Also Herr Hofrat, danke für Ihren freundlichen Besuch. Sie werden von uns hören.«

Wochen später, Anton Wildgans, vom Unterrichtsminister und Historiker Srbik gebeten, war inzwischen zum zweiten Mal Direktor geworden, erhielt ich das Telegramm in einer goldgeränderten Doppelkarte zurück, worauf von einem Kanzlisten kalligraphisch geschrieben stand: »Der Herr Generalintendant beehrt sich, das beiliegende Telegramm des Herrn Professor Max Reinhardt wieder zurückzustellen.«

Der Herr Professor war nichts fürs Burgtheater. Von mir nicht zu reden.

Trotzdem stand ich an einem Septembertag, ein Buch unter dem Arm, vor dem Bühneneingang, zehn Schritte von der Tür, wo ich als Achtzehnjähriger auf meinen Bruder Hans gewartet hatte, und ging sogar hinein: Ich hatte die erste Probe zum »Bruderzwist«.

Jahre waren vergangen, auch die Bitterkeit über eine schiefe Situation. Während ich die Treppen hinaufstieg und der charakteristische, von neuen Dekorationen herrührende Geruch nicht getrockneter Farbe mir entgegenschlug, gedachte ich jenes Zwischenaktgespräches mit Hofmannsthal, der schon seit drei Jahren den Vollendeten zugehörte; er war es gewesen, der mir Mut gemacht hatte, die Einladung des Burgtheaterdirektors, abermals eines anderen, zu einer Inszenierung meiner

Wahl anzunehmen und den »Bruderzwist« zu wählen. Was ich im Arm hielt, war ein Regiebuch, gegründet auf eine dramaturgische Einrichtung, die ich den Sommer über vorgenommen hatte, in dem kleinen Haus in Morzg bei Salzburg, von dem die Rede sein wird.

Da war ich, ein Neuling, und hatte mich zu bewähren. Immer wieder, es blieb nicht das letzte Mal, stand ich vor Aufgaben, an die mich der Moment oder der pure Zufall knüpfte; nicht anders vertrat ich meine erste Anklage, so behandelte ich meine Akten, so schrieb ich meine erste Kritik; nur dass das Nichtgewohnte diesmal auf meinen eigenen Wunsch geschah, weil ich die unklare Empfindung hatte, ich wäre dazu imstande.

Daher rang ich mir eine Sicherheit ab, die ich keineswegs besaß, um das Schlimmste hintanzuhalten, was bei Theaterproben auftreten kann: Unsicherheit. Instinktiv näherte ich mich meinem Vorhaben, vielmehr sprang kopfüber hinein, indem ich, ohne dozierende Redensarten, die Schauspielern unleidlich sind, die erste Stellprobe dazu benutzte, wozu sie bestimmt ist: Stellungen anzugeben. Von Reinhardt hatten wir gelernt, dass es für jeden Augenblick der Bühne nicht mehrere beliebige, sondern nur eine einzige, ihm organisch gemäße Stellung geben darf, am Schreibtisch so lange zu suchen, bis sie gefunden ist; mein Regiebuch verzeichnete sie, auch darin folgte ich dem Meister – Reinhardts Regiebücher fixierten ja jede einzelne Bewegung und Aktion minuziös –: Mit anderen Worten, der blutige Neuling hatte sich vorbereitet, zu genau, schien es, denn nach wenigen Szenen bemerkte der kaustische Albert Heine, der den Bischof Kiesel spielte: »Ihr wievieltes Engagement ist das eigentlich?« Und Raoul Aslan, als Rudolf II. zum ersten Mal im »älteren Charakterfach«, antwortete an meiner Stelle, sich meinend, nicht mich: »Manchmal macht die Nicht-Übung den Meister.«

Jedenfalls hatten jene, die es erwartet und sich darauf gefreut haben mochten, zum Spott nicht genug Anlass; an diesem und den folgenden Probentagen ereignete sich die Merkwürdigkeit, dass unter einem Spielleiter, der noch kein Spiel geleitet hatte, ein bisher fast als unspielbar geltendes Stück feste Form gewann. Allerdings, sobald die sogenannten technischen, den Problemen der Dekoration und Beleuchtung gewidmeten Proben anfingen und, mehr noch, die Proben mit der zahlreichen Komparserie, wusste ich erst, wie kläglich wenig ich wusste. Doch da waren die fünf Akte schon weit genug fortgeschritten und die Schauspieler mit mir so vertraut, dass sie, in der liebenswerten instinktiven Schauspielerbereitschaft, anzuerkennen, mit Rat und Hilfe beistanden, der kaustische Albert Heine an der Spitze.

Ein Gefühl, das ich vorher nicht oft genossen hatte, ergriff mich, als am Tag der ersten Hauptprobe das so lange vernachlässigte, spröde, zwielichtige Stück des geliebten Dichters Gestalt, Farbe, Feuer, Schatten gewann – in meinen Augen zumindest; ich hatte sie ihm gegeben, schmeichelte ich mir in jener selten empfundenen Befriedigung, während Szene um Szene vorbeizog. Vielleicht bereitet die »Rettung« eines Stückes dem Regisseur tiefere Genugtuung als irgendetwas sonst? Die drei Stunden im verfinsterten Zuschauerraum jedenfalls gingen mir wie ein Traum vorbei, ein erfüllter Wunschtraum. Ihnen verdanke ich die Erkenntnis, dass der Dienst am fremden Werk die Lust unendlich übertrifft, die das eigene Hervorbringen bereitet, wohl gerade des Bewusstseins der Mängel wegen, auf deren Beseitigung jener Hilfsdienst abzielt. Die Möglichkeit, es könnte nicht alles so wohlgetan sein, wie ich es mir einbildete und Hofmannsthal in jenem Zwischenaktgespräch von mir erwartet hatte, streifte mich verwunderlicherweise nicht. Sondern der typische Dilettantenstolz auf Ritte über den Bodensee bewirkte, dass ich für meine eigenen Fehler blind war, weil ich die des Stückes bezwungen zu haben glaubte.

Allzu beträchtlich mochten sie indes nicht gewesen sein, denn bereits in der Generalprobe und vollends bei der ersten Aufführung, vor der meine Hochstimmung nachgelassen hatte, stellte sich ein bedeutender Erfolg ein; zum ersten Mal im Leben hob sich für mich ein Vorhang, ich trat hervor – das Hausgesetz des Burgtheaters erlaubt nur Gästen hervorzutreten –, und warum es leugnen, der stürmische Applaus berauschte mich. Wer es nie miterlebt hat, kann kaum ermessen, was da in einem vorgeht; in diesen allzu kurzen Minuten verschwinden die Zweifel, die Ängste, die Verzweiflungen – vollends für einen epischen Autor, dessen Teil das Schweigen ist, sobald er seine Arbeit beschließt. Woran misst er, da er nach jahrelanger Mühe das Wort »Ende« geschrieben hat, Gelingen oder Misslingen eines Romans? Hier dagegen, hervorgerufen, empfängt er eindeutig und sofort die Quittung.

Freilich hält solches Beglücktsein nicht länger an, als bis man zum gewohnten Skeptizismus zurückfindet. Doch wer solche Augenblicke zum ersten Mal genießt, dem schmecken sie paradiesisch. Übrigens stimmten die kritischen Beurteiler am nächsten Morgen ohne eine einzige Ausnahme mit dem Publikum überein. »Wie sich zeigt, fallen auch Regisseure vom Himmel«, schrieb derjenige unter meinen gewesenen Kritiker-Kollegen, der mir meinen seinerzeitigen Bukarester Unvereinbarkeitsantrag nie verzieh.

»Wird es dich nicht vom Schreiben abhalten?«, fragte Adrienne.

Es sei ein einmaliges Experiment gewesen, nie als etwas anderes gedacht, antwortete ich; ich habe beweisen wollen, dass Grillparzer in der Nähe Shakespeares stehe, vielmehr Hofmannsthal habe das bewiesen sehen wollen, und einen zweiten Grillparzer gebe es nicht.

Adrienne lachte. »Aber andere Stücke von ihm. Und andere verkannte Dichter?«

Experimente gelängen kein zweites Mal, antwortete ich.

Da war ich dem Theater bereits rettungslos verfallen, ich wusste es nur noch nicht.

Theaterdirektor

Es wurde mir bald bewusst. Max Reinhardt war in Wien und wünschte mich etwas zu fragen. Je mehr solcher überrumpelnden Fragen dieser Lebensbericht enthält, desto verwirrender erscheinen sie mir, da jede mein Leben in eine andere Bahn drängte. Diesmal lief sie darauf hinaus, ob ich, während seiner bevorstehenden Amerikatournee, Reinhardts Berliner Bühnen stellvertretend führen wolle – von den bisherigen unerwarteten Anerbieten das unerwarteteste.

Mit Berlin verband mich nichts. Seine Atmosphäre war mir ebenso fremd wie ungemäß. Andererseits kannte ich seinen äußersten geistigen Anspruch, der es, Wien verdrängend, zur Hauptstadt des deutschsprechenden Theaters gemacht hatte; in dieser Hauptstadt bildeten Reinhardts Deutsches Theater und seine Kammerspiele den Mittelpunkt. Sollte ihnen ein fremder Neuling vorstehen? Hatte Reinhardt einen Ausbruch begeisterter Bereitwilligkeit erwartet, dann musste ich ihn enttäuschen. Ich schwieg.

Es war aber eine seiner Eigentümlichkeiten, das Reden den anderen zu überlassen und sich das Schweigen vorzubehalten; schwieg der andere, dann brachte es ihn aus dem Konzept, ohne dass er sich dadurch in seinen Entschlüssen beirren ließ; vielmehr reizte es ihn erst recht, sie durchzusetzen. Hier war ein verhältnismäßig junger, am Theater interessierter Mann, der keinen Freudenschrei ausstieß, Stellvertreter des Theaterkönigs zu werden? Absurd! Folglich lud er mich für denselben Abend zu Sacher ein.

Auch da tat ich, ohne es zu wissen, etwas, das ihn herausfordern musste. Ich aß fast nichts; keineswegs aus Erregung, wie er zuerst meinte, sondern aus dem unromantischen Grund eines verdorbenen Magens. Weder enthusiastisch noch bei Appetit? Auf den Magen Rücksicht nehmen, wo es um das Wohl und Wehe des deutschen Theaters ging?

Der schweigsame Gastgeber begann zu reden. In seiner rattenfängerischen Weise, mit seiner diagnostischen Menschenkenntnis, mit seinem Charme und seiner Phantasie entzündete er das Verlangen, blies die frische Luft des Wagnisses ins Feuer. »Es reizt Sie nicht, eine Stadt zu erobern?«, fragte er schließlich. Ich erbat Bedenkzeit. Er bewilligte sie mir bis zum nächsten Nachmittag.

Ich sehe mich über den Heldenplatz zur »Zuckerbäckerstiege« der Hofburg gehen, wo er bei seinen Wiener Aufenthalten wohnte. Er empfing mich in einem Barocksaal, der auf den inneren Burghof schaute. »Sie gehen natürlich nach Berlin?«, waren seine ersten Worte; »Herr Paulsen, der ehemalige Burgtheaterdirektor, wartet nebenan, ich gebe ihn Ihnen als administrativen Helfer für die Dinge, die Ihnen anfänglich fremd sein werden, zur Seite. Und mein Bruder Edmund, der meine Geschäfte führt, wird Ihnen das Finanzielle abnehmen. Was Ihre persönliche Bequemlichkeit betrifft, werden Sie gegen das ›Hotel Adlon‹ nichts einzuwenden haben. Wohnung, Reisen und Wagen werden vergütet. Was beanspruchen Sie als Gage?«

Ich war gekommen, um abzulehnen, denn ich wollte von Adrienne nicht weg und ich wollte von Wien nicht weg. Das Erste getraute ich mich nicht zu sagen, weil Reinhardt sonst »seine« Schauspielerin von der »Josefstadt« ans Deutsche Theater übersiedelt hätte; das Zweite sagte ich noch weniger. Er hätte vermutlich nur die Achseln gezuckt, sein skeptischstes Lächeln um die vollen Lippen gehabt und gefragt: »Heimweh nach der Stadt, die Sie nicht will?«

Mir blieb also nichts übrig, als unmäßig zu überfordern. »Siebentausend Mark monatlich«, sagte ich. Das kam selbst dem an astronomische Gagen Gewohnten unerwartet. Er rief nach seinem Bruder, und Edmund Reinhardt, ihm ähnlich, nur zarter und scheuer, trat ein.

»Herr Lothar« – Reinhardt betonte meinen Namen bis zuletzt auf der zweiten Silbe – »verlangt monatlich siebentausend Mark! Wie weit können wir gehen?«

»Auf äußerstens viertausend«, antwortete der Bruder.

Es schwamm mir vor den Augen, viertausend Mark bedeuteten damals ein Vermögen.

»Also sagen wir fünftausend?«, schlug Reinhardt vor.

Nicht unter siebentausend, entschied ich und schämte mich.

Reinhardt machte die Bewegung, die ich später so oft an ihm sehen würde, wenn etwas ihn enttäuschte: Er hob beide Hände sekundenlang, ließ sie fallen; einen Idealisten mochte er in mir gesucht haben und fand einen Harpagon.

Im Vorraum wartete Hofrat Paulsen. »Erledigt?«, wollte er wissen, denn davon hing es für ihn ab.

»Definitiv«, antwortete ich.

Doch auch das stimmte nur insoweit, als es nichts mit Berlin wurde. Mit Wien dagegen wurde es etwas.

Wir waren in Morzg nächst Salzburg, wo ich eines der beiden kleinen Malerhäuser erworben hatte, in dem der Porträtist Harta zu Hause gewesen war. Die Festspiele hatten es mir angetan, das nahe Leopoldskron desgleichen, Reinhardts Sommersitz. So verbrachten wir die Sommer dort, in der befreienden Stille, fünfzig Gehminuten vom Festspieltrubel; die Festung Hohensalzburg schaute mir zum »Atelier«-Fenster herein, der Untersberg zum Schlafzimmerfenster, und vor den anderen lag meine kleine Wiese, dehnten sich die hochhalmigen des Mesnerbauern. Darüber sah grün der Turm der Dorfkirche herab, an deren Mauer Agathe schon seit Jahren begraben lag.

Zwischen Friedhof und Mozart gingen die Sommer in dem Malerhause hin, mit der Niederschrift meiner Bücher; nachts aber, wenn die Musik verklungen oder eine Reinhardt-Inszenierung genossen war, fanden wir uns bei ihm zusammen, in dem berückenden Wolf-Dietrich-Schloss. Bis in den Morgen dauerte dies; wer in der Welt etwas galt, war willkommen, und so bunt und zufällig die Mischung mitunter sein mochte, sie machte pünktlich Platz, sobald die Stunde der Gespräche kam. Da saßen wir in der getäfelten, der Bücherei St. Gallens nachgebildeten Bibliothek, die Hausfrau Helene Thimig mit ihren Eltern, der Erzbischof Rieder, der Salzburger Landeshauptmann Rehrl, die Ehepaare Richard und Paula Beer-Hofmann, Toscanini mit seiner vergötterten »Mamma«, Duff Cooper und Diana Manners, die Hauptdarstellerin des »Mirakels«, Gerhart und »Gretchen« Hauptmann, Franz Werfel mit seiner Frau Alma, der Witwe Mahlers, Sacha Guitry mit seinen Damen, Franz Molnár, die Tänzerin Tilly Losch, Cochran, der Beherrscher der Londoner Bühnen, die treuen Reinhardt-Vasallen Baron Philipp Schey, der baltische Graf Üxküll, mein Bruder Hans, der ungarische Anwalt Miska Marton, der Allerweltsübersetzer Rudolf Kommer aus Czernowitz, der tagsüber unterwegs war, um Zelebritäten, der italienischen Kronprinzessin etwa oder dem Filmmagnaten Jack Warner, zuzuflüstern: »Der Professor erwartet Sie nach der Oper« – sie kamen und gingen. Die orthodoxen Gläubigen des Theaters aber blieben. Je später es wurde, je früher vielmehr, desto aufgeschlossener zeigte sich der Hausherr, der Pläne in den Morgen baute, profane Luftschlösser im Schlosse eines Erzbischofs. Von makellos Musischem getränkt, von kompromisslosem Vollkommenheitsanspruch gespeist, strömten jene Stunden, die unter Sternen anfingen, in die Morgenröte, kein Schatten fiel darauf, die Flügel des Genies trugen sie empor in eine Welt, die es nicht mehr gab und nie mehr geben wird.

Überhaupt war es eines der schönsten Merkmale dieser österreichischen Epoche, dass darin allenthalben Gespräche auf hoher und höchster Ebene geführt wurden. Hätte sie jeweils jemand aufgezeichnet, etwa die Dialoge des Gesprächgenies Egon Friedell mit seinen ihm ebenbürtigen Partnern, dem Rhapsoden des Alltags Peter Altenberg, dem Großen der kleinen Form Alfred Polgar, dem unerbittlich morgigen Adolf Loos, es wäre ein Kompendium des Sinnes und Widersinnes entstanden.

Diese Gespräche, die sich oft leidenschaftlich erhitzten, streiften kaum je die Politik, für die Österreicher sich weder besonders interessierten noch besonders begabt waren, was sich rächen sollte; handgreiflich Materiellem wichen sie aus, weniger aus Hochmut, als weil es den Redenden unwesentlich und langweilig erschien. Der Überlebende, Zeuge des Wirtschaftsaufschwungs nach dem Zweiten Weltkrieg, würde allerdings nicht umhinkönnen, jene goldene Ära der Gespräche zurückzuwünschen angesichts einer Epoche, in der Gespräche fast nur noch Preisen, Prozenten und Profiten galten.

Reinhardt hatte natürlich längst herausgefunden, warum ich seinerzeit so habgierig gewesen war; er eröffnete daher unsere Zusammenkunft, die einem Besuch Helene Thimigs in Morzg und ihrer Mitteilung folgte, es sei sein Wunsch, dass ich das Wiener Theater in der Josefstadt übernehme, mit den Worten: »Auch diesmal gehe ich nach Amerika. Aber diesmal können Sie in Wien und bei der Gessner bleiben!« Und hatte, als er den Namen meiner Frau nannte, sein schlauestes Lächeln – im Zusammenhang mit Helene Thimigs Besuch, die sich mit ihr vortrefflich verstand, gab mir das zu denken: Sollte diesmal Adrienne die Hand im Spiel gehabt haben? Sie leugnete es nicht, wie sie nie etwas geleugnet hat. »Da du ohne Theater ja doch nicht mehr leben kannst, ist es besser, du lebst im selben Theater wie ich«, sagte sie.

Nach wenigen Tagen unterschrieb ich, der Überredungskunst des großen Überredners bedurfte es nicht mehr; ein Kleinod wie die Josefstadt suchte ihresgleichen. Reinhardt hatte sie von Professor Witzmann umbauen lassen, ähnlich dem Teatro Fenice in Venedig; trotzdem war sie mit ihren sanft gewölbten, damastbespannten roten Rängen, ihrem gedämpften Elfenbeinweiß und Mattgold, dem Kristallluster, der, sobald er erlosch, sacht zur Decke schwebte, vor allem aber mit ihrer Akustik einer kostbaren alten Geige, die noch das gehauchte Wort bis in die letzte Reihe trug, ein Kammerspielhaus wie keines dieser Erde. Hofmannsthal hatte ihm den Namen und den Sinn gegeben, als er es »Die Schauspieler im Theater in der Josefstadt unter der Führung von Max Reinhardt« nannte, wie es denn auch jahrelang hieß; sogar der Mühe hatte er sich unterzogen, Aufforderungen an das Publikum zu verfassen, in seiner unverkennbaren Diktion, jene noch erhaltene etwa, worin »erkältete Personen« um entsprechendes Verhalten ersucht wurden. Überhaupt war es einer der kostbarsten Besitze der Reinhardt'schen Josefstadt, dass sie über Ratgeber wie Hofmannsthal oder Beer-Hofmann jederzeit verfügen durfte – ohne Entgelt opferten sie Monate ihrer eigenen Arbeit, ihre eminenten dramaturgischen Gaben nie versagend, sooft sie Reinhardt darum bat.

Diese Zeit freilich war vorbei, Hofmannsthal war der Erschütterung beim Begräbnisse seines Sohnes Franz erlegen, Beer-Hofmann hatte sich zurückgezogen, seit nur noch Stellvertreter Reinhardts, der immer seltener nach Wien kam, leitend ins Haus zogen, zuletzt Otto Preminger, dessen Weg später nach Amerika führte. Immerhin blieben genug große Schauspieler erhalten, die Reinhardt liebten und, wenn sie ihn schon nicht selbst haben konnten, jemanden vorzogen, der zu ihm stand wie sie. Und Reinhardt selbst wünschte keinen Stellvertreter mehr, sondern die völlige Liquidierung seiner Rechte und Pflichten, zu deren Übernahme er mich ausersah.

So brach ich jenen Morzger Sommer frühzeitig ab, um mich, noch in den Ferien, mit den bevorstehenden Aufgaben vertraut zu machen. Ich hatte auf fünf Jahre abgeschlossen, die ich auf zehn verlängern konnte. »Warum die zehn nicht gleich?«, fragte mich Reinhardt, als ich mich in Leopoldskron von ihm verabschiedete: »Man muss das Gefühl der Dauer haben, um zu reüssieren.«

Ich erinnere mich meiner Antwort, Dauer sei ein Luxus, den sich augenblicklich nicht jeder von uns leisten könne.

Er lächelte sein vielsagendes Lächeln; sich nie beklagt zu haben, gehörte zu seinen auszeichnendsten Eigenschaften. Es war August 1935.

Sooft ich die ausgetretene Steintreppe zum Direktionszimmer der Josefstadt hinaufstieg – von außen ist es ein unschönes altes Dutzendhaus, das Märchen beginnt innen –, hatte ich Angst. Nicht nur in den ersten Wochen, wo alles drohend neu erschien, ich mir selbst fast wie ein Betrüger, der vorgab zu können, was er nicht konnte, auch später. Mochte es die Vorahnung des mich Erwartenden sein, war es die mir unselig eingeborene Art, Dunkles herbeizuziehen, indem ich es fürchtete, der Weg zu jenem steilen ersten Stock war von Besorgnissen selten frei. Und wenn ich mit Beamtenpünktlichkeit, zum Entsetzen meiner Angestellten, die Direktionskanzlei um ein Viertel vor neun morgens betrat, um sie, eine Mittagspause abgerechnet, erst nach der Abendvorstellung zu verlassen, von der ich einige Szenen sah, so geschah es jedes Mal mit einem bangen Blick auf die Post, die hochgehäuft auf meinem Schreibtisch lag. Ich hatte mir vorgenommen, sie Stück für Stück selbst zu lesen, wie ich auch damit aufräumen wollte, nur zu bestimmten Stunden und nach vorheriger Anmeldung zu sprechen zu sein; ich war jederzeit für jeden zu sprechen, wovon ich mir für das Bekanntwerden mit Gesichtern und Problemen mehr versprach als vom Dazwischentreten angestellter Beschöniger oder Alarmisten.

Dass ich mit Widerständen zu rechnen haben würde, darauf war ich gefasst. Die Karikatur, die mich am Tage meiner Ernennung in dem Montagblatt »Der Morgen« als Doppelwesen darstellte, wovon das eine – der erbötige Theaterdirektor – sich schamhaft vor dem andern – dem unerbittlichen Theaterkritiker – verbarg, sprach Bände: Ich würde es mit meinen früheren Kollegen nicht leicht haben. Und ich würde es mit der Machtgruppe der Amüsierstückhändler schwer haben, die unter meinem Vorgänger den Spielplan überschwemmten, so dass Preminger dem Theaterverleger Georg Marton mitteilte: »Direktor wird einer, den weder Sie noch ich wollen.« Vermutlich hatte Reinhardt mich deswegen dazu gemacht.

Doch war er nicht mehr der Chef, auf den die Responsibilität, auch die finanzielle, abgewälzt werden konnte, vielmehr war ich der Alleinverantwortliche, haftbar für Gedeih und Verderb, die Schulden der Vergangenheit, die Sicherstellung der nicht minder erheblichen Betriebskosten des Augenblicks – ich war nicht nur Direktor, ich war zugleich Unternehmer. Fiel unter der Direktion Reinhardt ein Stück durch, dann wurde es dem Soll der Direktion Reinhardt angelastet, deren Kredit auch im Bereich der Ziffern hoch war; der meine dagegen war gleich null, mein Vermögen nicht der Rede wert. Dazu kam, dass ich in Premingers Nachlass eine Menge mir ungemäßer Stücke vorfand, die ich entweder hätte spielen oder mit Konventionalstrafen abgelten müssen. Ein Berg von Schwierigkeiten also, in den übereilten Salzburger Gesprächen nicht vorausgesehen, türmte sich vor mir auf.

Jetzt aber gab es kein Zurück. In einem Hotelzimmer verbrachte ich die ersten sieben Nächte nach meiner Rückkehr mit dem Kennenlernen der dringendsten Schulden und jener Stücke, die ich unter keinen Umständen spielen würde; die Konventionalstrafen addierte ich zu den Schulden. Die zweiten sieben Nächte widmete ich den Stücken, die ich spielen wollte, den Schauspielern, die sie darstellen, den Regisseuren und Bühnenbildnern, die sie gestalten sollten.

Als es so weit war, berief ich eine Pressekonferenz und stellte mich den nicht überaus wohlwollenden Fragern. Würde ich als Theaterdirektor meinen als Kritiker vertretenen Grundsätzen treu bleiben? Unbedingt. Worin werde das zum Ausdruck kommen? In einem Zyklus österreichischer Meisterwerke, der von Grillparzers »Treuem Diener« und »Der Jüdin von Toledo« über Anzengrubers »Viertes Gebot«, Hofmannsthals »Gerettetes Venedig« und Schnitzlers von mir dramatisierter Novelle »Fräulein Else« zu Goethes »Geschwistern«, Max Mells »Apostelspiel«, Schönherrs »Kindertragödie« und den neuesten Hervorbringungen Franz Werfels führen solle. Klassiker in der Josefstadt? Gewiss! Damit habe Reinhardt dort Triumphe gefeiert, mit »Kabale und Liebe«, mit dem »Lear«. Auch den Wahlösterreicher Hebbel würde ich spielen und Lessings »Nathan«, denn das Wiener Theater lasse seit langem die Antwort darauf vermissen, was die Intoleranz sich nah und fern herausnahm. Welche Neuengagements hätte ich im Auge? Albert Bassermann unter anderen, von der Isle of Wight herbeigerufen, Deutschlands größten lebenden Schauspieler, der die Intoleranz nicht hatte dulden wollen. Ich nahm die versteckt skeptischen, die offen höhnischen Blicke hin, ermutigt von drei Augenpaaren. Sie gehörten Helene Thimig, Paula Wessely und meiner Frau.

Mit einem der »Nachlass«-Stücke, »Hoffnung« von Henry Bernstein, fing meine Direktion an, Helene Thimig, Anton Edthofer und Attila Hörbiger spielten die Hauptrollen: Reinhardt kam aus Leopoldskron zur Premiere. Vielmehr, er kam zur Generalprobe, die am Tag der Vorstellung stattfand; um halb zwei Uhr nachmittags war sie zu Ende, um zwei ordnete Reinhardt eine neue Probe an und probte bis halb sieben. Denn er hatte erkannt, um wie viel selbstironischer und leichter das sich viel zu ernst nehmende Stück dargestellt werden müsse – binnen vier Stunden verwandelte er Szenen und Darsteller so völlig, dass abends eine Welle heitersten Behagens die Zuschauer erwärmte, wo noch am Vormittag ein pathetisches Eheproblem sie kalt gelassen hatte. Es war ein freundlicher Erfolg, und die Rezensenten machten von den Möglichkeiten, die ihnen der Titel »Hoffnung« bot, Gebrauch. Dann reiste Reinhardt ab, und ich blieb mir selbst überlassen.

Ich habe nicht die Absicht, die oft erörterten Leiden und Freuden eines Theaterdirektors auch meinerseits auszubreiten, mir liegt nur daran, jenen Schatten einzufangen, den die Zeit verzerrt zu werfen begann und der, achtzehn Kilometer von Morzg, aus Berchtesgaden kam. Der Austausch deutscher und Wiener Schauspieler, unter Reinhardt selbstverständlich, hatte aufgehört. Ein Zustand der Unartikuliertheit, ein Verstummen, Zurseiteschauen, Nichtswissen und Nichtswissenwollen, zugleich absurd und gespenstisch, riegelte hüben von drüben ab, wir machten uns keine Vorstellung davon, was in einer achtzehn Kilometer nahen Entfernung vorging, schlimmer noch, wir wollten uns keine machen. Auf unserem Eiland, wo die Wellen bereits turmhoch gingen, fühlten wir uns noch zu einer Zeit sicher, da die Schweizer Zeitungen unablässig Alarm schlugen. »Hitler kommt nie«, konnte man hören, als er fast schon da war.

In diesem unheimlichen Zwischenreich von Euphorie und Apokalypse spielten wir, als hinge die Welt davon ab, Theater. Nur in Wien war dergleichen möglich, dessen Lieber Augustin, Geiger in der Pestgrube, keine zufällige, vielmehr eine mächtig symbolische Erscheinung ist. Und nur im Wien dieser Zwischenzeit war der Vorfall möglich, von dem ich jetzt berichte.

Fräulein Adler, die Privatsekretärin Reinhardts, kündigte mir den Besuch eines Amateur-Schauspielers an, der Reinhardt vorgesprochen und von dem er einen nachhaltigen Eindruck gewonnen habe. Sie brachte den Empfohlenen zu mir, einen schwerfälligen, mittelgroßen, blondbärtigen Menschen, ein wenig scheu, der sich nicht sogleich zurechtfand, jedoch schließlich, von Fräulein Adler ermutigt, den Tell vorzusprechen bereit war. Ich bat ihn auf die Bühne und den Regisseur Paul Kalbeck in den Zuschauerraum; der Zufall wollte, dass auch Dr. Emil Geyer, seinerzeit stellvertretender Direktor der Josefstadt, sich uns anschloss. Da hatte der Vorsprechende, ohne auf uns zu achten, bereits begonnen, und von zu viel Gebärden und Mimik abgesehen, wie es bei Dilettanten der Fall zu sein pflegt, zeigte er recht erstaunliche Gaben. Das Bäuerliche seiner Erscheinung freilich mochte dem Tell besonders zugutekommen, doch die Intensität seiner nicht dialektfreien Diktion, ihre erzene Klangfarbe, die ein wenig an Werner Krauß gemahnte, und etwas seltsam Wildes im Ausdruck machten aufhorchen und aufschauen.

»Haben Sie Werner Krauß oft gesehen?«, fragte ich, als er zu Ende war. Seinerseits fragte er, wer das sei, und als er hörte, es sei einer der berühmtesten Schauspieler, meinte er geschmeichelt, das freue ihn, doch habe er den Herrn nie gesehen, komme aus Zell am See, wo er wohnte, fast nie fort, kenne kein richtiges Theater und sei nur in Liebhabervereinen, außerdem zweimal in Oberammergau aufgetreten. Ob er noch etwas vorsprechen könne? Er rezitierte aus einem bäuerlichen Perchtenspiel und aus dem »Jedermann«, doch nicht aus dem Hofmannsthalschen, sondern die Dialektfassung eines Herrn Löser, die letzten beiden Rollen noch unbeholfener als den Tell, trotzdem für einen dem Theater so Fernstehenden mit unverkennbarem Talent. Sein Zeller Anwesen, berichtete er, habe er dem Sepp, seinem jüngeren Bruder, übergeben, »das ewige Mit-der-Milch-Herumkutschieren« sei ihm zuwider geworden, mit einem Wort, er würde es gern mit der Schauspielerei versuchen; vielleicht sei er nicht mehr jung genug dazu, an die vierzig, doch schade ein Versuch ja nichts, und er würde mir auch »nicht viel Kosten aufrechnen«, wie er sich ausdrückte.

»Unbedingt versuchen!«, riet Dr. Geyer, ein sonst phlegmatischer Zuhörer, elektrisiert; auch Paul Kalbeck war derselben Meinung, und ich schloss mich ihnen an. Sprech- und Schauspielunterricht werde allerdings notwendig sein, gab ich zu bedenken.

Der Mann war einverstanden. Kaspar Brandhofer hieß er, er ließ mir seinen Tauf- und Heimatschein gleich da, damit ich ihn ins Reinhardt Seminar einschreiben lasse.

Eine Zeitlang hörte ich nichts von ihm, bis Burgtheaterdirektor Röbbeling telefonisch wissen wollte, ob ich etwas dagegen habe, dass ein gewisser Brandhofer, der mir im Wort sei, den Tell im Burgtheater spiele. Tags zuvor hatte Anton Edthofer eine Hauptrolle zurückgewiesen, die ihm in meiner Dramatisierung von Schnitzlers »Fräulein Else« zugedacht gewesen war. Ich befand mich in Verlegenheit, hintergründige Darsteller gab es wenige, auch bestand der Ausweg nicht mehr, Schauspieler aus Deutschland zu berufen; so verfiel ich auf den Mann aus Zell am See. Wenn seine bisherigen Fortschritte ihn zum Hochdeutsch verpflichtenden Burgtheater-Tell befähigten, sollte er für eine Rolle im Wiener Dialekt nicht ungeeignet sein. Ich bat Direktor Röbbeling, sich zu gedulden, und ließ den Mann holen.

Das Buch lag bei mir, ich erklärte Herrn Brandhofer den ungefähren Inhalt, dann las er mir aus dem Text vor; das Lesen war, wie sich zeigte, seine starke Seite nicht, trotzdem hoffte ich, dass er bei sorgfältiger Führung nicht nur eine Möglichkeit, sondern unter günstigen Umständen sogar die Erfüllung für die Rolle sein könnte. Das einzige Bedenken blieb ihre soziale Eigenart, die eines im Luxus lebenden Großbürgers, zu der ein Milchkutscher den Weg schwer finden würde. Wenn man's ihm richtig zeige, werde er's schon schaffen, meinte er.

Es wurde ihm gezeigt, der Regisseur Hans Thimig verwendete Mühe darauf, und wenn ich gelegentlich den Proben zusah, bemerkte ich an dem bärtigen Menschen zwar vieles Anfängerhafte, doch besserte sich das von Tag zu Tag. Nur eine Szene, in der er mit Messer und Gabel umzugehen hatte, wollte ihm nicht gelingen, bis Thimig ihn, die beiderseitige Hemmung überwindend, in ein Restaurant einlud und ihm dort Unterricht in Tisch-Manieren erteilte; auch die Geheimnisse eines Tennisplatzes auf der Bühne, denen er fassungslos gegenüberstand, wurden ihm allmählich vertraut, die modischen Anzüge, sogar der Smoking passten ihm; Albert Bassermann, der in dem Stück mitspielte, prophezeite ihm Erfolg und klopfte dabei, nach Schauspielersitte, auf Holz. »Was tun S' denn da?«, erkundigte sich der Unkundige vom Lande. Auf der sogenannten Durchsprechprobe am Tag der Aufführung, einer bloßen Textprobe, wobei die Mitwirkenden, um einen Tisch sitzend, ihre Rollen sprechen, war Brandhofer der Einzige, der mit demselben Eifer am Werke war wie sonst, bis ihn Bassermann über das Wesen einer Durchsprechprobe aufklärte. Er meinte verwundert: »Für's selbe Geld könnt' man's doch richtig machen?«

Am Abend machte er es richtig, es wurde ein starker Erfolg, der zu einem beträchtlichen Teile ihm galt. Als ich ihm in seiner Garderobe Glück dazu wünschte, saß der stattliche blonde Mann völlig hüllenlos vor dem Ankleidetisch, so sehr hatte die Aufregung ihm eingeheizt. »Es is scho a damische Schinderei!«, sagte er und wischte sich den Schweiß. Am Morgen priesen ihn die Kritiker der rechtsstehenden Zeitungen überschwänglich. »Mit dem Naturkind Brandhofer kommt der Erdgeruch des Echten in dieses verlogene Machwerk«, konnte man lesen. Und der Wiener Berichterstatter des »Völkischen Beobachters«, Herr Millenkovich – wegen seiner missglückten Direktion des Burgtheaters der »Garten-Laube« geheißen –, nannte das Naturkind beim Namen, nämlich dem eines »volksverbundenen Urtalentes«, und das Machwerk, wie es der Augenblick erheischte, jüdisch. Andere begnügten sich damit, einen zweiten Steinrück oder George entdeckt zu haben.

Auf diesem Höhepunkt der Laufbahn eines Milchkutschers aus Zell am See geschah es, dass der Schauspieler Heinrich Schnitzler, Arthur Schnitzlers Sohn, mich erregt aufsuchte und keinen Zweifel daran ließ, er habe in dem angeblichen Kaspar Brandhofer den Schauspieler Leo Reuss erkannt, mit dem er in Berlin jahrelang ein und dieselbe Garderobe des Staatstheaters geteilt hatte.

Ich selbst kannte einen Schauspieler dieses Namens nicht, wusste nicht einmal von seiner Existenz. Welche Haarfarbe hatte er? Schwarz, aber Haar ließ sich färben. Durch einen Zufall indes wusste ich, dass der Mann aus Zell am ganzen Körper kein einziges schwarzes Haar besaß. Auch dazu diene Wasserstoff, meinte der Sohn Schnitzlers mit des Vaters unerschütterlicher Skepsis. Habe er hier schon mit dem Verdächtigen gesprochen, wollte ich wissen. Jawohl, und der Regisseur Karlheinz Martin desgleichen. Mit welchem Ergebnis? Ohne jedes; Brandhofer habe vorgegeben, beide nicht zu kennen; auch Bassermann habe ja seinerzeit mit Reuss in Berlin gespielt. Wo? Bei Reinhardt! Und sollte ihn nicht wiedererkannt haben? Achselzucken. Und Reinhardt selbst, der ihn mir geschickt hatte? Achselzucken. Welchem Zweck könnte der Betrug dienen, wenn es einer war? Dem, der bereits erreicht wurde! Den Rassenschwindel des Dritten Reiches so abgründig aufzudecken, dass nur noch homerisches Gelächter von ihm übrig bliebe: Ein reinrassiger Jude verbreitet den Erdgeruch des bodenständig Völkischen! Wer wollte da nicht mitspielen?

Wenn Schnitzlers Sohn recht hatte, wollte ich. Zwar wäre es für uns alle einfacher gewesen, wenn der vorgebliche Landwirt mich ins Vertrauen gezogen hätte, doch fiel das jetzt nicht mehr ins Gewicht. Daher schickte ich nach Herrn Brandhofer.

»Guten Tag, Herr Reuss«, sagte ich.

Kein Wimpernzucken in dem blondbärtigen Gesicht. Er sah nach, ob noch jemand im Zimmer sei, der gemeint sein konnte, und da dies nicht der Fall war, erkundigte er sich nach meinen Wünschen.

Ich sagte ihm, dass ich die Energie und das Geschick bewundere, womit er vorgegangen sei. Doch jetzt, da ich seinen Namen wisse, habe das Versteckspiel mir gegenüber keinen Sinn mehr; ich sei bereit, ihn zu behandeln wie bisher und ihm durch Zuteilung weiterer Rollen die Existenz zu sichern – sollte es das sein, was er anstrebe.

Da er mich verständnislos ansah, wurde ich deutlicher. Was er getan habe, sei Wasser auf meine Mühle, er müsse keinesfalls befürchten, dass ich ihn preisgebe.

Das verbat er sich äußerst heftig. Ich möchte ihm endlich erklären, was ich von ihm wolle. Er heiße weder Reis noch Rois. Und wenn ich ihm noch einmal damit komme, werde er sich sein Recht anderwärts verschaffen! Auch das war deutlich. Sogar drohend war es, in jenem gewissen Ton, der zu dieser Zeit, mühsam niedergehalten, immer wieder schrill vernehmlich wurde. Hieß Herr Brandhofer nicht nur wirklich so, sondern war das auch, was der »Völkische Beobachter« von ihm hielt, dann hatte ich ihm mit meinem vorherigen Anerbieten eine Waffe in die Hand gegeben, und, kein Zweifel, er würde sie mit der Gefährlichkeit gebrauchen, die ihm auf der Bühne zu Gebote stand.

Der Staatsanwaltsgehilfe regte sich in mir. Brandhofers Ansuchen um Aufnahme in die Bühnengewerkschaft werde gebraucht, sagte ich und ließ es ihn an meinem Tisch schreiben – vielleicht fand sich in unserem Korrespondenz-Archiv, zu Vergleichszwecken, die Handschrift jenes Herrn Reuss, hatte ich gedacht. Kurz darauf war sie gefunden, am selben Abend lag das Gutachten des Handschriftsachverständigen am Straflandesgericht vor: keinerlei wie immer geartete Ähnlichkeit der beiden Proben.

Inzwischen erfuhr ich, jener Schauspieler habe seinerzeit in Hamburg unter Direktor Röbbelings Regie im »Jedermann« gespielt, unter demselben Direktor Röbbeling, der ihn als Tell für das Burgtheater hatte verpflichten wollen; und dass auch Direktor Emil Geyer jenen Schauspieler Reuss persönlich seit vielen Jahren auf das genaueste kenne. Ich erkundigte mich bei beiden, sie lehnten auch nur die vage Möglichkeit einer Identität kategorisch ab, und Röbbeling meinte in seinem Sächsisch: »Nu heeren Se mal, Herr Hofrat, halten Se mich für'n Kaffer? Herrn Reuss kenne ich wie meine Tasche! Da is auch nich'n Hauch von Ähnlichkeit!«

Die Abendvorstellung in meinem Theater hatte noch nicht begonnen, als der greise Hofrat Hugo Thimig zu mir kam.

Herr Reuss, sagte er, habe einen Nervenzusammenbruch erlitten – kein Wunder nach all der mirakulösen Anspannung und Geistesgegenwart. Ihn, als den Senior der Wiener Schauspieler und als Reinhardts Schwiegervater, habe er ins Vertrauen gezogen. Der Fall liege so: Seit der nationalsozialistischen Herrschaft in Deutschland sei Reuss, seiner jüdischen Abkunft wegen, jahrelang ohne Engagement gewesen; er habe vergeblich Unglaubliches versucht, um sich fortzubringen, bis ihm nur noch die Eventualität Verhungern oder Selbstmord blieb – da sei ihm der Gedanke jenes Betrugs gekommen. Nun hänge es von mir ab, ob das Geheimnis gewahrt und die Existenz eines tüchtigen Schauspielers gesichert werden könne.

Selbstverständlich erklärte ich mich dazu bereit. Doch hatten die Schauspieler der Josefstadt, von denen einige, wie sich bald zeigen sollte, vergaßen, dass sie in Max Reinhardts Haus Schauspieler geworden waren, bereits von der Sache Kenntnis erhalten und bestanden darauf, die Öffentlichkeit zu unterrichten. Nach einer von ihnen abgehaltenen Versammlung entschied ich, dass von einer Entlassung des mit solchem Erfolg Hervorgetretenen keine Rede sein könne und dass er sich von nun an Brandhofer-Reuss zu nennen habe. Dabei hatte es vorläufig sein Bewenden.

Der Fall aber, zur Weltpublizität aufsteigend, die Welt aufreizend zum Hohngelächter über uns Schauspieler-Kenner, die der Schauspielerei so prompt aufsaßen, dass sie ihnen entlarvend mitspielte, hatte ein wahres Janusgesicht, und das ist es, was ihn zu einem historischen stempelt. Auf der einen Seite zeigte er einen düpierenden Histrionen, der sich für sein Leben tarnen musste, um zu spielen, auf der andern den düpierten Theater-Direktor, der sich für sein Leben fürchten musste, dass es kein Betrug sei.

Doch als sich dies ereignete, hatte die »Es kann d'r nix g'schehn!«-Philosophie des Anzengruber'schen Steinklopferhanns noch die Oberhand. »Wir spielen alle, wer es weiß, ist klug«, heißt es bei Schnitzler. Wir spielten alle, und wollten es nicht wissen. Jean Giraudoux kam nach Wien zur deutschen Uraufführung seiner Komödie »La guerre de Troie n'aura pas lieu«, die ich inszenierte. Nachher gab es ein Bankett in den Sträußelsälen, wobei Giraudoux einen Trinkspruch auf Wien ausbrachte; es habe die Grazie eines unmündigen Kindes und, sagte er, »peut-être pour cela«, die Weisheit der Greise, daher werde es immer spielend aus den Fallen gehen, die man ihm stelle. Kaum ein Jahr nach dieser Voraussage war er Informationsminister am Quai d'Orsay, Goebbels' Amt europäisch versehend, und bewahrte mich davor, über Nacht deportiert zu werden.

Wir spielten fröhliches Theater, »Call it a Day« etwa, dem ich den Titel »Der erste Frühlingstag« gab; oder »The Women« von Claire Booth, die ich, um die europäischen Frauen nicht zu verletzen, »Frauen in New York« nannte; aber auch »Nathan der Weise« spielten wir, der in Bassermanns Ringerzählung die Schande der Unduldsamkeit so laut verkündete, dass es bis zur Grenze des zu Wagenden drang; »Nachtasyl« spielten wir und Grillparzer, immer wieder sein Hauptthema, den Fluch der Überhebung; den Scherz spielten wir, die Satire und die tiefere Bedeutung. Neben den berühmten und eingesessenen zeigten neue Schauspieler, aus dem Reinhardt Seminar hervorgegangen, zum ersten Mal ihr Gesicht, Maria Becker, Hilde Krahl, Geraldine Katt, Ilse Werner, Annie Mayer, O. W. Fischer; ein weitausgreifender Plan lag vor, die Josefstadt als Kammerspielbühne dem Burgtheater anzugliedern, und hatte bereits die Zustimmung des Kanzlers Schuschnigg gefunden.

Ihm war ich, als ich vor Jahren im Burgtheater »König Ottokars Glück und Ende« inszenierte, zum ersten Mal begegnet und hatte in ihm einen Theater- und Musikfreund von ungewöhnlichem Verständnis kennengelernt. Dass er überdies ein Anhänger meines Großonkels war, dessen Bücher er immer wieder las, begründete einen Zusammenhang, der – fern der Politik, worüber wir verschieden dachten – jener wachen Bereitschaft für die Künste galt, die ihn als typischen Österreicher unwiderstehlich anzogen. Im Laufe unserer Bekanntschaft lernte ich seinen Mut, seine Integrität, die Selbstverständlichkeit, Opfer zu bringen, daher auch zu verlangen, eine Urteilsgabe, die der Phantasie mehr als der Realität vertraute, kennen, verstehen und respektieren. Er war wiederholt Zuschauer in der Bühnenloge der Josefstadt, meist auf einem Stuhl im Hintergrund, um jedes Auffallen zu vermeiden, dem er, auch darin österreichisch, abhold blieb. Nur einmal zog er diesem versteckten Platz einen an der Brüstung vor, rechts vom Minister Guido Zernatto, dem Chef der kämpferischen und bekämpften »Vaterländischen Front«, nebstbei – wie österreichisch auch er – Lyriker von gültigem Rang.

Dies geschah an einem Sonntagvormittag, den ich einer »Österreichischen Matinee« gewidmet hatte. Zernatto kam dabei zu Wort, doch auch der atmosphärische Sprachkünstler Josef Weinheber, dessen nationalsozialistisches Bekenntnis sich noch nicht manifestiert hatte, Beer-Hofmann, Hermann Broch, Polgar, Zweig, Werfel, lauter Emigranten von morgen. Schauspieler lasen aus ihren Werken, ich selbst sprach Grillparzers »Sie sollen ihn nicht haben, den grünen Donaustrand!«, da hatten sie ihn fast schon.

Fünf armselige Tage trennten uns noch von der Katastrophe, von Sonntag bis Freitag. Doch an diesem Sonntag, im Theater in der Josefstadt, nach den Grillparzer'schen Versen, brach, vom Kanzler angeführt, der in seiner Loge aufgestanden war, ein solcher Applaussturm los, dass das tausendjährige Reich einem tausendjährigen Österreich Platz zu machen versprach.

Wie tragikomisch im Rückblick Demonstrationen sind! Da standen wir, von Beifall umbraust, und gaben, von der Regierung ermutigt, etwas kund, was in fünf Tagen auf der Proskriptionsliste stehen würde, dankten, dünkten uns die Sieger.

Dabei war Schuschnigg kürzlich von einer Unterredung mit Hitler zurückgekehrt, die in einem eklatanten Misserfolg endete, jedem, der Augen hatte, zur Warnung und Drohung. Wir wollten trotzdem nicht sehen. Euphorie, dem Letalen häufig vorangehend, hielt uns im Bann – wir wussten ja, dass die erste Minute des Nationalsozialismus unsere letzte sein musste, vielleicht nicht nur in Österreich, sondern überhaupt, und unser österreichischer Lebenswille, der auch der Wille, in Österreich zu leben, blieb, klammerte sich an Träume.

Die einzige aus jener sonntäglichen Morgenfeier von mir gezogene Folgerung war ein nächtlicher Besuch beim Kanzler, der in einem Nebengebäude des oberen Belvedere wohnte, um die Befürchtungen der Wiener Juden zur Sprache zu bringen, es könnte nach der Canossafahrt auf den Obersalzberg ein Regimewechsel eintreten – nicht die Wegschwemmung der Regierenden, sondern ein scharfer antisemitischer Kurs; es sei daher nötig, solcher überflüssigen Beunruhigung die Spitze abzubrechen, meinte ich. Ob ich einen Vorschlag habe? Bruno Walter zum Operndirektor zu machen, erwiderte ich. Augenblicklich gab Schuschnigg seine Zustimmung und bat mich, mit Walter zu sprechen. Dann unterhielten wir uns fast bis ein Uhr nachts über Walters Interpretationen Bruckners, der in dem niedern Hause gegenüber gestorben war. Am nächsten Morgen entledigte ich mich telefonisch meines Auftrags, Walter versprach, Verhandlungen mit der Intendanz aufzunehmen, und der Beweis der unerschütterlichen österreichischen Standhaftigkeit schien mir wieder einmal erbracht. Es war Montagmorgen.

Am Dienstag fand im Gebäude der Neuen Burg ein Ball der Vaterländischen Front statt, bei dem Schuschnigg und seine Mitarbeiter zum ersten Mal die Abzeichen der »Ostmärkischen Sturmscharen« trugen, eine schwarze Uniform, penetrant an Vorbilder jenseits der Grenze gemahnend; ich sagte das zu Zernatto. Er zuckte die Achseln. Gewisse Leute verstünden eben nur die Sprache, die sie selbst sprächen. Ein hoher Staats-Funktionär nahm mich beiseite, vor Wohlwollen strahlte sein Gesicht, als er rühmte, wie treffend seinerzeit die von mir eingeführten Schauspielkritiken am Radio gewesen seien: Wenn ich es wünsche, würde er sie wieder einführen lassen; am vorangegangenen Nachmittag aber hatte er die Weisung erteilt, mir und zwei anderen Theaterdirektoren den Pass »im gegebenen Augenblick« unverzüglich abzunehmen. Ob der zweite hohe Funktionär, er wünschte mir zu dem »österreichischen Triumph« unserer Morgenfeier Glück, es gewesen ist, oder der dritte, er ließ bei einem Glase Wein »Lothars Josefstadt« hochleben, kann ich nicht mehr nachprüfen: Jedenfalls schrieb mir meine zuverlässige Sekretärin Josefine Holman zwei Wochen später, einer der beiden habe sich am Tag nach meiner Emigration telefonisch bei ihr erkundigt, ob ich denn nicht endlich »im Lager« sei.

Doch ich will nicht bitter werden, wie ich es in erzählenden Büchern war, die ich über diese Epoche geschrieben habe. Sie ist vorbei – wollte Gott, dass sie es ganz und gar ist! Manchmal wird es schwer, daran zu glauben, weil so vieles ihrer Vor- und Fehlurteile sich erhält und so manche, auf das kurze Gedächtnis der Mitmenschen spekulierend, sich vorgenommen haben, ihnen in dieselben Stiefel zu verhelfen, mit denen die Menschenwürde zertrampelt wurde. Allein dass sie als Epoche vorbei ist, bleibt die größte Errungenschaft seit der Französischen Revolution und die Wiederherstellung jener immanenten Gerechtigkeit, ohne die es kein Leben im Geist gibt, selbst wenn sie nur temporär wäre; denn die Geschichte kennt nichts Dauerndes.

So muss die Freude darüber jene Distanz schaffen, die keine Schadenfreude duldet, und zu einer Beurteilung helfen, die das vollzogene Urteil anerkennt, ohne es zu verschärfen. Allerdings wäre nichts unbilliger, als jenen Schleier der Nächstenliebe über Nächste zu breiten, die es nicht waren, weil sie keine Liebe hatten. Es gibt Taten, die man weder verzeiht noch vergisst; das ist man den Millionen schuldig, denen nicht verziehen wurde. Aber man kann sich einen anderen Standort anweisen als den im Gerichtssaal.

Es genüge daher festzuhalten, dass am Mittwoch für den kommenden Sonntag zu einem Plebiszit aufgerufen wurde, dazu bestimmt, ein nichtnationalsozialistisches Österreich zu garantieren. Mittwochabend fand nächst dem Parlament eine Versammlung vieler Tausender statt, die Schuschnigg zujubelten. Ein junger Mensch, der »Heil Hitler!«, schrie, wurde fast gelyncht. Das rot-weiß-rote Bändchen trug jeder; Wien, schien es, hatte seine Stimme bereits abgegeben.

Am Freitag fuhr ich nach Linz zu einer Gastvorstellung der Josefstadt, durch ein völlig friedliches, seinem Tagewerk nachgehendes Land, wo nur die an Häuser und Scheunen geheftete Kundmachung des Plebiszites daran erinnerte, dass es bevorstand. Nachmittags um drei kam ich an. Um vier verbreitete sich das Gerücht, das Plebiszit sei abgesagt. Auf dem Hauptplatz zeigten sich jubelnde Gesichter. Von einigen Wänden war die Plebiszit-Kundmachung weggerissen oder sie hing in Fetzen herab. Trotzdem beharrte der Lebenswille, vielmehr die Todesangst: nicht abgesagt! Das Plebiszit findet statt! Um fünf bestätigte das Radio offiziell, was ich nicht glauben wollte.

Da gab es eine Stunde in einem Kaffeehaus, wo unsere Schauspieler sich trafen, die an dem Gastspiel teilnahmen, »Hochzeitstage« von Géraldy stand auf dem Programm; sie waren von Jugoslawien gekommen, seit längerem unterwegs und würden noch recht lange unterwegs bleiben, Adrienne unter ihnen – während dieser ganzen entscheidenden Tage hatten wir einander nicht gesehen.

Als sie mich jetzt ansah, wusste ich, dass sie nichts mehr hoffte. Sie strengte sich an, vom Erfolg der Tournee zu reden, ich erzählte vom Erfolg der Morgenfeier. Was wir meinten, war: Es ist aus. Der eine oder andere Schauspieler, die Minderzahl, hatte ihr sonstiges Verhalten mir gegenüber geändert. Sie verbargen ihre Beseligung, einige jüngere vor allem, die sich erst kürzlich – auf dem von mir für die Wohlfahrtseinrichtungen des Theaters gegebenen Ball in der Josefstadt – durch Lobsprüche auf die Direktion hervorgetan hatten. Die Absage des Plebiszites jedenfalls wurde erregt erörtert, Hitler habe es nicht gewollt, sagten die einen; nichts werde sich ändern, meinten die andern. Sie stießen auf Widerspruch: So viel zumindest müsse sich ändern, dass es für Leute wie Herrn Reuss keine Schonung mehr gebe! Herbert Waniek, gewesener Schauspieler der Josefstadt, später Oberspielleiter des Burgtheaters, ein feiner, kluger, tapferer Mensch, antwortete an meiner statt: Jetzt werde Österreich seine Österreicher brauchen – es habe deren mehr als genug, um sich gegen den Ex-Österreicher aus Braunau zu behaupten! Wohlgemeinte, übelwollende, offene, versteckte Worte. Draußen sah man der jubelnden Gesichter immer mehr. Wie abgründig fremd in einer Stunde alles wird. Linz hieß die Stadt? Adrienne bemühte sich zu lächeln. Die Stadt hieß: Abschied von der Existenz.

Jedoch die Stunde war noch nicht ganz um, da kam jemand und brachte die Nachricht: »Das Bundesheer marschiert!« Wie schnell sich alles zurückverwandelt. Das Leuchten verschwand aus manchen Augen, die fahle Sorge aus andern. Das Bundesheer marschierte? Das hieß: Seid gewarnt! Plebiszit oder nicht, Österreich gibt nicht nach! Hatte es nachgegeben, als Dollfuß ermordet wurde? Das Bundesheer marschierte damals, Mussolinis Leute desgleichen, die Demonstration wirkte Wunder – auch diesmal würde es, musste es so sein. Getröstet brach ich auf, ich hatte um acht in Wien eine Sitzung des Direktorenverbandes. »Erhoffe dir nicht zu viel«, sagte Adrienne. Wie ein Menschengesicht sich immer gleichen kann. In der Jugend, im Alter, im Glück, in der Panik. Immer eines Menschen nahes, sich selbst vergessendes, mit dem andern teilendes, nie enttäuschendes Antlitz. »Wenn du morgen nach Wien kommst, steht Österreich fester da als je!«, versprach ich ihr. »Sei kein Optimist zur Unzeit«, warnte sie.

Enns, Amstetten. In Amstetten musste man das Stadtzentrum umfahren, weil dort eine Parade mit Fackelzug vor sich ging. Da sah man wieder einmal, wie leicht man sich in Panik jagen ließ! Die guten Leute, Plebiszit hin, Plebiszit her, feierten ihre österreichische Entschlossenheit. Sogar ihre alten Uniformen hatten sie dazu angezogen, standen in Reih und Glied ausgerichtet.

Es waren aber keine alten, sondern funkelnagelneue, SA-Uniformen waren es, ich hatte dergleichen vorher nicht oft genug gesehen, erkannte sie daher nur an den Hakenkreuz-Armbinden. Jemand beendete eine Ansprache. Die Leute, mehrere hundert, erhoben maschinenhaft-schräg den Arm und riefen wie ein Mann: »Heil Hitler!« Und die Musik der Feuerwehr spielte etwas, das ich auch nicht kannte; es sei das Horst-Wessel-Lied, sagte jemand. Wie oft hatte die Feuerwehr in Amstetten es schon gespielt, dass sie ebenso vertraut damit umging wie die Uniformierten mit den neuen Uniformen? Lächerlich! Das Bundesheer marschierte ja, die Nachricht war einfach noch nicht bis Enns gedrungen. Sobald sie kam, würden die hier auseinanderstieben wie Gespenster beim Hahnenschrei!

Es war finster geworden. Wann marschierte das Bundesheer? Ich kam von Westen – auf dieser selben Straße mussten unsere Leute entgegenkommen, wenn sie die Grenze besetzen wollten. Weshalb brauchten sie so lang? Jeder Scheinwerfer war eine wilde Hoffnung und eine wildere Enttäuschung. Doch hatte ich St. Pölten noch nicht erreicht, als in den Scheinwerfern meines Wagens die Spitze einer langen motorisierten Kolonne erschien, von Tanks gebildet, die mit abgeblendeten Lichtern fuhren. Gottlob! Da waren sie! Sie sahen weniger forsch aus als die Leute in Amstetten und zogen das Dunkel vor? Sehr weise. Wenn man etwas plant, wird man es nicht jedem an die Nase binden. Doch waren nun einmal diese Uniformierten in Amstetten da, bewaffnet noch dazu, eigentlich musste man die Entgegenfahrenden warnen? Ich hielt, stieg aus und rief einem Offizier zu, was in Amstetten vorging. Es war ein Hauptmann, er dankte höflich, antwortete aber: »Und das sind jetzt unsere Bundesgenossen! Wir haben Wien ja nur verlassen, um Blutvergießen mit denen zu vermeiden. Ab morgen sind wir nichts anderes als eine Einheit des deutschen Heeres.« Die Kolonne fuhr weiter, stumm, ein Trauerzug in der schwarzen Nacht.

An der Direktorensitzung, der meine Rückfahrt galt, nahm ich nicht teil. Hansi, meine jüngere Tochter, die mit uns lebte, seit Agathe gestorben und Mary zu ihrem Bruder nach Paris gezogen war, saß mit mir am Radio, wir hörten Nachrichten, schlimmer als ein Angsttraum. Schuschnigg zurückgetreten, Seyß-Inquart Kanzler. Seine Tochter und Hansi waren Freundinnen. »Sie setzt alles bei ihrem Vater durch«, tröstete mich Hansi. Spät gingen wir schlafen. Auch der Schlaf meidet die Verfemten.

In der Früh glich der Beethovenplatz unter unseren Fenstern einem Heerlager. Deutsche Uniformen. Gewehrpyramiden. Feldkessel, aus denen jeder etwas erhielt, der den Napf hinreichte, auch österreichische Zivilisten. Sie reichten die Näpfe fleißig hin, bekamen eine Brühe mit einem Happen Fleisch und taten sich gütlich, ohne vorher gehungert zu haben. Dieselben Zeitungen, die noch gestern Schuschnigg in den Himmel gehoben hatten, spien ihn heute an. Lautsprecher, plötzlich überall angebracht, bellten eine Führerrede aus, in der Mussolini Dank gesagt wurde. Morgen, verkündeten sie jubelnd, werde Hitler in Linz sein, übermorgen ziehe er in Wien ein. Aber unsere Köchin, von der Werfel behauptet hatte, sie trage »gütige Hüte«, brachte das Frühstück; auch an einem solchen Morgen muss man frühstücken, erklärte ich Hansi, obschon die Worte wahnsinnig klangen.

Seit je war mir der Gedanke unerträglich gewesen, die Routine auch angesichts des Nicht-Wiedergutzumachenden walten zu lassen, nach einem Begräbnis zu essen, nach einem verlorenen Krieg zu lachen, nach einer bis zur Wurzel reichenden Enttäuschung derselbe Mensch zu sein. Um des Kindes willen schenkte ich den Tee ein, strich ihr wie sonst die Semmel mit Butter und Honig, redete wie sonst – sie sollte nicht merken, was in mir vorging.

Siebeneinhalb Jahre später, ein paar Tage, bevor sie in New York starb, sagte sie: »Sei nicht so verzweifelt wie damals beim Frühstück, Vati!« Schlecht verstellt man sich vor denen, die einen lieben, und vor den andern ist es der Mühe nicht wert.

Bevor ich an jenem Morgen wegging, einigte ich mich mit ihr, dass sie von nun an bis zu meiner Rückkehr das Haus nicht verlassen dürfe. Auf der Treppe begegnete mir ein Mitbewohner. Der Hauswart, der sich sonst mit schallendem »Guten Morgen, Herr Hofrat!« hervortat, hatte heute nur ein »Heil Hitler, Herr Ingenieur!« vorrätig, das dem Mitbewohner galt. In der Kantgasse dagegen grüßte mich ein Autor, der erst vorgestern ein Stück bei mir eingereicht hatte, devot. Gab er mir noch eine so lange Amtszeit? Die Frage beantwortete sich bald. Vielmehr, ich selbst hatte sie in der vorangegangenen Nacht beantwortet: lieber heute aus Österreich fort als morgen! Was mich trieb, war weniger Angst als Widerwille, der unerträgliche, unausdenkbare Gedanke, dass es Österreich nicht mehr gab.

Ich hatte das Direktionszimmer kaum betreten, als zwei bei mir engagierte Schauspieler erschienen. Sie gaben sich als Vertreter der nationalsozialistischen Zelle meines Theaters zu erkennen und wünschten, gehemmt übrigens, die weitere Geschäftsgebarung mit mir zu besprechen. Es werde mir klar sein, setzten sie voraus, dass die als nächste Premiere geplante Uraufführung von Zuckmayers »Bellmann« untragbar sei. Des Autors teilweise jüdische Abstammung – da unterbrach ich sie mit dem Hinweis auf meine eigene ungeteilte und meinen Entschluss, die Direktion mit dem heutigen Tage niederzulegen. Sie widersprachen entschieden: Ich müsse bleiben, zumindest für eine Zeit des Überganges, sie garantierten mir, es werde mir nichts geschehen. Ich antwortete nicht, dass mir bereits das meiste geschehen war, das jemandem geschehen kann, der an seinem Lande hängt, und ich sagte ebenso wenig, wie unverständlich ich es fand, dass ihnen dies so blutwenig ausmachte – nie hatte ich ja den seit dem Krieg kundgegebenen Wunsch der österreichischen Sozialdemokraten nach einem »Anschluss« an Deutschland begriffen, obschon es ihnen dabei zumindest um die Erhaltung der Demokratie ging –: Ich hatte meinen Entschluss gefasst. Ohne dass jemand es erfuhr, verständigte ich meinen Bruder Hans, der seit langem in der Schweiz angesiedelt lebte, er möge uns erwarten. Am selben Abend wurde mir mein Pass abgenommen.

Auch dies spielte sich höflich ab, wie manches in diesen Tagen, wo die Österreicher noch, und die Deutschen noch nicht an der Macht waren. Zwei Detektive betraten unsere Wohnung im Augenblick, da meine Frau aus Linz zurückkam, um in der Abendvorstellung der Josefstadt zu spielen und tags darauf die Tournee in der Tschechoslowakei fortzusetzen. Als sie fragte, was die Beamten wünschten, wurde ihr geantwortet: »Aber gar nix Besonderes, gnä' Frau. Wir schaun halt beim Herrn Gemahl a bissl nach wie bei viele andere Herren.« Dass es meine unmittelbar bevorstehende Verhaftung bedeutete, erfasste sie, während das Ersuchen, meinen Pass »für vierundzwanzig Stunden zwecks Überprüfung« auszufolgen, an mich gestellt wurde, und ich – »Optimist zur Unzeit« – lediglich einen Routinevorgang vermutete; die Beamten, unter wiederholten Versicherungen ihrer Hochachtung für einen Mann wie den verehrten Herrn Hofrat, bestätigten es.

Da stellte Adrienne sich ihnen mit einer Wildheit entgegen, die ich weder vor- noch nachher an ihr sah. »Sie werden den Pass meines

Mannes nicht mitnehmen!«, sagte sie, trat eng vor den Schreibtisch, worin ich meine Papiere verwahrte – den gewiegten Agenten entging nicht, dass hier eine Entschlossenheit zum Äußersten drohte; sie verlegten sich auf Zusicherungen: Binnen vierundzwanzig Stunden, spätestens, sei das Dokument zurückgestellt. »Du gibst den Pass nicht!«, sagte meine Frau zu mir. »Gehen Sie zum Herrn Gauleiter oder welchen Titel der Lump führt, der Sie schickt«, wandte sie sich an die beiden, »und sagen Sie ihm, dass ich Sie hinausgeworfen hab'!« Einer der Agenten machte eine Bewegung auf mich zu, es mochte zufällig gewesen sein, doch Adrienne, klein und schmächtig, wie sie war, warf sich dem Mann entgegen, der Mühe hatte, auf den Füßen zu bleiben.

Zu lange war ich mit Delikten wie »Einmengung in eine Amtshandlung« vertraut gewesen, um die Todesgefahr nicht zu erkennen, in die sie sich begab. Schnell übergab ich den Pass, bat, die begreifliche Erregung meiner in Amtssachen nicht bewanderten Frau zu entschuldigen, und komplimentierte die Leute hinaus. Als ich zu Adrienne zurückkam, weinte sie. Sie weinte den Abend und die Nacht. Dann hatte sie keine Tränen mehr. Ich habe sie erst wieder weinen sehen, als sie zum ersten Mal den Central Park in New York betrat und dort zwischen trostlosem Asphalt ein einziges dünnes japanisches Kirschbäumchen so trostlos blühen sah, als gebe es in der Emigration keinen Frühling. Am Morgen reiste sie mit ihren Kollegen weiter – wir fanden, es sei das Vernünftigste, kein Aufsehen zu erregen; den Pass würde ich unzweifelhaft zurückbekommen. Auch über mich war eine merkwürdige Entschlossenheit gekommen, die ich an mir bisher nicht kannte. Vor Jahren hatte ich einen Mörder nicht dem Henker übergeben wollen. Jetzt hätte ich, ohne mich einen Augenblick zu bedenken, einen Mord begehen können.

Mit solchen dem Irrsinn nahen Gefühlen mischte ich mich in die Menge, die den »Führer« erwartete. Kopf an Kopf säumte sie die Straßen, die zum Hotel Imperial führten, wo er, wenige Schritte von unserer Wohnung, übernachten würde. Dieselben, die vor fünf Tagen, als sie den Plebiszit-Beschluss feierten, das rot-weiß-rote Bändchen getragen hatten, brüsteten sich heute mit dem Hakenkreuz im Knopfloch; dieselben, die »Hoch Schuschnigg!« geschrien hatten, brüllten jetzt »Heil

Hitler!«, als der Mann mit dem Schnurrbart des jüdischen Komikers Charlie Chaplin und der Schmachtlocke eines Heiratsschwindlers sich ihnen zeigte. Vielleicht waren es dieselben nicht. Vielleicht zerriss ihnen jetzt, wie es mir geschah, das Herz, und sie standen abseits? Der Anschein jedenfalls zeigte eine verzweifelte Ähnlichkeit. Die Leute gerieten vor Begeisterung außer sich. Sie tobten. Dieselbe Sicherheitswache, die kürzlich die Plebiszit-Schwärmer geschützt hatte, machte auch heute Ordnungsdienst und erhob zum Gruße schräg den Arm. »Man kann sagen, was man will, der Führer hat etwas absolut Faszinierendes!«, sagte ein Prinz, das Hakenkreuz im Knopfloch, zu seinem Nachbar. Kann man sagen, was man will? Ein Irrtum, der an allem schuld ist! Man kann nur sagen, was man muss.

Einige Stunden später hatte ich veranlasst, dass Hansis Erbteil nach meinem Vater, in mündelsicheren, in der Schweiz gehandelten Papieren angelegt, meinem Bruder in die Schweiz überwiesen werde; Frauenfeld hieß der Mann, der mir die Anlage seinerzeit empfohlen hatte, ein artiger, beflissener Angestellter der Bankfiliale Ecke Walfischgasse-Kärntner Straße, jetzt fungierte er als Gauleiter von Wien. Mit Hilfe meiner Sekretärin Holman versuchte ich auch, herauszufinden, wie viel es kosten würde, meinen Pass zurückzukaufen. Sie bot der Polizei durch einen Mittelsmann 5000, dann 10000, dann 15000 Schilling. Um 25000 war er zu haben. Und um die gesamte Barschaft, die ich besaß, war eine Ausreiseerlaubnis ins Ausland feil. Unentgeltlich dagegen wurde mir, dank einer Intervention Attila Hörbigers, der den Mut aufbrachte, mich hinzubegleiten und sich für mich zu exponieren, eine Bescheinigung des Bühnenvereins erteilt, wonach ich meinen Verpflichtungen pünktlich nachgekommen sei – in der Tat hatte ich, ohne irgendwelche Subvention, die Josefstadt fast entschuldet – und dass mir »die Schauspieler, Arbeiter und Angestellten ein dankbares Gedächtnis bewahren würden. Mit deutschem Gruß Robert Valberg.« Als ich den Pass, die Ausreiseerlaubnis und die Bescheinigung hatte, machte ich »meinem« Theater einen letzten Besuch.

Ein Stück, dessen Name mir entschwand, wurde probiert, Maria Bard und Karl Paryla befanden sich auf der Szene, beide kamen herzlich auf mich zu. Da rief der Inspizient, Rudolph hieß der Mann, schneidend: »Bitte, die Probe nicht zu stören!« Ich entfernte mich. Dworsky, der Bühnenmeister, Hitzenhammer, der Bühnenportier, Reinhardts ergebene Leute, wollten mich beruhigen. Ich war ruhig. Ich schrieb einen nach meiner Ankunft in der Schweiz zu bestellenden Brief an die Verpächter des Hauses, worin ich Reinhardts Schwager, Hans Thimig, als meinen Nachfolger empfahl, und sah mich zum letzten Male um. Viel Sorge hatte mich in diese Direktionskanzlei begleitet, manche Genugtuung hatte mich dort belohnt, Künftiges hatte ich dort geplant: Es hätte dem Theater der Dichtung sein Recht wiedergegeben werden sollen, es würde nicht verwirklicht werden. An den Wänden hingen noch Plakate des Zyklus »Österreichische Meisterwerke«, daneben das der laufenden Vorstellung. Bis zu diesem Augenblick war es mir entgangen, dass darauf der Name Max Reinhardts nicht mehr stand. So wurde mir das Weggehen leicht, zumindest redete ich es mir ein.

Zu Hause jedoch, von Hansi eingelassen, erwarteten mich jene zwei Vertreter der nationalsozialistischen Schauspieler, die mir kürzlich scheu erschienen waren. Sie betrugen sich nicht länger so, sie trugen SA-Uniform und Röhrenstiefel und stellten mich über umlaufende Gerüchte zur Rede, dass ich abzureisen gedenke; sollte dies der Fall sein, müssten sie »energisch einschreiten«.

Es sei nicht der Fall, entgegnete ich, aber welchen Sinn hätte mein Verbleiben? Ein Direktor, den der Inspizient von der Bühne weisen darf, könne sich nicht mehr nützlich machen. Den Herren indes war es nur darum zu tun, dass ich mich mit dem letzten Groschen – Pfennig hieß es jetzt – nützlich mache, den ich besaß. Nackter Raub wurde, vorläufig, noch nicht praktiziert; folglich musste der zu Beraubende den Anschein der Freiwilligkeit erwecken, mit der er sich den Räubern zur Verfügung hielt. Ich sagte etwas dergleichen, dem einen der zwei war es peinlich, dem andern nicht. In dem Wienerisch, womit er sich in Volksstücken hervortat, erklärte er: »Sie san der Direkter und für alles verantwortlich. Speziell für die Betriebskosten! Ich hab's Ihnen g'sagt, und jetzt wissen S' es! Sollten S' abpaschen wollen, kommen S' ins Lager! Heil Hitler!«

Hansi hatte im Nebenzimmer zugehört. Fünf Jahre vorher hatte sie

Agathe verloren, jetzt schien sie alles verlieren zu sollen: Sie war mit dem jungen Burgtheaterschauspieler Ernst Haeussermann verlobt. Die Schauspieler im Kostüm von SA-Männern, die der Tochter des Direktors gegenüber sonst überaus zuvorkommend auftraten, beschränkten sich auf einen kurzen Gruß. Doch der eine von ihnen, derselbe, dem die Bemerkung seines Begleiters peinlich gewesen schien, kam schnell zurück und sagte leise: »Es wird schon nicht so schlimm werden, Fräulein Hansi!« Dafür bin ich ihm noch heute dankbar.

Wir taten, als wäre es nicht so schlimm. Allein von dort wegsollen, wo man sein will und wohin man nach menschlicher Voraussicht nie mehr kommen wird – dieser seelische Tod ist härter als der leibliche. Mit toter Seele trafen wir, dass niemand es erfahre, unsere Vorbereitungen; nicht einmal Adrienne ahnte etwas. Nur meinem ältesten Bruder, Robert, der später nach Riga deportiert und dort erschlagen wurde, sagte ich adieu, und meinen Fahrer Josef Wlcek, auf den ich mich verlassen konnte und der Jahre später dem Schock erlag, den diese Reise bedeuten würde, zog ich ins Vertrauen. Auch Hansis Verlobter wusste, dass wir Wien verließen. Winkend stand der schmale junge Mann an der Ecke der Kantgasse und des Beethovenplatzes. Daneben, auf dem Eislaufplatz, wo sie einander kennengelernt hatten, tanzten die Paare in der Märzsonne Eiswalzer auf Kunsteis, wie sonst. Dieselben Walzer, dieselben Paare, dies eine ausgenommen. Die Gestalt des jungen Mannes verschwand, man sah noch seine winkende Hand, dann nichts mehr. Hansi winkte zurück, als wir längst um die Ecke gebogen waren. Mechanisch winkte sie dem Nichts, dem sie entgegenfuhr.

Flüchtling

Fliehen ist etwas Beschämendes, und wer einigen Stolz hat, spürt das. Da nützt Vernunft nichts, wie sie ja, eine der überschätztesten Gaben, bei Entscheidungen auf Leben und Tod viel weniger nützt, als man wahrhaben will. Es war vernünftig, dem Konzentrationslager zu entgehen; es war vernünftig, das Kind zu retten. Aber gab die Vernunft zugleich die Kraft, das Vernünftige erträglich oder der eigenen Natur gemäß zu finden? Auch hatte man sich ja überhaupt nichts vorgestellt. Fort wollte man! Wohin, und – wenn man das wusste – auf wie lange?

Die vernünftigsten Entschlüsse können die widersinnigsten Folgen haben. Da fuhren wir, den Wagen vollgepackt, denn auch Adriennes Sachen hatten wir mit, sogar ihre Abendkleider. Was stellten wir uns dabei vor? Wo sahen wir sie die Abendkleider tragen? Wir stellten uns nichts vor, sahen nichts voraus. Was hinter uns lag, kannten wir; was sich vor uns befand und wohin wir so stürmisch eilten, ahnten wir nicht einmal. Wieso übrigens liefen, unserer rasenden Fahrt ungeachtet, Bauern, die ihre Felder bestellten, zum Straßenrand und winkten uns? Hansi bemerkte es nicht einmal, sie saß neben den aufgehäuften Koffern, die sie stützen musste, nach Stunden saß sie noch genauso erstarrt aufrecht wie im Augenblick des Abschieds. Der Fahrer machte ein verlegenes Gesicht; er hätte, »um uns keine unnützen Scherereien zu machen«, eine Hakenkreuzfahne am Kofferraum befestigt, erklärte er die Grüße der Landleute. Die Fahne ließ ich entfernen, da hörten die Grüße auf. Hatten wir wirklich gewusst, was hinter uns lag?

In die Schweiz wollten wir, noch heute Nacht über die Grenze. Doch war es zwei Uhr nachmittags geworden, bevor wir von Wien fortkamen, daher schien es unvermeidlich, in Österreich zu übernachten. Dass wir über Bayern hätten fahren können, kam uns nicht einmal in den Sinn, Bayern, dachte unsere Vernunft und handelte falsch, musste für Flüchtlinge gefährlicher sein als Österreich. Zudem trafen wir immer wieder deutsche Soldaten, in voller Kriegsausrüstung zogen sie dieselbe Straße, die wir vor wenigen Tagen von Linz gekommen waren. Diesmal marschierte das Heer wirklich. Marschierten auch Soldaten jener Kolonne mit, die damals in die entgegengesetzte Richtung zogen, staken sie schon in deutschen Uniformen? Wegen Schnellfahrens wurden wir in preußischem Kommandoton angehalten, auf derselben Ennser Brücke, die genau sieben Jahre später die Amerikaner und die Russen zu gleichen Teilen bewachen würden. Doch damals war es noch das Tausendjahrreich und, daraus vertrieben, eilten wir weiter auf unserer kläglichen Flucht. Salzburg. Ob ich in Morzg am Grabe halten wolle, fragte der Fahrer. Nein! Weiter! Werfen. Riesige Spruchbänder über den Straßen: »Juden hinaus!« Die Dunkelheit fiel zeitig ein an diesem Märztag, Hansi verriet Zeichen der Erschöpfung, daher beschloss ich, in Kitzbühel über Nacht zu bleiben. Ein unwirscher Hotelportier nahm uns mit »Heil Hitler!« in Empfang; ich müsse ebenso antworten, bedeutete mir der Fahrer, und da ich es unterließ, tat er es für zwei.

Kitzbühel hatten wir gemieden, seit Agathe dort von ihrer Todeskrankheit befallen worden war. Davon redeten wir nicht, als wir in dem Zirbelholzzimmer zu Abend zu essen versuchten – davon schwiegen wir. Und wie vieles noch lag in unserem Schweigen, die Ferien am Schwarzsee angesichts des Wilden Kaisers, die Jugend, die eigene, die der Kinder, das Glück in Österreich. »Glaubst du, wir werden uns wiedersehen?«, fragte Hansi. Agathe war schon fünf Jahre tot, sie meinte den Verlobten. »Natürlich!«, log ich mit der Sicherheit, die nur die Unsicheren haben. Es sollte trotzdem keine Lüge sein, wie sich zeigte – vielleicht deshalb, weil das Leid der Kinder die Engel rührt.

Auch anderen war widerfahren, was uns am nächsten Tag geschah, nur ungleich grausamer. Nicht um der Ungewöhnlichkeit willen halte ich es also fest, sondern wegen der Unvorhersehbarkeit, die sich in einem selbst ereignen kann, zwischen Morgen und Mitternacht. Zeitig früh befanden wir uns unterwegs, Sonntag, den 20. März, Frühlingsanfang, die Kirchenglocken läuteten in den Ortschaften, durch die wir kamen, die Sonne stand an wolkenlosem Himmel, reine, harte Konturen hatten die Gebirge, die Luft atmete sich köstlich wie ungelebtes Leben. In drei, vier Stunden würden wir jenseits der Grenze sein, in die schöne Schweiz fuhren wir, dort würden Adrienne und ich Arbeit finden, für Hansi schien durch das überwiesene Erbteil vorläufig gesorgt. Ein Hauch der Zuversicht lag über allem, der Vorstrahl kommenden Glanzes. Schnell glitt der Wagen auf den leeren Straßen in die Freiheit.

Nach Landeck, wo gerade die Messe aus war und die Leute unserem hochbepackten Wagen nachschauten, freundlich, schien es, denn sie lachten, wandten wir uns dem Arlberg zu. Höher gelangten wir, mit einer erstaunlichen Leichtigkeit nahm der erst vor kurzem angeschaffte Steyr den steilen Anstieg, eigentlich erprobten wir ihn auf dieser Fahrt zum ersten Mal und freuten uns seiner, denn er bedeutete unser ganzes Kapital. Mehr als fünf Franken durfte niemand über die Grenze nehmen, jedoch der Wagen machte das wett, es musste leicht sein, ihn zu verkaufen. »Schade um ihn«, meinte Hansi, da wendete der Fahrer sich zu ihr um und verhieß ihr mit der Sicherheit der Sicheren, die irrt: »Da wird halt das Fräulein einen anderen Wagen bekommen!« Unsere Gedanken jedenfalls begannen sich der Zukunft sorgloser zuzuwenden, und als wir St. Anton mit dem »Hotel Post« vor uns liegen sahen, beschlossen wir, unser Frühstück nachzuholen.

Indes kamen wir nicht bis zum Hotel, denn nach der Einfahrt in den Ort, nächst dem Gendarmeriehaus, hielt ein Gendarm uns an. Er winkte mit einem Zettel, worauf eine Wagennummer stand, die Nummer stimmte mit der unseren überein, wir mussten aussteigen. »Die Nummer stimmt aber nicht!«, sagte Hansi, aber der Gendarm hatte nur eine Sechs mit einer Fünf verwechselt.

»Die Dame und der Fahrer können im Wagen bleiben«, sagte er, »der Herr kommt zur Ausweisleistung hinauf ins Büro.« Er ging mir die Holztreppe voran. Da die österreichische Grenze, Feldkirch, nicht mehr weit war, sah ich darin nichts als die übliche Kontrolle. Es wurde denn auch mein Pass gefordert, nebst der Ausreisebewilligung vorgezeigt und zurückgegeben. »Der Herr ist der Schriftsteller?«, fragte der Gendarm; er hatte den »Hellseher« und »Kleine Freundin« von mir gelesen. Wie viel Valuten besaß ich? Fünf Schweizerfranken. Ich fuhr in die Schweiz? Allerdings. Zu welchem Zweck? Um meinen dort ansässigen Bruder zu besuchen. Und wann gedachte ich zurückzukehren? In acht oder zehn Tagen. Wie lautete die Adresse meines Bruders? Einigen am Thunersee. Der Gendarm notierte es, dankte, und ich beglückwünschte mich, dass es unter den Gendarmen Romanleser gab – es erwärmte meine erkalteten Gefühle für Österreich erheblich. Als ich zum Wagen zurückwollte, schrillte das Telefon, ein altmodischer Wandapparat. »Bitte, noch einen Moment«, ersuchte mich der Gendarm, nachdem er den Hörer abgenommen und geantwortet hatte: »Ich hab ihn grad' perlustriert, alles in Ordnung. – Nein, dazu ist kein Anlass. – Wie? Jawohl. Wird geschehen. Heil Hitler!« Er hängte ab. »Ein Überfallskommando der SA kommt von Landeck herauf«, sagte er geringschätzig. »Nehmen S' so lang' Platz.«

Das Ganze hatte kaum zwei Minuten beansprucht. In den zwei Minuten – wie oft hatte ich das erfahren und sollte es noch erfahren – sah alles anders aus, die Sonne schien nicht, die kühle blaue Luft erhitzte sich zum Ersticken. »Was will die SA von mir?«, fragte ich – eine der völlig sinnlosen Fragen, wie man in hoffnungslosen Fällen den Arzt fragt: »Besteht eine Hoffnung?«

»Die stecken die Nas'n ja in alles«, antwortete der Gendarm, eine der entmutigenden Antworten, wie die Ärzte gefährlich Fiebernden antworten: »Mit dem Fieber hilft sich die Natur.« Die Fragen haben keinen Sinn, die Antworten nicht, trotzdem werden sie immer wieder gefragt und geantwortet.

Ein Überfallskommando der SA gegen zwei Männer und eine Zwanzigjährige – man konnte sich die Antwort selber geben. Trotzdem fragte ich, was ich zu Anfang hätte fragen müssen: woher der Gendarm meine Wagennummer gewusst habe? Die aus Landeck hätten sie ihm telefoniert, ungefähr vor einer Stunde. Ich erinnerte mich der Leute in Landeck, die uns so freundlich lachend nachgeschaut hatten.

Durfte ich mit meiner Tochter sprechen? Selbstverständlich, aber nur von hier oben – der Gendarm öffnete mir das Fenster. Hansi und der Fahrer standen auf der Straße, sie hatten heraufgeschaut, weil ich so lange oben blieb. »Kommst du noch nicht?«, fragte Hansi.

»Der Herr Papa wartet nur auf ein paar Herren, die was aus Landeck heraufkommen«, antwortete der Gendarm.

»Ein Überfallskommando der SA«, fügte ich, für den Fahrer bestimmt, hinzu. Er schaute mich starr an, Hansi veränderte ihren Ausdruck nicht. Von diesem Moment an blieb sie stoisch. Sie lächelte sogar mit einem verächtlichen Zug, den sie nie vorher gehabt hatte und der mich ehrgeizig machte, es ihr gleichzutun.

Wir warteten. Die beiden unten, wir beide oben. Der Gendarm las in einem Buch, es war ja Sonntag. Ich hatte nicht den Humor zu fragen, ob es von mir sei, ausschließlich mit der Vernunft rechnete ich – falsch also –, ich würde binnen einer Stunde auf dem Weg ins Lager sein, dem ich hatte entfliehen wollen. Hansi hoffentlich nicht – sie würde, beschloss ich, mit meinem Fahrer die Reise in die Schweiz fortsetzen und dort auf Adrienne warten.

Wenn man jene Übung im Testamentmachen noch nicht besitzt, die längeres Leben einem verleiht, fällt es nicht ganz leicht. Doch schrieb ich dieses, mein erstes, auf die Rückseite eines Briefumschlages, den ich dem Fahrer zuzustecken gedachte. Der Gendarm, vertieft in seine Sonntagslektüre, merkte es nicht oder stellte sich so. Dann hörte man auf der sonntagsstillen Straße das jähe Anfahren und Abbremsen eines schweren Wagens. Vom Fenster sah ich, dass es ein Lastwagen war, mindestens ein Dutzend Uniformierte darauf. Gleich darauf hörte man ihre Stiefel die Holztreppe herauftrampeln.

»Jetzt san s' da!«, sagte der Gendarm. Und er schaute mit einem Blick vom Buche auf, als täte ich ihm leid. Sie waren da, es stimmte alles, sie hatten die rohen Gesichter, die rüden Manieren, den Totschläger-Slang, die ich erwartete. Es stimmte trotzdem nicht. Ihr Anführer, ein stämmiger Mensch, dessen schräg zurücklaufende Glatze mir erinnerlich ist, fragte, ohne von mir Notiz zu nehmen, den Gendarmen: »Ist der Wagen untersucht worden?« Da es der Fall nicht war, beorderte er, ihre Namen nennend, vier seiner Leute: »Hinunter! Leibesvisitation! Jeden Koffer aufmachen! Sitze und Pneus aufschneiden!« Einige leisere Worte, die ich nicht hörte. Und dann, vernehmlicher: »Wenn die nur an' Pfennig Valuten mithab'n, g'hört der Wagen uns!«

Staatsanwaltsgehilfe gewesen zu sein, erweist sich immer wieder als nützlich. Mit einem Mal war mir klar, worum es hier ging – keineswegs um mich, sondern um den neuen Wagen! Er hatte ihnen, als wir in Landeck an ihnen vorbeifuhren, in die Augen gestochen, jetzt suchten sie einen Vorwand, ihn zu stehlen. Von dort, wo ich stand, sah ich die Straße, vier Männer umringten Hansi und den Fahrer, zwei von ihnen waren im Begriff, Hansi die Kleider vom Leib zu reißen. Sie hatte ihr Gesicht zum Fenster erhoben, hinter dem ich – von anderen verdeckt – stand; kein Blutstropfen war in Hansis Gesicht. Mit der einen Hand klammerte sie ihre Bluse fest, mit der andern wehrte sie sich verzweifelt gegen die Männer.

»Sie können den Wagen haben«, sagte ich zu dem Anführer. »Lassen Sie meine Tochter los!«

»Loslassen!«, brüllte der Mann aus dem Fenster. Die Leute unten gaben Hansi frei.

Minuten später waren wir handelseins. Mir wurde auf einem winzigen Wisch mit Bleistift und unleserlicher Unterschrift bestätigt, dass ich meinen Wagen »freiwillig vaterländischen Zwecken zur Verfügung gestellt habe«, der Anführer persönlich, aus besonderem Entgegenkommen, brachte Hansi und mich in diesem selben Wagen an die Grenze nach Feldkirch, während die übrigen Räuber, meinen Fahrer zwischen sich, in ihrem Lastwagen die Eskorte bildeten.

Wir fuhren die großartige Arlbergstraße talwärts, sie war nicht großartig. Das Eis brüchig, der Schnee beschmutzt, die geliebte Landschaft drohte. Mit jedem Stein konnte ein Mord geschehen, hinter jedem Felsen lauerte der Genickschuss. Das letzte Stück Weges in Österreich, eines der herrlichsten, die es gibt, hatte für mich die Macht und die Herrlichkeit verloren. Es kann also, an einer geographischen Grenze, sich ereignen, dass die Grenze des Erträglichen erreicht und das Gefühl unzerreißbarer Verbundenheit zerrissen wird? Was immer ich sein mochte, ich war ein Österreicher. Den Vorrang, den jene Räuber für ihresgleichen in Anspruch nahmen, das Zur-Heimat-Gehören, hatte ich bis zur Hörigkeit besessen, ich und meinesgleichen, ich hatte die Lust genossen, die Opfer gebracht, die solche unlösliche Verbundenheit bedingen; in Worten und Schriften hatte ich ausgesprochen, was sie erfunden zu haben logen, indem sie Österreich ausradierten und Heimatgefühl damit bekundeten, dass sie es preisgaben. Indem ich dies, fast an der Grenze, bedachte, zerstückte sich in mir jene Verbundenheit Stück für Stück der Straße, die ich fuhr. Alles, so empfand ich, hatte getäuscht. Die Großartigkeit war eine Kulisse für die Niedrigkeit, die Holdheit eine Schminke für das Gemeine. Ein Zuschauer bei einer Operation, sah ich mir zu, als ich mir Stück um Stück die Liebe meines Lebens aus dem Leibe riss.

Große Worte stimmen nie. Es war alles so, wie ich es hier niedergeschrieben habe, auf der Straße zur geographischen Grenze, genau so, für die Dauer der Stunde, die jene Fahrt dauerte. Dann aber geschah das österreichische Wunder, das sich in diesem dämonischen Land immer ereignet hat, einmal hatte es Prinz Eugen geheißen, ein andermal Mozart. Diesmal hieß es Moser und war Inspektor der Kriminalpolizei.

Unser Wagen bremste vor dem Feldkircher Stationsgebäude, die SA-Männer sprangen ab, schmissen unsere Koffer auf den Boden, sprangen wieder auf und rasten mit ihrem Raube weg. »Der deutsche Gruß heißt Heil Hitler!«, meldeten Plakate an der Bahnhofsmauer; in unserem Fall hatten die Räuber ihn nicht für notwendig gehalten.

Doch der Polizeibeamte, der nach meinem Ausweis fragte und sich erkundigte, was hier stattfand, ersetzte manches. Er war keiner meiner Leser, wie der Gendarm in St. Anton, er war ein Theaterfreund. Daher hatte er, auf seinem vorigen Dienstposten in Wien, die »Josefstadt« wiederholt aufgesucht, nicht als »Diensthabender«, wie er sich zu erklären beeilte, sondern weil es sein Lieblingstheater gewesen sei. Er nannte seine Lieblingsstücke und seine Lieblingsschauspieler, meine Frau war darunter, Inszenierungen von mir waren darunter. Grund genug für Herrn Moser – er hatte sich förmlich vorgestellt –, in der Nähe zu sein, bis unser Zug in die Schweiz ging. Meinem Fahrer, der mit dem anderen SA-Pack und dem Rest unseres Gepäcks nachgekommen war, empfahl er, nach Wien zurückzukehren, weil sonst nicht nur er, sondern auch »die Herrschaften« Schwierigkeiten haben könnten.

Es war ein einfacher, dutzendhaft aussehender Mann, er blieb in unserer Nähe, warnte uns, sobald jemand sich zeigte, dem er nicht traute, assistierte, als die Zollwächter unsere Koffer öffneten, ließ, indem er es prüfend an sich nahm, ein Buch verschwinden, das er für kompromittierend hielt, half Hansi in den Waggon und stand salutierend davor, als das Abfahrtssignal gegeben wurde. Er grüßte nicht den deutschen Gruß, sondern rief: »Auf Wiederschaun in Österreich!« Dazu müsste ein Wunder geschehen, dachte ich, während der Zug zu fahren begann. Das Wunder jedoch hatte sich bereits ereignet, es salutierte, winkte, ein Inspektor namens Moser.

Bettler

Die erste Beschäftigung in der Emigration ist Atemholen. Von Qual und Druck erlöst, genießt man die Freiheit mit gierigem Entzücken. Ich kaufte im Speisewagen Schokolade und Bananen, eine Himmelsmahlzeit, sie kostete 50 Rappen. Ob wir uns das leisten könnten, fragte Hansi. Natürlich! Erstens besaßen wir zusammen noch 9 Franken und 50 Rappen, zweitens würden wir den Wagen verkaufen, war ich in meiner Euphorie im Begriff zu sagen, setzte aber rechtzeitig mit drittens fort – den Wertpapieren, die sie besaß. Oder würde sie mir darauf keine Anleihe gewähren, bis ich uns alle wieder erhalten konnte? Sie nickte selig, gleich darauf war sie eingeschlafen, tief atmete sie die Freiheit im Traum.

Von Zürich, wo wir spätabends ausstiegen, telegraphierte ich meinem Bruder Hans, dass er uns morgen abholen möge, ließ das Gepäck auf dem Bahnhof, wo es, zum Unterschied von dort, woher wir kamen, märchenhaft sicher blieb, und mietete uns für die Nacht in einem Hotel gegenüber ein. Ich wusste, dass Adrienne an diesem Abend mit den Schauspielern der Josefstadt in Brünn gastierte, telefonierte ihr daher sofort triumphierend unsere Ankunft.

Obwohl ich ihr unsere Abreise verborgen gehalten hatte, schien sie davon erfahren zu haben, denn sie sagte, sie habe sich den ganzen Tag um uns geängstigt, fragte sogar, trotz meiner Freudenstimme, zweimal, ob uns unterwegs nichts passiert sei. Gar nichts, behauptete ich, und morgen käme ein Herr aus Einigen, um uns von Zürich abzuholen – unwillkürlich verfiel ich in die kryptische Redeweise, die einem die letzten Tage aufgezwungen hatten. Da mussten wir beide lachen. Ich war frei, sie desgleichen, und wir redeten wie im Gefängnis!

Jetzt jedoch kam eine Frage, die ich nebenbei stellte, obschon sie die Existenzfrage war.

Der menschliche Organismus reagiert auf das befürchtete Äußerste mit dem instinktiven Selbstschutz, es um dieses Äußerste zu bringen. Er verschiebt die entscheidende Stunde; er nähert sich ihr aus der entgegengesetzten Richtung; er nimmt, ist sie da, eine falsche Gelassenheit an. Als ich Adrienne fragte, ob sie uns vielleicht einmal in Einigen besuchen werde, gab ich mich keinem Zweifel hin, dass diese Frage bedeutete: Kommst du mit uns in die Emigration?

Nicht nur, um sie nicht zu beunruhigen, hatte ich ihr unsere Abreise verschwiegen: Vielmehr wollte ich ihr Zeit lassen, sich ohne meine Einmischung darüber klarzuwerden, wie sie handeln solle. Gleich ihrer Schwester, unter dem Namen Grete Bukovics, seinerzeit eine der anmutigsten Schauspielerinnen der Anmut, hätte sie in Wien bleiben, in dem Theater, an dem sie hing, hätte sie weiterspielen können, ihr drohte ja keine unmittelbare Gefahr – und sie war Schauspielerin mit Leib und Seele, ihrem Beruf unbedingt ergeben. In fremder Sprache konnte man nicht Schauspieler sein.

So fragte ich in jener ersten freien Nacht die Frage während des Lachens, das uns beiden plötzlich zu Gebote stand, und weiß, wie mir das Lachen dabei verging.

Die Antwort war: »Ich komme, sobald die Tournee aus ist.«

Ich fragte, nebenbei: »Und wie lang kannst du bleiben?«

Die Antwort war: »So lang du bleibst« – ohne Zögern, leichthin, wie man sagt: »Morgen ist Montag.« Nichts konnte selbstverständlicher sein.

Da war es mir plötzlich wieder so zum Lachen, dass ich hätte weinen können und daher schnell gestand, wir hätten ihre sämtlichen Kleider mit.

»Auch das neue schwarze Abendkleid?«, fragte sie.

Auch das neue schwarze Abendkleid.

»Ich wusste gar nicht, dass du so viel vorausüberlegst!«, sagte sie.

Ich hatte eine ungeheuerliche, sträfliche Voreiligkeit gehabt, es kam mir jetzt erst niederschmetternd zu Bewusstsein. »Wenn du nämlich nicht gekommen wärst«, fing ich an und hätte fortsetzen müssen: »hätte das Ganze keinen Sinn gehabt«, doch ich sagte, nebenbei: »hätt' ich dir das alles zurückschicken müssen.«

»Das wär' unbequem gewesen«, antwortete sie, nebenbei. Und sie fügte hinzu, da ich nicht weiterreden konnte:

»Hallo, hörst du mich?«

Ich hatte gehört, dass sie über ihr Leben entschieden und es, im Handumdrehen, zum Opfer gebracht hatte, wie man ein schwarzes Abendkleid verschenkt. Dann sagte sie wie an jedem Abend: »Also gute Nacht, schlaf gut.« Dann läutete sie ab. Nur Frauen bringen Opfer so.

»Schweizer Frühstück« am nächsten Morgen, sogar Schinken bestelle ich, denn wir feiern unsere Freiheit: Ich bin entschlossen, alles schön zu finden, und Hansi macht es stolz, dass das Frühstück bereits »auf ihre Rechnung geht«.

Zürich schön zu finden, ist freilich leicht, wir haben bis zur Ankunft meines Bruders zwei Stunden Zeit und verbringen sie am Seeufer, wo die Müßiggänger wandeln und die Gebirge sacht emporsteigen, in einem vollkommenen Frieden, den vollkommene Ordnung schuf. Beide erscheinen uns erstaunlich, seit wir ihrer verlustig wurden; ein Journalist aus Wien grüßt mich, bald darauf ein Schauspieler – in ihrem Gruß liegt ein scheues, lächelndes Einverständnis, das sich nicht in Worten kundgibt: entkommen, heißt es, glücklich entkommen! Mit der Zeit wird solcher Gruß sich immer wieder, immer anderswo wiederholen, nur das Lächeln wird nicht mehr dabei sein. Und nicht die Euphorie.

Euphorie ist kein Zustand, der andauert, jedoch eine Verzauberung, solange man ihr erliegt. In meinem Fall äußerte sie sich in einer kompletten Verneinung der Logik. Armer Teufel, dachte ich, wenn einer meinesgleichen des Weges kam, was wird er denn jetzt tun? Wieso er bedauernswerter sein sollte als ich, fragte ich mich nicht, sondern erlebte bis zur Ankunft meines Bruders zwei Stunden konzentrierter Seligkeit.

Doch auch noch nachdem mein Bruder angekommen war, um uns in sein Haus nach Einigen mitzunehmen, hatte die Logik nichts mit mir zu schaffen, wenngleich eine Auskunft, die ich von ihm erhielt, mich darauf hätte stoßen müssen.

Wir saßen auf einer Kaffeehausterrasse, der bevorstehenden Fahrt im offenen Wagen wie eines Ausflugs gewärtig, als ich nach den Papieren fragte, in denen ich, nach meines Vaters Tode, Hansis Erbteil angelegt, und die ich an meinen Bruder kürzlich hatte senden lassen: Waren sie richtig angekommen?

Das waren sie, jedoch habe er sie an die Wiener Bank zurückgesendet, erklärte mein Bruder, denn hier ließen sie sich – entgegen der seinerzeitigen Versicherung jenes Bankbeamten und jetzigen Gauleiters, auf dessen Rat ich sie wegen ihrer Verwertbarkeit in der Schweiz anschaffte – keineswegs benutzen, »nonvaleurs«, wogegen sie in Wien wenigstens einen Teil ihres Wertes behalten mochten.

Sogar die in Geschäften ahnungslose Hansi zeigte sich betroffen. Ich dagegen, obschon mir mit dieser Auskunft der Boden unter den Füßen zum zweiten Mal weggerissen worden war, hörte es unbekümmert an; man müsse trachten, die Papiere in Wien zu Geld zu machen, meinte ich, nicht gewarnt von meines Bruders zweifelndem Schweigen. Vielmehr hielt das phänomenale Aussetzen der Vernunft weiter an, und ich kann es mir nur so erklären, dass die letzten Wochen zu viel qualvoller Logik verbraucht hatten, um die Logik im Augenblick der Entbehrlichkeit nicht von sich zu werfen, wie man ja allem, was einen an die Qual erinnert, in der Quallosigkeit prompt aus dem Weg geht.

Die Fahrt angesichts der Gletscher des Berner Oberlandes, des Mönchs, der Jungfrau, der weißen schnäbelnden Pigeons, verlief ungetrübt, und wären die vielen Koffer nicht gewesen, die nun unser einziger Besitz blieben, wir wären sehr bequem gesessen. Einmal kam die Rede darauf, wie lange wir abwesend sein würden, ich weiß nicht mehr, wer danach gefragt hatte, doch ich erinnere mich meiner Antwort, der Spuk könne sich unmöglich lange hinziehen, einige Wochen vielleicht, dann werde er von selbst oder dank dem Ausland verschwinden. Wie dies vor sich gehen solle, darüber zerbrach ich mir nicht den Kopf, der Thunersee zeigte sich bereits in seiner Pracht, Ziel für den Vergnügungsreisenden, der auf einige Wochen in die Ferien ging. Jegliches schien um Maß und Gewicht betrogen, die Bootshütte hatte einen neuen Anstrich, und wie hübsch nahm die Holzfigur nächst der Eingangstür sich aus, jetzt würden bald die »Hausbäume«, die Kirschen, in Blüte stehen, denn man schrieb fast Ende März. Man schrieb schon Ende August, und wir waren noch immer da.

Maß und Gewicht aber hatten sich zurückgefunden an dem Tag, da ich Haarschneidens wegen nach Thun musste. Ein mühsamer Weg, wenn man, wie ich es tat, auf der von Wagen überfüllten Landstraße zu Fuße ging; einen anderen gab es nicht.

Es mochte zwei Wochen nach unserer Ankunft gewesen sein, jedenfalls hatten die Zeitungen allerlei veröffentlicht, woraus sich keinesfalls schließen ließ, man würde bald nach Österreich zurückkönnen. Sondern das Land hieß jetzt Ostmark, Niederösterreich nannte sich Niederdonau, Oberösterreich Oberdonau, man traute den Augen kaum, die auf die Unglaublichkeiten fielen. Post erreichte uns – mit Ausnahme jenes Briefes meiner Sekretärin Holman, der vereinzelt blieb – überhaupt nicht, und Adrienne, mittlerweile zu uns gestoßen, hatte die Fahrt über Wien vermeiden und einen komplizierten Umweg wählen müssen. Als ich zwischen den Staubwolken auf der Landstraße ging, war von der Euphorie wenig übrig geblieben, die Dinge begannen sich abzuzeichnen, hart wie die Steine zu meiner Linken, endgültig wie der monotone Glockenschlag vom jenseitigen Ufer. Als ich die freundliche Stadt Thun erreichte, hatte ich das Gefühl einer beängstigenden Fremde.

In den nächsten Friseurladen trat ich ein, vom Zufall begünstigt, denn ein Stuhl wurde gerade frei. Ich setzte mich, der Gehilfe half mir in den weißen Mantel und begann die gewohnte Hantierung mit der Schere – da sprang ich so heftig auf, dass er mich beinahe geschnitten hätte: Mir war eingefallen, dass ich kein Geld besaß. Seit ich mich in der Schweiz aufhielt, hatte ich nichts zu kaufen oder – von den Gebühren für vergebliche Telegramme abgesehen, die meine paar mitgebrachten Franken beanspruchten – nichts auszugeben gehabt; so konnte ich vergessen, dass sich in meiner Tasche nichts befand. Ich bat den Gehilfen um Entschuldigung, stotterte etwas von dringender Verabredung und eilte fort, als hätte ich gestohlen.

Ein winziges Erlebnis, kaum der Rede wert. Trotzdem erschütterte es mich lange. Wer gewohnt ist, den eigenen und der Seinen Unterhalt zu bestreiten, seiner Tätigkeit Entgelt mit Sicherheit zu empfangen und mit Selbstverständlichkeit weiterzugeben, der steht fassungslos vor dem plötzlichen Entblößtsein aller Mittel. Dass ich mir nicht mehr die Haare schneiden lassen, nicht dort die Zeitung kaufen, nicht hier den Apfel haben konnte, traf mich unerwartet. Mein Bruder, der sich unser auf das hilfreichste annahm, hatte vergessen, mir ein Taschengeld anzubieten, und ich hatte versäumt, ihn daran zu erinnern. Desto jäher trat es vor mich hin – ich war zum Bettler geworden, und betteln würde ich nicht, was immer kam.

Auf dem Rückweg machte ich Pläne, ohne dabei die perfekte schweizerische Ordnung in Betracht zu ziehen, die Ausländern die Arbeit verbot; nicht einmal an einem Tische sitzen und schreiben durften solche Unerwünschten; wurden sie dabei betreten, dann gewärtigten sie sofortige Ausweisung. Übrigens mussten »der Ehemann«, »die Ehefrau« und »die Tochter des Ehemanns« sich auf der Polizeistation im Städtchen Spiez des Öfteren melden – sanfter Vorgeschmack der Pariser Préfecture! –, um zu erfahren, wie lange man sie hier noch dulden würde. Drei Monate betrug das Verweilensmaximum.

Würde es »innert dieser Zeit«, wie es im Schweizer Amtsdeutsch hieß, möglich sein, nach Wien zurückzukehren? Und weshalb übrigens zeigte sich ein der Fremdenindustrie so holdes Land den Fremden so abhold?

Als ich an jenem Tag nach Einigen zurückkam, fand ich einen musikinteressierten Teegast bei meinem Bruder, von dem ich erst später erfuhr, er heiße Rothmund und sei der Allgewaltige der Fremdenpolizei. Einsilbig unter dem Eindruck des Thuner Spazierganges, mochte ich ein unerfreulicher Gesellschafter gewesen sein und wurde es noch mehr, als Thomas Manns Verlassenmüssen seines Refugiums am Vierwaldstättersee Erwähnung geschah und ich missmutig meinte, die Schweiz sollte sich seine Anwesenheit zur Ehre rechnen. Der musikliebende Teegast zeigte sich anderer Meinung. »Wir haben gar kein Interesse am Verbleib des Herrn Doktor Mann«, bemerkte er und wendete sich umgänglicheren Gesprächspartnern zu.

Um weniges später gab mir eine beiläufige, im Ton der Selbstverständlichkeit vorgebrachte Redensart Carl Zuckmayers zu denken, der mit Frau und Hund Besuch abstattete, zur Feier des Tages, an dem die Wiener Uraufführung seines – inzwischen wie er selbst »untragbar« gewordenen – »Bellmann« unter meiner Regie hätte stattfinden sollen. Er sagte: »Tröste dich. Die erste Station der Emigration ist immer die schwerste.« Die wenigen Worte teilten zwei Keulenschläge aus. Sie räumten mit der Möglichkeit schneller Wiederherstellung des Vorherigen so geradezu auf, wie der vitale »Zuck« alles beim Namen nannte: Die Emigration bedeutete eine Sache auf Lebensdauer und hatte kürzlich begonnen; dies hier war nur ihre erste Station.

In derselben Nacht begann ich, aus Büchern, die ich bei meinem Bruder fand, Englisch zu lernen, das Hansi gut und Adrienne ziemlich gut sprach, während ich fast kein Wort davon wusste –: Wenn ein Strich gezogen werden musste, dann ein endgültiger. In Bern reichte ich unser Ansuchen um Einreisevisa nach Amerika ein.

Warum nach Amerika, fragte mein Bruder, der Amerika kannte, abmahnend, ja mit einer nicht zu überhörenden Abschätzigkeit.

Es war das erste Mal, dass ich meiner Verzweiflung die Zügel schießen ließ. Weil ich es nicht mehr ertrüge, ganz Europa ein Land in der Tasche eines Diebes verschwinden lassen zu sehen, ohne »Haltet den Dieb!« zu rufen; weil ich von dem Kontinent wegwolle, der einem die Kontinente entehrenden Staatsoberhaupt Ehrenbezeigungen erwies; der Alten, von Angst und Charakterlosigkeit geschüttelten Welt zöge ich die Neue vor, dort zumindest habe es der Bürgermeister von New York, LaGuardia, als erster und einziger Funktionär in maßgebender Stellung gewagt, öffentlich gegen Hitler aufzutreten; dort kündige Charlie Chaplin einen Film »Der Diktator« an, der Hitler als wahnsinnigen Clown zeige. In der Verzweiflung wägt man weder die Worte noch die Gewichte.

»Wenn du dich nur nicht täuschst!«, meinte mein Bruder.

Aber noch bevor die drei Monate um waren, die »der Ehemann«, »die Ehefrau« und »die Tochter des Ehemannes« in dem Paradies des Fremdenverkehrs verharren durften, hatten die drei ihre viel zu vielen Koffer gepackt und waren mit einer zusammengeborgten Summe zur zweiten Station der Emigranten vorgerückt, nach Paris. Dort wollten sie das Einlangen der Visa abwarten und, da eine Arbeitsbeschränkung in Frankreich nicht bestand, ihren Unterhalt verdienen, Adrienne als Schauspielerin, Hansi als Lehrerin des Englischen, ich als Schriftsteller: In der nur noch selten auftretenden Euphorie der Ausweglosigkeit hatten wir uns das so ausgedacht, ja sogar Luftschlösser dazu gebaut, wie faszinierend das alles sein würde, Paris, Paris auf Monate – oft genug hatte man sich das brennend gewünscht! Nun war es einem beschieden, man ließ, wenn alles gut ging, die amerikanischen Visa verfallen und blieb einfach dort. Und warum sollte es denn nicht gut gehen? Adrienne sprach akzentlos Französisch, Hansi würde an der Sorbonne Schüler finden, und ich – nun, ich würde es vielleicht ein wenig schwerer haben im Anfang; doch da würde ich mir eben mit Filmmanuskripten helfen – waren nicht erst kürzlich meine Romane »Kleine Freundin«, unter Berthold Viertels Regie in London, und »Der Hellseher«, mit Claude Rains in der Hauptrolle, verfilmt und auf der ganzen Welt gezeigt worden, sogar in Japan? Es konnte kaum fehlen, dass wir das zusammengeborgte Darlehen mit Zins und Zinseszins zurückerstatteten bis – sagen wir, spätestens Oktober! Noch dazu kannten wir einflussreiche Leute, Jean Giraudoux zum Beispiel, der auf dem Quai d'Orsay ein entscheidendes Wort zu reden hatte: Aus dem obersten Stock unserer Luftschlösser erblickten wir fast den Himmel.

Dann waren wir in Paris und mieteten ein »Meublé«, zwei trübe Zimmer in Nummer 5, Rue Debrousse, bei der Place de l'Alma, nahe der Seine. Tagsüber schien es ein Gässchen der Katzen und der uralten Leute, abends eines der Stelldicheins zu sein, nachts aber blieb es eine Hölle vom Lärm der Lastwagen, die dem Markt auf der Place de l'Alma Köstlichkeiten zuführten, Hummer, Austern, Artischocken, Ananas, für die wir das Geld nicht besaßen. Denn in Paris durften Fremde zwar arbeiten, doch sie bekamen keine Arbeit.

Was Adrienne betraf – écoutez, Madame, fremde Schauspielerinnen hatten sich hier auf dem Theater niemals durchgesetzt, außer Madame Pitöeff und Madame Popescu, die man längst zu den Pariserinnen zählte. Und was den Film betraf, mais voyons, Madame, hier stand ein Überangebot allererster Pariser Namen zur Verfügung, immerhin, man würde sehen und einen coup de télephone geben, wenn sich etwas ereignete.

Auf diesen coup de télephone wurde gewartet. Er kam denn auch, die aus Berlin ausgewanderte Agentin, Frau Stern, gab ihn: nette Rolle, etwa zehn Tage, Besseres könne man sich für den Beginn überhaupt nicht wünschen. Eine einzige kleine Schwierigkeit: Adrienne sei zu jung für die Rolle, da habe Frau Stern sich erlaubt, sie für älter auszugeben. Um wie viel älter? Ach, um zehn, fünfzehn Jahre. Das würde man aber auf den ersten Blick erkennen! Warum? Eine so gute Schauspielerin werde sich älter zu machen wissen!

Sie machte sich älter, bevor sie dorthin ging, um sich vorzustellen, sie machte sich – aus dem alten Schminkköfferchen der Josefstadt – die Wangen zurecht, den Mund, das Haar, dann wurde sie von Frau Stern im Taxi abgeholt, und ich fuhr mit. Ganz famos habe Adrienne sich zurechtgemacht, lobte Frau Stern, die einmalige Chance – »Schangse«, sagte sie – müsse man wahrnehmen, so nahm sie, die sich nie verstellen wollte, die Chance wahr, denn unser Geborgtes reichte nicht mehr.

Wir hatten Stunden zu warten, bevor man sie empfing, dann dauerte es zwei Minuten, und wir fuhren wieder zurück; die Rolle war seit Wochen vergeben, man hatte nur vergessen, es Frau Stern mitzuteilen. »Kopf hoch!«, sagte Frau Stern. »Ein andermal klappt's bestimmt!«

Was aber mich selbst anging, kam der Zufall mir zustatten, dass ich in meiner Kritikerzeit ein bewunderndes Feuilleton über Yvette Guilbert geschrieben hatte. An manche Türen hatte ich vergeblich geklopft, an die ihre nicht; sie wurde mir von ihrem Gatten, Monsieur Schiller, einem Altösterreicher, geöffnet, der von meiner Anwesenheit in Paris erfuhr und mich einlud, meine vergilbte Kritik unter Glas und Rahmen zu betrachten.

Dann kam sie mir selbst entgegen – das Haar flammte noch kupferrot über ihrer Stirn, der Mund, wie mit dem Dolch geschnitten, stand blutrot in dem bleichen großen Gesicht – und fragte, was sie für mich tun könne. Ein Bettler hat seinen Stolz. Aber sie beharrte, ich sähe nicht aus wie jemand, dem es wohlerging, kurz und gut, es sei ein Film ihres Lebens geplant, wolle ich einen Entwurf schreiben, soundso viel Vorschuss.

Bei Annahme?

Nein, bei Ablieferung des Manuskriptes. »Allons, allons mon cher! La compagnie vous attend!«, vertrieb sie meine Bedenken und gab mir die Adresse der »compagnie«.

Dass der Film nie gedreht werden würde, war mir klar, als ich ihre Wohnung in der Rue de Courcelle verließ. Den Entwurf schrieb ich trotzdem, das Geld bekam ich und das Darlehen zahlte ich zurück.

Hansi aber hatte drei Schüler, sie entrichteten 6 Francs pro Stunde und kamen einmal wöchentlich.

Einmal wöchentlich hatten wir uns auf der Préfecture, der Fremdenpolizei auf der Isle de la Cité, vorzustellen, ein barbarischer Vorgang, der vom Schlangestehen frühmorgens, von Amtszimmer-zu-Amtszimmer-gedrängt-, mit hunderten in ähnlicher Situation Befindlichen geschoben-, vernommen-, angebrüllt-, zur Abnahme von Fingerabdrücken wie krimineller Handlungen Verdächtiger bestimmt-, zum Fotografieren weggeschickt- und, endlich, nach gänzlicher Erschöpfung, Wieder-vernommen-Werden, acht bis neun Stunden beanspruchte, mit dem jämmerlichen Ergebnis, eine »convocation« zu erhalten, die nur zu neuer Pein, doch keineswegs zur wildbegehrten Carte d'Identité führte, womit der Aufenthalt erst gesichert gewesen wäre. Deshalb teilte Alfred Polgar, den wir regelmäßig trafen, die Emigranten in »Monsieur Convocation« und »Monsieur d'Identité« ein, zu den Ersteren, meinte er, könne man es bei Lebzeiten vielleicht bringen, zu den Letzteren nur nach Hitlers Tod.

Vielleicht klingt das alles zu gelassen, vielleicht ist das graue heulende Elend nicht darin, das darin war und jedes Rosa schwärzte. Mir liegt aber nicht daran, mit Qualen zu paradieren, die gemessen an den in Dachau und Belsen, Mauthausen und Gürs gelittenen immer noch Wonnen blieben. Die Weihnachtsfeier jedoch kann nicht verschwiegen werden, die der holländische Prälat Brenninkmeyer, ein den emigrierten Österreichern vom Pariser Erzbischof Kardinal Verdier zugewiesener Seelsorger, für unseresgleichen veranstaltete.

Sie fand in einem Hause statt, das den Dominikanern auf dem Boulevard de la Tour Maubourg gehörte. Am Eingang verteilten österreichische Pfadfinder ein Zeitungsblättchen »Österreichische Post«. Eine österreichische Zeitung? Österreichische Pfadfinder? Versank die Wirklichkeit in diesem trüben langen Saal? Dort stand ein tannengrüner, armseliger, ungeschmückter Weihnachtsbaum. Manche von denen, die hier Weihnachten feiern wollten, waren mir bekannt, und das plötzliche Auftauchen von Gesichtern, mit denen Erinnerungen an das Vergangene und Verlorene sich unzertrennlich verbanden, schmerzte wie ein Schnitt. Ein Herr, Kollege meines Vaters, der ihn geschätzt hatte; zwei junge Frauen aus Salzburg, Stefan Zweigs Stieftöchter; Adriennes Kollege, einer der beliebtesten Schauspieler der Josefstadt, Oskar Karlweis; neben ihm stand Joseph Roth, der den »Radetzkymarsch« geschrieben hatte, das österreichischeste Buch, das ich kenne; auch Guido Zernatto war da, zwischen jener »Österreichischen Morgenfeier« und heute lag fast schon ein Jahr. Und der junge Mann, der in den trüben Saal geleitet wurde, war Otto Habsburg, Sohn des letzten Kaisers, Kronprätendent von Österreich.

Der erste Geiger des mitwirkenden Quartetts gab das Zeichen zum Beginn: der Wiener Kritiker und Mahler-Apostel Paul Stefan. Haydn klang auf, danach Mozart, und die Leute schauten nicht auf die Spielenden, sondern sehr weit weg. Man konnte sehen, was sie sahen, denn man sah es selbst.

Ansprachen folgten, ich sprach dieses Gedicht:

Wir haben alles verloren,
Das Land, das Gut und den Ruf;
Wir haben den Hohn in den Ohren.
Sind wir zum Unglück geboren,
Obwohl auch uns Gott schuf?

Wir haben Bücher geschrieben
Und Menschen gesund gemacht;
Wir sind bei den Fahnen geblieben
Und wurden trotzdem vertrieben,
Gemartert, erniedrigt, verlacht.

Wir waren Priester und Richter,
Wir hatten Amt und Pflicht;

Wir waren Soldaten und Dichter,
Wir hatten Menschengesichter,
Der Schmach erbötig nicht.

Jetzt sind wir von allem verlassen,
Das je uns einte und schied.
Wir Bettler in fremden Gassen,
Wann lernen wir endlich zu hassen
Das Land, das uns verriet?

Wann flehen wir Schimpf und Schande
Auf seine Fluren herab,
Wann fluchen wir Verbannte
Ihm, das die Menschheitsbande
Begrub im Massengrab …?

Man kann den Menschen fluchen,
Nicht Wiesen, Bächen und Wind.
So werden wir überall suchen
Die Linden, die Birken, die Buchen,
Die nur daheim grün sind.

Was kann sie uns gewähren,
Die fremde, die Welt von Stein?
Die Hoffnung, wiederzukehren
Vom Festland und den Meeren
Nach Hause – zu Hause zu sein.

Und wenn wir, müde vom Leben,
Zur Ohnmacht sind bereit,
Im Traum uns zu erheben,
Den Glauben uns zu geben
An die Gerechtigkeit:

Dass ein Geleit wird stehen
Habtacht zu unserer Ehr'.
Wir werden inmitten gehen,
Und Österreichs Fahnen wehen
Österreichisch wie vorher!

Dann sind wir alle viel älter,
Vom Heimweh ausgebrannt.
Der Glaube wird dennoch nie kälter.
Trotz Tod und Teufeln hält er
Bis zur Erfüllung stand!

Nachher entzündeten die Pfadfinder den ungeschmückten Weihnachtsbaum, sangen »Stille Nacht, heilige Nacht«, die traurigste Feier meiner Existenz war zu Ende, die Feiernden verließen den Saal, Leute, die sich für Lebende ausgaben und scheintot waren.

War Paris wirklich schön? Die Schönheit der Fremde genießt man so lange, als man aus ihr heimkehren kann. Dies hofften wir längst nicht mehr. Das Wort »Endgültig« stand schwarz hinter den herrlichen Vistas, den Tuilerien, den Champs Elysées, dem Bois, dem pompösen Versailles, und machte aus feiertäglichen Triumphalleen die tägliche Ausweglosigkeit.

So blieb nichts übrig, als sich mit Arbeit zu betäuben. Doch wessen Arbeitszeug die Sprache ist, hat in der Fremde sein Arbeitszeug verloren. »La perte de la langue«, bestätigte Jean Giraudoux, der sich nach Kräften um die Erteilung unserer Visa bemühte, »c'est la catastrophe pure et simple!« Sie war es. Und die eigene Sprache zu dem Zeitpunkt verloren zu haben, da man endlich nicht nur ihre Gesetze kannte, sondern auch ihre Geheimnisse – vor einem Blatt Papier sitzen und so schreiben müssen, dass es übersetzbar sei, auf den Stil verzichtend, der den Mann macht, das war eine unbekannte, abscheuliche Marter, an die ich mich zu gewöhnen hatte. Denn Deutsch, man gebe sich keiner Täuschung hin, ist eine der wenigstgesprochenen und als hässlich verschrienen Weltsprachen. »Ah non! Pas en allemand!«, hörte ich immer wieder, sooft ich eine Arbeit anbot: »Essayez en français!« Dass Lahme tanzen sollen, pflegt man ihnen nicht zu raten.

Ganz anders Franz Werfel, der mit seiner Gattin Alma in einem kleinen Hotel hinter der Kirche Madeleine hauste und zum Arbeiten jeweils in das einsame Sanary sur Mer entwich. »Lass dich nicht irremachen!«, beschwor er mich. »Denk nicht an die Übersetzer, die ja immer alles ruinieren! Schreib wie bisher – was du willst und wie du willst!« Ich vermied zu antworten, dass seine finanzielle Lage sich von der meinen entscheidend unterschied, doch der brüderliche Anteil tat mir wohl, womit er darauf bestand, ich möge ihm aus meiner augenblicklichen Arbeit einiges mitteilen, dem Tagebuch einer Wienerin in Paris, das viel später unter dem Titel »Die Zeugin« erschien; er ermutigte mich zur Fortsetzung, und ich verschob vorläufig den beinahe schon gefassten Entschluss, mich um andere Beschäftigungen umzusehen.

Übrigens geschah das an einem Abend in seinem versteckten Hotel, wo sich außer Alma, Adrienne und Hansi noch ein weiblicher Gast einfand, eine Dame, die, obschon Italienerin, auf das hitzigste mit Mussolini ins Gericht ging. Sie wurde dabei so laut und ausfallend, dass Alma, dem Leben wie den Genies zeitlebens gewachsen, es vorzog, einen abkühlenden Spaziergang anzuregen; die Dame war Mussolinis gewesene Geliebte. »Ein Politiker? Lächerlich! Ein Kapitalverbrecher! Ihr werdet es alle noch erleben!«, schrie sie vor der Madeleine so laut, dass der »Agent« an der Ecke sie zur Ruhe mahnte. »Madame ist Schauspielerin und rezitiert aus ihrer Rolle!«, begegnete Alma der Gefahr.

Gefahr lauerte überall. Vom Augenblick, da der verzweifelte Jude Grynszpan den deutschen Botschaftsbeamten vom Rath getötet hatte, wurde das »freie« Paris nicht nur strenger bewacht, sondern – vielleicht schien es uns nur so – drohend-feindlich. Deutsch zu sprechen empfahl sich keinesfalls, wobei ungewiss blieb, ob dies der Abneigung gegen die Deutschen und nicht vielmehr dem Unwillen gegen die Deutschlandflüchtlinge galt: Eineinhalb Jahre bevor es sich offiziell erhob, wehte ein Vichy-Lüftchen über den Boulevards.

Es wunderte mich daher nicht, dass der und jener einem auszuweichen begann, so mancher, der freundliche Zusagen gegeben hatte, ihrer vergaß, und dass der Herr, der sein Gesicht unter schwarzer Brille gut genug verbarg, um sogar mich zu täuschen, Guido Zernatto war. Er kam zu mir in die Rue Debrousse, zeigte sein Gesicht und sagte: »Man wird uns nach Gürs schicken! Wir müssen so bald wie möglich fort!« Er meinte jeden von uns.

Ungefähr zu dieser Zeit waren unsere Amerika-Visa erteilt, wir beeilten uns, sie abzuholen. Auch dieses Wartens in der amerikanischen Botschaft, wo in einem überfüllten Vorraum jemand sich vor Adrienne verneigte und die unvergesslich trostlosen Worte sprach: »Ein Wiener Bewunderer aus der Menge!«, gedenke ich wegen der für jene Jahre so kennzeichnenden, immer wiederkehrenden Situation: Man bewarb sich um etwas, das man eigentlich nicht wollte.

Dies, was wir heute empfingen, wollte vor allem Adrienne nicht. Sie wollte nicht nach Amerika, mit allen Fasern hing sie an Europa – sie hielt die Einwanderungspapiere weit von sich weg wie etwas, das wehtat. Und hatte trotzdem »Thank you so much« gesagt.

Waren wir keine Glückspilze, fragte uns der Konsul – »lucky dogs«, drückte er sich aus –, kaum dreiviertel Jahre hatte es gedauert, und schon durften wir einwandern! Ja, wir durften sogar unsere Koffer packen, die immer noch unsere einzige Habe blieben, um die zweite Station der Emigration zu verlassen. Vorher opferten wir, was wir entbehren konnten, um mit Wien telefonieren zu können.

»Vienne en Allemagne«, sagte die Telefonistin, weil sie es von Vienne in Frankreich unterscheiden wollte – wegen des mit größter Selbstverständlichkeit hinzugefügten »en Allemagne« hasste ich sie. Hieße es noch, wie es fast tausend Jahre geheißen hatte, »Vienne en Autriche«, wir stünden nicht in dem kahlen Zimmer ohne Aussicht und hielten die Papiere krampfhaft in der Hand, die uns die aussichtslose Reise gestatteten.

Es meldete sich »Vienne en Allemagne«, dann die Stimme von Adriennes Vater. Er hätte, sie wusste es, leidenschaftlich gern gesagt: »Komm sofort zu mir zurück! Ich fühle mich verlassen ohne dich!« Aber seine Stimme, die andere Stimmen zum Wohlklang und zur Festigkeit erzog, riet ihr – sobald er erfuhr, was uns bevorstand –, fest und ohne Vorwurf, sie möge ihn meinetwegen verlassen, um die »bessere Welt« kennenzulernen. Es war seine Kritik an der schlechteren und sein Abschied auf immer.

Manches weiß man voraus. Ich sehe uns dort stehen, zwischen den geschlossenen Koffern, aus dem Telefon kommt die feste Stimme, und wir wissen, dass wir sie nicht wiederhören werden; nütze die Sekunden, sagten wir uns, es sind die letzten; presse in sie die Liebe, den Dank, das Zarteste, das Tiefste. Jedoch Adrienne sagte: »Es war schön, deine Stimme zu hören. Gehst du manchmal in die Oper? Schreib manchmal. Bleib gesund. Auf Wiederschauen.« Ich sagte: »Adieu, mein Lieber!« So unzulänglich sind die menschlichen Mittel.

Als wir auf dem großen französischen Dampfer fuhren, gaben wir uns alle drei große Mühe, den menschlichen Mitteln das Maß nicht zu verkleinern; wir sahen dem Luxus, von dem wir als mindere Passagiere hermetisch getrennt blieben, wie Zaungäste zu, einander versichernd, es sei hübsch und stimulierend; wir genossen von den auch minderen Passagieren zugeteilten Delikatessen der Speisekarte ohne Lust, doch beteuernd, wie köstlich sie schmeckten; wir fanden den Sturm unterhaltend, der sich plötzlich erhob; wir bestaunten die zur Weltausstellung reisenden Zwerge, die gleich uns der minderen Kategorie angehörten, und redeten uns ein, die Liebschaft eines Zwergenmädchens mit einem riesenhaften Schiffsangestellten sei sensationell; wir lasen über die katastrophalen Nachrichten der an Bord gedruckten Zeitung hinweg, als verbürgte die von ihr gemeldete internationale Billigung des Tausendjahrreiches nicht unser aller Ende in der Emigration.

Deshalb war es überflüssig, was unser Aufwärter Adrienne empfahl, als sie des Sturms wegen den Speisesaal verließ: »Eh bien, Madame, il faut faire un petit effort!«

Wir machten sie ja ohnehin, die kleine Anstrengung.

Zweiter Teil

DIE UNBEGRENZTEN MÖGLICHKEITEN

»Spell your name!«

Über Amerika ist von Europäern unendlich viel Endgültiges geschrieben worden, und das meiste davon stimmt nicht. Wenn es an und für sich fragwürdig, ja ein Unfug bleibt, durchschauerische Reportagen abzuschnellen, die nach wenigen Aufenthaltstagen das Geheimnis der Fremde zu enthüllen vorgeben – Ibsen, gefragt, wie ihm Rom gefalle, gab zur Antwort: »Das kann ich noch nicht sagen, ich bin erst drei Jahre hier« –, so wird es im Falle Amerikas ganz und gar unmöglich. Denn Amerika, das man in Europa hartnäckig als Nordamerika bezeichnet, obschon es die Nordamerikaner USA oder eben Amerika nennen, ist nicht nur ein Kontinent, sondern eine Welt für sich, die mit europäischen Maßstäben weder gemessen werden kann noch will. Ob es die Neue Welt ist, bleibe dahingestellt; eine andere ist es jedenfalls. Hier aber liegt der Irrtum. Die Europäer, die über Amerika urteilen, gehen vom Vergleich mit einem aus verschiedenen Bedingungen verschieden Entstandenen, also Unvergleichbaren aus. Deshalb ist der erste grausame Satz, den ein europäischer Einwanderer in Amerika zu lernen hat, die typisch amerikanische Antwort auf des Einwanderers Lob seiner Errungenschaften in Europa: »Was Sie hier leisten werden, interessiert uns, was Sie drüben geleistet haben, nicht«; mit anderen Worten, der Einwanderer, der reüssieren will, schreibe sein »drüben« ab, je radikaler er es kann, desto heilsamer. Ich konnte es nicht.

Und Adrienne konnte es zuerst noch weniger. Als wir ankamen, lag sogar die Freiheitsstatue im Nebel, unser großer Dampfer »Isle de France« musste stundenlang darin verharren, bevor er einlaufen konnte, und so war das Erste, was wir von Amerika sahen, buchstäblich ein Riese. Er kam von einem Motorboot an Bord, um die zur New Yorker Weltausstellung gereisten Zwerge zu begrüßen, von einem Manager begleitet, Mr. Morris Gest. Mr. Gest hatten wir in Leopoldskron getroffen, als er Reinhardts Amerikatournee verhandelte; damals importierte er Schiller und Büchner, diesmal Riesen und Zwerge. Er ging an uns vorbei, als wären wir Nebel. Es hatte etwas Symbolisches.

Obwohl wir unsere Ankunft mehreren mitgeteilt hatten, stand unseretwegen ein Einziger da, Dr. Horch, mein ehemaliger Dramaturg in der Josefstadt, jetzt literarischer Agent europäischer Autoren. Seine Zuversicht, mich bei großen Verlegern im Handumdrehen »anzubringen«, eine namenlose Ameise eine verzweifelte Ameise, war ebenso rührend, wie sie, angesichts des ersten Hervorstechenden Amerikas, aussichtslos schien. Dieses erste hervorstechende Merkmal aber – Amerika hat ihrer drei – ist die Viel-, richtiger die Unzahl: statt Zahlreicher Unzählige, statt Mengen Unmengen; wo in unserem Bewusstsein die Ziffer Hundert ausgereicht hat, reicht Hunderttausend nicht hin. Dies dringt nicht, es schlägt im Augenblick der Ankunft hart und erdrückend auf den Ankommenden. Hier seinen Weg zu finden oder gar zu machen, noch dazu der Sprache nicht mächtig, muss als vermessener Wahnsinn gelten. Dabei gibt man sich nicht einmal darüber Rechenschaft, dass einen das Anderssein von fast allem und jedem auch dann verwirrte, träfe man als Weltenbummler ein und nicht als jemand, der sich hier eingewöhnen und einwohnen soll. Denn dieses Anderssein betrifft das Äußere nicht weniger als das Innere.

Das Aussehen ist anders. Die Gesichter sind es; die Kleidung; die Nahrungsmittel und wie man sie verzehrt; die Mammutstadthäuser, abschreckend hässliche kleine mit eisernen Feuerschutztreppen auf den Rohziegeln oder dem Braunstein, atemberaubend gigantische mit sinnlosen Türmen und Kuppeln, livrierten, weißbehandschuhten Türstehern unter vorgebautem blauem Wetterdach, als seien es nicht beliebige Wohnbauten, sondern Kirchen, Regierungspaläste, Sternwarten; die Zeitungen sind es, halbmeterbreit, halbkiloschwer; der nationale Hauptladen ist es, der »Drugstore«, wo man mit der Aussicht auf Magengeschwürpillen, Abführmittel und in Cellophan gepackte Kosmetika frühstückt, zu Mittag und Abend isst: Alles sieht anders aus.

Und alles ist anders, denn – erst später kommt man darauf– es will anders sein. Das ungeheure Volk, ungeheuer an Zahl, an Kraft und an

Schwächen, hat sich seine eigene Lebensform gegeben, die alles ändert – sogar wie man Gabel und Messer hält, mit diesem erst vorschneidet, es dann an den Tellerrand legt, mit jener die vorgeschnittenen Bissen im Zeitlupentempo zum Munde führt; es macht vor nichts Halt, nicht einmal vor Begräbnisstätten, die man wie Ausflugsziele auf Omnibusplakaten anpreist, »conveniently located«, bequem im Grünen gelegen, sichern Sie sich die Ihre noch heute bei Ihrem nächstetablierten Leichenbestatter, kulante Ratenzahlungen, Beileidskränze mit passenden Inschriften für alle Gelegenheiten jederzeit vorrätig.

Und bevor der lebenslängliche Europäer innewird, dass solches totale Fassade-Ändern einem brutalen Willen entspringt, nämlich dem, sich von der unfreien Welt, der man seinerzeit mit Protest den Rücken kehrte, endgültig zu befreien – als ließen Wurzeln sich roden, die zum Ursprung des Daseins hinunterführen! –; bevor der unverbesserliche Europäer erkennt, dass dieses unerwartete, verwirrende Anderssein doch nur das zweite hervorstechende Merkmal Amerikas entstehen lässt: die unendliche Monotonie, ist er so überzeugt, hier nie heimisch werden zu können, dass die Verzweiflungsakte verständlich werden, die unmittelbar nach der Einwanderung immer wieder (Durchschnittsstatistik: sechs vom Hundert) geschehen – voreilig und irrig, wie ich sofort hinzusetze.

Hinter das Geheimnis des geheimnislosen Amerika kommt man, wie überall in der Fremde, selbst wenn sie viel vertrauter anmutet, weder nach Tagen noch nach Monaten. Viel später einmal erfasst man es, und wenn man nicht an dem Übel leidet, das unter den unheilbaren Krankheiten nie aufgezählt wird, am Heimweh, dann gewinnt man es vielleicht sogar lieb. Denn das dritte Hervorstechende an Amerika, das, was nicht am laufenden Band hergestellt, nicht gewollt, sondern gewachsen, unverwechselbar, unnachahmlich und unvergleichlich anziehend ist, bleibt seine naive Freundlichkeit.

Die Einwände: »Aber das Gangstertum! Aber die Dollar-Anbetung! Aber Hollywood!« ändern nichts daran. Amerika hat für alle Platz und für alles. Für Weiße, für Gelbe, für Schwarze, nachdem – Urverbrechen, das fortzeugend Übles gebiert – die Roten massakriert worden waren, und obwohl die Schwarzen sich ihrer Haut wehren müssen, jedoch, das entscheidet, erfolgreich; für das Großartige wie für das Abscheuliche, für die Al Capones, aber auch für die Abe Lincolns, für die Sacco-Vanzetti- und Chessman-Fehlurteiler wie für die Rechtschaffenheit und Recht-Erschaffung Jeffersons, für Wall Street und für den Himmelszauber der Rocky Mountains.

Es nennt sich denn auch gern einen Schmelztiegel, in dessen Verschiedenheiten es die unorganische amerikanische Einheit unanzweifelbar braut: das amerikanische Gesicht mit der Lächelgebrauchs-Grimasse; Mainstreet mit Tankstellen, Kinos, Tankstellen, Drugstores, »Five- and Ten-Stores«, Tankstellen, Woolworth, Drugstores, Tankstellen, Kinos; die Wolkenkratzer und gläsernen Festungen, den letzten Chick und die vorletzte Hysterie der Metropolen; die stillen, weißen, ländlichen Holzhäuser aus den Tagen George Washingtons, wo von schlanken weißen Säulen gerahmte Veranden mit Schaukelstühlen stehen; das Collegegirl in Bluejeans, die mit achtzehn heiratet, um sich mit zwanzig scheiden zu lassen, und den Bullenpolizisten, der Spaß versteht, aus dem er blutigen Ernst macht; den Familienkirchgang am Sonntagvormittag; die Cocktails von fünf bis sieben post meridiem; die wissenschaftlichen Baseball-Voraussagen und die Gallup-Forscher des Unerforschlichen; Walter Winchells Tratschsensationen am Sonntagabendradio; Puritanertum und Kinsey-Reportierte; schlauester Scharfsinn und überdimensionale, fast sträfliche Leichtgläubigkeit.

Sie essen, sie trinken zur selben Stunde dasselbe »all over the country«, sie starren zur selben Stunde auf dieselben Fernsehstars, sie fahren in ihren Wagen, die nirgendwo parken können, unablässig auf ihren identisch gebauten, dem Riesenandrang ungenügenden Riesenstraßen, sie wollen nicht in den Krieg und gehen klaglos in ihn, sobald sie gerufen werden: In astronomischen Zahlen, aus diametralen Gegensätzen mixen sie die gigantische, normierte Einförmigkeit ihres Lebens und Sterbens. Trotzdem – man muss nur Zeit gehabt haben, es zu sehen –: In der Vielzahl der stereotypen Monotonie erscheint versöhnend die gleichbleibende individuelle Freundlichkeit. Vorläufig blieb sie uns verborgen.

Vorläufig brachte der um einige Monate früher in New York eingetroffene Dr. Horch uns in einem Hotel auf der Westseite unter – die Ostseite ist New Yorks »gute Adresse«, die Westseite die powere –, und wir hatten die Aussicht auf die von früh bis spät die Vortreppen der hässlichen Kolonialstilhäuser belagernden, spielenden, brüllenden Negerkinder.

Es sollte, auch das, ein Provisorium sein, bis wir eine billigere Wohngelegenheit gefunden hätten, und während dieser und anderer hektischer Bemühungen führte ich Adrienne zur Erholung in den Central Park, den einzigen leicht erreichbaren großen Garten der Stadt, aus der ungeheuerlichen Ansammlung von Häusern, Häuserschluchten, Häuserbarrikaden in eine Oase, wo es Bäume und Rasen gab. Vielmehr geben sollte. Denn an diesem kalten Apriltag waren auch die Bäume kahl und die Rasen und Gebüsche noch so verdorrt, wie sie bereits im Frühsommer wieder verdorrt sein würden; dazwischen liefen statt der zufälligen, mit freundlicher Unregelmäßigkeit angelegten Parkwege, an die wir gewohnt waren, asphaltbedeckte Fahrstraßen. Irgendwo aber, ganz vereinzelt, blühte ein japanisches Kirschbäumchen rosa, da setzten wir uns und sahen hin, und Adrienne, ich erwähnte es schon, fing zu weinen an, wie sie geweint hatte, als man mir den Pass abnahm.

Hansi dagegen hatte sich entschlossen, alles hier besser zu finden; da sie von uns dreien am geläufigsten Englisch sprach, und, vor allem, weil Jugend traditionslos und totaler Veränderung geneigt ist, gelang es ihr, sich als künftige amerikanische Bürgerin zu fühlen; auch nahm sie Marys Mutter, seit Jahrzehnten in New York ansässig, zu sich, so dass sie, an unserem gemessen, ein gesichertes, ja ein bequemes Dasein führte.

Freilich fand hierbei eine merkwürdige, für jene Epoche nicht ungewöhnliche Umkehrung des Stabilisierten statt: Bisher waren Adrienne und ich Leute gewesen, die etwas galten; zeigten wir uns jetzt, befürchtete man sogleich, wir könnten Anliegen vorbringen, und trachtete daher, uns loszuwerden – es war mit anderen Worten für Hansi nicht mehr leicht, auf uns stolz zu sein, es wurde sogar bedrückend für sie, uns in gedrückten Verhältnissen zu wissen, während sie sich, ohne irgend helfen zu können, sorglos bewegte. Dies, wie vieles andere, bedurfte einer Menge gegenseitiger Behutsamkeit, um es zu entbittern und zu entschärfen.

Denn verbittern mochte es fürs Erste, dass zwei, die man gekannt hatte, sich von heute auf morgen zu den Namenlosen gezählt fanden. Weder in der Schweiz noch in Paris, wo manches uns mit unserem Wirkungskreis verband, drängte sich dies so augenfällig vor. Hier jedoch kannten wir und kannte uns buchstäblich niemand.

Dass vor Jahren einige meiner Bücher in Amerika erschienen waren, wusste längst keiner mehr, denn infolge der Vielzahl der dort täglich erscheinenden sind Bücher in Amerika eine Sache des Erscheinungsmonats, bestenfalls des Erscheinungsjahres. Selbst der Verleger, der sie veröffentlicht hatte, Mr. Putnam, erinnerte sich meines Namens so wenig, dass er mich bat, ihn zu buchstabieren. »Spell your name«, sagte er, genauso wie die Agenten auf dem Broadway, wenn sie ihr überhaupt Gehör gaben, »spell your name!« von Adrienne verlangten. In der ersten Zeit fällt dieses ungewohnte Buchstabierenmüssen lästig; dann gewöhnt man sich auch daran.

Immerhin erhielt Adrienne auf diese Weise ihren ersten »job« – die Rolle einer französischen Gräfin in einem jiddischen Film, dessen Hauptdarsteller Moische Ojscher hieß, und dessen Hersteller, ein Winkelproduzent, den Wunsch hatte, Adrienne möge französisch jüdeln. Weil sie dieser Erwartung nicht hinlänglich entsprach, wurde das vereinbarte Gesamthonorar von sage und schreibe vierzig Dollar ihr so lange vorenthalten, bis sie mit dem Anwalt drohte, als den sie mich ausgab; mein Doktortitel kam dafür zustatten. »A lot of money for sitting in a chair!«, sagte der Produzent verächtlich, als er ihr den Bettel zuletzt gab.

Doch ihn mit Fäusten und Zähnen erkämpfen müssen, weil man sonst verhungert, das so oft gedankenlos gebrauchte Wort im buchstäblichen Sinn, auch das gehörte zu den Erfahrungen, die wir bisher nicht gemacht hatten. Einem aus Prag geflüchteten Ehepaar mieteten wir in der 88. Straße ein Zimmer ab; für die ersten Wochen reichte das von mir aus Paris, dank Madame Guilbert, Mitgebrachte; aber als Adrienne ihr bisschen Schmuck verkauft hatte, konnten wir an den Fingern einer Hand abzählen, wie viele Wochen noch.

Aus den optimistischen Vorhersagen des nie zu enttäuschenden Dr. Horch war nichts geworden; zwar begann ich einen Roman »Das neue Verbrechen« – das der Rasse –, allein ein gebrochenes Rückgrat fördert aufrechte Arbeit nicht. Dem präsumptiven Verleger hatte ich meinen Namen buchstabiert und den Plan – »outline« heißt das abscheuliche, die Phantasie festfahrende Wort – geradebrecht, er billigte ihn sogar. Doch ihn dort zu schreiben, im tobenden Lärm der 88. Straße oder – später lernte ich es zur Genüge – auf einer Bank im Central Park, vermochte ich damals noch nicht. So gab ich es auf, und da der Verleger sich zu einem Vorschuss nicht verstand, musste entweder eine andere Einnahmsquelle gefunden werden oder –

Wir erwogen dieses sich anbietende Oder ernstlich. Unser Zimmer sah in einen Lichtschacht, mindestens vierzig Meter tief. Das Fensterbrett war breit. Wir würden einander an den Händen halten – immer öfter blickten wir in den Abgrund.

Dann las ich, unter den mörderischen Nachrichten, die der apokalyptischen Vorstellung des Dritten als eines Tausendjahrreiches täglich das Wort redeten, dass Thomas Mann an der Universität Princeton eine Lehrstelle innehabe. Ich erinnerte mich des Wohlwollens, das er mir wiederholt erzeigt hatte. Als mein Roman »Der Hellseher« erschien, und mein Verleger und Freund Paul von Zsolnay ihm die Aushängebogen mit der Bitte um sein Urteil sandte, erklärte Thomas Mann – der Schutzumschlag des Buches brüstete sich mit dem Zitat –: »Ernst Lothar wird viel Ehre davon haben, oder die Welt müsste ganz auf den Hund gekommen sein.« 1929 war das gewesen, vor zehn Jahren. Inzwischen war die Welt auf den Hund gekommen. Doch Princeton im Staate New Jersey lag nur wenige Stunden von New York, und auf das bisschen Fahrgeld kam es kaum mehr an – der Lichtschacht stand ja bereit.

Wenn man mit äußersten Entschlüssen umgeht, bleibt die Zeit stehen oder sie vergeht so rapid, dass man ihrer nicht gewahr wird; daher scheint es mir in der Erinnerung, als hätte ich mich auf dem bequemen Eisenbahnsitz – alle Bahnfahrten in Amerika sind wohltätig bequem –

kaum erst niedergelassen und wäre gleich darauf vor ihm gestanden, dessen vollkommene Kunst gegründet-hintergründiger Darstellung und ebenso perfekten Sinn für die distanzierende Sendung der Ironie ich bis zum heutigen Tag bewundere.

Er empfing mich, obschon ich mich nicht angekündigt hatte, ohne Zögern, trat in dem hellen Haus mit ausgestreckten Händen mir entgegen und machte aus dem von mir beabsichtigten Viertelstundenbesuch eine Halbtagsvisite, die Lunch und Nachmittagstee einschloss und, seiner Inanspruchnahme ungeachtet, eine väterlich-brüderliche Beteiligung an meinem Schicksal zeigte, dem gemeinsamen Schicksal der aus dem deutschen Geist Ausgestoßenen, meinte er.

Ich verdanke jenem Sommerhalbtag mehr als eine verbindliche Ermutigung – ich verdanke ihm die Abweisung der Gedanken an das »Oder«, und diesen Dank abzustatten drängt es mich.

In dem vielstündigen Gespräch, an dem während der Mahlzeiten auch Frau Katja Mann teilnahm, blieb meine momentane Bedrängnis im Vordergrund. Zwei Dinge aber, sagte Thomas Mann, dünkten ihn für einen emigrierten Schriftsteller unzulässig, ja verächtlich; die Sprache zu wechseln wie ein abgetragenes Kleidungsstück und in einer unangemessenen, daher angemaßten zu schreiben. Und: nicht mehr zu schreiben. Wir hätten – er, ich, alle, denen das Deutsche gegeben worden sei, um es zu schreiben – weiterzuschreiben, da bestehe keine Wahl. Auch wir seien kriegsverpflichtet und dies, er nannte es so, sei unser Kriegsdienst; auch wir hätten den Kampf gegen Hitler zu führen – mit der Waffe des deutschen Wortes, das keineswegs polemisch sein müsse, sondern das Festhalten des zu Erhaltenden. Er kam dem Einwand, den ich nicht machte, zuvor: Solcher Kampf werde einem Nobelpreisträger unvergleichlich bequemer als anderen, doch von dem Abwehrdienst, das war das Wort, das er gebrauchte, gebe es keine Befreiung – »non datur«, zitierte er wie seinerzeit mein Vater die Lateiner. Man habe sich, jeder von uns, einzuhämmern – schulmeisterhaft, mit der Lehrfreudigkeit, derenthalben wir ihn den »Praeceptor Germaniae« nannten, ließ er es vernehmen –, dass die geistige Desertion unverzeihlicher als die leibliche sei. »Non datur! Non datur!«, wiederholte er streng. Entlaufen, nachdem man entlaufen war? Jämmerlich! Ob er zurückkehren werde, wisse er nicht; doch jenen dem deutschen Geist angetanen Schimpf, das wisse er, werde er abwaschen helfen. Das müsse auch ich. Weshalb, er warf es dann so hin, habe ich, da ich mich ja auch dem Theater verschrieben habe, nicht den Mut, in New York deutsch spielen zu lassen – besser noch: österreichisch, wozu ich die Kompetenz besäße? Ein Anfang müsse gemacht werden, ich möge ihn machen.

Hofmannsthals Appell, Grillparzer betreffend, klang auf, merkwürdige Duplizität der Fälle, die ich erwähnte. »Sehen Sie«, sagte er und fügte mit einem der treffendsten Aussprüche, die ich über ihn kenne, hinzu: »Er war ein Spürer, darin ebenso hinter seiner Zeit wie ihr voraus.« Die Alternative jenes »Oder« zur Sprache zu bringen, wagte ich gar nicht mehr, die Injektionen hatten ihre Wirkung getan. Als ich am Abend zurückkam, beschlossen Adrienne und ich, wir würden versuchen, ein österreichisches Theater zu gründen.

Dass es in Amerika deutsch gesprochenes Theater gibt, gehört zu den zahllosen falschen Vermutungen der Deutschen über Amerika; es gibt keines, wie es auch das nicht gibt, was die Deutschen »Deutsch-Amerikaner« nennen, und worunter sie offenbar Leute beider Staatsbürgerschaften verstehen. In Amerika gibt es Amerikaner, solche, die es werden wollen, und Fremde. Daher ist es von vornherein eher ein aussichtsloses Beginnen, in einer anderen Sprache Theater spielen zu wollen als der englischen – der amerikanischen vielmehr, weil ja das Englische des Amerikaners bewusst eine eigene Phonetik, Orthographie, Inflexion und zum Teil sogar ein eigenes Vokabular verwendet, nicht unähnlich dem vom Deutschen so verschiedenen Österreichischen.

Doch mit den Vorurteilen unseres Erdteils setzten wir es uns in den Kopf, wir würden deutsches, vielmehr österreichisches Theater spielen, wobei wir auf die Hitlerflüchtlinge rechneten, die nicht nur das Publikum, sondern auch die Schauspieler liefern sollten.

Dass die Flüchtlinge den einen Dollar nicht besaßen, den wir von unseren Theaterbesuchern zu verlangen gedachten, und die geflohenen österreichischen Schauspieler sich auf die Dauer mit den Zwerggagen nicht zufriedengeben würden, die wir ihnen aus den Zwergeinkünften anbieten konnten, ließen wir außer Acht. Im Erdgeschoß der Abendschule auf der Lexington Avenue, wo Adrienne ihre Englischkenntnisse unentgeltlich vermehrte, befand sich ein hübscher, geräumiger Theatersaal, Theresa-L.-Kaufmann-Auditorium genannt, der uns von dem gemeinnützigen Verein der Schulerhalter unter der Bedingung überlassen wurde, dass ich für jede Vorstellung die geringfügige Mietsumme von hundert Dollar und sogleich ein Unternehmerzertifikat beibringe.

Am Letzteren, fürchtete ich, würde es scheitern, denn ich hatte die zahllosen Garantieerklärungen und Formalitäten in Erinnerung, die meiner Direktionsübernahme in der Josefstadt vorangingen. Hier zum ersten Mal lernte ich die märchenhafte Leichtigkeit kennen, womit Amerika den Zutritt dazu gewährt, was überall, nur nicht bei den Amerikanern, Amerikas unbegrenzte Möglichkeiten heißt. In weniger als einer Stunde hatte mir der »County Clerk and Clerk of the Supreme Court, New York County« bestätigt, dass ich »business under the name and style of The Austrian Theatre« zu betreiben beabsichtige, und dass kein Einwand dagegen bestehe, wofür 3 Dollar zu bezahlen und außer meinem und dem Namen des »business« keinerlei Angaben zu machen waren. Also konnten wir, mit der vorläufigen Investition von 3 Dollar, ein Theater eröffnen.

Die Stücke für den ersten Abend, »In Ewigkeit Amen« von Wildgans und »Komtesse Mizzi« von Schnitzler, waren bald gewählt, auch geflüchtete Wiener Schauspieler verpflichtet, gegen ein Proben- und Auftrittshonorar von zusammen 20 Dollar, zahlbar am Vorstellungsabend nach Kassenschluss. Da uns der Theatersaal nur für zwei Proben zur Verfügung stand, saßen wir in unserem Mietzimmer im 14. Stock, »meine« gewesenen Schauspieler und ich, und probten mit der Aussicht auf den Lichtschacht und das Tausendjahrreich in Wiener Mundart ein Stück Wiener Unrecht – es hatte etwas Gespenstisches; es wurde noch gespenstischer, als unser Freund Melnitz, seinerzeit Regisseur in Bremen und am Wiener Deutschen Volkstheater, jetzt Dekan und Professor für Theaterkunde der Kalifornischen Universität, die Komödie »Komtesse Mizzi« mit Adrienne in der Hauptrolle probierte: Das Heitere hatte den Trauerrand des Unwiederbringlichen, das Witzige klang im Mund der Desperation wie eine Lästerung. Trotzdem mühten wir uns, wie wir es gewohnt waren, um jeden Ton und Zwischenton des Lustigen, das Leute belachen sollten, die aus Gräbern stiegen.

Als die Proben zu Ende waren, kam ein Brief von Thomas Mann aus Princeton. »Lieber Herr Dr. Lothar«, schrieb er in seiner schmalen, behutsamen, ein wenig schrägen Handschrift, »schon lange hat mich etwas Gedrucktes nicht so vergnügt wie die Mitteilung von der Eröffnung Ihres Theaters. Wäre ich nicht inmitten der Arbeit, ich käme nach New York und wäre unter denen, die sich Ihrer Tat freuen werden. Es ist tapfer, dass Sie sie unternommen haben, es ist mehr als das, es ist der Beweis, dass sich das Gute nicht verbannen lässt und dass es sich behauptet. Sie werden den Freunden des österreichischen Theaters Freude und seinen Feinden Verdruss machen. Von den kleineren werden Sie zu den großen Stücken übergehen und von diesen zu Ihrem Arbeitsplatz am Schreibtisch. Das ist die richtige Aufeinanderfolge, und ich wünsche Ihnen Mut und Glück dazu. Erlauben Sie mir, den beiliegenden Scheck als eine kleine Gabe an Ihre Schauspieler beizufügen, von denen manche mir in dankbarer Erinnerung sind.«

Der Eröffnungsabend stand bevor, und Raoul Auernheimer und ich suchten New Yorks, also Amerikas maßgebenden Kritiker Brooks Atkinson in seinem Redaktionszimmer der »New York Times« auf. Auernheimer, mein Trauzeuge und Kollege an der »Neuen Freien Presse«, war kürzlich, dank einer Intervention Emil Ludwigs, aus Dachau entlassen worden, einige Wochen vor uns in New York eingetroffen und befand sich noch in einem von der Seligkeit seiner geglückten Flucht ganz erfüllten euphorischen Zustand.

Es ist mir ein Bedürfnis, seiner hier zu gedenken, denn es sind nicht mehr viele, die von der Begegnung mit ihm bestimmende Eindrücke empfingen. Und auch seiner Schriften und seines Wirkens für den österreichischen Geist erinnern sich zu wenige. Er teilt dieses Geschick mit anderen besten Österreichern des Geistes, die der tobende Ungeist in die Konzentrationslager verbannte.

Mit Theodor Herzl bluts- und wesensverwandt, dem Meister des

Feuilletons, der den Anlässen, die er umschrieb, ein Fenster ins Allgemeine öffnete, so dass im Alltäglichen sich die Bedeutung zeigte, hat er Kultur- und Kunstkritik geübt. Etwas Pariserisches eignete wie Herzls Stil dem seinen, eine Eleganz der Haltung und des Ausdrucks, die, ohne gesucht zu sein, das Wesen des Darzustellenden anmutig-gültig fand. So fein er zu spaßen wusste – mit dem Grundsätzlichen verstand er keinen Spaß. Seine Klinge blieb das Florett, er hielt sie blank und blitzend. Dem Kunstkommerz rückte er an den Leib, dem Geschiebe des Unvereinbaren, der kompakten Majorität der Beziehungen. Er war für nichts zu haben, das zu haben war, denn er erkannte den Geist als das, was er ist: den Spiegel und den Widerschein des Unbedingten. So hielt er, wie die wenigsten, die Kategorien rein.

Er sagte den Österreichern und der Welt, was die Welt an Österreich besaß. Er war es, der die vergessenen österreichischen Meister der Sprache aus der Vergangenheit hob – Stifter vor allem, Lenau, Saar, die Ebner – und der immer wieder auf das eminent österreichische Beispiel Grillparzers wies, von dem er gültig bemerkte, er sei ein großer Dichter größter Inhalte in zu kleinen Formen.

Er schrieb Komödien, das schwebende »Paar nach der Mode« ist darunter, der ironisch souveräne »Gute König«; Biographien wie die durchschauende über Metternich; Romane wie den sozialkritischen »Die rechte und die linke Hand«; Novellen – »Der Leichenbestatter von Ebenbrunn« und »Laurenz Hallers Praterfahrt« gehören zu den österreichischen Erzählungen von bleibendem Wert. Er liebte das Maß und hasste die Übertreibung. Er war ein vornehmer Mensch, wobei der Nachdruck auf dem Hauptwort liegt, ein Freund seiner Freunde und ein Feind der Gleichgültigen, ein gläubiger Bekenner der Philosophie des Humors. Folglich hatte das Jahr 1938 in Österreich keinen Platz für ihn.

Als er Dachau verließ, war er so aufrecht und zukunftssicher, wie es nur ein echter, unverdorbener Österreicher sein konnte. So kam er in Amerika an, so brachte er in die Neue Welt ein Buch über die von ihm erlittene Unterwelt, ohne ein Wort zu viel, ohne Vergeltungshitze, maß- und zuchtvoll bis zu dem Grade, dass kein amerikanischer Verleger sich bereitfand, solcher unbeirrbaren Hasslosigkeit Publizität zu geben. Es traf ihn nicht, den im Ausland unbeglaubigten Botschafter Österreichs; dorthin zurückzukehren, blieb sein unerfüllter Traum. Wie nötig hätte Österreich ihn gehabt, einen der wenigen, denen man glauben durfte, weil sie keine Bindung kannten als die an das Zulässige, keine Furcht als die Ehrfurcht, kein Vorurteil, doch den Mut zum unanfechtbaren Urteil.

Er war es, der mir anlag, Atkinson zu sehen, »zwei erste den ersten Kritiker«, wie er sich in seiner epigrammatischen Art ausdrückte, um ihm einen österreichischen Theaterabend und damit österreichische Schicksale vor Augen zu führen. Um einiges länger emigriert als er, der Euphorie daher umso viel länger verlustig, beurteilte ich die Aussichten unseres Besuches skeptisch. Doch Auernheimer blieb dabei, ein Mittelpunkt wie das »Austrian Theatre« könne nachhaltige Wirkungen auf das Geschick der geflohenen Künstler nicht verfehlen, und Mr. Atkinson werde das anzuerkennen bereit sein.

Der magere, beispielhaft taktvolle Herr, der uns gegenüberstand und für unsere in nicht eben fließendem Englisch vorgebrachten Erklärungen Interesse zeigte – eine der gastfreundlichsten amerikanischen Gepflogenheiten ist es, das mangelhafte Englisch der Fremden mit keiner Miene zu bemerken –, hatte uns die Wahrheit zu sagen: dass die amerikanischen Zeitungen über Darbietungen in fremder Sprache nur dann kritisch berichteten, wenn es sich um eine zu erwartende Aufführungsserie handle; dass dies aber im Falle einer ein- oder, bestenfalls, zweimaligen Aufführung nicht möglich sei. So erfuhr ich, bevor noch die Österreichische Bühne eröffnet war, dass sie – bestenfalls – zwei Aufführungen von jedem Stücke bieten könne. Für mehr, sagte Mr. Atkinson, sei Deutsch verstehendes, am Theater interessiertes Publikum in New York nicht vorhanden, soweit es aus Hitlerflüchtlingen und nicht aus den alteingesessenen deutschen Einwanderern, den sogenannten Yorkviller »Bundisten«, bestehe, die in der Gegend der 86. Straße wohnten, denen man jedoch eher Pro- als Anti-Hitler-Gesinnung nachsagen könne; wer uns etwas anderes weismache, lüge. Indem er versprach, die Aufführung als Privatmann sehen zu wollen, verabschiedete er uns wie ein erfahrener Arzt hoffnungslose Patienten.

Der Vorhang über »The Austrian Theatre« ging denn auch für zwei Abende auf, unter dem Jubel derer, die unser Schicksal teilten und in der Pause beisammenstanden, als wäre es die Josefstadt – sie anzuschauen, einer sich vor dem andern schämend oder sich hervortuend, Forschheit oder Überwundenhaben agierend, Wien in den Kot zerrend und New York in den Himmel hebend, war eine Tragödie vor der Komödie. Die von dem Berliner Manfred Georg tapfer redigierte deutsche Wochenschrift »Der Aufbau« und die weniger standhafte deutsche »New Yorker Staatszeitung« veröffentlichten spaltenlange zustimmende Beurteilungen, die »New York Times«, dank Mr. Atkinson, eine Drei-Zeilen-Notiz, wonach eine österreichische Gruppe im Theresa-L.-Kaufmann-Auditorium zwei österreichische Stücke gespielt habe.

Viermal wagte ich den Versuch. Schnitzlers »Liebelei«, dem Auernheimers Einakter »Das ältere Fach« vorausging, war der nächste; Arnold Korff, ehemaliger »Bonvivant« des Burgtheaters, unvergesslicher Hofreiter im »Weiten Land« – er sollte später der Trauzeuge Hansis sein, und wir würden ihn, zufolge des gräulichen amerikanischen Brauches, Leichen zu schminken, zum letzten Mal geschminkt auf seiner Bahre liegen sehen –, spielte den alten Weiring, Oskar Karlweis den Theodor, ein anderer ehemaliger Burgschauspieler namens Wengraf den Fritz, Adrienne die Frau Binder. Bruno Franks »Sturm im Wasserglas« war der zweite Versuch; der dritte Cocteaus »Les parents terribles«, in einer deutschen Übertragung Adriennes und mit ihr, Erika Wagner, gleichfalls einem gewesenen Burgtheaterstern, und dem Wiener Herbert Berghof in den Hauptrollen. Der vierte und letzte blieb die Komödie »Die glücklichen Tage«, worin der jüngste Burgschauspieler auftrat. Er hieß Ernst Haeussermann, war ein Sohn des vortrefflichen Burgtheaterkomikers Reinhold Haeussermann und auf kurzen Besuch gekommen, um Hansi zu sehen – derselbe hübsche junge Mann, der ihr damals an der Ecke Kantgasse und Beethovenplatz nachgewinkt und sie so wenig vergessen hatte wie sie ihn. Wie es ihm glückte, aus Wien in Niederdonau, wo das Hakenkreuz auch über dem Burgtheater wehte, in die Freiheit zu entkommen, verriet er nicht.

Bei jedem unserer österreichischen Theaterversuche blieb es dasselbe: selbstvergessene, ambitionierte Probenarbeit, als hätten wir vor Reinhardt zu bestehen, die Hoffnung auf eine nicht immer nur von ein und denselben Emigranten – die deutschen »Bundisten« boykottierten uns sowieso –, sondern von Amerikanern besuchte längere Aufführungsserie, der jubelnde Erfolg an zwei Abenden, die rühmenden Kritiken im »Aufbau« und der »Staatszeitung«, die finanzielle Unmöglichkeit eines dritten Abends. Bruno Walter, inzwischen gefeierter Dirigent an der Metropolitan, der treueste Besucher unserer Vorstellungen, sprach das Urteil: »Die Weltsprache ist Musik. Deutsch leider nicht.«

So ließen wir es dabei bewenden, denn das Missverhältnis zwischen der Anstrengung und ihrem Dreißig- oder Vierzig-Dollar-Profit – ich sehe mich mit einer ehemaligen Reinhardt-Seminaristin Requisiten, »props« genannt, in einem Altladen der Third Avenue für Leihgebühr entlehnen und sie eigenhändig in das Theatergebäude schleppen wie weiland der Schmierentheaterdirektor Striese im »Raub der Sabinerinnen« –: der Widerspruch zwischen dem Ermutigenmüssen der Mitwirkenden und der eigenen unaufhaltsamen Entmutigung wurde zu groß.

Unsere Barschaft hatte sich inzwischen der Ziffer Null genähert, wir gaben unserem Stolz einen Stoß. Es hieß, für Emigranten katholischer Konfession, die kulturelle Leistungen aufzuweisen hatten, bestehe eine Unterstützungsstelle – dort vorzusprechen entschlossen wir uns. Ich erwähne dergleichen nicht, um das Mitleidswerte, vielmehr um das Demoralisierende einer Lage zu bezeichnen, die völlig ungemäße Vorgänge erzwingt. Nie zu betteln, hatte ich mir geschworen, und jetzt war ich unterwegs, es zu tun. Unterwegs stimmte aufs Wort, denn wir wollten den Nickel für den Bus sparen, legten daher den Fünfviertelstundenweg von der 88. in die 8. Straße zu Fuß zurück; in der 8. Straße amtierte die Unterstützungsstelle.

Um fünf waren wir gekommen, nach sieben kamen wir vor. Ein Mann der Kirche empfing uns, wir hatten ihm unsere Namen zu buchstabieren und unsere Leistungen aufzuzählen, was uns nun fast schon zur Übung geworden war. Doch schien darauf weniger als auf die Tatsache Gewicht gelegt zu werden, dass ich eine Tochter besaß, die nicht bei mir, sondern an einer »guten Adresse« wohnte. Wieso könne sie sich das leisten?

Weil ihre Großmutter sie unterstützte.

Da möge sie einen Teil dieser Unterstützung an ihren Vater »abzweigen« – wir würden wohl verstehen, dass Leute, deren nächste Angehörige im Luxus lebten, keine Unterstützungen erwarten könnten?

Von Luxus sei keine Rede, wendete ich ein, auch würde es einen an sich demoralisierenden Zustand noch verzweifelter machen, wenn er sich auf unannehmbare Zuwendungen stützte; meine Tochter erhalte Wohnung und Unterhalt nebst einem nicht nennenswerten Taschengeld, das sie mit deutschem Privatunterricht erwerbe.

In der Not dürfe man nicht zu empfindlich und jedenfalls nicht arbeitsscheu sein; es gebe gewesene Rechtsanwälte, die mit Toilettenartikeln von Haus zu Haus gingen, höhere Beamte, die es nicht unter ihrer Würde fänden, als »handymen«, also als Leute ihren Unterhalt zu verdienen, die da und dort Handgriffe machten, elektrische Leitungen reparierten, Anstreicherarbeiten und Ähnliches versahen; der Not habe man zu gehorchen, keinesfalls sich zu gut dafür zu dünken, wurde mir ein zweites Mal bedeutet. Damit waren wir entlassen

Die schonungslose Lektion machte sich bezahlt. Tags darauf ließ ich mich in eine der von Quäkern unentgeltlich betriebenen Emigrantenschulen einschreiben, lernte, von ihnen mit kleinen Summen unterstützt, Tag und Nacht Englisch, bis ich es sprach, schrieb und imstande war, den Entwurf zu einem neuen Buch einem anderen als meinem bisherigen Verleger mitzuteilen; Dr. Horch hatte mich an ihn gewiesen, und Carl Zuckmayer, inzwischen zu den New Yorker Emigranten gestoßen, den ihm bekannten »editor« auf mich aufmerksam gemacht, T. B. Costain, er bestimmte bis auf weiteres mein Schicksal. Das Buch aber beruhte auf Tagebuchnotizen, die eine meiner gegenwärtigen Mitschülerinnen in die Freiheit gerettet hatte. Ich schrieb es fast zur Gänze auf einer Bank im Central Park, nannte es »A Woman is Witness« und zeigte es, in Abständen, Mr. Costain.

Mr. Thomas B. Costain war ein Kanadier, hochgewachsen, breitschultrig, blauäugig, weißhaarig. Dass er einige Jahre später, als Siebenundfünfzigjähriger, mit seiner Historie »The Black Rose« den meistgekauften Roman Amerikas schrieb und von da an Jahr um Jahr mit jedem seiner historischen Romane Millionenauflagen erzielen sollte, sah er damals nicht voraus, als er zwar die Autoren des großen Verlages Doubleday beriet, doch keineswegs daran dachte, ihnen Konkurrenz zu machen. Mir jedenfalls riet er mit der Vehemenz seines unverwüstlichen Optimismus, auszuharren und weiterzuschreiben, ja er verstieg sich, nach den von mir in miserablem Englisch abgelieferten ersten fünfzig Seiten, zu einem Vorschuss von 250 Dollar. Nie vor- oder nachher habe ich Geld mit solcher Wonne empfangen. Es kam buchstäblich zur rechten Stunde, denn unsere Mittel und mein Selbstvertrauen waren aufgebraucht.

Da ich daran denke, macht mich die Kleinmütigkeit betroffen, die mich zu jener Zeit beschlich. Mehr als ein Dutzend Bücher waren von mir erschienen, die meisten in viele fremde Sprachen übersetzt, und zwei oder drei, wie »Die Mühle der Gerechtigkeit« und »Kleine Freundin«, fast überall bekannt. Dennoch lähmte mich ein Zweifel, der sich jeder Zeile widersetzte, die ich schrieb. Dass es den Emigranten Werfel, Zuckmayer, Roth, Broch und Zweig nicht viel anders erging, erfuhr ich erst später, und bis auf Zuckmayer hat es sie das Leben gekostet.

Das Vertrauen zu meinen eigenen Fähigkeiten jedenfalls war mir in einem Maß verlorengegangen, das mir das Schreiben zur Qual werden ließ. Der Minderwertigkeit jenseits des Ozeans laut genug geziehen und dem Autodafé des gesamten bisher Getanen preisgegeben, empfand ich in der Fremde, die mich auf den Stelzen einer fremden Sprache zu denken und zu schreiben zwang, das Unrecht weniger quälend als die Selbstquälerei, ob es nicht mit Recht geschah. Wieso, fragte ich mich, sind wir aus unserem Wirken ausgestoßen worden, ohne dass wir dort eine Lücke hinterließen, und wieso, wenn unsere Befähigung es rechtfertigte, rührt hier niemand einen Finger für uns?

Nichts zerbricht kinderleichter als der Kinderglaube an einen selbst, und es bleibt eine unvermeidliche Höllenphase der Emigration, die durch dieses Misstrauen führt.

Auf der Bank im Central Park, wo ich mir abrang, was mir sonst minder schwergefallen war, fand ich eines Tages einen Nachbarn. Er sah mich über mein Schülerheft gebeugt, in das ich schrieb, sah mich zögern, schreiben, streichen, schreiben, streichen, und sagte auf Englisch: »Emigrieren ist eine Sache für junge Menschen.« Ob er es zu sich oder zu mir gesagt hatte, weiß ich nicht. Noch ein andermal saß er in demselben Rondeau nächst der 72. Straße. Ein typisch amerikanisches Altmännergesicht, bartlos, rosig, mit unzähligen strichdünnen Falten längs der Schläfen, ungefasste scharfe Brillen vor den Augen; einen typisch amerikanischen schulterbreiten Anzug trug er mit einer typisch amerikanischen, viel zu bunten Krawatte. Als ich vom Schreiben zögernd aufschaute und sein Blick mein Schreibheft traf, worin er deutsche Worte gelesen haben mochte, sagte er in typisch rheinischem Deutsch: »Auch wenn Sie vierzig Jahre hier gewesen sind und einen Pass und eine Familie und Geld wie Heu haben – ein Emigrant bleiben Sie. Emigrieren ist eine Sache für junge Menschen, die sich nicht erinnern.« Dann ging er weg.

Doch führte ich das unterdrückte Gespräch eines Tages mit Hermann Broch. Seine kurze Pfeife im Mund, wie immer, die ihm eigentümliche pfiffige Lustigkeit in den Augen, erinnerte er mich an die Jugendtage, da eine Kusine von ihm mir viel bedeutet hatte. »Als Sie fast täglich in die Hegelgasse 17 kamen«, sagte er, »waren Sie ein Jurist, ich ein Textilfachmann. Wenn es so wäre, wie Sie behaupten, dass uns wegen unserer Unfähigkeit recht geschehen ist, dann wären Sie in die Advokatenkanzlei Ihres Vaters eingetreten und ein Advokat geworden, ich in die Textilfabrik in Teesdorf bei Baden wie mein Bruder Fritz. Stattdessen wurde von Narren ein Holzstoß errichtet, auf dem auch Ihre und meine Bücher brannten. ›That answers it‹, wie man hier sagt«, schloss er mit der faszinierenden logischen Verkürzung, die er meisterte.

Auch Adrienne kämpfte denselben Kampf. Otto Preminger, mein Vorgänger als Direktor der Josefstadt, seither – offenbar jung genug, um »sich nicht zu erinnern« – dauernd emigriert, hatte sie ein »reading« für eine Komödie geben lassen, die er auf dem Broadway inszenierte. Vor versammelten Geldgebern und Produzenten prüfte er sie, die in Wien bei ihm engagiert gewesen war, auf ihre Eignung, fand sie ungeeignet, sagte »sorry!«, und schickte sie weg.

Kurz nachher ließ sie Fritz Kortner, dem sie Hans Jaray für die tragikomische Rolle einer alternden Soubrette in Kortners und Dorothy Thompsons Anti-Hitler-Stück »Another Sun« empfahl, zu seiner Mitautorin bitten, um ihr gleichfalls vorzusprechen. Miss Thompson galt zu dieser Zeit als die politische Starreporterin Amerikas, ihre mutigen Artikel in der »New York Post« besaßen ähnliches Gewicht wie später die Walter Lippmanns in der »New York Herald Tribune«, und von ihrem Verdikt sollte es abhängen, ob Adrienne den lebensrettenden Sprung auf die amerikanische Bühne würde wagen dürfen.

Neuerlich musste sie, eine von Reinhardt erprobte Darstellerin, die Befähigung nachweisen, Theater spielen zu können. Allein seit jener Erfahrung in Paris, wo sie sich älter zu schminken und dann nicht einmal Gelegenheit gehabt hatte, ihr Gesicht zu zeigen, besonders aber seit der zum Erzamerikaner gewordene Mr. Preminger ihr wie einer Elevin »sorry!« gesagt hatte, ging in ihr dasselbe vor wie in mir und vielen, die vorher im Licht gestanden waren: Räuberisch überfielen sie die Zweifel an ihrer Begabung.

Trotzdem gelang ihr diesmal die Prüfung, ohne sie zu machen, weil Kortner sie als seine definitive Wahl bezeichnete, noch bevor Miss Thompson dem bedenklichen Gesicht, das sie bei Adriennes Eintritt sehen ließ, Worte verlieh. »Anyhow, she is my choice«, sagte er, dem man so viel Strenge nachsagt, unfähig, die sichtbare Qual einer Kollegin zu vermehren, und dabei blieb es.

Folglich probierte sie, während ich auf meiner Bank im Central Park ein amerikanischer Romancier zu werden versuchte, zuerst in einem Saal des Lincoln-Hotels, dann im »National Theatre« auf der 44. Straße unter Kortners Regie, eine amerikanische Schauspielerin zu sein. Wenn wir uns zu den hastigen Mahlzeiten trafen, berichteten wir einander, wie es mit uns stand: Ich war über meine, sie über ihre Fortschritte verzweifelt. Als die Premiere herankam, stand es für sie fest, die Mühe sei vergeblich gewesen.

Ich sehe vor mir, wie sie an jenem Abend, dem ersten, an dem ich ein Broadwaytheater kennenlernte, auf die Bühne trat; sie trug ein rötlich-violettes Kleid, ein wenig altmodisch, ein wenig »alte Pracht«, dazu ein rötliches, viel zu jugendliches Hütchen auf dem zu jugendlich frisierten Haar, halbe weiße Zwirnhandschuhe an den Händen – gleich im ersten Augenblick stand die Person da, die sie sein sollte, der es einst im heiteren Soubretten-Gewerbe großartig glückte, während es ihr jetzt miserabel ging, was sie aber nicht zugeben wollte – und jetzt würde sie ihr erstes Wort sprechen in der fremden Sprache. Der Herzschlag setzte mir aus, da ich sie unter der Schminke bleich und dann, mit Todesverachtung, den Sprung ins Nichts oder Alles wagen sah, die Lippen gehorchten ihr, als sie die heiteren Worte sagte, die ihr aufgetragen waren.

Zwei Reihen vor mir saß Brooks Atkinson, von dem es abhing. Ich bemerkte, dass er bald nach ihrem Auftreten im Programmheft blätterte und nach ihrem Abgang eine Notiz machte; ihn in der Pause zu fragen unterließ ich. Kritiker zu beeinflussen habe ich immer unstatthaft gefunden; übrigens hätte er sich meiner kaum noch erinnert.

Nach dem mäßigen Beifall für das Stück und dem lebhafteren für die Darsteller, Hans Jaray in der Hauptrolle vor allem, holte ich Adrienne an der Bühnentür ab, wie ich es nach fast jeder ihrer Premieren getan hatte. Und wie nach jeder ihrer Premieren hielt ich mit meinem Urteil nicht zurück; diesmal sagte ich ihr, dass ich auf sie stolz sei. Sie meinte, sie habe ihre entscheidende Szene durch Befangenheit verdorben – da rief ihr jemand zu, wir gingen durch das enge, »alley« genannte Gässchen, das von jeder Broadwaybühnentür zum Broadway führt: »You stole the show!« Entsetzt starrten wir den Theaterbesucher in Frack und Abendmantel an, der sie öffentlich des Diebstahls beschuldigte. Doch »you stole the show« ist drüben eine Theaterredensart und bedeutet: »Sie schossen den Vogel ab!« Das erfuhren wir allerdings erst eine halbe Stunde später bei Dorothy Thompson, als es der Nachtkritiker am Radio mit genau denselben Worten sagte.

Die Theaterkritik am nächsten Morgen stimmte gleichfalls einmütig zu, »the new-comer, Miss Adrienne Gessner of Vienna«, hieß es etwa, »is greatly enriching our stage«, und so wäre wieder einmal Anlass zu tiefem Aufatmen gewesen. Doch fiel das Stück ebenso einmütig durch und wurde nach neun Aufführungen mit jener grausamen Promptheit abgesetzt, die zu den Kennzeichen des Broadways gehört.

Wer aber gemeint hätte, und wir taten es, dass trotzdem das Eis gebrochen und dass es nach einem so erfolgreichen Debüt nicht schwer sei, andere Rollen zu finden, täuschte sich. Fremde Schauspieler, so wollte es eine Gewerkschafts-Bestimmung zum Schutze der einheimischen, mussten nach der Absetzung des Stückes, worin sie auftraten, sechs Monate warten, bevor sie wieder vor dem Publikum erscheinen durften, mochte es neun- oder neunhundertmal gespielt worden sein. Wir befanden uns am Anfang wie vorher.

Ein Beispiel allerdings, das auch ihr gegeben wurde, ließ Adrienne ihr günstiges Missgeschick leichter tragen.

Albert Bassermann war in New York angekommen. »Ser feerter liber herr direktor«, schrieb er in seiner eigensinnigen Schreib-wie-du-sprichst-Orthographie, uns beide zu sich einladend – immer noch schrieb er mir als seinem »Direktor« und immer noch glaubte er, sein Direktor könne etwas für ihn tun. Es wurde uns daher in einem an der Westseite des Central Parks gelegenen Hotelzimmer Kaffee mit Streuselkuchen aufgetragen, und noch während er am Kaffeetisch saß, forderte ihn seine Gattin Else, um derentwillen er in die Emigration gegangen war wie Adrienne um meinetwillen, erregt auf: »Albert, jetzt zeig mal dem Direktor, wie gut du Englisch sprichst!«

Da erhob sich vom Kaffeetisch der Träger des Iffland-Ringes und sprach, mit der trostlosen Aussicht auf die von der ersten Junihitze schon gelb gewordenen Bäume, den Hamlet-Monolog; »to be or not to be«, begann der alte Mann, sich plötzlich jünglinghaft straffend, und ließ in den ihm widrigen Lauten hinreißend ahnen, wie hinreißend er sie einst auf Deutsch gesprochen hatte – da stand der größte lebende deutsche Schauspieler, rot vor Aufregung, ein Stückchen Streuselkuchen unbewusst zerkrümelnd, und sprach, als hingen seine Vergangenheit und seine Zukunft davon ab, in schülerhaftem Englisch einem völlig Einflusslosen, der fremden Sprache ebenso wenig Mächtigen eine Rolle vor, seit Jahrzehnten nicht mehr die seine – unheimlich war es, durchaus erschütternd.

Wir konnten nicht reden, als er endete, die frevelhafte Sinnlosigkeit ließ uns verstummen, die den Meistern ihr Werkzeug zerschlug und sie mit geborgtem, geborstenem zu Stümpern erniedrigte, der Raubbau, der Zynismus, die Gottlosigkeit. Doch Frau Else sagte erfreut: »Siehst du, Albert, der Direktor weint!«, als gälte es dem Hamlet-Monolog und meinem Entschluss, dem begabten Anfänger Mr. Bassermann – »spell your name!« – demnächst in dieser Rolle auf dem Broadway eine Chance zu geben.

Wortlos gingen wir fort. Angesichts eines solchen konnte man von seinem eigenen Schicksal nur schweigen.

Wir wiesen also jenen uns wieder bedenklich nahe gekommenen Ausweg des »Oder« zum zweiten Mal zurück, nahmen uns auch die von dem Kleriker in der 8. Straße als Beispiel gepriesenen früheren Würdenträger, die nichts unter ihrer Würde fanden, zum Vorbild, und ohne jemand zur Last zu fallen, von Freunden ermutigt, unter denen uns Raoul und Irene Auernheimer, das aus Wien stammende Ehepaar Dr. Paul und Elisabeth Monath, Wilhelm Melnitz, der Wiener Arzt Dr. Alfred Fritsch und Adriennes Wiener Kollegin Paula Janower am nächsten standen, halfen wir uns mit Zufallsverdiensten über das Ärgste hinweg, bis auf jener Parkbank mein Manuskript zu Ende geschrieben, von Mr. Costain für den Verlag Doubleday angenommen und in Druck gegeben war. Erst anlässlich seiner Publikation im Herbst – es war Hochsommer – gedachten wir wieder in New York zu sein und so lange, nicht nur der Hitze, sondern der billigeren Wohngelegenheit wegen, Auernheimers Beispiel zu folgen, die Lethargie des täglich Gleichen zu unterbrechen und ein Zimmer in Wolfeboro zu mieten, einem lieblichen Ort an dem indianisch benannten See Winnepesaukee im Staate New Hampshire.

Endlich, viel zu spät, wussten wir, dass New York nicht Amerika war. Dass es lautlose Stille gab, die balsamisch wohltat, tiefe, tiefgrüne Wälder, schattig nahmen sie uns auf, Seen, sanft und salzkammergutblau kühlten sie die Verzweiflung. Das Örtchen war eine Kleinstadt – Dörfer gibt es in Amerika nicht –, die Leute lebten dort so beschaulich wie andere Angler, Ruderer und Schwimmer, zwar fuhr der Flickschuster in seinem Auto zu seiner Flickschusterei und der Zeitungsverkäufer war zugleich Barbier, allein die Landschaft und die Leute passten zusammen, nirgendwo schrillte die Dissonanz zwischen Gewordenem und Gewolltem. »Our Town« war es, wie es im Stücke Thornton Wilders stand, einem klassischen Stück Amerika voll Zartheit und öffentlichem Geheimnis. Das Provinzielle war es, einer von Amerikas typischsten und gewinnendsten Zügen, deren der unbefangene Betrachter nach geraumer Zeit sogar in den Riesenstädten innewird, wo einzelne Straßen, Straßenteile, mitunter sogar nur gewisse »blocks« eine in sich geschlossene Provinz bilden, mit ihr vorbehaltenen Einkaufs- und Gaststätten, Sparkassen, Lichtspielhäusern, Leichenbestattern und Kirchen.

Hier, in der Ruhe, fasste ich Mut. Der Zeitungsverkäufer, der auch Barbier war, Mr. Josuah W. Fox, hielt das Tausendjahrreich für blanken Unsinn. Alles würde sich wieder ordnen und beruhigen, meinte er, »everything will turn out allright«, sagte er mit der gebrauchsfertigen amerikanischen Redensart, und dieselbe Meinung äußerte auch der Kochgeschirrhändler Mr. Gilmore – weshalb sollten sie nicht beide recht haben! Bald vielleicht war der See, den wir sahen, viel kleiner, ein wenig blauer und hieß Wolfgangsee.

Eine Art neuer Euphorie nahm von mir Besitz, überdies lauteten die politischen Nachrichten minder krass. Wir machten Pläne, Auernheimer und ich, wie wir es anstellen würden, ohne Aufwendungen nach Österreich zurückzureisen, vielleicht gab es Schifffahrtslinien, die für Theatervorstellungen an Bord Interesse hatten, er würde das Stück schreiben, ich es mit Passagieren aufführen, denen das Spaß machte, unser Honorar wäre die Überfahrt. Den Martern in Dachau kaum entronnen, dachte der besonnene, jedem Überschwang unzugängliche, philosophische Mann an nichts als an die Rückkehr. Und die Frauen, nachträgerischer als wir, schüttelten über uns die Köpfe.

Da sagte Mr. Fox an dem Morgen, an dem die New Yorker Zeitungen um eine Stunde verspätet eintrafen: »I have bad news for you, Doc!« Er meinte den Pakt zwischen Stalin und Hitler und zeigte mir die dicke Überschrift, bevor er mir die »New York Times« verkaufte; sie begrub unsere Hoffnungen endgültig.

Tage und Nächte sind mir gegenwärtig, die ich dort in der freundlichen, plötzlich todesähnlichen Stille mit der Erkenntnis fertigzuwerden versuchte, nun sei das Tausendjahrreich wirklich gekommen und eine Heimkehr gebe es nie mehr. Erst da wurde mir unwiderleglich klar, dass alles, was mich am Leben erhielt, in nichts anderem bestand als in der noch so vagen Möglichkeit zurückzukehren. Unter Ressentiment versteckt, vom Moment betäubt, hatte sie mich trotzdem beherrscht, mochte ich es auch zeitweise weder wissen noch zugeben.

Ihr endgültiges Verschwinden veränderte mich in einem Maß, dem Wahnsinn vermutlich so nahe, dass Adrienne mir zum ersten Mal ihr Verständnis versagte. Sie fand es unwürdig, einer Vergangenheit nachzutrauern, die sich an die Zukunft nicht mehr knüpfen ließ. Denn, sie sprach es zum ersten Mal mit klaren unmissverständlichen Worten aus, und ich ahnte, dass sie recht hatte: Selbst wenn man hätte zurückkehren können, die Zeit der Entfernung wäre nie auszulöschen gewesen. Das freundliche Städtchen Wolfeboro wurde gehässig.

Nicht lange nachher rief uns Auernheimer, die von Mr. Fox erworbene Zeitung aufgeregt schwenkend, über die ganze, aus der Ruhe gekommene Hauptstraße zu: »Der Krieg ist ausgebrochen!«

Zwischen Extremen schwankend, empfand ich ein jähes Triumphgefühl. Hatte die erbötige Welt endlich genug von der Devotion vor totaler Niedertracht! Die Regenschirmreisenden, die aus Godesberg und München »peace in our time« importierten und sich als Friedensengel feiern ließen, die Runciman, Chamberlain, Daladier und ihresgleichen hatten ausgespielt! Und die Analphabeten der Menschensprache würden endlich das Wort Gerechtigkeit zu lernen haben! Schön war Wolfeboro, der schönste Ort der Welt!

Triumphgefühl, ja unsägliches Glücksgefühl, weil Krieg erklärt war?

Wer mir das vor zwanzig Jahren zugemutet hätte! Hatte ich die Martern von 1914, 1915, 1916, 1917 völlig vergessen? Doch in dieser Stunde, so unverlässlich ist das Gedächtnis des Leidens, waren sie ausgekühlt, es brannten nur noch die der Gegenwart; konnte man den Teufel nicht anders austreiben, dann eben mit der Teufelei – recht und billig schien sie mir, unerlässlich, erlösend. Die Feder sträubt sich, die es schreibt.

Dachte ich nicht an die Gräuel, die ich in Reden und Schriften während des Ersten Weltkrieges fanatisch bekämpft, und die mir den Vorwurf des Defätismus hinterlassen hatten? Dachte ich an jene, die sie würden erdulden müssen?

An mich dachte ich. An meinesgleichen. An das »Aug' um Aug'«, das mir Unerträglichste, seit ich denken konnte. Da war, endlich, endlich Krieg erklärt, damit mir und meinesgleichen Gerechtigkeit widerfahre – vor lauter Genugtuung geriet ich außer Rand und Band.

Heute ist es mir unfasslich. Doch Selbsterinnerungen wären ein Humbug, verschwiege man von sich, was man den anderen vorwirft. Der Ort des wahnsinnigen Egoismus war Wolfeboro, das dort genossene Glück die kläglichste Phase meines Lebens.

Um bei den Tatsachen zu bleiben: Es änderte sich für mich alles. Das Vage bekam Grundlage und Gestalt. Dass Hitler geschlagen werden müsse, hielt ich für ein Gesetz. Die Zeitrechnung begann in Wolfeboro, New Hampshire, USA, denn jener Morgen verbürgte die Rückkehr. Es handelte sich jetzt nur noch darum, wie wenige ihm folgen würden.

»Keep us out of war!«

Nicht länger hielt es mich in dem Ferienort, ich drängte nach New York zurück, wo die Nachrichten aus erster Hand und, wie ich mir einbildete, Möglichkeiten in Fülle geboten waren, mehr zu unternehmen als zu warten und beiseite zu stehen.

Das Erste, was ich tat, war die Beteiligung am Zustandekommen einer Art Manifest, noch im September in der »New York Times« publiziert: Die mit mir unterzeichneten Österreicher, der letzte Vizebürgermeister von Wien, Dr. Ernst Karl Winter, darunter, erklärten öffentlich, Österreich befinde sich mit den Alliierten nicht im Kriege, weil es 1938 überfallen, mundtot gemacht und seiner Handlungsfreiheit beraubt, den Feind so wie England und Frankreich im nationalsozialistischen Deutschland erblickte.

Daran schlossen sich Vorträge, die ich unter dem Titel »Justice for Austria!« in vielen Städten, darunter New York, Boston, Chicago, Denver und Los Angeles, hielt, um der ungerechtfertigten Identifizierung Österreichs mit Hitler-Deutschland entgegenzutreten, seine vergewaltigte Eigenstaatlichkeit völkerrechtlich zu beweisen und die Schlussfolgerung abzuleiten, es habe nicht als Feind zu gelten und Feindlichem ausgesetzt zu sein, vielmehr eine bevorzugte Behandlung zu beanspruchen.

Der amerikanischen Übung folgend, der ich allmählich näherkam, sprach ich frei, belegte aber meine Behauptung mit Daten, Statistiken, Entscheidungen des Haager Schiedsgerichtshofes und »diagrams«, hielt mich nachher zu Diskussionen bereit, an denen es selten mangelte, und ließ mich, selbst wenn es hitzig wurde, nicht irremachen; ich hatte die Quellen zur Hand, aus denen ich zitierte, so dass ich einem zwischenrufenden Bostoner, der »Mr. Justice« angesprochen wurde und das Datum eines Haager Schiedsspruches fachkundig bestritt, Tag, Stunde und

Text ihres gedruckten Wortlautes vor Augen halten konnte, was in den Presseberichten so aussah: »Ex-Austrian writer teaches Boston judge meaning of law.«

Die Kosten der Reisen – Honorare gab es nicht – trugen die Veranstalter, meist Studentenorganisationen und die in Amerikas öffentlichem Leben wichtigen Frauenvereinigungen. Wenn während der Vorträge mein Blick auf strickende oder häkelnde Damen fiel, geriet ich aus dem Text. So erinnere ich mich an eine dieser »lectures« in Denver, wobei eine in der zweiten Reihe Sitzende, ohne die Augen auch nur ein einziges Mal auf mich zu richten, die von ihrer Nachbarin gehaltene Wolle so lange aufwickelte, bis mir die Geduld riss, und ich fragte, ob die Damen bei ihrer Beschäftigung von mir gestört würden. Ganz Amerika lag in der sachlich-naiven Antwort: »Not a bit – go ahead!« Worauf weitergewickelt wurde. An dergleichen gewöhnte ich mich und setzte die fruchtlosen Philippiken so lange fort, bis Mr. Costain mich wegen des Erscheinens meines Buches nach New York beorderte; wir waren noch immer Leute, die von der Hand in den Mund lebten.

Das Buch »A Woman is Witness« erschien an einem Donnerstag; am Sonntag enthielten die Literatur-Beilagen der »New York Times« und der »New York Herald Tribune« so günstige Besprechungen, dass zwei Tage später die Hälfte der Auflage verkauft war, und eine Woche später eine besondere Auflage für die »Book League of America« ausgeliefert werden musste. Der Kritiker des Abendblattes »Daily News« verglich den Roman mit Hemingways »Farewell to Arms«, Charles Poore in den »Books of the Times« hielt ihn für einen Bestseller. Das wurde er zwar nicht, doch Mr. Costain bat mich durch seine Sekretärin, ihn zu besuchen.

Ungebührlich ist es, dass ich ihrer erst jetzt gedenke, die das Schicksal eines um seine Sprache bestohlenen Schriftstellers hart fand. Bis heute stehen wir in Briefwechsel, und wer erfahren will, was Rücksicht, Zartheit und scheue Warmherzigkeit sind, das also, was die Europäer gepachtet zu haben meinen, lasse sich die Adresse der Amerikanerin Ethel M. Hulse geben. Ihr stilles Gesicht strahlte, da der Erfolg meines Buches feststand, den sie seit jenen ersten fünfzig Seiten nie bezweifelt hatte; und ihre immer leise Stimme flüsterte, bevor sie mich zu ihm führte: »I think, Mr. Costain is going to tell you something very nice.«

Das tat er. Treu der amerikanischen Verlegertradition, die dem erfolgreichen Buch eines Autors binnen Jahresfrist ein nächstes folgen lässt, forderte er mich zu diesem nächsten auf. Und da mir solche Eile widerstrebte, ließ er die zeitliche Beschränkung fallen, erwog zwei Vorschläge, die ich machte, und entschied sich auf der Stelle für den einen, was mir umso willkommener war, als es sich dabei, wie bei dem vorangegangenen Buch – und den folgenden, die ich in Amerika schreiben würde – um einen erzählenden Anschauungsunterricht vom österreichischen Wesen und nationalsozialistischen Unwesen handelte: »ein österreichischer Propagandist im Roman«, schrieb Mr. Poore von mir, genau das wollte ich sein und wurde es. Das Buch, das ich vorschlug, richtete sich gegen die Hitler-Lüge vom Schutz der deutschen Minoritäten, da es das eklatante Gegenbeispiel der Südtiroler Minorität zum Thema nahm.

Literatur um der Literatur willen – dem feurigen Augenblick in den kühlen Elfenbeinturm entfliehen, schien mir unter den Umständen sträflich; mochte immerhin, was ich machte, der Forderung der Dauer nicht standhalten, der »Forderung des Tages«, wie Thomas Mann dergleichen nannte, genügte es – mehr wollte ich nicht. Auch der Schreiber von Geschichten könne auf seine Art ein Geschichtsschreiber sein, notierte ich mir damals; nur dass er die Geschichte, die er abschrieb, den Geschichtsgenossen so nahezubringen hat, als erführen sie erst durch ihn, was sie zwar längst wussten, wovon sie aber nichts wissen wollten.

Übrigens fiel diese günstige Wendung mit einem sonderbaren Anerbieten zusammen, das mir der Quäker Mister Watts, der mein Buch gelesen hatte, aus ähnlichen Erwägungen machte: einer von ihm ausgewählten und für sechs Wochen unterstützten Gruppe aus Deutschland und Österreich vertriebener Schriftsteller, Rundfunk- und Theaterleute anzugehören, die im Bard College, einer Expositur der New Yorker Columbia-Universität, Kurse für Amerikaner geben und solche von Amerikanern hören sollten – »Experiment in International Living« hieß der Versuch, zu Annandale am Hudson sollte er vor sich gehen.

»In Amerika werden wir zu Lehrern«, pflegte Max Reinhardt resigniert zu sagen; er hatte inzwischen in Hollywood ein Seminar für Schauspieler und Regisseure eröffnet. Mich schreckte das nicht. Das Lehren hielt ich jetzt für das Wichtigste in unserer Sache, die seit Kriegsbeginn Fehl- und Vorurteilen beängstigend unterlag. Daher nahm ich Mr. Watts' Einladung an. Ihre Ergebnisse blieben allerdings enttäuschend, denn Vorurteile weichen sofort oder nie; sechs Wochen jedenfalls genügten nicht, die lehrenden Amerikaner von der Anpassungsfähigkeit der belehrten Einwanderer, und diese als Lehrer von der Nachahmenswertheit der Belehrten zu überzeugen.

Ich erwähne diesen meinen ersten Versuch, in Amerika Europäisches zu lehren, weil er mir Gelegenheit zu einer denkwürdigen Begegnung gab. Wir Teilnehmer an jenen Bard-College-Kursen wurden nämlich, bald nachdem wir in Annandale eingetroffen waren, in den nahegelegenen Ort Hyde Park gebeten, wo Präsident Roosevelt sein Sommerhaus besaß. In der kleinen Ortskirche beim Sonntagsgottesdienst sah ich zum ersten Mal den meistfotografierten, populärsten, falschest genannten Mann Amerikas – er nannte sich Rohsewelt, nicht Ruhswelt –, über den nachher so vieles andere Falsche gesagt wurde. Mit dem linken Arm auf einen Begleiter, mit dem rechten auf einen Stock gestützt, die Füße unter stählernen Bügeln, schritt der gelähmte Riese aufrecht durch das Kirchenschiff zur ersten Bank. Sein Gesicht, worin man wie in einer Landschaft lesen konnte, war schön und offen; die Qual des Gehens merkte man ihm nicht an; der fast Unbewegliche, der einen Weltteil bewegte, hatte das Lächeln auf den Lippen, das seine Bilder zeigten – trotzdem war es kein aufgesetztes: Es strahlte Sammlung, Festigkeit, Anteil aus. Schwerfällig ließ er sich nieder, verharrte während des Gottesdienstes mit gebeugtem Haupt, sang die Hymnen vernehmlich; nur die erste linke Bank war ihm vorbehalten, in den anderen befanden sich zu beiden Seiten die Leute der Gemeinde und wir Eingewanderten. Nach dem Amt half man ihm auf, er begab sich als einer der »Kirchenältesten« in die Sakristei, wo Kirchenrat stattfand, eine halbe Stunde nahm ihn dies in Anspruch. In dieser halben Stunde hatte das Örtchen Hyde Park das Vorrecht über die ganze Welt.

Nachher erschien er inmitten der Ansässigen auf der Wiese vor der Kirche und ließ sich die Eingewanderten vorstellen, die später in seinem Haus Gäste seiner Gattin sein sollten – da er sogleich nach Washington musste, wünschte er sie zumindest kennenzulernen; er redete mit jedem einzelnen. Als ich ihm auf die Frage, woher ich komme, zur Antwort gab, aus Wien, sagte er: »Es gibt nicht viele Städte, von denen jeder behauptet, sie seien schön. Wien ist eine davon.« (»Vienna most certainly is one of them.«) »Ich bin einmal auf dem Zweirad« (»byc«) »in Europa herumgefahren. Da lernt man die Orte und die Leute am besten kennen.« Redensarten. Jedoch Redensarten von seiner spezifischen Lebensart. Er sprach mit dem sonoren Klang, den wir aus dem Radio kannten, nicht anders als die Redensarten hatte er seine historischen Worte gesprochen: von Gleich zu Gleich. Unzweifelhaft gehörte das zur Schminke und zur Maske seines Amtes. Aber durch beide schaute sein großes, humanes Gesicht. »Mr. President« war die Ansprache, nicht »Euer Exzellenz«, in der zweiten Person redete man ihn an, nicht in der dritten, die das Englische nicht kennt, ohne Submission, ohne Devotion. Wie die anderen Kirchenältesten, der Drugstore-Inhaber, die Leihbibliothekarin, der Tankstellenbesitzer, stand auf der Kirchenwiese nach dem Sonntagsgottesdienst der mächtigste Mann der Welt, von dem es abhing, ob in der Welt Recht Recht bleiben würde, und plauderte ohne Leutseligkeitsschauspielerei – »chat« heißt es drüben, und »Firesidechats«, Kaminplaudereien, nannte er seine historischen Reden – mit Leuten, die man als eklen Abhub aus ihrem Land geworfen hatte. »Good luck!«, wünschte er uns beim Wegfahren: »Viel Glück«. An diesem Sonntagmorgen hatten wir angemaßten Lehrer Elementarunterricht in Demokratie erhalten.

Der Unterricht wurde umfangreicher und überzeugender, je deutlicher das unklare Anfangsstadium des Krieges, das die Amerikaner Talmi-Krieg (»phoney war«) nannten, in einen für den Westen täglich bedrohenderen Vernichtungskampf überging. Die Hausmauern zu beschmieren, was in Teilen von Europa gang und gäbe ist, gilt in Amerika mit Recht für eine Barberei. Trotzdem fanden sich die fünf Worte »Keep us out of war!« (»Haltet uns aus dem Krieg heraus!«) plötzlich überall, als hätte ein Plebiszit stattgefunden, dessen Ergebnis verkündet wurde. Umso heikler wurde Roosevelts Aufgabe; sie bestand darin, die Amerikaner in den Krieg, vor dem sie bewahrt sein wollten, hineinzuführen, also hineinzulisten.

Mit welcher durchschauenden Kenntnis seiner Landsleute er dabei vorging; wie er ihren Willen gelten ließ; ja wie er aus dem allgemeinen Nichtkriegswillen erst einzelne Wortführer, dann die Massen Schritt nach Schritt hinlenkte, blieb ein Meisterstück demokratischer Diplomatie, das nur würdigen kann, wer Zeuge der Entwicklung war. Hatte der oft zitierte »Mann von der Straße« seinem Untertanenverstand zuerst durch jenes Schlagwort Ausdruck verliehen und energisch behauptet, er habe in Europa nichts zu suchen als den Tod, so fand er – von Roosevelts »Kaminplaudereien« in einer ihm gemäßen Denk- und Redeart dauernd belehrt – schrittweise zur Überlegung, ja zur Revision seines Standpunktes, so dass ihm, da Pearl Harbour geschah, der Ruf nach dem Krieg fast leichter vom Munde ging als vorher der vom Gegenteil. Wie ein perfekter Artist hatte Roosevelt die zwei Übel so lange öffentlich jongliert, bis der Krieg als das kleinere erschien.

Damals befand ich mich nicht mehr in New York, sondern zwei Tagesreisen davon entfernt in Colorado Springs auf einer nicht mehr sporadischen Lehrstelle, während Adrienne ihrerseits ein Engagement von einer Dauer gefunden hatte, die jede Erwartung übertraf. Als nämlich die ihr auferlegte sechsmonatige Wartezeit zu Ende ging, und sie, von fehlgeschlagenen Rollenbewerbungen entmutigt, sich vom Theater zurückzuziehen und irgendeinen anderen Beruf zu ergreifen beschloss, wurde sie von Rose Franken, einer durch ihre »Claudia«-Dialoge bekanntgewordenen Autorin, für eine »Claudia«-Komödie verpflichtet. Die Probenzeit war überstanden, besonders jene grausamen ersten Tage, bis zu deren Ablauf auch ein bereits verpflichteter Darsteller wieder entlassen werden darf – Qualfrist, die eine makabre Anekdote kennzeichnet: Am kritischsten, dem fünften Probentag bringt der Theaterdiener einem Schauspieler einen Brief auf die Bühne; entsetzt nimmt ihn der Empfänger, zögert, liest und ruft aufatmend aus: »Oh, es ist nur meine Mutter gestorben!«

Nachdem die jedem Stücke zugemessenen, Tag und Nacht dauernden drei Probewochen vorbei waren, hatte »Claudia« in Washington die Erprobung (»try-out«) gehabt, und in Adriennes Garderobe lagen herrliche Rosen, obwohl sie in Washington niemand kannte und die Gabe für einen Irrtum hielt. Doch lud der Spender, Thornton Wilder, sie und mich nach der Vorstellung zum Dinner ein; er hatte Adrienne in der Josefstadt gesehen. Dem Stück sagte er eine sehr lange Laufzeit, Adrienne außerordentlichen Erfolg voraus, beides traf zu.

Gerade damals aber hatte ich mich entschlossen, am Colorado College eine Gastprofessur für Theaterkunde und vergleichende Literatur anzutreten – nebst der Verpflichtung, für Mr. Costain und den Verlag Doubleday den Südtiroler Roman zu schreiben –, so dass Adriennes plötzliche Chance mich mit zwiespältigen Empfindungen erfüllte: jeder von uns für Monate, vielleicht für Jahre zwei ganze Tage- und Nachtreisen vom anderen getrennt? Hatten wir dazu die lange Wartezeit gemeinsam überstanden, um die Existenz, als sie endlich gesichert schien, einzeln hinzufristen? Ich legte unserem Gastgeber, der Amerika wie keiner und die Menschen kannte wie die wenigsten, die Frage vor und erhielt eine sehr offene Antwort. Selbstverständlich möge ich nach Colorado gehen und selbstverständlich möge meine Frau am Broadway spielen; Erfolge finde man hier nicht auf der Straße, ebenso wenig werfe man sie weg. Sich zu trennen sei schwer, doch man tue es leichter, wenn keiner den anderen bemitleide. Wir trennten uns denn auch bald darauf, Adrienne spielte allabendlich am Broadway, ich fuhr nach Colorado Springs. Der strenge Kleriker in der 8. Straße wäre mit uns zufrieden gewesen.

Ich erinnere mich meiner Ankunft nach der Zweiundvierzigstundenreise. Knapp vorher vermisste ich meine Schuhe, sie waren von vergnügten jungen Leuten, die den Schlafenden in allen Waggons die Schuhe konfiszierten, vorzüglich versteckt worden, ein Hauptspaß, über den sich nicht nur die Verüber, sondern auch die Betroffenen köstlich unterhielten. Mir war das Lachen vergangen, ein Paar Schuhe – ganz abgesehen von der fatalen Situation, in Socken herumtappen zu müssen – kostet Geld, und hätte ich noch dazu gewusst, die Spaßmacher seien Studenten des Colleges, die ich zu unterrichten haben würde, ich hätte für den Jux überhaupt keinen Sinn gehabt: ein Professor, der angesichts seiner Schüler verzweifelt seine Schuhe sucht und sie erst im allerletzten Moment findet! In Europa wäre das eine Legende geworden, von Schülergeneration auf Schülergeneration vererbt. Hier untergrub es weder den Respekt noch das Vertrauen, ja es förderte beide.

Sinn für Spaß erwarteten die Schüler von den Lehrern, und die Lehrer hatten, wenn schon nicht an Jahren, so zumindest innerlich jung zu sein; bei ihrem Eintritt in den Hörsaal gab es weder Angst noch untertänige Verstellung – ein etwas älterer Sachverständiger des Lehrgegenstandes wie der Lernenden trat ein, jemand also, in dem man einen Freund sehen konnte, weil er es war. In meiner Studentenzeit hatte es der dozierenden, strengen, höhnischen Greise zu viele gegeben. Kein Wunder, dass die amerikanischen Studenten so rosig aussahen und den Lehrern die Schuhe versteckten.

Der Präsident des Colleges, der mich für die Lehrstelle vorgeschlagen und ihre Dotierung von der für Kulturzwecke bestehenden »El-Pomar«-Stiftung erwirkt hatte, erwartete mich in seinem Amtsgebäude, »Cutler Hall« genannt. Dr. Thurston J. Davies, durch mein letztes Buch auf mich und meine vorherigen Veröffentlichungen aufmerksam geworden, mit Mr. Costain, ohne dass ich darum wusste, in Korrespondenz getreten, nach einer von ihm verfügten Prüfung meiner in der »Library of Congress« einzusehenden dramaturgischen Vorträge durch Deutsch sprechende Gewährsleute zur Meinung gelangt, ich sei der richtige Mann für ein an seinem College vakantes Fach, lächelte, als ich eintrat; genauso habe er sich sein neues Fakultätsmitglied vorgestellt, sagte er. Ob das College auch meinen Vorstellungen entspreche?

In weniger als drei Monaten war ihm meine Anstellung gelungen, reibungs- und geräuschlos, ich erfuhr davon erst, als ich den ihn verpflichtenden Antrag erhielt, musste keine andere Frage beantworten als Ja oder Nein, keine Behörde sehen, keinen Nachweis erbringen; Mr. Costain hatte für meinen Charakter, meine Schriften hatten für meine Lehrbefähigung gebürgt. So leicht ging das.

So schwer ging das. Mich, improvisierend, auf Gebieten zu versuchen, in die ich zufällig geriet, gehörte zum Rhythmus meines Lebens.

Hier allerdings tat sich das Hindernis der Sprache auf, die ich zwar geläufig zu sprechen gelernt hatte, doch keineswegs, um darin zu lehren, Fachausdrücke bereit zu haben und einen von unserem eigenen wesentlich verschiedenen Unterrichtsvorgang zu praktizieren.

Wieder einmal Hals über Kopf in eine Verpflichtung gestürzt, erkannte ich zu spät, was sie mir auferlegte. Doch war es außer Frage, einen unterschriebenen Entschluss zu ändern; ich beschränkte mich auf die Antwort, das College übertreffe meine Vorstellungen so sehr, dass ich um eine Frist bitte, in der ich hospitierend die Routine des hiesigen Unterrichts beobachten und sie mir aneignen könnte. Der elegante, weltgewandte Mann, den man im College »Leftie« nannte, weil er – ein vorzüglicher Baseballspieler – linkshändig war, lächelte zum zweiten Mal und schüttelte den Kopf. »Don't you worry. Your class starts tomorrow morning. Just walk in and teach them.« Ich möge unbesorgt sein, morgen früh einfach in meine Klasse gehen und mit dem Unterricht beginnen, sagte er, dann schüttelte er mir fröhlich die Hand.

So blieb mir ein einziger Tag, um mich in dem Zimmer im »Faculty Club«, No. 116 San Rafael Street, einzurichten, das Raoul Auernheimer bei einem Besuch zwischen zwei Zügen »zu jung« für mich nennen würde. Links von mir wohnte die Bibliothekarin Carol Truax, mir gegenüber Miss Bramhall, emeritierte Professorin für Völkerrecht, mein Nachbar zur Rechten war der Dozent der Nationalökonomie Dr. Drucker, das Zimmer am Ende des Ganges gehörte der Turn- und Tanzlehrerin Miss Wilcox; auch meinen übrigen künftigen Kollegen stattete ich den vorgeschriebenen Höflichkeitsbesuch ab und bewunderte, aus eigenen Stücken, die Herrlichkeit des Ortes, wo ich mich befand, mit Abschied nehmenden Augen. Denn dass ich ihn würde verlassen müssen, sobald meine Unzulänglichkeit zutage getreten war, demnächst also, stand fest.

Mit diesem Tag erst hatte die Emigration ganz begonnen: zweiundvierzig Stunden von denen entfernt, um derentwillen mein Weiterleben Sinn hatte; in einer Umgebung so großartig wie fremd – die Gartenstadt Colorado Springs liegt einsam auf einem 6000-Fuß-Plateau unterhalb der Rocky Mountains, roter Gebirge in endloser, zum grellblauen

Himmel starrender Reihe –; vor Aufgaben, denen ich mich nicht gewachsen fand, und deren Problematik in der dünnen Luft schärfer erkennbar wurde! Stücke hatte ich einzustudieren, ihre Dramaturgie und »play-writing« zu lehren, außerdem vergleichende Literatur nach Georg Brandes' Vorbild, mit besonderer Berücksichtigung des zeitgenössischen Dramas (»with emphasis on the contemporary drama«), stand im Studienkatalog, daneben mein Name, das Vorlesungslokal »Hayes House«, die Zeit: 8–10 a.m. Meine Hoffnung bestand darin, dass nur wenige Studenten das neue Kolleg inskribiert haben würden. Ich fragte die zuständige Beamtin (»registrar« hieß ihr Amtstitel) und sie beeilte sich zu versichern: »Forty seven – but till tomorrow there might even be fifty«; dies sei eine Rekordzahl.

In der Nacht vor meinem ersten professoralen Tag spielte die Turn- und Tanzlehrerin ununterbrochen Schallplatten. Obschon ihr Zimmer am Ende des Ganges lag, drang Bing Crosbys Stimme durch die Tür des meinen, nicht zu deutlich, doch nicht einmal ihre unmittelbaren Nachbarn beschwerten sich. In Europa hätte man längst »Wann wird das endlich aufhören!« wütend schreien gehört, hier ließ man es wie selbstverständlich andauern. Irre ich nicht, dann summte der mir benachbarte Dozent der Nationalökonomie einzelne »hits« falsch mit, wenn er nicht, und darin bin ich sicher, schnarchte: Die Wände meines »zu jungen« Zimmers waren dünn. Doch ein Gedanke gab dieser sonderbar verwirrten, schlaflosen Nacht unvergleichlichen Mut. In Österreich bist du deiner sogenannten Errungenschaften verlustig geworden, sagte ich mir bei Bing Crosbys sanften Schwüren; hier dagegen haben sie dir etwas gewährt, was dir dort nicht einmal unter normalen Umständen zuteilgeworden wäre. Enttäusche die hier nicht, gib denen dort nicht recht, die lachten, wüssten sie, dass man dich zum Hochschulprofessor gemacht hat. Was ich so oft erfahren hatte, erfuhr ich neuerlich: Mit der Erkenntnis der Verantwortung wächst nicht die Gabe, aber die Kraft. »How sweet is life, how sweet is love«, sang Bing Crosbys werbende Stimme. Am Morgen betrat ich Hayes House mit Zuversicht.

Die 48 jungen Leute – um einen waren es seit gestern mehr geworden – erhoben sich nicht von ihren bequemen Sesseln, als ich eintrat. Burschen, junge Mädchen, sie hörten nicht einmal auf, miteinander zu plaudern. Noch als ich auf dem Katheder stand, dauerte ihre angeregte Unterhaltung. Wenn dergleichen hier üblich war, würde ich es ändern; wenn es sich gegen mich richtete, dachte ich in dem Verfolgungskomplex, den unsereiner mitschleppte, würde ich es nicht dulden. »Good morning!«, sagte ich und betrachtete aufmerksam die Beine der Burschen, die der Länge nach auf Reservesesseln ruhten. Darauf stellten zunächst Sitzende, dann andere, dann alle die Beine auf den Boden; das Gerede hielt an. Ich sagte: »Sie kennen mich nicht, und ich kenne Sie nicht. Ich spreche Ihre Sprache nur mit Mühe. Daher muss ich mich konzentrieren, wenn ich Ihnen für das Studiengeld, das Sie für meine Leistungen bezahlen, ›your money's worth‹ geben soll. Wollen Sie kein Verlustgeschäft, dann hindern Sie mich, bitte, nicht an der Konzentration.«

Jetzt hörte auch das Reden auf. Ein junger Mann erhob sich. »Sir«, sagte er, »wir haben von dem Schlimmen gehört, das Sie getroffen hat. Wir meinten, es Ihnen leichter zu machen, wenn wir Ihnen ein bisschen Zeit ließen, sich an uns zu gewöhnen. Wir scheinen es falsch gemacht zu haben und bitten um Entschuldigung.« (»We are so sorry.«) Humaneres habe ich selten gehört. Und obwohl ich beabsichtigt hatte, meine Vorlesung mit der völkerverbindenden Macht der Literatur am Beispiel Arthur Schnitzlers zu beginnen, erzählte ich ihnen zunächst, wie es gekommen war, dass ich vor ihnen stand.

Sie hörten mir zu; dann fragten sie viele Fragen, die ich zu beantworten versuchte. Als die Zeit um war, bat derselbe junge Mann, der im Namen der anderen gesprochen hatte: »May we come after dinner and talk to you, Sir? We still have questions.« Er hatte zu denen gehört, die gestern im Schlafwagen Schuhe versteckten, in Chicago hatte er die Semesterferien verbracht, freimütig gab er es zu, als er mit anderen Buben und Mädchen »after dinner« in meinem Zimmer auf dem Boden saß und wissen wollte, wie man es habe dulden können, dass Bücher verbrannt wurden – eine einfache Frage, desto schwerer zu beantworten, je selbstverständlicher sie schien.

Nach diesem ersten Tag war mir das Lehren keine Anstrengung, sondern eine Freude. Auch regten sich die Schallplatten der Turnlehrerin weder in dieser Nacht noch in den folgenden.

Allerdings, und darin gab sich ein für amerikanische Studenten kennzeichnendes Merkmal kund, empfingen sie das ihnen Mitgeteilte keineswegs widerspruchs- und kritiklos. Vielmehr bemühten sich die Fähigsten, das Gegenteil dessen zu tun, was wir »jurare in verba magistri« nannten, und worunter wir das blinde Akzeptieren der Lehrermeinung verstanden: Sie trachteten, sich sozusagen an der Wahrheitsfindung zu beteiligen.

Ein Beispiel blieb mir gegenwärtig. Ich hatte, wie es in amerikanischen Schulen Brauch ist, den Studenten bei einer Schlussprüfung eine Anzahl an die Tafel geschriebener nummerierter Fragen vorgelegt, die sie mit Angabe der Fragenummer schriftlich zu beantworten hatten. Auf die Frage Ziffer soundso viel: »Nennen Sie die drei größten Dramatiker der Weltliteratur«, lautete eine Antwort: »Ziffer soundso viel. Euripides, Shakespeare and, according to you, Schiller.«

Bei der Erörterung der Antworten fragte ich den, der so geantwortet hatte: »Mr. Sweet, weshalb schrieben Sie vor dem Namen Schiller den Vorbehalt: ›Nach Ihrer Meinung‹?«

»Because«, höre ich den jungen Menschen in dem offenen Hemd, den Bluejeans und den Sandalen an den nackten Füßen antworten, »I don't share your opinion, Sir. I simply find him pompous.«

Wäre es zu meiner Studienzeit dem Hofrat Wlassak passiert, dass ein Prüfling ihm gesagt hätte: »Ich bin nicht Ihrer Meinung, der Jurist Gaius sei ein großer Mann, ich finde ihn überschätzt«, dann wäre dem Durchfall ein Disziplinarverfahren gefolgt. Hier überraschte es keinen. So fragte ich den jungen Mann, weshalb er Schiller »pompös« fand, und erfuhr, er habe mehrere der Schiller-Dramen, die ich im Kolleg erläutert hatte, deutsch gelesen, dabei den Eindruck der Wortverschwendung auf Kosten des Sinnes gehabt, und, fügte er hinzu: »That sense seems to me not far from commonplace.«

Daran schlossen sich meine Widerlegung und neuerliche Einwände des jungen Mr. Sweet, der übrigens heute eine Assistenzprofessur an einer kalifornischen Universität innehat; ich konnte ihn keineswegs überzeugen. Und ich gestehe, dass zwar nicht sein irriger sachlicher Standpunkt, wohl aber was ihn dabei leitete, Eindruck auf mich machte. Pietäts-, traditions-, voraussetzungslose, wenn man will harte Augen sind es, womit die amerikanischen Studenten das Leben und seine Deutung betrachten. Das mag eine den Europäer schockierende Anschauung sein; dass sie trotzdem jene ist, die, ungeblendet, unbeschwichtigt, ungerührt, die höchste und härteste Forderung stellt, im geistigen Bereich nicht minder als im technischen, steht nach Jahren der Erfahrung für mich fest.

Eine der verbreitetesten, kindlichsten Falschmeldungen über Amerika ist ja die seiner – an der technischen Höchstleistung gemessenen – geistigen Insuffizienz. Jedoch auch die geistige Höchstleistung erbringt Amerika dort, wo ihre legitimen Pflegestätten sind, an den Universitäten und Colleges, deren Zahl die der europäischen Hochschulen märchenhaft übertrifft, und die in ihren besten Ausprägungen, wie Harvard, Columbia, Princeton, Yale, Johns Hopkins, das europäische Höchstmaß übertrifft. Dabei ist der Drang zur radikalen Neuerforschung des Erforschten ebenso mächtig wie die Unersättlichkeit in der brutalen Erschließung des Unerforschten, die zu bewundern man zurzeit nicht müde wird, obschon die Zeit, sie zu verfluchen, vor der Tür steht.

Allein am Durchschnittsbürger, einem »man on the street«, der an »Funnies«, Magazingeschichten und »soap operas« Genüge findet, den geistigen Durchschnitt Amerikas zu messen, wo täglich ungefähr 15 schönwissenschaftliche und 12 wissenschaftliche Bücher veröffentlicht werden, ist so irreführend, wie einen Bayern nach seinem Bierkonsum, einen Engländer nach seinem Melonenhut, einen Franzosen nach der Zahl der von ihm besuchten Nacktrevuen zu beurteilen. Amerikas geistiges Leben erschließt sich in seinen Hörsälen und den zum Weltbeispiel gewordenen Bibliotheken – buchstäblich binnen vier Minuten wurde mir in der New Yorker Public Library eine in Wien seit Jahren vergeblich gesuchte Arbeit des Germanisten Sauer über Grillparzer eingehändigt. Nicht minder in seinen seriösen Zeitungen, wie der »New York

Times«, deren Horizontweite, Urteilskraft und Berichtssolidität kaum zu übertreffen sind; in seinen der Belustigung dienenden Zeitschriften, wie dem in aller Welt vergeblich nachgeahmten »New Yorker«, der sich im fettlosen Typus seiner diagnostischen, daher ins Weiche des Lächerlichen treffenden Selbstverspottung von sogenannten Witzblättern ungefähr so unterscheidet wie Nestroy von Kadelburg; und immerhin auch in den von aller Welt unzulänglich imitierten Bilderzeitschriften wie »Life«, wo nicht nur eine stupend-perfekte Photographie, sondern, den Namen rechtfertigend, das Leben dort, wo es am lebendigsten und tödlichsten ist, dokumentiert erscheint.

Nur jener, der in Amerika mit Geistigem Fuß fassen will, kann die Strenge des amerikanischen geistigen Anspruches ermessen und wird aus dem Kopfschütteln nicht herauskommen, wenn ihm allenthalben in Europa das Vorurteil von der amerikanischen Geistesarmut begegnet. Man schließt ja auch nicht nach Geiselgasteig auf Deutschland. Weshalb sollte man nach Hollywood, von dem die Rede sein wird, auf Amerika schließen.

Wie dem sei, die Antwort des Studenten Sweet war ein Beispiel, dass hier das überliefert Etablierte ebenso fragwürdig und jeweiliger Nachprüfung unterworfen blieb wie das Momentane. Dieses In-Bewegung-Setzen des Festgefahrenen, stündlicher Erneuerung und Erprobung unterworfen, die in dem bekannten amerikanischen »Test«-Unwesen zu grotesken Auswüchsen entartet, lehrte mich, nicht nur besondere Aufnahms-, sondern auch Urteilsfähigkeit und Urteilsunbefangenheit meiner Schüler zu schätzen.

Die Vormittage blieben dem Unterricht, die Nachmittage aber der Arbeit an jenem Südtiroler Roman gewidmet, zu dessen Dokumentierung ich einiger Dokumente und Unterlagen bedurfte, die in den Rocky Mountains finden zu wollen absurd schien. Trotzdem fand ich sie. Über die nationalen Fakten unterrichteten mich Veröffentlichungen des Tirolers Dr. Reut-Nicolussi und Guido Zernattos, welch Letzterer, nunmehr führendes Mitglied des »Österreichischen Nationalkomitees«, dem auch ich angehörte, um die österreichische Sache in Washington bis zur Selbstzerstörung bemüht blieb. Die Topographie

Bozens und Pilsens freilich, die ich zur Beschreibung der von Hitler eingeleiteten Zwangsansiedlung erzdeutscher Bozner in der Tschechoslowakei unerlässlich brauchte – nach meiner Meinung gab es keinen gültigeren Beweis für Hitlers Lüge vom Schutz der deutschen Minoritäten –, verschaffte mir mein cholerisch-phlegmatischer Fakultätskollege Professor George McCue.

Ihm klagte ich eines Tages, es würde mir nicht gelingen, aus eigener Erinnerung und aus Baedekern jene zwei Städte bis zu dem Beweisgrad anschaulich zu machen, den ich für meine als Romane verkleideten Anti-Hitler-Schriften notwendig fand. »I see«, sagte er und ärgerte sich sofort, dass ich die Möglichkeiten des Staates Colorado unterschätzte: »Sie brauchen Generalstabskarten. Wie lange geben Sie mir? Eine Woche?« Vor ihrem Ablauf legte er mir, phlegmatisch, als seien es Ansichtskarten, kartographische Photostate von Bozen und Pilsen auf den Tisch, die jedes winzigste Gässchen und jedes wichtigere Gebäude namentlich verzeichneten. So schrieb ich, deutsch natürlich, an diesem Buche täglich von drei bis sechs, jedes Wort, wie alles, was ich bis zu dieser Stunde geschrieben habe, mit der Hand, und sandte es meist noch am selben Abend an Adrienne, die es, wenn sie nicht auftrat oder bei den »merchant seamen« freiwilligen Kriegsdienst versah, auf der aus Wien mitgeschleppten alten Maschine tippte und abschnittweise – »in batches« hieß das – an den Übersetzer, Barrows Mussey in Brattleboro, Vermont, schickte.

Das Dinner genoss ich dann im Faculty Club – mit der emeritierten Völkerrechtsprofessorin Miss Bramhall, dem Botaniker Dr. Penland und der immer strahlend fröhlichen Bibliothekarin Carol Truax, deren Deutschkenntnisse sich auf das Wort »selbstverständlich« beschränkten, das sie »seffersendlik« aussprach –, nach täglich katastrophaler werdenden Siebenuhrnachrichten. Abends um acht begann meine zweite Lehrverpflichtung, die Aufführung von Schauspielen meiner Wahl mit Schülern des Colleges und Amateuren aus der Stadt.

Von Paula Wessely und Albert Bassermann zur Besitzerin der Buchhandlung und dem Eigentümer des Hutgeschäftes in Colorado Springs war es ein weiter Weg, und wer, aus Reinhardts Nähe gekommen, schauspielerische Vollendung anstrebte, hatte sich auch hierin totalen Veränderungen anzupassen. So aussichtslos es indes scheinen mochte, irgendwelche Mühe daran zu wenden, so überraschende Erfahrungen machte ich.

Die Amerikaner spielen auf dem Broadway das zurzeit beste, erregendste, gegenwärtigste Berufstheater der Welt. Dies rührt von dem Paradox her, dass es in Amerika Berufstheater – mit Ausnahme der vierzig oder fünfzig Broadwaybühnen – nahezu nicht gibt. Daher konzentriert sich auf dem Broadway alles Berufstalent des Kontinents, doch auch die äußerste berufliche Anspannung und die äußerste berufliche Grausamkeit; ein Schauspieler, der bei der 397. Vorstellung sein Äußerstes nicht genauso gibt wie bei der Premiere, wird schonungslos entlassen.

Dazu kommt das sogenannte »Typecasting«, die Besetzung jeder einzelnen Rolle mit jenem Darsteller, der ihr nicht nur darstellerisch, sondern auch nach dem Alter und Aussehen optimal entspricht, ein in Europa ausschließlich Festspielen zugänglicher Luxus, den das amerikanische, das heißt das Broadwaytheater, sich deshalb leisten kann, weil es fixe Ensembles nicht kennt, sondern für jede »show« die Mitwirkenden neu zusammenberuft. Nicht das Stück wird einem permanenten Theater übergeben wie in Europa, sondern ein jeweils gemietetes Theater dem Stück, auf das Risiko von Leuten, die ihr Geld in Stücken investieren wie andere in Chemikalien oder in Orangen, und mit genau demselben Anspruch auf Profit. Zwar bedienen sie sich dabei der besten Fachleute, doch sie selbst – man nennt sie »backers« oder »angels« – haben zum Theater selten mehr Beziehung als Börsenspekulanten zu Aktien.

Gewiss nimmt das dem Theater den Nimbus, bevor man es besucht, wenn man aber darin sitzt, unterliegt man der Faszination der Perfektion. Ja, an Glücksabenden dieser Perfektion, wie in Wilders »Our Town«, in Millers »Death of a Salesman«, in O'Neills »The Iceman Cometh«, in »Glasmenagerie« mit Laurette Taylor, nicht minder in manchen der von Amerika erfundenen »Musicals«, von denen etwa »West Side Story« dem Europäer in Sinn, Menschenlaut, Ton und Bewegung hinreißend nahekommt, verbreitet der allen Europäern so verdächtige Broadway ungetrübtes Theaterglück.

Übrigens verdanken die europäischen Keller- und Studiotheater dem amerikanischen »Little Theatre Movement«, das namentlich in dem New Yorker Bohemebezirk Greenwich Village und den Broadway-nahen Versuchsbühnen (»off Broadway«) heimisch bleibt, ihren Ursprung. Öffentliches Sprechen wird ja in Amerika nicht nur überall gelehrt, sondern fast überall mit einer natürlichen, jeder Scheu des öffentlichen Auftretens entratenden Begabung geboten; so bringen Studenten und Laienspieler von vornherein eher eine der Schauspielerei dienliche Grundbedingung mit. Da sie überdies einen angeborenen Sinn für Natürlichkeit und eine instinktive Abneigung gegen Verstellung und Übertreibung haben – »chewing the scenery« (»die Dekoration zerkauen«) nennen sie es abschätzig –, dazu einen enthusiastischen Arbeitswillen, sind sie ein Material, mit dem sich auf der Bühne Unglaubliches, nämlich das Glaubliche leisten lässt.

Eine meiner liebsten Regieerinnerungen bleibt denn auch »The Wild Duck«, Ibsens »Wildente«, worin neben Laienspielern und Studenten die Professoren des Colleges ambitioniert mitwirkten. Wie fast jeder amerikanischen Hochschule stand uns eine richtige Bühne mit vorzüglicher technischer Einrichtung zur Verfügung, und der Erste, den ich auf den Proben geduldig memorierend traf, war der allgewaltige Mr. Hershey, Dekan des Colleges, den Großkaufmann Werle in einer verblüffenden Ibsenmaske kaum weniger eindringlich und wahr gestaltend als einer der Unvergessenen aus Otto Brahms Ibsenzeit. Die Gattin jenes Kollegen McCue, der mein Südtiroler Buch ermöglichte, eine Frau von mütterlicher Fülle der Erscheinung und des Gefühls, spielte nicht, nein, war Gina Ekdal – unter dem Namen Lillian de la Torre ist sie inzwischen eine zweite Agatha Christie geworden –, und die erblindende Hedwig wurde von einer meiner Literaturschülerinnen so ergreifend nachgelebt, dass die »Chicago Tribune« unter ihr Bild »What Broadway is missing« druckte. Sogar zwei Priester taten mit, Ed Manthei und Roger Hazelton, und alle, Professoren wie Schüler, fühlten sich so geehrt, von einem »real Reinhardt-man« – Reinhardts Name genoss beinahe denselben Ruf wie der mystisch gewordene Stanislawskis – in die Schule genommen zu werden, dass keine der vielen Proben vor Mitternacht zu

Ende ging. Und es gab keine, nach der nicht einer oder mehrere der Mitwirkenden gesagt hätten: »We enjoyed it enormously.« Krach schlagenden Stars und würdestrotzenden Schauspielerinnen ins Stammbuch.

Unter anderem versuchten wir auch Claire Booths Komödie »Women«, die wir in der Josefstadt als »Frauen in New York« gespielt hatten, und es zeigte sich jetzt, unamerikanisch. Wie es ja überhaupt meine Überzeugung ist, dass die Übersetzung das übersetzte Stück zum Krüppel macht, der im wesensfremden Klima schwer zu atmen und zu lahmen anfängt. »Drugstore« (in Wilders »Our Town«) lässt sich mit »Drogerie« nicht übersetzen, weil es Drugstores in Europa nicht gibt; doch auch was sich in Drugstores begibt, gibt es in Europa nicht. Und eine Mrs. wird nicht »Mistress« angesprochen, was man in Europa immer wieder hören, ja sogar lesen muss, sondern »Missis«, denn »Mistress« bedeutet Mätresse.

Für Werke des Theaters – nicht anders als für solche der dichterischen Epik und Lyrik – gelten eben überall, scheint mir, vier allgemeine Voraussetzungen: jene Beherrschung der eigenen Sprache, die nicht nur ihr Offenbares, sondern auch das Verhüllte mit den von den Worten geworfenen Schatten kennt; eine ebensolche Beherrschung der fremden Sprache, die nicht nur den Sinn, sondern auch den Klang und seine Schwebung, das heißt den individuellen Stil meistert; eine aus persönlicher Anschauung gewonnene Vertrautheit mit der seelischen und sozialen Geographie des fremden Landes; endlich die zumindest nachschöpferische Gabe, sich das zu Übersetzende so anzugleichen, dass zwischen Übersetzer und Übersetztem eine der Identität nahe Beziehung entsteht.

Vor allem das Theater verlangt die Menschenrede; auf Satz und Gegensatz gestellt, fällt es mit der Überzeugungskraft dessen, was gesagt wird und wie es gesagt wird. Dieser entscheidenden Kraft aber ist nur durch Erhaltung, keinesfalls durch Verpflanzung der Sphären gedient. Die Madame de Pompadour lässt sich als fraulicher Inbegriff verdeutschen, nicht dadurch, dass man sie »Frau« Pompadour nennt. Wenn fremder Boden trägt, kann er – wie bei O'Neill – sogar den Verzicht auf Dialekt ertragen. Doch aus einem Iren lässt sich kein Tiroler, aus einem malaiischen Matrosen kein Reeperbahnjunge machen. Mit einem Wort, wer sich an das Übersetzen wagt, darf kein Handwerker, sondern muss ein Künstler sein. Deshalb war Shakespeare dank Schlegel-Tieck, jedoch nicht mehr bei Baudissin, waren die Russen dank Mereschkowski übersetzbar. Deshalb sind es Ibsen und Strindberg in den vorliegenden Übertragungen kaum noch, Wilde und Shaw noch weniger, die Franzosen, Molière an der Spitze, am wenigsten. Dies wurde mir umso empfindlicher klar, als ich meine Manuskripte nach wie vor deutsch schrieb und von ihren Übersetzungen einen so entstellenden Eindruck erhielt, dass ich die Übersetzer mit meinen Änderungswünschen zur Verzweiflung brachte.

Mitten aus der Arbeit wurde ich zum Präsidenten gerufen, es entwickelte sich folgender Dialog:

»Look here, Dr. Lothar«, sagte »Leftie« nicht ganz so wohlwollend wie sonst, »da ist eine Beschwerde gegen Sie. Mister« – er nannte den Namen eines begüterten, einflussreichen Mannes der Stadt, eines »trustee« des Colleges – »behauptet, Sie verbreiten Meinungen in Ihrer Klasse, die er als unamerikanische Betätigung (›Unamerican activities‹) ansieht. Sie wissen, was man darunter versteht?«

Ich konnte nicht wissen, dass es demnächst den Senator McCarthy geben würde, doch ich wusste, dass ich vor Nazis oder Sinnverwandten kein zweites Mal fliehen wollte – wohin, wozu? Wenn die Zuflucht hier keine war und die Vorstellung, die ich mir von Amerika gebildet hatte, falsch, dann gab es nur noch das »Oder«. »Welche Meinungen verbreite ich?«, fragte ich.

»Sie haben in der Klasse über Kommunismus gesprochen.«

»Nie.«

Der Präsident machte eine bedauernde Bewegung. »Doch. Sie haben sogar den Kommunismus in den Staaten vorausgesagt. Nun besteht zwar bei uns absolute Lehrfreiheit, aber Sie werden verstehen –«

Ich verstand. Und ich erinnerte mich rechtzeitig, dass ich anlässlich der Besprechung von Dostojewskijs »Dämonen« den Kommunismus erwähnt hatte. Da ich der englischen Sprache nicht genug mächtig war, um im Unterricht völlig frei zu sprechen, benutzte ich Notizen, ich bat, sie holen zu dürfen. Nach ein paar Minuten – der Faculty Club lag um die Ecke – hielt »Leftie«, sein Gesicht strahlte, den Beweis in Händen, was ich gesagt hatte: »Wenn man der Ansicht André Gides beipflichten will, kann man ›Die Dämonen‹ als eine entscheidende Wegbereitung des Kommunismus ansehen. Aber literarische Wegbereitung (›pacemaking‹) der Politik ist etwas so Fragwürdiges, dass sie mit einem Genie von Dostojewskijs Graden nicht im selben Atem genannt werden kann. Wer nach der Lektüre der ›Dämonen‹ nichts anderes sagte als: ›Da gibt es eben keinen Ausweg als den Kommunismus!‹, wäre blind für gestalterische Größe und blind für eines Giganten ringende Seele. Ebenso gut ließe sich von Gorkis ›Nachtasyl‹, ja von Gerhart Hauptmanns ›Die Weber‹ vorkommunistische Propaganda behaupten, und das wäre ebenso irrig. Darstellung des menschlichen Elends in der Kunst entspringt und dient der Menschlichkeit, nicht der Politik. Wo Politik dahintersteht, hat die Kunst abzutreten.«

Der Präsident legte mein Notizheft erleichtert hin. »Wonderful!«, sagte er – er meinte nicht, was ich gesagt hatte, sondern dass es nicht »Anti-American« gewesen war. »That'll teach him a lesson!«, fügte er hinzu und meinte den kleinen McCarthy von Colorado Springs. Wir schüttelten uns, obschon das in Amerika selten vorkommt, die Hände, und der kleine McCarthy hatte das Nachsehen.

Immerhin fühlte ich Misstrauen, wenn ich jetzt den Hörsaal betrat und in die mir so offen zugewendeten Gesichter schaute. Wer hatte aus der Schule geschwatzt? Bis die bildhübsche Marjorie in der zweiten Sesselreihe aufstand und sagte: »Sir! I'd like to make a statement in front of all. You told us the other day about Dostojewskij. I didn't quite get the idea of what you said and told someone outside the school about what I thought you'd meant. I realize it was wrong and I want to apologize.« Die Vorstellung, die ich mir von Amerika gemacht hatte, stimmte.

Und als mir bei »milk shake« und »double decker«, dem täglichen Lunch in Murray's Drugstore, jemand ein Telegramm Mr. Costains brachte, worin stand: »Erster Teil ›Unter anderer Sonne‹ großartig. Glückwünsche« (»First part of Beneath Another Sun magnificent. Congratulations«), stimmte sie perfekt.

Seit langer Zeit empfand ich wieder Zuversicht. Der erste Teil meines Südtiroler Romans – der Titel war Vergils »Georgica« entnommen: *»Exilioque domos et dulcia – limina mutant – Atque alio patriam quaerent – sub sole jacentem«* –, vor kurzem in Mr. Musseys Übersetzung an den Verlag geschickt, hatte das Lob des entscheidenden Mannes gefunden; ich konnte an den abschließenden zweiten ohne Unsicherheit gehen, Grund genug, der kalten Schokolademilch einen Whiskey, vielmehr den ortsüblichen »Bourbon« folgen zu lassen.

Doch dass ich den zweiten Teil vollenden konnte, den ich desto vehementer in Angriff nahm, je schwärzer die aus Nazideutschland gemeldeten Ungeheuerlichkeiten wurden, verdanke ich weniger meinem Verleger als Mr. Raymond Gram Swing, dem Kriegsnachrichten-Kommentator der Radiogesellschaft WOR (»first on your dial«) in New York.

Es ist keine Übertreibung, dass seine glasklaren Analysen der täglich hoffnungsloser gewordenen europäischen Meldungen meine an Europa geklammerte Existenz, die ich nur in optimistischsten Momenten nicht als Zwischendasein empfand, aufrechterhielten; keinen Kriegsabend, fast fünf Jahre hindurch, wo immer ich mich aufhielt, versäumte ich die Viertelstunde, während der, zum Nutzen ihres »sponsors« (der »Weißen-Eulen«-Zigarrenfirma), Mr. Swing für das gefasstere Leben, nein, für das Überleben der an der Welt Verzweifelnden »on the air« ging.

So absurd es sein mag – und es gehört zu den weisesten Absurditäten des Kontinents der unbegrenzten Möglichkeiten –: Jemand, den eine Zigarrenfirma als zugkräftigen Vorspann ihrer Reklame angeworben hatte, war fähig, den blauen Rauch, für dessen vermehrten Konsum er sein Honorar empfing, in Voraussagen von solcher festen Präzision aufgehen zu lassen, dass sie der Ruhmesgeschichte kommentierender Reportage angehören. Zwischen dem stereotypen »Good evening«, womit die ein wenig atemlose, tiefe Stimme begann, und dem ebenso gleichbleibenden Ende: »But now a word from our sponsor«, womit sie den Weißen-Eulen-Zigarren das Wort erteilte, wurden die auf den Nägeln brennenden Ereignisse in die richtige Distanz gewiesen, weder verschlechtert, noch minimisiert empfingen sie nicht nur ihr Augenblicks-, sondern ihr Zukunftsgewicht. Ich erinnere mich keines einzigen Versagens oder Irrtums. Dergleichen verdient einen Lorbeerkranz, und ich möchte ein Blättchen dazu beitragen.

Bei täglich stärker umwölktem politischen Horizont, der das Tausendjahrreich im Bereich des Denkbaren und eine Bemühung wie die meine, Hitlers Verrat an Südtirol als Verlogenheitsbeweis seiner These von der Verteidigung der deutschen Rasse zu entlarven, das Eintagssummen einer Mücke sein ließ, kam dieser Südtiroler Roman zustande. Er brachte es sogar zur »Literary Guild Selection«, das heißt, die halbe Million Mitglieder der zweitgrößten amerikanischen Buchgemeinschaft (die erste ist der »Book of the Month Club«) erhielt ihn als eines ihrer zwölf Jahresbücher, und »The Tiger«, das von den Studenten des Colorado Colleges verfasste und gedruckte Sechsseitenblättchen, veröffentlichte die Neuigkeit stolz als Sensation der Titelseite.

Zugleich mit dem Erscheinen des Buches nahm ich einen kurzen Urlaub nach New York. Den ersten Abend verbrachte ich mit Franz Werfel, der fast gleichzeitig »The Song of Bernadette« veröffentlicht hatte – seine Gattin befand sich bei Freunden, Adrienne spielte nach wie vor dieselbe Rolle: Wir warteten auf unsere Frauen. Samstag war es, vor den Fenstern des Restaurants hörten wir die von Lastwagen auf den Straßenrand herabgeschleuderten Bündel der Sonntagszeitungen aufschlagen. »Sollen wir?«, fragte Werfel mit seinem waghalsigen Bubenlächeln unter der scharfen Brille. Ich sagte nein. Warum musste man es schwarz auf weiß haben, wie wenig man galt!

Da war er schon hinausgestürmt, und als er mit der »New York Times« und der »New York Harald Tribune« zurückkehrte, die an Sonntagen Bestsellerlisten veröffentlichen, blätterte er sie auf, ziemlich nervös geworden. Jäh zeigte sich das Lächeln wieder, das ihm vergangen war. »Bist du darauf?«, fragte ich.

»Du auch!«, antwortete er und schob mir triumphierend die zwei Blätter hin.

Dort stand, als vierter von oben, mein Name, daneben der Titel: »Beneath Another Sun«. Und darunter, als siebenter von oben, Werfels Name, daneben: »The Song of Bernadette«.

Wie ein Kind freute er sich, nein, wie ein Bruder, er ließ Champagner kommen, stieß glücklich mit mir an, weil ich drei Zeilen über ihm stand.

Schon am nächsten Sonntag rückte er mir um eine Zeile vor, am übernächsten war die gebührende Rangordnung hergestellt: Sein Name hatte Nummer eins, der meine blieb tiefer. Wo aber, außer in der Welt des Herzens, in der er nun zu Hause ist, gibt es das noch, dass ein großer Dichter im Exil vor Freude außer sich gerät, weil nicht sein eigenes, sondern das Buch eines exilierten Freundes den Vorzug hat? Mit der Leidenschaftlichkeit, die ihn in Flammen setzte, sagte er: »Da haben sie uns einen Fußtritt gegeben, unsere Bücher verbrannt und keinen Bissen Brot von uns nehmen und uns keinen gönnen wollen. Und hier sitzen wir jetzt und sind Nummer vier und Nummer sieben. Mein Lieber, das ist kein Bucherfolg! Das ist das Wunder der wiederhergestellten Gerechtigkeit!«

Nur um Monate später verlieh der strenge Kritiker George G. Nathan, der alljährlich den Broadwayschauspielern »Oscars« zuteilte, Adrienne den ersten Preis für die beste »supporting« Rolle der Spielzeit.

Das »spell your name!« hatte für uns beide aufgehört.

Der Garten der Götter

Das »Keep us out of war!« hatte für Amerika aufgehört. An dem Sonntag von Pearl Harbor war ich zum ersten Mal im »Garden of the Gods« gewesen, dem Garten der Götter.

Wer mit den Adjektiven »großartig« und »monumental« herumwirft, wird angesichts solcher Großartigkeit und Monumentalität die Sprache verlieren. Der grenzenlose, wolkenlose Himmel azurfarben. Die Sonne, so weit man schauen kann, strahlt über blutrot ragenden Skulpturen, Triumphbögen, ungeheuren Säulen, toledanisch übereinander gestaffelten Kastellen, Viadukten, Terrassen, Hochaltären – erst wenn man nahe genug ist, erkennt man, dass es nicht Bauwerk ist, sondern Gotteswerk, Urkunde der Meere, die vor Jahrtausenden diese Gesteine wuschen, mystisch formten und eisig glätteten. Dazwischen wachsen tiefgrüne Föhren, darüber kreisen auf pfauenblauen Flügeln die »blue birds«, mächtig und makellos strahlt dahinter die unabsehbare weiße Gipfelkette der Rocky Mountains – eine Feiertagsstille waltet, die von den Göttern ist.

Überwältigt sah ich es, mit einer Bewunderung, der gleichwohl die typische Sucht des Emigranten beigemischt war: sein instinktives Vergleichen zugunsten des Heimischen. Obschon ich Unvergleichlicheres nie gesehen hatte, verglich ich es augenblicklich. So zeigte sich in dieser Stunde und an dieser Stelle der ganze schwere Konflikt, der mir und meinesgleichen bevorstand. Wir hatten in einem großartigen Lande Fuß gefasst, vielmehr wir glaubten es und wollten es; wir strebten sein Bürgerrecht an, weil wir des unseren unwert befunden wurden – was war selbstverständlicher, als dass wir auf die neue Heimat stolz sein, sie, zugunsten der verlorenen, fortgeschrittener finden wollten, humaner und beispielhafter.

Schöner? Das gelang uns nicht, es zwang uns Tränen ab, angesichts des totalen Asphalts, aus dem ein Kirschbäumchen einzeln blühte. Hier jedoch gelang es mir zum ersten Mal, wie es mir Jahre später vor der Weltsehenswürdigkeit der Niagara-Fälle nicht gelang – das heißt, es hätte gerechterweise gelingen müssen. Denn dies hier, von Menschenhand nicht berührt, trug seinen indianischen Namen mit Recht: Es war der Garten der Götter, ehrfurchtgebietend, gewaltig, schön.

Das sagte ich mir. Ich redete mir zu, dort in der grandiosen Stille: lösche die Vergangenheit aus; keiner hat das schäbige bisschen Mut gehabt, dir eine Zeile zu schreiben oder die Botschaft zu schicken, wir denken an dich, wie geht es dir. Nicht einer. Und viele hatten dich ihrer Treue versichert. Schneide es ab. Vergleiche nicht. Nein! Vergleiche anders als bisher: erkenne, dies hier ist schöner als das Schönste, das du verlassen musstest, denn so ist es in Wahrheit, gewaltig schön.

Deswegen wehrst du dich ja dagegen!, widersprach sofort die Gegenstimme, ebendas ist es, was dich von diesem Herrlichen trennt und eine starre Scheidewand errichtet: Das Liebliche fehlt, das Anmutige, das Selbstverständliche, das dir Gemäße. Unter dem schweigenden Flug der pfauenblauen Vögel, in der völligen, unverdorbenen Einsamkeit, im falschesten Augenblick am falschesten Ort packte mich ein Sehnsuchtsanfall nach der bescheidenen Majestät des Untersbergs, an dessen Fuß die kleine Morzger Kirche mit dem grünen Kirchturm steht.

Heimweh ist eine unbeachtete Krankheit. Wer an ihr leidet, pflegt nicht davon zu reden. Sie kommt anfallsweise, wenn man sie am wenigsten erwartet. Ein Geruch kann sie auslösen, ein Lied, eine Straßenbiegung, ein Traum, ein Gesicht, ein Vogellaut, ein Glockenschlag. In derselben Sekunde zerbricht alles, die Erkenntnis der Vergeblichkeit steigt erstickend auf – jeder Anfall gleicht der Empfindung beim Tod eines Allernächsten, immer wieder stirbt einem wer. Mit der Zeit werden die Anfälle seltener, nie schwächer; im Gegenteil, sie nehmen an Vehemenz zu. Es ist eine unerforschte Krankheit, weshalb sie nicht als eine gilt. Manche aber sterben daran.

Die Nachmittagsnachrichten an jenem Sonntag der großartigen amerikanischen Natur meldeten die Pearl-Harbor-Katastrophe, und was sich seit diesem Moment ereignete, gehört nicht nur der Weltgeschichte an, sondern der Charaktergeschichte einer großartigen Nation.

Wer dieses Einmalige vor- und nachher nicht mit eigenen Augen sah, weiß es nicht, und vielleicht kann ein Fremder es deutlicher beschreiben als ein Amerikaner, der seinesgleichen unbegrenzte Möglichkeiten im Blute hat.

Ich sagte schon, dass der Schrei »Keep us out of war!« nicht nur überall vernehmlich gewesen, sondern aus dem Urgrund des Volksempfindens gedrungen war. Was würde geschehen, wenn man sie zwang, fragte sich der Fremde. Befehlsverweigerung, Generalstreik, Aufruhr, Revolution? Noch gestern, beim Dinner im Faculty Club, hatten der junge Professor für neuere Geschichte und die emeritierte Professorin des Völkerrechtes erklärt, Amerika in den Krieg zu zerren wäre politischer Wahnsinn, und wenn Roosevelt es täte, unterscheide ihn nichts von dem Verbrecher Hitler. Was hätten, fragte der Geschichtsprofessor, »the young men from Pueblo«, einem Städtchen nächst Colorado Springs, mit Danzig, dem Sudetenland und überhaupt mit Europa – er sprach es »Jurop« aus – zu schaffen? Nichts! Tollheit, es überhaupt zu erwägen! Und die emeritierte Miss Bramhall erging sich ungeachtet ihres Alters in einer ebenso impulsiven wie schlüssigen Ablehnung der Schrift »One World« des Präsidentschaftskandidaten Wendell Wilke, worin ihr der gegenteilige Standpunkt nicht scharf genug verurteilt schien. Keiner würde gehen!, sagte der Geschichtsprofessor am Samstagabend.

Achtundvierzig Stunden später hatte er sich als Freiwilliger gemeldet. Achtundvierzig Stunden später hatten sich von meinen 49 männlichen Schülern 19 freiwillig gemeldet und von allen männlichen Studenten des Colleges 69 Prozent. Auch die aus Pueblo waren darunter. In dem ganzen ungeheuren Land geschah Ähnliches. Dabei, und das bleibt das Beispielhafte, geschah es ohne eine Spur von Hurrapatriotismus, mit nüchterner, verächtlicher Resignation, in einer zwischen heute und morgen umgeschlagenen Erkenntnis, es lasse sich nicht abwenden.

Sie hatten, die ganze Nation, im Osten, im Westen, von Manhattan bis Butte, Montana, die außerordentlich einberufene Sitzung des Kongresses am Radio gehört, den Bericht über Pearl Harbor und die mitbürgerliche Rede Roosevelts, wonach ein »State of war«, also Krieg bestand. Man hatte sie angegriffen, sie würden sich verteidigen. Es gab eine Welt des Rechtes, die eine Mitwelt war. Und es gab eine Welt des Unrechtes, die eine Unterwelt war. Damit die Welt zur Mitwelt werde, »one world«, hatten sie Amerika besiedelt und stark gemacht. Deshalb würden sie nicht dulden, dass ihre Welt zur Unterwelt werde.

Das hörten sie aus der maßvollen Botschaft heraus, die Alten, die es nicht treffen würde, die Jungen, die es traf. Sie brachen weder in begeisterte noch in erbitterte Rufe aus, nur ihre Mienen verhärteten sich und sie sagten: »Let's get over it!« – »bringen wir's zu Ende!« Und in meiner Klasse, aus der sich zwei Drittel der Buben als Freiwillige gemeldet hatten, grüßte mich einer von ihnen, als ich am Dienstagmorgen eintrat, um mein Kolleg »Über den Zusammenhang der deutschen und der Weltliteratur« fortzusetzen, mit den Worten: »Well, Sir, now you'll have it your way« – jetzt würde ich es haben, wie ich wollte, sagte er, neunzehn war er, Bill Latimer aus Chicago, kein Vorwurf lag darin. Bill Latimer fiel drei Jahre später in den Ardennen.

Den Vorwurf, den er mir nicht machte, machte ich mir nicht erst seit jenem Tag in Wolfeboro. Ich hatte ihn gewollt, den Krieg, hatte ihn mit allen Fasern meines Daseins erhofft, ich, der in einem Bändchen »Österreichische Schriften« 1917 geschrieben hatte, Krieg sei aus den Wörterbüchern als das verächtlichste Wort der Menschheit zu streichen. Konnte ich den tausenden Bill Latimer ins Gesicht sehen? Denn was anderes als Vergeltungssucht war es, das mir, fern vom Schuss, diesen Krieg begehrenswert und nun, seit dem Eintritt der Bill Latimer in ihn, so verheißungsvoll gemacht hatte! Meine Rettung war er, die Befreiung aus der Heimatlosigkeit, mochten immerhin die Bill Latimer, die von den Ardennen so wenig wussten wie ich in ihrem Alter von den Rocky Mountains, mit dem Tode bezahlen. Obwohl ich mir einzureden versuchte, meine Befreiung wäre zugleich die der Welt und eine andere Möglichkeit als den Krieg gäbe es dafür nicht, schämte ich mich jetzt, sooft ich in den Hörsaal trat. Wozu erzählte ich ihnen von den Zusammenhängen zwischen Lessing und Jefferson? Eines Tages würden sie wegen dieser Zusammenhänge die Beine verlieren, blind werden oder in einer ihnen unbekannten Erde liegen, auf der eines von tausenden Holzkreuzen ihren unleserlich gewordenen Namen bezeichnete, den zu suchen und zu finden niemand kam.

Es war ein unlösbares Problem. Zusammen mit dem mir im »Garten der Götter« bewusst gewordenen zweiten machte es die kaum erst gesicherte äußere Existenz innerlich ganz und gar fragwürdig. Ich, der kompromisslose Österreicher, bestrebte mich, oder würde mich eines Tages wie die anderen Emigranten bestreben, ein amerikanischer Bürger zu werden: Ich, der Pazifist, wünschte und billigte den Krieg. Die beiden Probleme sollten Jahre später den Sinn meines Romanes »Die Rückkehr« bilden, doch bis dahin war es weit und verworren, und wer konnte Probleme in Romanen lösen! Der Staatsanwaltsgehilfe kam sich wie ein Angeklagter vor; er hätte nicht gezögert, die Anklage gegen sich selbst nachsichtslos zu erheben.

Vorläufig dilettierte ich im Unterrichten, ein Lehrer, der dringend der Unterweisung bedurfte. Dabei war ich immer noch Mitglied jenes »Austrian National Committee«, das eine demokratische österreichische Regierung im Exil gründen wollte – leider kam es nie dazu, eine der vielen ungenützten österreichischen Möglichkeiten. Otto Habsburg, obwohl in New York, gehörte dem Komitee nicht an; er wie Ferdinand Czernin, Sohn des österreichischen Außenministers unter Kaiser Karl, blitzgescheit, dynamisch, doch radikal linksgerichtet, hatten ihre eigenen Ziele: Die typisch österreichische Uneinigkeit manifestierte sich noch im Exil und machte schlecht, »was andere verdarben«. So distanzierte ich mich nicht nur räumlich und beschränkte mich darauf, zu meinem übrigen jenen österreichischen Anschauungsunterricht zu geben, der zu meinem Erstaunen genommen wurde. »Beneath Another Sun« war kaum publiziert, als mir Mr. Costain abermals nahelegte, ein anderes österreichisches Buch zu schreiben, vielleicht, wie ich einmal vorgeschlagen hatte, die Geschichte eines Wiener Hauses.

Sie begann im Garten der Götter, wohin mich Roy Harris immer wieder brachte, damals Amerikas moderner Komponist »number one«, Professor des Kontrapunktes oder, wie er im College hieß, »composer in residence«. Tausende Meilen entfernt, in einer Landschaft, die in nichts an Österreich erinnerte, sah ich das Haus, das ich schildern wollte: Es stand in Wien, an der Ecke der Seilerstätte und der Annagasse, ein Papiergeschäft befand sich im Erdgeschoß, schräg gegenüber waren die Freimaurerloge »Zukunft« und ein Stundenhotel, auf der Hausseite aber eine Kirche und ein Theater. Ein typisches Wiener Haus, worin typisch Österreichisches geschieht, dachte ich, die Denkmäler der Jahrtausende aus den Augen verlierend, die sie sahen. »Hey!«, rief Roy, der in einer Stunde zum Unterricht zurück sein musste, zu mir herauf, »day-dreaming?« Denn auch er fand den Garten der Götter »fine hunting grounds« für die Symphonie, an der er arbeitete. Das Haus Österreich!, dachte ich, während ich zu ihm hinunterstieg und er mich mit sarkastischen Blicken »nach Hause« fuhr, in mein Zimmer im Faculty Club.

Nachts, nach der Probe für »Gentle People«, spielte seine Gattin, die Pianistin Jo Harris, im Musikdepartment des Colleges für sich, mich und einige andere Schubert. Die Linden auf dem Campus waren winterlich kahl, doch bei der Ballettmusik aus »Rosamunde« fingen sie zu blühen an und bei »Wohin?« und »Die Forelle« dufteten sie zum Weinen. Meiner Eltern Freund Alfred Grünfeld saß im Großen Musikvereinssaal am Bösendorfer, er gab sein jährliches Donnerstag-nach-Aschermittwoch-Konzert, sein samtweicher Anschlag machte die Leute lächeln – jetzt würde er den Donauwalzer zugeben. Jo hatte aufgehört.

»You'll see it again«, sagte sie.

»I don't want to«, sagte ich.

»Yes, you do. You'll always feel like this. There's no use hiding it«, sagte sie.

Dann gingen wir schweigend über den Campus »nach Hause«, die Linden waren kahl. Ich werde das Haus Österreich schreiben, dachte ich, aber nie dorthin zurückkehren, Jo Harris hat unrecht. Ich werde die Chance und die Freundlichkeit, die man mir hier gewährt, nicht jämmerlich enttäuschen. Sie sind liebenswert, die Menschen hier, denn sie sind ohne Arg. Ihre Landschaft kann herrlich sein, wie der Garten der Götter. Ich werde ein American citizen werden und das bisschen Stolz aufbringen, mich nicht nach jeder Linde umzudrehen und zu denken:

In Österreich duften sie süßer. Die Geschichte des Hauses Österreich werde ich ohne Heimweh schreiben – mögen meine künftigen Mitbürger sehen, was sich hinter dem Lindenduft versteckt!

»In the small hours«, wie man die dem Morgen zustrebende Nacht drüben nennt, schlief ich noch nicht. Dafür wusste ich, dass über dem Eingangstor zum Hause Österreich ein Blasengel aus Stein saß, dass es mir unmöglich sein würde, ohne wildes Heimweh dort einzutreten und, wer weiß wie lange, dort zu Hause zu sein, und dass ich keine Anklageschrift, doch auch keinen beliebigen Roman zu machen hatte, sondern einen farbigen Bilderbogen, um die Neugier und das Verständnis aller Bill Latimer zu wecken, die hinübergehen oder daran teilhaben würden, dass das Haus Österreich stehenblieb. So entstand »Der Engel mit der Posaune«.

Und es kam die Stunde, da ich die Professorswürde ablegen und mit aufrichtigem Dank an die Freunde, die ich hier besaß – Leftie vor allem, das Weltbürgerpaar McCue, das mich fünfzehn Jahre später auf dem Salzburger Domplatz bei einer »Jedermann«-Probe umarmte, und Carol Truax, die Pächterin guten Humors und raffinierter Küchengeheimnisse –, zu Adrienne endlich zurückkehren konnte.

Die materiellen Sorgen drückten nicht länger, sie bekam ihre Wochengage, ich einen monatlichen Vorschuss meines Verlegers, nach jahrelanger Trennung konnten wir es uns leisten, beisammen zu sein. Und weil es darum ging und nicht darum, wo ich meine Manuskriptblätter beschrieb, begleitete ich sie auf der Gastspielreise, die sie – nach wie vor mit »Claudia« – durch Amerika antrat. Ich war dabei ihr Gast, vielmehr hatte sie, um es nicht zu empfindlich zu machen, eine Buchhaltung erfunden, die ihr die großen, mir die kleinen Ausgaben vorbehielt; auf den Cent beharrte sie auf meinen Cents, während sie die Dollars beisteuerte.

Es wurde eine weite Reise, sie führte uns immer weiter. »Weit – von wo?«, hatte der weise Alfred Polgar gefragt, als von einem Wiener erzählt wurde, er sei in die Philippinen ausgewandert. Weit von wo, da es Wien für unsereinen nicht mehr gab, von wo es noch so weit hätte sein mögen, wäre man nur imstande gewesen, dahin zurückzukehren.

Von Stadt zu Stadt fuhren wir, immer dieselben Schauspieler und dieselbe »crew«, wie die Bühnenarbeiter drüben heißen, Adrienne eineinhalb Jahre, ich fast ein Jahr. Und während der ganzen Zeit erfuhr ich von keinem Streit, ja von keiner Misshelligkeit unter den Schauspielern oder der »crew«, eine manierliche Kameradschaft herrschte tagein, tagaus: denen ins Stammbuch, die von Amerikas Unverträglichkeit und Rohheit fabeln.

Ich wage die Behauptung, dass es, von Rowdys abgesehen, die überall sehr lästig fallen, nirgendwo strengere, förmlichere Manieren geben kann als in Amerika, wo, angeblich zum Zeichen der Geselligkeit, einer dem andern auf die Schulter haut; in den sieben Jahren meines Dortseins ist mir das nie passiert. Doch vielleicht bin ich ungesellig.

Die Monate in Philadelphia, Boston, Chicago – dort wohnten wir in der Goethestraße, die der Busschaffner »Gotistreet« ausrief –, in Los Angeles und San Francisco; die Wochen in Washington, Pittsburgh, Cleveland, Buffalo, Milwaukee, Saint Louis bleiben mir unvergesslich lehrreich. Nur wer das Riesenland von Küste zu Küste kennengelernt hat, Städte, Wüste, Ozeane, mag sich ein Urteil anmaßen, und selbst das bliebe nur ein Touristeneindruck. Eines jedoch steht fest: In Amerika kann man von den Großstädten viel weniger auf das Land schließen als etwa in England und Frankreich, wo das Kleine sich im Großen spiegelt.

New York jedenfalls ist nicht Amerika, noch ist es Chicago, und am wenigsten ist es Hollywood, das ausgerechnet als Sinnbild gilt, weshalb sogleich davon zu sprechen sein wird. Sondern Amerika ist die ungeheuerste Varietät in einer ungeheuerlichen Simplizität. Es besitzt alles, vom Anbetungswürdigen bis zum Abstoßendsten, aber es hat alles auf eine, auf seine Formel gebracht: das Leben in der Wüste wie in den Metropolen entspricht genormter Haltung, gemischt aus Optimismus (»it'll turn out allright«), Leichtgläubigkeit, Trostlosigkeit und Dollarfürchtigkeit. »From coast to coast« wird auf gleiche Weise reagiert und regiert der gleiche Provinzialismus. Das riesige Land, ich rechne es ihm als Tugend an, ist eine kolossale provinzlerische Gemeinsamkeit, der die Superstädte keineswegs widersprechen. Denn nicht der Geist des

New Yorkers (womit die aufregendste moderne Stadt, daher auch ihre witzigste und klügste Wochenzeitschrift gemeint ist) repräsentiert das Land, sondern der unkomplizierte, unmittelbare Tatsachensinn, dem der Kirchenbesuch das Übersinnliche, der »job« den Existenzzweck, die Unterhaltung (»entertainment« genannt, industrialisiert und mit Alkohol, Radio, Film, Fernsehen und Sport bestritten) die normierte Entspannung bedeutet. From coast to coast.

Das hat jene unbestreitbare Monotonie zur Folge, deren der new-comer, wie Neulinge heißen, auf den ersten Blick gewahr wird. Sobald er aber merkt, dass sie nicht unwillkürlich, sondern willensbedingt bleibt; dass sie es sich dort so eingerichtet und es daher dort so haben, from coast to coast, und dass sie gegen den, der es ihnen nehmen wollte, aufstehen würden, hundertfünfzig Millionen wie ein Mann und eine Frau, von heute auf morgen, wird auch der new-comer wissen, woran er mit Amerika ist.

Die Verzerrungen und Übersteigerungen, die er wahrnimmt, bestehen, um es auf eine europäische Formel zu bringen, im Überbieten des nirgendwo Gebotenen, in der stündlichen amerikanischen Neuentdeckung Amerikas als des Kontinents des Nichtdagewesenen. Neu und anders. In diese beiden Häfen fahren sie täglich ein und sie verlassen sie täglich. Kein Haus zu hoch, kein Tunnel zu lang, kein Gegenstand genug morgig – in der Mammutstadt New York und ihren Metropolis-Rivalen. Jedoch dahinter, from coast to coast, ja sogar, wenn man unter die Oberfläche schaut, in New York selbst und seinen Stadtkonkurrenten herrscht uniforme, geradgewachsene, provinzielle Einfachheit. Wer etwa im Osten, Norden, Süden, Westen seinem Nachbarn mitteilt, es sei ihm jemand gestorben, wird im Osten, Norden, Süden, Westen dieselbe Antwort erhalten: »What a shame«. Und darauf wird keine Redensart, sondern die Frage folgen: »Is there anything I can do for you?« Es ist eine andere Welt. Eine fundamental anständige.

Ihre Verzerrung par excellence bleibt Hollywood mit dem Gemeingefährlichen, das es verantwortet. Aus San Francisco, einer der faszinierendsten Städte, die ich kenne, zwei Meere überschaut sie von den Hügeln, auf denen sie sich aufbaut und von denen sie zum »Golden

Gate« abenteuerlich herabsinkt, fuhr ich hinüber, um meine Tochter zu besuchen. Sie hatte den jungen Mann, der ihr, März 1938, nachgewinkt hatte, geheiratet und bewohnte mit ihm ein kleines Haus, das Hochzeitsgeschenk ihrer Großmutter, in Westwood, zwischen Los Angeles und Hollywood nächst den Studios von 20th Century Fox. Mrs. Ernest H. Hausserman hieß sie jetzt, denn der junge Mann hatte sich amerikanisiert, war bei dem einflussreichen Theater- und Filmagenten Paul Kohner angestellt und durch Hansi mit dem in Pacific Palisades, nächst Hollywood, angesiedelten Ehepaar Reinhardt-Helene Thimig bekannt geworden, das seine bemerkenswerte Gabe der Beurteilung und Behandlung von Menschen und Möglichkeiten nebst einer frühen perfekten Sicherheit, ja Kühnheit des Administrierens bemerkte; sie führten ihn als eine Art Assistent in die von Reinhardt gegründete Hollywooder Schauspielschule und sollten ihn aus der Schule Hollywoods viel weiter führen.

Hollywood ist tatsächlich eine Schule, nach meiner Meinung die amerikanische Hochschule dessen, was man von Amerika nicht lernen sollte. Als Ort so oft beschrieben, geschmückt, geschmäht, gleicht es – doch weshalb im Hauptort des Falschen mit einer Falschmeldung beginnen? Hollywood ist nicht vergleichbar. Es ist auch kein Ort, es ist eine Straße. Main Street heißt bekanntlich die gleichartige Hauptstraße in jeder amerikanischen Gemeinde, der Unterschied besteht darin, ob die Tankstellen links und die Kinos rechts von den durchsausenden Autos liegen. Dergleichen, und es gleicht einander ununterscheidbar, erhebt keinen Anspruch, man weiß nicht einmal die Namen, merkt nicht, ob man in Ohio, Texas, Nebraska oder Minnesota ist, rast weiter, links Tankstellen, rechts Kinos oder umgekehrt. Hollywood hingegen ist eine Main Street mit Weltruf.

Sie beginnt in einer der unschönsten Großstädte, Los Angeles, hinter einem der hässlichsten Bahnhöfe, und endet nach Meilen in einer der hässlichsten Geistesverfassungen; da heißt die fußgängerlose Main Street erst Wilshire, dann Sunset Boulevard, die Geistesverfassung aber Hollywood. Auch das ist falsch. Beiderseits von Sunset Boulevard gibt alles sich den Anschein einer Stadt, flach oder auf hübschen Hügeln, mit durcheinandergemischten, nicht zueinanderpassenden Häusern und Villen, Kinos, Palmen, Kinos, gartenähnlichen Zierstätten, Kinos, Tankstellen, Luxus- oder Standard-Kramläden, Kinos; am Ende indes verläuft die Main Street, die keine Stadt ist, genauso wie die Geistesverfassung, die sie beherbergt: ins Nichts.

Strawinsky prägte das bösartige Wort: »Die einzige Möglichkeit, Hollywood zu entgehen, ist, dort zu leben«, und selbst damit hatte er unrecht. Denn dort zu leben, ist eine durch keinen Tausende-Dollar-Wochenlohn gemilderte Todesstrafe. Persönlich hätte ich keinen Anlass, diesem Auswuchs des gesunden amerikanischen Gigantenleibes gram zu sein, denn mein Buch »Die Mühle der Gerechtigkeit« wurde dort mit Frederic March und Florence Eldridge verfilmt, allerdings unter dem Titel »Ein Mordfall« (»An Act of Murder«), ohne dass ich mit der Fabrikation etwas zu tun gehabt hätte.

Wem ich gram bleibe, das ist der fettschwarze Fleck, den Hollywood auf dem blanken Intelligenzschild Amerikas hinterlässt, untilgbarer als alles, was die berüchtigten Chicagoer Gangster, von denen ich nie einen zu Gesicht bekam, dem Rechtsstaat Amerika zufügen. Hollywood dagegen habe ich gesehen, die aufgetakelten Hotels, die Exklusivlokale von der Art Romanoff's oder Dave Chasen's in Beverly Hills, wo man Tische zu reservieren hat, die je nach dem Wochengehalt des Reservierenden – von 2000 Dollar aufwärts – besser oder schlechter postiert sind, so dass man beim Eintreten sofort weiß, was die hier speisende Film-Aristokratie wert ist; ich sah die Berichterstatter vom Schlag der allmächtigen Damen Louella Parson und Hedda Hopper, die allen Ernstes Dinge schreiben wie: »Lizabeth Scott, Star des Films ›You Came Along‹, hieß vor dem Krieg Elizabeth Scott. Während des Krieges verzichtete sie aus patriotischen Gründen auf das E in ihrem Vornamen, um Druckerschwärze zu sparen« – und die Schwärze, in der so etwas gedruckt wurde, errötete nicht; ihr unverhüllter Sensations-Tratsch misst das Wohl und Wehe der im Filmgeschäft Beschäftigten an ihrem Busenumfang und hält den Eingriff ins Privatleben für eine erlaubte Operation.

Auch dieses selbst sah ich: das Filmgeschäft, das sich stolz als solches bezeichnet, »film business«, »big business« und jedenfalls als Industrie, für deren Hollywooder Phänomen John Gunther die Tatsache hält, dass Kreation dort nicht die Sache eines Einzelnen, sondern eines Kollektivs sei, obwohl man es darin sehen sollte, dass sie mit der Kreation Rosstäuscherei treibt. In Hollywood heißen, wie anderswo nach Kolumbus, Straßen nach Sam Goldwyn, und Gebäude, wie anderswo nach Lincoln, nach Bing Crosby. In der Zeit, als ich dort war, herrschte über all das unumschränkt L. B. (Louis B. Mayer), Präsident von »Metro Goldwyn, Mayer« – es gab damals in Hollywood 17 Präsidenten und 64 Vizepräsidenten verschiedener Filmgesellschaften, so dass man in gewissen Kreisen, und die eben sind Hollywood, auf Schritt und Tritt einen Mr. President traf, was dem Weißen Haus hätte vorbehalten bleiben sollen; nur dass den einen im Weißen Haus die Dignität der Bescheidenheit auszeichnete, während die in den Präsidentenzimmern Hollywoods Regierenden die Hemdärmeligkeit der Trivialität zur Schau trugen –: L. B. also war es, zu dem alles ehrfürchtig aufblickte und an dessen weißhaarigem, steinernem, bebrilltem Antlitz bei einer »Preview« (der Vorschau, die das Schicksal neuer Filme bestimmt) die Mienen der Versammelten atemlos hingen, statt sich der Leinwand zuzuwenden. Ihn hörte ich bei solcher festlichen Gelegenheit sagen: »Gebt ihnen« (»give 'em«) »gesunde amerikanische Unterhaltung« (»wholesome American entertainment«). »Gebt ihnen hübsche Musik« (»nice music«), »gebt ihnen attraktive Girls, die sie annadeln können« (»pin-up«). »That's all they want.« (»Mehr wollen sie nicht.«)

Auch an Film-Previews übrigens, an solchem im wahrsten Sinn falschesten Objekt, tobt sich die amerikanische Sucht an Test, Statistik, Fragebogen und sonstigem graphischem Auf-die-Formel-Bringen des ohnehin Normierten zügellos aus. Die Besucher erhalten »Questionnaires« mit folgenden Fragen: »Beurteilen Sie diesen Film als: außerordentlich? Ausgezeichnet? Sehr gut? Ziemlich gut? Welche Darsteller fanden Sie am besten? Welche Szenen – sollte das der Fall gewesen sein – missfielen Ihnen? Würden Sie diesen Film Ihren Freunden empfehlen? Sind Sie männlichen oder weiblichen Geschlechtes? Zwischen 12 und 17? Zwischen 18 und 30? Zwischen 31 und 45? Über 45? Bitte, kreuzen Sie das Zutreffende an.« Die Anbiederung des Verkäufers an den Käufer wird so handgreiflich, als handle es sich um einen Staubsauger, und dabei so methodisch, als wäre es ein Volksentscheid.

Dies alles sah ich. Ich lernte aber auch das »Breen Office« kennen, die von den Filmleuten selbst eingesetzte Zensurinstanz, die Ausrufe wie »Good Lord!« oder »God!« beanstandet. Ich kannte die fliederfarbenen Cadillacs mit den Tigerdecken für die Füße der Filmzeremoniäre. Das Vokabular der Filmhauptworte kannte ich »great«, bevorzugt von den jeweiligen Produzenten und Regisseuren jeweiliger Filme: »It'll be great. We'll have a great film.« Und: »It's a hell of a good story.« Und: »It'll make big money.« Oder der Schwarzseher graue Vorhersage: »That stinker won't make any money at all.« Und die zärtlich-intimen Anreden, womit nach eintägiger Bekanntschaft jedermann jeden begrüßt: »Hello, honey! Hello, kid!« Und vor allem, über allem: »make« für verdienen. »He makes 2300 a week«, Unterton: »Nicht der Rede wert.« Oder: »The guy makes 500 a week!« Unterton: »Allen Respekt!«, daher die beigefügte Anerkennung: »that son of a bitch!« (»der Hundesohn!«)

»Culver City« kannte ich wie Miss Lillian Ross, die ein blendendes Buch darüber schrieb, »Metro's« Filmstadt des echtest Falschen, mit den Regierungsgebäuden der Machthaber (»executives«); ihren Rang sah man daran, wie viel Waschgelegenheiten sie in ihren Offices hatten: tiefste Stufe – keine; nächste – Waschgelegenheit ohne Brause; nächsthöhere – mit Brause; allerhöchste (L. B.) – Brause und Badewanne. Zu Hause allerdings, das heißt in der Nobelnähe von Beverly Hills, Santa Monica und Bel Air, gehörten selbstverständlich zwei Pudel und ein swimming pool dazu. Hier oder bei Warner Brothers saßen, ohne Waschgelegenheit für hundert – kein Druckfehler – Dollar wöchentlich mehrere »outstanding« Anti-Nazi-Schriftsteller, die man vor dem Hitlerregime herübergerettet hatte, mit einjährigen Verträgen als »script writer«. Heinrich Mann befand sich unter ihnen, Alfred Döblin, Curt Goetz, Alfred Polgar, Leonhard Frank, Friedrich Torberg (Franz Werfel und Lion Feuchtwanger hatten dasselbe Anerbieten abgelehnt): Hier saßen sie ein Jahr hindurch, sahen keinen einzigen ihrer Vorgesetzten von Angesicht, was sie vorschlugen, wurde abgelehnt, meist nicht einmal erörtert. Jedoch sie bekamen ihr Wochengeld, und als das Jahr um war, hatten sie von den Filmstudios, und diese von ihnen genug. Ihrer einer wagte ein blasphemisches Wort, das Hollywood das Urteil spricht: Die drei Buchstaben MGM bedeuten dort mehr als die vier Lettern INRI. Damals freilich bestand die Todesdrohung des Fernsehens noch nicht, die bald darauf das Gesicht der Maskenstadt verändern sollte, ohne ihre Grimasse vermenschlichen zu können.

Vor solcher Marterzuflucht hatte das Schicksal mich bewahrt. Doch es lässt sich nicht übersehen, dass die Verzerrung der Standpunkte, die einen Massenzeitvertreib zum Rang einer Volksbeglückung erhob (»wholesome American entertainment«), dem Mischmasch künstlerischer Exzellenz und der ihr diametral entgegenwirkenden, sie zur Erbötigkeit bestimmenden geschäftlichen Maximen, die das »happy end« noch dem Schlachtfeld, gezupfte Augenbrauen der Agonie aufzwingen; es schreit zum Himmel, dass die ehernen Zehn Gebote des Profits, die das Evangelium des Kitschs verkünden, jenen innigen dogmatischen Glauben an die Dividende, überschminkt mit einer Toleranz, die Kunst rühmt, sobald sie sich bezahlt macht, und sie höhnt und verflucht, wenn sie Defizit verschuldet; es unterliegt keinem Zweifel: dass es dieser durch nationalen Biedersinn immunisierte Materialismus ist, mit dem Hollywood das Mayflower-Amerika, das Amerika Hollywoods aber die Welt angesteckt und sie in den heutigen Flachheitsabgrund gestürzt hat, aus dem sie kein anderer Raketenflug erheben kann als der aller vereinigten Satelliten des Geistes.

Das Wunder des Überlebens

Bevor Max Reinhardt starb, kamen wir nach New York zurück. Seinem siebzigsten Geburtstag, kurz vorher, mussten wir fernbleiben, weil Adriennes Tournee noch nicht beendet war. Jedoch in ständigem Kontakt mit ihm, wussten wir, dass er ihn optimistisch wie stets gefeiert hatte, gefasst wie stets, obschon ihm in Amerika nicht viel glückte. Sein »Sommernachtstraum«-Film, worin er Mickey Rooney entdeckte und eine berückende Nachtszene den Verzauberungen hinzufügte, die er in seinen drei deutschen Gestaltungen des »Sommernachtstraums« verschwenderisch gegeben hatte, war kein »big business«; die »Eternal Road«, ein biblisches Drama, das Werfel für ihn schrieb, teilte das Schicksal respektvoll-lauer Anerkennung, und sein letzter Broadway-Versuch, die unbedeutende Zeit-Komödie »Sons and Soldiers«, geriet nicht besser. Es lag, wie hätte es anders sein können, daran, dass er im Medium der fremden Sprache seine unvergleichliche Profilierung, Kolorierung und Schattierung nicht erreichen konnte. Darüber kränkte er sich nicht, es verdross ihn nicht einmal; er wunderte sich nur, auf der Höhe der Meisterschaft zum Lehrling geworden zu sein. Wenn andere, die »von drüben« kamen und alles von ihm gelernt hatten, hier lauten Beifall fanden, Otto Preminger als Filmschauspieler etwa, nötigte es ihm, schlimmstenfalls, ein Lächeln ab. Trotzdem kam er nicht ganz darüber hinweg, beiseitezustehen. Das Theater war seine Welt, ein Leben lang hatte er es, Premiere für Premiere, als neue Welt entdeckt, da fand er, in der Neuen hätten ihm offenere Arme gebührt.

Zu seinem Geburtstag hatte ihm Hansis Großmutter, Madame des Renaudes, ein Hündchen geschenkt, dem sofort seine Liebe gehörte. Er zeigte sie ihm, was es, unsentimental wie die Welt, der es entstammte, mit einem Biss lohnte. Darüber erschrak er ein wenig. Doch hielt es ihn nicht ab, gleich darauf in dem Long-Island-Badeort, wo er sich aufhielt, ins Meer zu schwimmen und nachher, wie er es am Lido mit solcher Lust getan hatte, auf dem heißen Sand die Sonne zu genießen: so viel hatten wir erfahren, als wir ihn am Tage unserer Rückkehr zwischen Park und Lexington Avenue nächst dem Hotel Gladstone trafen, wo er und wir wohnten.

Obwohl wir auf der gegenüberliegenden Straßenseite gingen, sollte er uns gesehen, zumindest unser Rufen gehört haben; doch tat er nichts dergleichen und war, bevor wir ihn erreichen konnten, in ein Taxi gestiegen. Vielleicht habe er uns doch nicht gesehen, meinte ich, während Adrienne es für wahrscheinlicher hielt, unser Fernbleiben von der Geburtstagsfeier habe ihn verstimmt. Wir schrieben ihm einige Zeilen, die Mr. Löffler, der Portier und gute Hausgeist, pünktlich zu bestellen versprach.

Sie blieben unbeantwortet. Telefonische Anrufe ebenso. Nun gab es keinen Zweifel mehr, dass er uns böse sei, meinte Adrienne und fand es umso verwunderlicher, als Übelnehmen, Beleidigtsein oder Nachtragen ihm nicht entsprachen.

Wir bekamen ihn drei Tage weder zu Gesicht, noch hörten wir von ihm. Am vierten, am jüdischen Versöhnungstag, warteten wir auf den Lift, die Lifttür ging auf, Reinhardt trat heraus, breitete in einer für ihn kennzeichnenden Art lachend die Arme aus und eilte wortlos an uns vorbei, noch einmal lebhaft winkend. Er eile in den Tempel auf der Fifth Avenue, erklärte Mr. Löffler.

Nachdem wir im Zimmer waren, sagte ich: »Er hat die Sprache verloren!« – vor Grauen brachte ich es kaum hervor. Adrienne erwiderte entrüstet, auf einen solchen Gedanken könne nur jemand kommen, der kurz vorher (in dem jüngst geschriebenen Kapitel des »Engels mit der Posaune«) eine Romanfigur durch einen Schlaganfall hatte stumm werden lassen: Reinhardt sei einer der gehemmtesten Menschen, wahrscheinlich habe er nicht sagen wollen, dass er in den Tempel gehe, um wie seine Väter am Versöhnungstage zu beten.

Es ließ mir keine Ruhe, ich überzeugte mich, dass er sich noch nachmittags im Tempel befand; die Angst schwand bis zum Abend, als wir wussten, dass der Neurologe Professor Kennedy gerufen worden war:

Reinhardt, seit jenem Hundebiss mit Sprachstörungen kämpfend, habe nach dem langen Beten und Fasten einen zweiten Schlaganfall mit halbseitiger Lähmung und völliger Sprachberaubung erlitten.

Nur Romanschreibern fallen solche Krassheiten ein – schon Friedrich Freksa hatte vor Dezennien in einem übelgesinnten Schlüsselroman einen fiktiven Reinhardt ähnlich enden lassen. Da lag in demselben Zimmer des Hotels Gladstone, wo der amerikanische Theaterkönig David Belasco gestorben war, den Blick auf der Feuerfluchttreppe eines Rohziegelhauses, der Mann, der nie anders als »der Professor« geheißen hatte, der Professor der supremen Körperbeherrschung lag gelähmt, der Mentor des Wortes im existenzumspannenden Akkord aller Schwingungen zwischen Hauch und Schrei, Leiden und Jauchzen war des Wortes nicht mehr mächtig. Um jeden Handgriff und jede Silbe rang er geduldig. Noch im Ringen gelang ihm die Spur eines Lächelns, die Andeutung eines Nickens zum Dank für pflegende Hilfe, ihm, der so freigebig zu loben und zu danken gewusst hatte, weil er wusste, dass es Lob und Dank sind, deren die Menschen dringender bedürfen als der Nahrung. Bis zum Ende dankte er, der Anflug eines Lächelns lag auf den erstarrten Lippen, da man ihm die Gipsspuren der Totenmaske aus dem Gesicht und von den Schläfen wusch.

Dann fiel es mir zu, die Gedächtnisansprache bei der Totenfeier zu halten, die in Carnegie Hall am 30. November 1943 stattfand. »Einer, der bewegt ist, soll nicht öffentlich davon reden, was ihn bewegt«, heißt es bei dem marmorkalten Theodor Fontane. Das Gegenteil halte ich für richtig. Nur wer bewegt ist, kann bewegen. Je näher ich mir Leistung und Wesen des Abberufenen zurückrief, desto verbundener, dankschuldiger fühlte ich mich ihm. Vor mir liegt ein Briefblatt, darauf steht:

Max Reinhardt Workshop
Stage, Screen and Radio
Wilshire at Fairfax, Hollywood, California
1st January 1941

To whom it may concern

Dr. Ernst Lothar has been one of my closest associates for many years. It gives me pleasure to make the following statement:
Dr. Lothar used to be one of the most distinguished figures in the cultural life of Austria. His writings and his work as a producer and director of plays are outstanding. He also possesses the rare gift for adapting and re-writing plays. His profound knowledge of the history of literature as well as of the stage makes him an authority in both fields.
For three years Dr. Lothar was the head of my theatres in Vienna. At the same time he held the position of instructor for acting at the Reinhardt Seminar. His unusual abilities as teacher and public speaker made him popular with his students and audiences.
I recommend Dr. Lothar highly as I feel assured that his work will be appreciated in this country not less than it was in Europe.
I like to add that Dr. Lothar's wife, Miss Adrienne Gessner, was a member of my theaters since 1924. I consider her one of the finest actresses I met.
Very truly,

Max Reinhardt

Noch heute kann ich diese Zeilen in der fremden, von dem Mann, der sie geschrieben hat, niemals ganz beherrschten Sprache nicht ohne Bewegung lesen. Das Exil hat ihm den eigenen Weg schwer gemacht, trotzdem war er großherzig genug, für einen anderen zu fordern, was ihm selbst gebührte. Noch heute bedeutet mir dieses »Zeugnis« eine wichtigere Ehrung als jede, die Adrienne und mir in unserer eigenen Sprache je zuteilgeworden sind.

Wie hätte ich da unbewegt sagen können, was er uns war! Ich stand auf der Bühne der Carnegie Hall, hinter mir saßen die New Yorker Philharmoniker und Bruno Walter, die Glucks Pantomime aus »Orpheus« gespielt hatten, um nachher mit Schuberts »Unvollendeter« zu enden, in Logen nächst der Bühne die Witwe und die Söhne. In dem bis auf den letzten Platz gefüllten übergroßen Haus aber befanden sich auch zahlreiche Mitglieder des für den Anlass gebildeten »Max Reinhardt Memorial Committee«; es umfasste: Eugene O'Neill, Thornton Wilder, Thomas Mann, Heinrich Mann, Richard Beer-Hofmann, Franz Werfel, S. N. Behrman, Franz Molnár, Alfred Polgar, Berthold Viertel, Fritz von Unruh, Carl Vollmöller, Schalom Asch, Carl Zuckmayer, Julius Bab, George S. Kaufmann, Raoul Auernheimer, Ben Hecht, Ferdinand Bruckner, Arnold Schönberg, Kurt Weill, Arturo Toscanini, Fritz Kreisler, E. W. Korngold, Rudolf Serkin, Otto Klemperer, Adolf Busch, Bronislav Hubermann, Fritz Stiedry, Ralph Benatzky; seine Kollegen Victor Barnowsky, Erwin Piscator; »seine« Schauspieler Albert und Else Bassermann, Elisabeth Bergner, Curt Bois, Felix Bressart, Mady Christians, Lili Darvas, Ernst Deutsch, Marlene Dietrich, Alexander Granach, Dolly Haas, Oskar Homolka, Paula Janower, Hans Jaray, Oskar Karlweis, Fritz Kortner, Hedy Lamarr, Francis Lederer, Peter Lorre, Fritzi Massary, Grete Mosheim, Eleonore Mendelssohn, Jarmila Novotna, Luise Rainer, Ida Roland, Maria Jeritza, Lotte Lehmann, Tilly Losch, Josef Schildkraut, Wladimir Sokoloff, Gisela Werbezirk, Adrienne – eine Auslese, die für sich selbst sprach.

Aus Deutschland aber, dessen »Deutsches Theater« er zum Theater der Deutschen, dessen Schauspieler er groß gemacht hatte, aus Berlin, das vor allen anderen ihm den Ruhm verdankte, eine Welttheaterstadt zu sein; aus Salzburg, das ihm die Festspiele schuldete, war keine Botschaft gekommen, keine offene, keine geheime, nicht eine Silbe. Die schlotternde Angst der Tausendjahrpächter des Mutes verewigte sich in diesem Schweigen, das, soviel ich weiß, nur der standhafte Heinz Hilpert in einer Ansprache an seine Schauspieler brach.

Als ich daran dachte, denn ich war bereit gewesen, zuerst die deutschen Botschaften zu verlesen, hörte meine von Lautsprechern unzulänglich unterstützte Stimme zu schwanken auf, und ich sagte auf Englisch, was im Deutschen den Deutschen zu sagen gewesen wäre: wer er war und was er für die Deutschen gewesen war, der Jude Max Goldmann aus Baden bei Wien. An 2721 Shakespeare-, 764 Goethe-, 645 Schiller-, 414 Büchner-, 333 Molière-, 310 Grabbe-, 306 Ibsen-, 291 Lenz- und 202 Kleist-Abenden hatte er bahnbrechend gezeigt, wie man die Klassiker, und an jedem der 23.374 Abende aller von ihm verantworteten Stücke, wie man großes Welttheater spielte, dessengleichen es vorher nur bei Stanislawski gegeben hatte und das es im Deutschen nie wieder geben würde. »Denn«, sagte ich, »er, dem die Bretter die Welt bedeuteten, weil er in jedem einzelnen Menschen eine Welt entdeckte, glaubte bis zum Tod gläubig an das Deutsche als die Sprache Goethes, an den Schauspieler als den Vermittler zwischen Augenblick und Ewigkeit und an unsere Existenz als einen göttlichen Beweis der Liebe.«

Nachdem ich geendet hatte, erhob Bruno Walter den Stab zur »Unvollendeten«, und da war es, dass man in der Carnegie Hall, wo Tränen nicht zu Hause sind, weinte. »Mr. Lothar's memorial address«, hieß es am nächsten Morgen, »was followed by Schubert's Unfinished Symphony under the baton of Mr. Bruno Walter. The audience, filling the house to capacity and deeply moved, refrained from applause but stood for some moments in silence as a tribute to the great Austrian producer.« Im Dritten Reich lautete der Tribut: »In New York starb der jüdische Regisseur Max Reinhardt, recte Goldmann. Er war jahrelang Direktor des Deutschen Theaters in Berlin und mehrerer anderer Bühnen, in denen er effekthascherische Inszenierungen machte und die er finanziell und teilweise künstlerisch ruinierte.«

War das Aufhören eines Vollenders vor der Vollendung tragisch für die, denen er Vorbild blieb, so war das Ende eines Unvollenders nach der Vollendung eine nationale Katastrophe, die nicht nur Amerika erschütterte. In der Frühlingsstunde, in der Franklin Delano Roosevelt starb, den seine Landleute nie anders als F. D. R. genannt hatten – was Vertraulichkeit und Vertrauen sogar bei seinen erbittertsten politischen Gegnern bewies –, stand buchstäblich alles still. Man hatte gewusst, dass sich der seit 22 Jahren Gelähmte bereits in der Februar-Konferenz von

Jalta nur mit äußerster Anstrengung aufrecht hielt, und die Momentbilder gesehen, die zwischen Churchill und Stalin einen Sterbenden zeigten, wie sonst in sein Cape gehüllt, wie sonst lächelnd, doch aus einem eingesunkenen Gesicht.

Indes, er hatte sich, den Meldungen zufolge, seither in dem Heilbad Warm Springs erholt, ja während der Kur einem Bildhauer gesessen: Sofort verkündete der landesübliche Optimismus die völlige Wiederherstellung F. D. R.s, der, ein Unikum der amerikanischen Geschichte, viermal nacheinander zum Präsidenten gewählt worden war, obschon seine erste Amtsperiode den »New Deal«, seine letzte den Krieg durchsetzte, unpopulärere Maßnahmen eines Populären gab es nicht. Die Lieblingsredewendung »It'll turn out all right«, es wird schon alles gut werden, trat in ihre Rechte, man schob die Sorge beiseite oder stellte sich blind vor ihr, bis sie an jenem Frühlingstag überwältigend hereinbrach.

Denn da begriff der vielzitierte »man on the street« instinktiv, dass er etwas Unersetzliches verloren hatte: den Mann, der die Wirtschaftskrise durch den »New Deal«, die Barbarei aber zuerst durch »Land-Lease« (die unentgeltliche Waffen- und Güterbelieferung des Westens), dann durch die Teilnahme am Krieg zurückwies. Das Kriegsende hätte er erleben sollen, die lächerlich, die tragisch kurze Zeit, die es noch dauern würde – nicht um den Triumph zu genießen, sondern um dem Triumph sein, F. D. R.s, Humanitätsgesicht zu geben, so dass ihm kein solcher Scheinfrieden folgte, wie der Kriegsanfang ein Scheinkrieg gewesen war –: Der Mann auf der Straße sagte das auf der Straße allen, die es hören wollten, und das waren alle. Er konnte damals ja noch nicht wissen, dass ihn nur wenige Monate von dem Potsdamer Katastrophentag trennten, der ihm auch den zweiten Garanten der Antibarbarei entzog, Winston Churchill.

Die amerikanischen Durchschnittsbürger, in diesem Todesfall zählten sich die eineinhalb hundert Millionen Amerikaner ohne Unterschied der Rasse, Klasse und Partei dazu, empfanden, es sei etwas Rettend-Verbindendes von ihnen gegangen, dessengleichen es, Irrtümer hin, Fehler wie Jalta her, seit Jefferson und Lincoln nicht gegeben hatte. So wurde das Begräbnis ein Trauertag der Nation. Für die Ungezählten, die in Washington hinter dem Sarge gingen, und für ganz Amerika, das unaufgefordert die Arbeit stoppte, um am Radio der Trauerfeier zu lauschen, sprach Mittie, die alte Negerin; sie kam tagsüber ein paar Stunden zu uns, um unsere kleine Wohnung in Ordnung zu halten, die Tränen liefen ihr über ihr dunkles Gesicht, als sie sagte: »Our father died.«

Noch im selben Jahr, dem Siegesjahr 1945, kurz nach der Feuereinstellung starb jemand, der nur wenige anging, an den Fingern einer Hand konnte man sie zählen. Hansi, meine jüngere Tochter, starb. Sie überlebte die ältere, Agathe, um zwölf Jahre, war aber dem Leben seither nicht mehr gewachsen. Alles hatte sie mit ihr geteilt, das »Fräulein«, den Kanari, den sie Hans nannten, die Bekanntschaften im Arenbergpark, wo die bösen »Rotschädel«-Buben ihnen zu schaffen machten, den Eislaufplatz, das Sacré Coeur, die Tanzstunde bei Elmayer, die Masern, die Grippe, die Ferien, die Freuden und die Furcht. »Auch« war ihr Hauptwort gewesen, als sie noch nicht zwei Jahre war. Was die Ältere tat und hatte, wollte sie auch.

Seit Agathes Tod empfand sie sich als Teil eines nicht mehr zusammenzufügenden Ganzen. Still ertrug sie es, ohne es zu zeigen, mit dem Schauspiel aufgewachsen, war sie des Sich-Verschließens kundig. Als wir aus Österreich wegmussten, zeigte sie sich tapferer als ich. »Wo man uns nicht will, wollen wir nicht sein«, sagte sie.

Mit dem Diplom einer Englischlehrerin reiste sie ab, gab englischen Unterricht in Paris, deutschen in New York, heiratete, zog nach Hollywood, wurde Privatsekretärin Reinhardts, der ihr seine Erinnerungen diktierte, und kehrte, als man ihren Mann zum Wehrdienst einzog, nach New York zurück; dort glückte es ihr, Lektorin des Verlages Farrar and Rinehart zu werden. Sie sagte, sie sei zufrieden, und manchmal hatte sie das Lachen ihrer Kindheit wieder, das bis zu Tränen ging. Jeden Morgen telefonierte sie mir.

Am 6. Dezember tat sie das nicht. Als ich bei ihr anrief, meldete sich niemand, im Verlag hieß es, sie sei noch nicht dort. Es schneite stark an diesem Tag, von der 58. Straße, wo wir wohnten, zu ihrem Flat in der Lexington Avenue hätte ein Taxi zu lange gebraucht, daher ging ich hin, vielmehr ich lief, in plötzlicher Panik.

Sie lag mit geschlossenen Augen bewusstlos in ihrem Bett und röchelte. Auf dem Tische neben dem Bett war etwas Handschriftliches, ich las es sofort – ein Cocktailrezept. Unser Freund Dr. Fritsch, von mir alarmiert und bald zur Stelle, hielt ihren Zustand für eine Folge der Schlafmittel, die sie seit vielen Jahren nahm; als Kind schon hatte sie schlecht geschlafen.

Mit der Ambulanz fuhren wir ins nächste Spital, sie röchelte nicht mehr, sie schlief. In solcher rasenden, wild signalisierenden Ambulanz zu fahren, hatte ich mir oft als Schreckbild vorgestellt. Im Spital sagten sie, es sei keine Gefahr, Lunge und Herz intakt, ich möge nachmittags wiederkommen, da würde alles okay sein.

Ich ging nach Hause, vor mir war ein Telegramm da. ›Mrs. Hansi Hausserman in Ward I critically ill.«

Als ich sie wiedersah, hatte sie das Bewusstsein noch nicht erlangt, Tränen strömten aus ihren geschlossenen Augen. Unablässig. Nein, sie weine nicht, sagten die Ärzte, es sei nur ein motorischer Reflex. Noch immer bestehe Hoffnung, »if she responds to treatment«.

Am nächsten Morgen hatte sie mit Agathe auch den Tod geteilt.

Väter, denen zwei Söhne vom Krieg geraubt werden, finden den dürftigen Trost, der in der Allgemeinheit eines Schicksals liegt. Auch an diese Fadenscheinigkeit konnte ich mich nicht klammern. Meine beiden Töchter waren tot. Als die Jüngere starb, starb die Ältere ein zweites Mal.

Wenn Adrienne fortging, um ihre Pflicht auf dem Broadway zu erfüllen, versuchte auch ich, die meine zu tun und zu schreiben. Es blieb beim Versuch. Ich saß in dem kahlen, halbdunklen Zimmer und starrte auf die kleinen Lichter von Radio City; sie kamen mir wie Totenlichter vor, jedes ein brennender Vorwurf. Woran hatte ich es fehlen lassen? Welche Schuld trug ich, dass das Schicksal so gnadenlos schlug?

Eines Abends trat jemand ein, den ich weder anklopfen gehört noch kommen gesehen hatte. Er gab mir die Hand und saß mir dann im Dunkel gegenüber, nächst der Tür, wir schwiegen beide. Es war ein Vater, der seine Tochter unter den tragischsten Umständen verloren hatte, eine blühende junge Frau, die er vergötterte.

»Sie haben es zweimal erfahren, ich einmal«, sagte er leise, »aber ich weiß, wie es ist.«

Zwei Väter hielten Totenwache und Rückschau. Ich müsste lügen, wenn ich zugeben sollte, dass ich geteiltes Leid als halbes empfand.

»Es ist noch zu früh«, sagte der Besucher. »Sie werden Distanz dazu gewinnen. Sie sagten mir einmal, Ihre Tochter sei am Leben nicht gehangen. Dann war es vielleicht eine Erlösung.«

Wahrscheinlich hätte ich bei ähnlichem Anlass Ähnliches gesagt. Doch noch immer, und es war achteinhalb Jahre her, hatte ich zu Agathes Tod keine »Distanz« gewonnen; das Unerträgliche haftete ihm zwar nicht mehr an, doch war es da, morgens beim Erwachen, abends beim Schlafengehen, und wie oft am Tage. »Es gibt Erlebnisse, die man anständigerweise nicht überleben dürfte«, höre ich mich sagen. »Es ist unmenschlich, zu essen und zu trinken, wenn einem das Nächste starb, das Tägliche zu tun, Sorge daran zu wenden oder Freude davon zu haben oder Enttäuschung – es ist ein dauernder Verrat. Es ist sträflich, zu lachen, zu genießen, zu planen, wenn man von Gräbern weggeht, denn man geht über sie hinweg – abscheulich ist es, unverzeihlich!«

Nach einem Schweigen sagte die ruhige, behutsam-feierliche Stimme: »Menschlich ist es. Je mehr es uns kostet, desto menschlicher. Leben ist überleben. Man muss es können. Wenn man es nicht kann, muss man es lernen.«

Alles in mir wehrte sich. »Wem seine Kinder und die Heimat gestorben sind, der kann nicht überleben, oder an ihm geschähe ein Wunder«, sagte ich.

»Nennen Sie es so«, war die gefasste Antwort. »Ich nenne es Pflicht.«

Er lebt, der wohlmeinende Besucher, Unzähligen zur Freude hat er gelebt und gewirkt. Sooft er den Taktstock hob, Bruno Walter, geschah am Werk und an dem Wirkenden das Wunder des Überlebens.

Bürgerprüfung

Wir hatten uns auf die Bürgerprüfung vorzubereiten, unsere »second papers« sollten uns zuteilwerden, jene »zweiten Papiere«, mit denen man die amerikanische Staatsbürgerschaft erwirbt. Die ersten hatten wir, 1939, gleich nach unserer Ankunft in der Christopher Street, einer weitabgelegenen Straße New Yorks, empfangen; Raoul Auernheimer war uns dabei hilfreich gewesen wie ein älterer Bruder seinen der Sprache und Gebräuchen unkundigen Geschwistern.

Inzwischen hatten wir in der fremden Sprache Theater gespielt, Studenten unterrichtet, Regie geführt und Bücher geschrieben, Krieg war ausgebrochen, »unserethalben«, wie Auernheimer zu sagen pflegte, ja der Krieg war fast gewonnen.

Er war total gewonnen, behauptete ich, als wir nach einem Abendessen, das er in »Adam's Hotel« auf der 86. Straße für Stefan Zweig, Fritz von Unruh, die Witwe des ehemaligen österreichischen Finanzministers Josef Redlich, Louis Rothschild und uns gab, die Madison Avenue »downtown« hinuntergingen.

Den ganzen Abend hatte Stefan Zweig Anzeichen von Erregung, fast von Verstörtheit gezeigt. Nun blieb er abrupt stehen und stellte mich zur Rede: »Der angeblich gewonnene Krieg ist schon wieder verloren!« Ich widersprach, wie es einem künftigen amerikanischen Bürger zukam. In Zweigs schmalem, nervösem, kaum gealtertem Gesicht, das dem der gemeinsamen Jugend immer noch glich, vibrierte der Mund, der in seinem geschmeidig-insistenten Tonfall und mit der Bestimmtheit eines zu Konsilien berufenen Diagnostikers erklärte: Der globale Krieg der Alliierten sei ein Krieg global Uneiniger, folglich seit dem ersten Kriegstage verloren, selbst wenn er gewonnen werden sollte. Noch führe man ihn gegen Hitler, jedoch das sei ein »Vorhalt«, wie der letzte Librettist Richard Strauss' es mit einem Musikerwort ausdrückte; was nachher komme, könne nur der feindliche Zerfall der Allianz bei der Verteilung der Siegesbeute und damit der Dritte Weltkrieg zwischen einem kriegsgeschwächten Amerika und den um Menschenleben unbekümmerten Sowjets sein – sogar ein Blinder könne das sehen, aber nur ein Blinder könne behaupten, ein Krieg feindlicher Verbündeter ließe sich gewinnen. »Paradoxe«, rief er aus, »sind schon in der Literatur widerwärtig. In der Politik sind sie verbrecherisch! Moskau mit Washington ist ein Paradox! Der Krieg ist verloren!«

Meine Einwendungen verdrossen ihn so, dass er aggressiv wurde. Doch ehe wir uns trennten – vor seiner Abreise nach Südamerika, das heißt vor seinem Selbstmord, sahen wir einander noch einmal bei einer von ihm gegebenen Abschiedsparty im Wyndhamhotel –, meinte er: Wenn es mir Spaß mache, möge ich mich des »Zwischensieges« freuen. Damals schien mir, einer der voraussehendsten, klügsten Köpfe seiner Zeit gefalle sich in Überklugheit. Heute klingt mir das leidenschaftliche Nachtgespräch in der Lexington Avenue wie eine Prophetie jenes Jeremias, den er zum Helden eines Schauspiels gemacht hatte.

Für die Prüfung aber lernten wir alten Schüler, was man von der Geschichte und der Verfassung des Landes wissen sollte, dem anzugehören man sich bewarb. Auch das »Spar spangled banner« lernten wir, die amerikanische Hymne, ja wir sangen sie zweistimmig in unserem Zimmer, »Oh say, can you see by the dawn's early light« – bei der Bürgerprüfung, hieß es, wurde das verlangt. Verlegen schauten wir einander dabei an und schoben es auf die fatale Situation erwachsener Leute, die Kinderdinge taten. Doch wir wussten, dass es das nicht sei. Unsere Hymne war die Haydns gewesen, noch so fleißige Bewerbungen radierten das nicht aus.

Adrienne und ich bestanden die Prüfung am gleichen Montagvormittag. Jeder von uns trat in eines der winzigen Verhörsquadrate des vierten Stockes, Columbus Avenue 70, das für den Amtierenden, den Verhörten und zwei Stühle Platz hatte.

»Wann haben Sie Wien verlassen?«, fragte mich der Beamte; seine lebhaft blaue Jacke hing über seinem Stuhl.

»Am 19. März 1938.«

»Wie lange nach Hitler war das?«

»Elf Tage.«

»Das heißt, Sie sind aus Österreich geflohen?«

»Ja.«

»Sie sind Jude?«

»Der Abstammung nach. Der Konfession nach katholisch.«

»Nicht genug für die Nürnberger Gesetze?«

»Nein. Aber auch wenn es genug gewesen wäre, wäre ich nicht geblieben. Ich wollte in der ersten Stunde weg, noch bevor ich ahnte, wie bedroht ich war.«

»Warum?«

»Ich wollte nicht Deutscher werden.«

»Was wollen Sie damit sagen?«

»Das, was ich sage.«

»Ein so überzeugter Österreicher sind Sie?«

»War ich.«

»Wenn Sie die amerikanische Staatsbürgerschaft erhalten, um die Sie sich heute bewerben, werden Sie schwören müssen, keinem anderen Land ergeben zu sein als Amerika.«

»Das weiß ich.«

»Bei dieser Erklärung werden Sie keinen Hintergedanken haben dürfen. ›There's no such thing as divided loyalties.‹ Sie wissen, was ich meine?«

»Sie meinen geteilte Loyalität.«

»Ja. Die gibt es nicht.«

»Die gibt es unbestreitbar. Aber ich werde sie bekämpfen.«

»Mit anderen Worten: Das Land, woher Sie kommen, hat aufgehört, Ihr Land zu sein. Für den Rest Ihres Lebens. Ist Ihnen das klar?«

»Ja.«

»Mr. Lothar. Setzen wir den Fall, es bestünde eines Tages die Möglichkeit, nach Österreich zurückzukehren. Was würden Sie tun?«

Eine Pause entstand.

»Darf ich wissen, was Sie zu dieser Frage bestimmt?«

»Gewiss. In diesem Zimmer (»cubicle« sagte er) habe ich triste Erfahrungen gemacht. Emigranten wie Sie, Leute, die Himmel und Hölle in Bewegung gesetzt hatten, um in die Staaten auszuwandern, Leute, die später Glück in ihren Berufen hatten wie Sie und Ihre Frau – Miss Gessner, die Schauspielerin, ist Ihre Frau, nicht wahr? –, warteten nur darauf, dass sie wieder zurückkonnten. Sie betrachteten dieses Land als eine Art Wartesaal zwischen zwei Zügen oder, sagen wir, zwischen zwei Booten. Sie akzeptierten die verhältnismäßige Bequemlichkeit des Wartesaals und schauten dabei fortwährend aus dem Fenster, wann das erste Boot ging, das sie nehmen könnten. In Ihrem Fall müsste dazu allerdings erst der Krieg vorbei sein. Aber wenn er vorbei ist, und das Boot ginge wieder – was täten Sie?«

Vor dem Fenster des heißen winzigen Vierecks stand statt des schmutzigroten Rohziegelbaues einer Infanteriekaserne schmerzhaft-lieblich der Kirchenplatz von Grinzing mit den Weinhügeln darüber. »Ich würde Österreich gern wiedersehen«, sagte ich.

»Würden Sie wieder dort leben wollen? Sagen wir mit den Vorteilen, die ein amerikanischer Bürger nach dem Friedensschluss dort haben könnte?«

»Dauernd leben?«

»Ja.«

»Das weiß ich nicht.«

»Die Österreicher haben 1938 Hitler akzeptiert?«

»Das hat die ganze Welt.«

»Aber Hitler ist ein Österreicher. Die Welt hat das nicht wissen müssen. Die Österreicher mussten es wissen. Sie haben sich nicht gewehrt, und am 10. April 1938 haben ihn 97 Prozent gewählt.«

»Die sich gewehrt hätten, sind vorher in Konzentrationslager gekommen.«

»Und die anderen?«

»Angst ist etwas Korrumpierendes. Ich weiß das von mir selbst.«

»I see. Aber Sie betrachten Amerika nicht als eine Zwischenstation?«

»Ich habe es gern gewonnen.«

»Als Sie herkamen, mochten Sie es nicht?«

»Ich fand vieles unerträglich.«

»Jetzt nicht mehr?«

»Ich habe es als ein großes faires Land kennengelernt.«

»Okay. Was für eine Regierungsform hat Amerika?«

»Eine demokratische.«

»Was ist eine demokratische Regierungsform?«

»Eine, in der nicht Herrscher entscheiden, sondern die Beherrschten durch ihre frei gewählten Vertreter oder durch Volksabstimmung.«

»Von wem stammt die Definition?«

»Von Jefferson, glaube ich.«

»Welches ist das wichtigste amerikanische Gesetz?«

»Die Constitution.«

»Was ist ihr Hauptgrundsatz?«

»Alle Menschen sind mit gleichen Rechten geboren.«

»Danke, unterschreiben Sie hier unten.«

Ich begann zu unterschreiben, erst den Vornamen, dann zögerte ich, schrieb den Zunamen und ging. Im Vorraum standen Adrienne, die bereits unterschrieben hatte, und unsere amerikanischen Zeugen, je zwei für jeden. Es war ein breiter Saal, wo trotz der Sonne elektrisches Licht brannte. An der Längswand, hinter Mattscheiben, liefen viele zellenartige Verschläge wie die, aus denen wir gekommen waren; auf Bänken davor saßen die Leute, die Vorladungen zur Bürgerprüfung erhalten hatten wie wir. Sie erwarteten ihren Aufruf.

Sie hatten, wie wir, Zeugen bei sich, die dafür bürgen sollten, dass sie gute amerikanische Bürger sein würden; einige von ihnen kannten uns aus Wien, sie grüßten uns, als wären wir noch jemand, redeten fehlerhaftes Englisch und fürchteten die bevorstehende Viertelstunde, in der sie eine Prüfung darüber ablegen sollten, was sie nicht wussten und nicht wissen konnten. Für Schüler waren sie ausnahmslos zu alt; dass sie eine Zukunft haben könnten, ließ sich bei ihrer Verbrauchtheit nicht vorstellen; der Kontrast zwischen ihrem instinktiven Zögern vor etwas Hoffnungslosem und der beflissenen Bereitschaft, sich hineinzustürzen, raubte dem bei Sonnenlicht künstlich erleuchteten Saal den Sauerstoff.

Wir mussten zu einem Schalter, entrichteten eine geringe Gebühr und unterschrieben abermals. Dann wurden wir vor drei Männer gerufen, die im Hintergrund auf einem Podium saßen wie ein Miniaturgericht. Ähnliche Fragen, um eine vermehrt: Würde ich, falls es notwendig wäre, die Waffen für Amerika ergreifen? Ja, denn damit ergriffe ich sie für die Freiheit, fügte ich hinzu, obwohl ich nur mit Ja oder Nein hätte antworten sollen. Die Zeugen wurden gefragt, wie lange sie uns kannten und ob sie uns mindestens einmal wöchentlich gesehen hatten. Sie kannten uns mehr als fünf Jahre und hatten uns mindestens einmal wöchentlich gesehen, antworteten sie, obwohl das nicht ganz stimmte. Dann wurden wir mit der Mitteilung entlassen, man würde uns in etwa vier Wochen, und zwar jeden zu anderer Zeit, einzeln auffordern, den Eid als neue amerikanische Bürger zu leisten.

Es dauerte kaum so lange, da saß ich in einem anderen Saal desselben Gebäudes unter vielen meinesgleichen. Die amerikanische Flagge hinter sich, saß ein Richter uns vor, der summarisch den Eid vorsprach, abnahm und den Eidleistenden Glück wünschte. Aus einem Österreicher war im Handumdrehen ein Amerikaner geworden.

Als ich die Treppen hinunterging, machte ich einen unsicheren Schritt und wäre fast gefallen; der Zufall war sonderbar, Adrienne, die unten auf mich wartete, fragte sofort: »Bist du denn nicht froh?« Sie besaß ihr Bürgerdekret seit einer Woche.

Was ich antwortete, weiß ich nicht mehr. Dass Genugtuung, Scham und Zweifel in mir kämpften, weiß ich. »There's no such thing as divided loyalties.« Das musste ich mir merken, fest einprägen, mit einem »Stempel und Prägestock«, wie es in Hofmannsthals »Turm« hieß. Rodaun. Der Domplatz in Salzburg. Weg damit! Dies war Columbus Circle, jetzt würden wir Central Park South hinuntergehen und im Wyndhamhotel mein neues Bürgertum feiern. »Du hast es dir doch so gewünscht!«, sagte Adrienne zu meinem Schweigen.

Was kränkt, macht krank

Eines Mannes möchte ich gedenken, bevor ich der Chronologie gehorche. Allerdings hing es mit dem Lauf der Ereignisse zusammen, da die Worte, die über diesen Zeilen stehen, die Ereignisse entschieden. Sie stammen von ihm, und ihn hatte ich, einen fast erblindeten Greis, zuletzt in San Francisco aufgesucht, wohin er aus Wien zu seinem Sohn geflohen war, um den Tod zu erwarten.

Seinerzeit hatte man ihn gekannt und gesucht, den Dozenten Dr. Max Herz, sein »Institut für Herzkranke« auf dem Kärntner Ring 3, nächst der Oper, erfreute sich ungeteilter Reputation bei Patienten aus aller Welt, sogar aus Amerika. Auch der Amerikaner Thomas Edison gehörte zu seinen Patienten, und schon damals, vor Jahrzehnten, ließ die Sehkraft des ins Zentrum der Patienten schauenden Wiener Arztes nach. Man müsse eine Blindenschrift erfinden, sagte der große Erfinder zu dem Kurzsichtigen, nachdem dessen forschender Blick ihm nahegekommen war. Damit hatte er seinerseits eine Diagnose gestellt, eine weniger optimistische als die für ihn bestimmte des Herzspezialisten, doch sie hatte, amerikanisch durchaus, den Unterton gehabt: Wenn Sie nächstens blind werden sollten, möchte ich Ihnen helfen.

Dazu kam es glücklicherweise nicht, jedoch zur Erfindung der Blindenschrift kam es, und nicht der Erfinder Louis Braille erfand sie, sondern der Herz- und Unglücksspezialist Max Herz. Als ihr Prinzip, der systematische Ausbau des von Braille vernachlässigten »Punkt«-Systems, feststand, fuhr er, von heute auf morgen, zu seinem Patienten Edison nach New Jersey in Amerika und erbat seine Unterstützung.

Allein der Erfinder für die Ewigkeit hatte einen sehr kleinen Moment. Sei es, dass ihm der Wiener Arzt ungelegen kam, sei es, dass es ihn verdross, eine epochale Erfindung, die zu korrigieren er sich selbst vorbehalten hatte, von einem andern bereits vollendet zu sehen: Er stellte zum zweiten Mal eine vernichtende Diagnose und sprach dem ihm anvertrauten Herz'schen Einfall praktische Möglichkeiten ab. Daher verließ der Tourist Amerika, wo er sich zum ersten Mal aufhielt, nach eintägigem Aufenthalt, fuhr mit dem nächsten Schiff zurück, behandelte, auf dem Kärntner Ring 3, seine Patienten und seine Erfindung weiter, und gab mit dem einen den Wienern Trost, mit dem anderen der ganzen Welt; an sich selbst hatte er dabei kaum gedacht. Sein Vortrag in der Freimaurerloge »Kosmos«, der er bis zu seiner Flucht angehörte und deren Mitglied ich so lange war, bis ich für mein künftiges Leben den Entschluss fasste, mich weder ihr noch einer Partei oder einem Verein verpflichtet zu wissen, gab unvergesslich darüber Auskunft. Leider habe ich mir nur die Schlussworte notiert: »Dem sei wie immer, was kränkt, macht krank.«

Oft hatte ich ihn um Rat gefragt, dort oben im dritten Stock, von wo man die Oper sah. Kein einziges Mal bin ich ohne Ermutigung von ihm gegangen, der die Menschen – insgesamt hielt er sie, wie Arthur Schnitzler, für Patienten – so unheimlich gut kannte, dass er eines Nachmittags, als die Zeitungen den Tod des Statthalters Baron Bienerth an Aneurysma meldeten, einem ins Telefon nichts als »Hallo!« rufenden Patienten, ohne ihn auch nur zu Worte kommen zu lassen, mit der Feststellung zuvorkam: »Nein, Herr Ingenieur, Sie haben kein Aneurysma!« Und in San Francisco, wo er sich, fast neunzigjährig, dank seiner Blindenschrift mit der Lektüre des Seneca auf den Tod vorbereitete, sprach der Stoiker zu mir: »Eine Lebenssumme willst du schon jetzt ziehen, du Narr? Dazu gehören definitive Summanden. Was du bis jetzt zusammenkratzen konntest, sind vorläufige Dezimalzahlen!« Doch glaubte er vor dem Abschied für immer konziliant sein zu müssen und wiederholte die Summe seines damaligen Vortrages: »Das eine gebe ich dir als Arzt zu: Was kränkt, macht krank.«

Das Wort drängte sich auf, seit die Bürgerprüfung bestanden, der Gewissenskampf am Beginn, der Krieg zu Ende und Hansi nicht mehr am Leben war – es gewann so sehr an Gültigkeit, dass etwas dagegen unternommen werden musste, und Adriennes Kollegin, Mady Christians, mit der sie seit zwei Jahren in »I Remember Mama«, einem van-Druten-

Stück, auf der Bühne stand, unternahm es. Adrienne schien ihr dies eingegeben zu haben, zumindest leugnete sie es nicht überzeugend. Deutscher Abkunft, Tochter des »schönen Christians«, dessen sich ältere Theaterbesucherinnen schwärmerisch erinnerten, Reinhardtschauspielerin seinerzeit und jetzt seit vielen Jahren auf dem Broadway heimisch, eine tapfere Frau, deren kämpferisch demokratische Haltung Respekt und – bei den McCarthy Vorahnenden – Widerstand erweckte, hatte sie nicht nur in »Actor's Equity«, der New Yorker Schauspielergewerkschaft, sondern auch bei Politikern etwas zu sagen; sie sagte es für mich, indem sie mich für den Posten eines vom State Department gesuchten Kulturbeauftragten (»Theatre and Music Officer«) für Österreich vorschlug.

Es traf sich, dass ich vor Hansis Tod in einem unbeherrschten Heimwehanfall – ihrer wurden mehr, seit es nach sechseinhalb Jahren wieder Postverbindung mit Österreich gab und der erste Brief aus Wien kam, von Adriennes Schwester Grete, »wehrzersetzender Äußerungen« halber monatelang im Gefängnis gesessen und beim Einmarsch der Russen befreit –: es traf sich, dass ich an den ehemaligen Unterrichtsminister und nunmehrigen Nationalrat Pernter geschrieben hatte, den einzigen mir von früher bekannten, wieder beamteten österreichischen Würdenträger.

Das Bürgerdiplom in der Tasche, mit miserablem Gewissen hatte ich geschrieben; die »divided loyalties« machten mir zu schaffen, da ich schrieb, ich stelle mich Österreich zur Verfügung, in welcher Eigenschaft immer, Adrienne wusste nichts davon, und als sie es erfuhr, missbilligte sie es. »Da hättest du vorher dein Bürgerpapier zurückgeben müssen«, sagte sie mit der Strenge, die sie haben konnte, wenn es um Grundfragen ging. Sich einem Staat anzubiedern, der einen wegjagte, sei an sich falsch; es werde unmoralisch, wenn man sich inzwischen einem anderen Staat verpflichtet hätte, sagte sie, die angesichts dieses Staates in Tränen ausgebrochen war. Ich achtete ihre Konsequenz, aber ich kämpfte vergeblich, sie aufzubringen.

Da starb Hansi. Über Nacht, über die Todesnacht, änderte Adrienne ihre Meinung. Was kränkt, macht krank, fand sie, sie war es jetzt, die mich drängte, Amerika zu verlassen. Die amerikanische Bürgerschaft fast in dem Augenblick zurückzugeben, da man sie nach Jahren des Darauf-Wartens erhalten hatte, erschien ihr nach wie vor undiskutabel. Doch mit der amerikanischen Bürgerschaft, ja in ihrem Auftrag das Wiedersehen zu ermöglichen, hielt sie für den Ausweg: Nichts anderes konnte der Hintergrund für Mady Christians' Deus-ex-machina-Rolle gewesen sein, obschon weder die eine noch die andere es zugab.

Übrigens war von Herrn Pernter ein verbindlich-unverbindlicher Brief gekommen, worin kein Wort darauf hinwies, ich würde in Wien willkommen sein. Klarer und dringender lautete ein Brief des Schauspielers Anton Edthofer, der bei dem damals amtierenden österreichischen Unterrichtsminister Hurdes Schritte unternommen hatte, um mich sobald als möglich zum Burgtheaterdirektor zu machen. Das alles klang wie Wahnsinn in dem Zimmer der 58. Straße, aus dem ich Nacht für Nacht, wenn Adrienne ihre Rolle spielte, auf Radio City starrte, dessen Lichter seit Hansis Tod Sterbelichter blieben. Zuweilen saßen der Schriftsteller Friedrich Torberg und der Schauspieler Hans Jaray bei mir, dachten dasselbe und sprachen es nicht aus.

Als die Wahrheit der von dem Stoiker Max Herz gesprochenen Worte unerträglich wurde, und die mir von Mady Christians genannte Überlegungsfrist zu Ende ging, suchte ich das »Office for War Information« auf, OWI, in der 57. Straße, nur eine Straße von der unseren entfernt. Dort hatte ich, meiner Protektorin zufolge, nach einem Mr. Hewett zu fragen; er sollte entscheiden, ob ich der Mann sei, den das State Department wünschte.

Mr. Hewett erwies sich als ein nervöser, vermutlich von hohem Blutdruck gequälter, freundlicher Mann, der sich nach allerlei erkundigte und dann nichts von sich hören ließ. Daher hielt ich die Sache für erledigt und erwog, zu dem Mann in der Columbus Avenue hinzugehen und ihm die Bürgerkunde zurückzugeben, damit zumindest das Dilemma der »divided loyalties« ende. Da erhielt ich eine Vorladung zur Untersuchung meiner physischen Eignung, weil meine sonstige »positiv beurteilt worden sei«; ich hatte mich im Navy Hospital übermorgen, 8 Uhr, einzufinden.

Als ich Adrienne den Zettel zeigte, sagte sie, sie gehe mit mir, und gleich darauf: »Wann, glaubst du, werden wir hinübergehen?« – »Um halb acht«, antwortete ich. Doch sie meinte, hinüber nach Österreich.

Sie könne ihre Bühnenkarriere hier nicht aufgeben, mitten in der Erfolgsserie eines Stückes, das noch ein Jahr, vielleicht zwei andauern mochte; und als Amerikanerin habe sie nun auch nachher keine Wartefristen einzuhalten, gab ich zu bedenken.

Ob ich glaube, sie würde mich in diesem Zustand alleinlassen?

Vielleicht werde an »diesem Zustand« das Ganze scheitern, sagte ich, um das Opfer, das sie mir zum zweiten Mal bringen wollte, nicht nach seinem Gewicht zu wägen.

»Der Zustand« werde mir nur dann schaden, wenn ich länger hierbliebe, antwortete sie. Kämen wir aber bald »hinüber«, dann würde es einen anderen Menschen aus mir machen. Ich wollte sagen, es würde bestenfalls den Menschen aus mir machen, der ich 56 Jahre gewesen war, unterließ es aber. Zu Generaluntersuchungen (»thorough check-ups« hieß das hier) hatte ich zeitlebens kein Vertrauen gehabt.

Im Marinespital warteten viele Leute, die meisten jünger als ich. Sie sprachen Englisch, Holländisch, Italienisch, Finnisch. Deutsch sprachen nur zwei. »Aren't you quite a bit too old?«, fragte mich der Diensttuende, der mir die Nummer 36 und die maschinegetippte Weisung gab, welchen Untersuchungen ich mich zu unterziehen hätte. Mit den viel Jüngeren unterzog ich mich ihnen, von acht bis zwölf, von eins bis vier, es gab nichts, das sie nicht untersuchten, viel Warten war dabei, viel Röntgen, viele Tabellen wurden ausgefüllt. Nachher erkundigte ich mich bei dem Diensttuenden nach dem Ergebnis. »I wouldn't know«, sagte er, keineswegs ermutigend, »you'll be notified.« Wann ich verständigt werden würde, fragte ich. »I couldn't tell«, sagte er.

»Du kannst noch jahrelang ›I Remember Mama‹ spielen«, sagte ich zu Adrienne, als ich zurückkam. »Den Job bekomme ich nie!«

Ich bekam ihn. Mr. Hewett bat mich in sein Büro, um mir mitzuteilen, mein ärztlicher Befund sei zwar nicht einwandfrei – »you know, that damned blood pressure, I suffer from it myself!« –, doch habe er erwirkt, dass die Stelle trotzdem mir anvertraut werde und keinem der jüngeren Leute – »quite a lot of young guys« –, die sich darum bewarben. Ich möge nach Washington fahren – »at the government's expense« –, um im State Department mit den von ihm genannten Funktionären Näheres zu besprechen und meinen Pass zu besorgen.

»Und den meiner Frau«, sagte ich.

Das sei erst möglich, wenn ich ein halbes Jahr »overthere« gewesen sei; bekanntlich dürften »dependent wives« ihren Gatten frühestens nach sechs Monaten in die okkupierten Zonen folgen.

Es sei aber meine Bedingung, sagte ich.

Der nervöse Mr. Hewett wusste nicht, ob er sich ärgern oder über so viel Ignoranz lachen sollte. Er entschloss sich zu lachen und wünschte, dass ich unverzüglich reise.

Daher führte mich, als ich in Washington ankam, mein erster Weg zu einer der mächtigsten Persönlichkeiten Amerikas, Mrs. Ruth B. Shipley. Sie amtierte in einem kleineren Gebäude gegenüber dem massiven Department of State als Chefin der obersten Passbehörde. Wie überall in den Staatsgebäuden Washingtons versahen Schwarze den Vorzimmerdienst. Mrs. Shipley in Person wünsche ich zu sprechen? Sei ich von Mrs. Shipley bestellt worden? Nein. Dann möge ich einer ihrer Sekretärinnen mein Anliegen vorbringen.

Dort, wohin ich gewiesen wurde, warteten fast so viele aufgeregte Leute wie damals in Paris, Rue Boissy d'Anglas 1, als wir auf der amerikanischen Botschaft um das Visum nach Amerika petitionierten – März 1939 war das gewesen. Jetzt war es April 1946, und ich wollte um einen Pass zurück petitionieren, um zwei Pässe vielmehr, denn ohne Adrienne, die damals so ungern nach Amerika hatte fahren wollen, wie sie es sieben Jahre später ungern verließ, blieb die Rückreise ausgeschlossen. »There's no such thing as divided loyalties.«

Als ich bei einer Sekretärin an die Reihe kam und ihr den Fall erklärte, wiederholte sie, was mich schon Mr. Hewett hatte wissen lassen: Mein Pass werde sofort ausgefertigt werden; der meiner Frau hingegen frühestens nach einem halben Jahr.

Aus einer Nebentür trat eine Angestellte mit Akten, die sie der von mir immer dringender gebetenen Kollegin auf den Tisch legte, und hörte zu. Dass es Mrs. Shipley selbst war, an deren Ja oder Nein die Schicksale Verzweifelter hingen, erfuhr ich erst, als sie sich in das Gespräch mischte; meinerseits wurde es vermutlich so verzweifelt geführt, dass sie trotz dezennienlanger, von 9 bis 1, von 2 bis 6 zutage tretender Verzweiflung – denn die oberste Passbehörde blieb die letzte Instanz – nach meinem Namen fragte und dann die Sekretärin: »Is it on file?« Ob es einen Akt über mich gab, bedeutete das.

Der Akt wurde ihr gebracht. Mrs Shipley, sie hatte ihren Namen selbst genannt, da sie mich in ihr Amtszimmer treten ließ, bat mich, Platz zu nehmen und zu begründen, weshalb ich darauf bestehe, meine Frau nach Europa mitzunehmen, obwohl das im Allgemeinen – »as a rule«, sagte sie – unzulässig sei. Für eine Weile, länger als sie im Sinn gehabt haben mochte, sprach sie mit mir, ja sie sprach mir zu. Dass ein Vater, der sein Kind und die Heimat verlor, nicht ohne seelische Hilfe – »moral support« – dorthin zurückkehren solle, wenn er eine so verantwortliche Stelle wie die mir zugedachte übernahm, verstehe sie. Ich möge unbesorgt sein – »don't worry« –, in meinem Fall würden die besonderen Umstände gewürdigt und uns, meiner Frau und mir, Pässe ausgestellt werden, damit wir zusammen reisen konnten, »special passports« sogar, Diplomatenpässen ähnlich, um es uns in jeder Weise zu erleichtern. Die grauhaarige Allgewaltige sprach zu dem Fremden wie eine Mutter.

Land der unbegrenzten Möglichkeiten, wo es in einem aprilkühlen Amtszimmer möglich wird, Mitgefühl so anzuzünden, dass es das Amt erwärmt, dachte ich, als ich von ihr fortging. Um die Ecke stand das berühmteste Haus der Welt. Vielleicht war es die Stimmung, in der ich mich befand, vielleicht nur die Bescheidenheit, mit der dieses Weiße Haus nicht anders als ein typisches New-England-Herrenhaus in seinen Garten zurücktrat, ohne Pomp, ohne viel Aufhebens, was mich daran bewegte. Schwarze öffneten die Türen der auf die Rampe fahrenden Wagen, doch durch die Gartentür konnte jeder ungehindert treten und bis zum Haustor gelangen, erst dort wurde er nach seinem Begehr gefragt: Wie in anderen guten Bürgerhäusern ging es in dem des Ersten Bürgers zu.

Ich verwahre eine Einladungskarte unter Glas und Rahmen, darauf steht: »Miss Adrienne Gessner will please present this card at the White House April 8, 1942 at 10.45 o'clock P. M.« – eine des Bürgerrechtes verlustig erklärte emigrierte Schauspielerin einer Nebenrolle war anlässlich eines Gastspiels eingeladen worden, beim Ersten Bürger und der First Lady das Abendessen einzunehmen; keiner hatte Erkundigungen über sie eingezogen als die über ihr Talent; sie war Gast in der Bundeshauptstadt, Legitimation genug, Gast beim Hausherrn Amerikas zu sein. Es ging mir durch den Kopf, als ich dort vorbeiging, und das Problem der »divided loyalties« drängte sich in seiner Bürde auf.

Von jenen Washingtoner Tagen nahm ich neue Sympathien für den Kontinent mit, wo eine amtliche Bekundung ohne das Wort »goodwill« undenkbar, der gute Wille aber nicht nur ein Wort ist. Als ich im State Department Weisungen erbat, wie ich in meinem neuen Amt vorzugehen habe, wurde mir geantwortet: »Nach Ihrem Gutdünken« – »just use your own judgement«. Solches fast unglaubliche Vertrauen zu einem kaum erst Bürger Gewordenen verpflichtete nicht nur die Leistung, sondern die ungeteilte Loyalität.

Dann dauerte es noch einige Zeit, bis wir durch die Mühle der vorgeschriebenen Amtserfordernisse, Impfungen und Prozeduren gegangen waren und tatsächlich je einen »Special Passport« in der Hand hielten, Nummer 8079 für Adrienne (»The bearer«, hieß es darin, »is the wife of Ernst Lothar who is proceeding abroad on official business for the Department of State«) sowie Nummer 8078 für mich; ich empfing außerdem ein vom War Department ausgestelltes Dekret, wonach mein Titel »Theatre and Music Officer«, mein Dienstgrad »CAF 12« (dem eines Oberstleutnants entsprechend), mein unmittelbar vorgesetztes Kommando »Headquarters USFA« (United State Forces Austria), meine Dienststelle »ISB« (Information Services Branch), mein Dienstort »Vienna, Austria« waren.

Das Reiseziel »Vienna, Austria« nicht als tausendmal erträumte Möglichkeit, sondern als Befehl, und die Reise dorthin in unmittelbare Nähe gerückt zu sehen, schien mir der unbegrenzten Möglichkeiten, deren uns nicht wenige zuteilgeworden waren, äußerste. Ich wurde nicht müde, dies alles immer wieder ungläubig zu lesen, auch jenes zweite »To whom it may concern«-Dokument, das ich erhielt, und das lautete:

Department of State Washington
May 4th, 1946
Dr. Ernst Lothar, the bearer of this letter, is being sent by the Department of State to Austria to work as Theatre and Music Officer, Information Services Branch, Headquarters USFA. Dr. Lothar will occupy himself with promoting the interests of the American Theatre and American music in Austria through the medium of his office and will equally work for the rehabilitation of the artistic life of Austria. Any help you may be in a position to give in connection with his forthcoming assignment will be appreciated by the Department.
Sincerely yours,

Charles J. Child
Adviser on Arts and Humanities
Division of International Exchange of Persons

Zwischen Reinhardts »To whom it may concern« und diesem ebenso überschriebenen Brief lagen fünfeinhalb Jahre. Der erste war die ins Ungewisse gerichtete Empfehlung eines Aussichtslosen, der zweite die Gewissheit einer Aussicht, welcher der Empfohlene mit Verlangen und Bangen entgegensah. Man hätte die »divided loyalties«, um die es von nun an unablässig gehen würde, nicht klarer umschreiben können als in diesem Schreiben, das mir eindeutig auftrug, ebenso für die Interessen meiner neuen wie für die meiner alten Heimat zu wirken; ob dies nicht eines Tages zweideutig werden musste, blieb die entscheidende Ungewissheit, die vor mir lag. Übrigens konnte ich bei dem gutwilligen Mr. Hewett erwirken, dass mein noch im Militärdienst stehender Schwiegersohn gleichfalls nach Wien gesendet werde, um den Dienst eines »Radio Officer« zu übernehmen.

Den letzten Abend vor unserer Abreise – Adrienne spielte sogar da noch ihre »Aunt Trina«, die so populär geworden war, dass Leute in Restaurants und auf der Straße sie strahlend ansprachen: »Aren't you Aunt Trina?« – verbrachte ich mit Franz Molnár bei dem Delikatessenhändler nächst dem Plaza-Hotel, wo wir oft zu Abend aßen. Unsere Freundschaft bestand seit Jahrzehnten, und als ich Direktor des Theaters in der Josefstadt geworden war, hatte er mich durch sein Monokel kondolierend angeschaut und gesagt: »Also ich gratuliere dir, Ärmster.« Diesmal sagte er: »Also ich kondoliere dir, du Glücklicher.« Darin war der Spott, das Durchschauen, seine dem Liliom verwandte Wesensart, die ganze Sentimentalität, zu der er neigte, mit Zynismus grausam trockenzulegen. Man merkte es ihm an, dass er mich beneidete, Wien wiederzusehen, an dem sein magyarisches Herz hing wie an Budapest und an Berlin, wo er weltberühmt wurde. »Und ich bitte dich, vergesse nicht«, sagte er zuletzt in seinem magyarischen Deutsch, »grüße mir, wenn du ihn siehst, niemand.« Es war eine seiner lustigen Pointen, die aus seiner Traurigkeit kamen.

Von den anderen Freunden hatte ich schon vorher Abschied genommen. Nie zuvor, nie nachher hatten wir so freundliche Freunde gehabt. Die meisten waren Emigranten wie wir und manche sehnten sich zurück wie ich: das Ehepaar Alfred Polgar; der Kritiker Ludwig Ullmann; Riccarda Zernatto, deren Gatte in der Emigration starb wie Paul Stefan und Richard Beer-Hofmann; Mirjam, der das unsterbliche »Schlaflied« galt, und die romantische Naëhma, seine Töchter; der Wiener Robert Pick, Autor bemerkenswerter englischer Bücher; Grete Mosheim; Paula Janower; Bruno Frank; Friedrich Torberg; Ferdinand Czernin vor seiner Wandlung zum Extremisten; doch auch Amerikaner, Adriennes Kollegen vor allem, die sich mit uns freuten und mit uns trauerten, standen am nächsten Morgen, dem 25. Mai 1946, bei dem Pier, von dem unser Schiff abfuhr.

Das Schiff hieß »Brazil«. Es war noch nicht aus einem Kriegs- in ein Passagierschiff zurückverwandelt (»converted«), sondern machte seine Reise in derselben Gestalt, in der es während der letzten Jahre Truppen befördert hatte. Daher gab es nur wenige Kabinen für Bevorzugte. Wir gehörten zu ihnen.

Die »Brazil« lag fast zwei Stunden am Pier an der 52. Straße, bevor sie in See stach. Rechts vor dem steilen, schrägen Steg, auf dem die Passagiere das Schiff bestiegen, drängten sich die Zurückbleibenden und Abschiednehmenden. Wir standen dort oben, ich trug zum ersten Mal die amerikanische Uniform, die mein Dienst mir vorschrieb, den dunkelgrünen Rock mit dem dunkelgrünen Stoffgürtel, das braune Hemd mit der braunen Krawatte, das »oversea's-cap«, die spitze, bordierte, in die Schläfe gerückte dunkelgrüne Kappe, in der Hand hielt ich eine Aktentasche – der Unterschied zwischen dieser und der anderen militärischen Uniform, die ich je getragen hatte, der des k. u. k. Dragonerregiments Nummer 6, hellblau mit schwarzen Aufschlägen, war weltweit; in der ersten hatte ich mich nie heimisch gefühlt, in der zweiten tat ich es noch weniger. Verlegen stand ich dort, nicht nur angesichts der Freunde, die winkten, obschon wir noch nicht fuhren, sondern vor mir selbst, wie in einer Verkleidung, die einem nicht passt, und zu der man kaum passen wird, selbst wenn man sich jede Mühe gibt, es nicht merken zu lassen. Doch dieses Kostüm ermöglichte mir ja die Reise, die ich mir gewünscht hatte wie nie etwas zuvor – so gebührte ihr Dank und Ehre. Als der Steg endlich aufgezogen wurde, das erste Schüttern durch das Schiff ging, und unsere geduldigen Freunde unten »Auf baldiges Wiedersehen!« und »Good luck!« riefen, versprach ich mir ernstlich, ihr Dank und Ehre zu erweisen. Dann fuhr das Schiff.

Das Schiff fuhr aus dem Hudson, an Staten Island vorbei, an der Freiheitsstatue vorbei, die »Skyline« begann zu verschwimmen, die roten Bojen, worauf Möwen saßen, klingelten mit elektrischen Glocken und wiesen den Weg zurück.

Adrienne und ich saßen auf Liegestühlen aus hartem Holz, Pölster gab es nicht. Etwas Unbequemeres konnte es nicht geben, etwas Himmlischeres gab es nicht. Ich war so erregt – noch da ich es so lange später schreibe, fühle ich es –, dass ich Mühe hatte, ein zu der Uniform passendes Gesicht zu machen. Seit ich hierher vertrieben wurde – denn dies war das Wort –, die langen sieben Jahre, hatte ich an den Dingen sofort wieder vorbeigedacht, sobald sie sich aufdrängten.

Schnell hatte man, um sich zu schonen, eine Volte geschlagen und andere Gedanken mobilisiert, von denen man sich einredete, sie wären viel wichtiger.

Jetzt auf dem Schiff, dem klingelnde Bojen die Straße wiesen, die nie mehr für mich hätte fahrbar sein sollen, konnte ich es mir endlich leisten, zu Ende zu denken.

Das Wunder ereignete sich, ich fuhr zurück! Ich würde es wiedersehen! Nicht in beseligenden Träumen, aus denen man unselig erwachte – in der Wirklichkeit! Grinzing, Platz vor der Kirche. Heiligenstadt. Grillparzers Denkmal im Volksgarten. Sommerheidenweg. Zwischen den Auen hinter dem Lusthaus im Prater. Die Rotdorne in der Hasenauerstraße. Es war Mai, sie würden blühen. Die Akazien würden blühen, der Flieder und die Linden – aus der Salzluft kam der entbehrte Duft, man durfte ihn riechen, man durfte es denken, niemand konnte sagen: »Bilden Sie sich doch nichts ein! Das dort gibt es ja nie mehr für Sie!«, oder wie ein Kollege Adriennes, der Schauspieler Donald Cook, meiner zurückgewandten Schwärmerei müde, einmal gesagt hatte: »Gestorbenes begräbt man. Auch Orte und Dinge können sterben!« – sie lebten, es gab sie für mich. Auszurechnen auf Tag und Stunde waren sie, heute ist der 25. Mai, in acht Tagen wird man in Le Havre sein. Ein paar Tage Paris, um amtliche Dinge zu ordnen. Am 10., spätestens am 11. Juni, sind wir in Wien! Aus den prophezeiten tausend Jahren sind acht Jahre und dreiundfünfzig Tage geworden, am 19. März 1938 waren wir aus Wien weggefahren, Hansi und ich, am 10., spätestens am 11. Juni 1946, komme ich nach Wien zurück.

Da geschah etwas Schändliches.

Der Gedanke an Hansis Tod, der mich seither nicht losgelassen hatte, war nicht mehr da. Glücksgefühl hatte mich überwältigt, ich atmete so beseligt, die Freude äußerte sich so eruptiv, dass ich hätte schreien mögen. In dem unbequemen Sessel auf dem Deck der »Brazil« saß ich besser als je zuvor in meinem Leben.

Ein schöneres Schiff als das unschöne, auf dem wir nach Hause fuhren, fuhr nie über den Ozean. Das Glas Orangensaft mit Gin, das der Steward brachte, war das köstlichste irgendwann genossene Getränk.

Gab es Beschwingteres als Möwen? Wie hübsch, dass auf dem Spieldeck Kinder spielten.

Dass Hansi einmal so gespielt hatte, Agathe desgleichen, dachte ich nicht.

Nußdorfer Straße 52 oder 54 steht das Schuberthaus. In den vielen Zimmern, die ich in Amerika bewohnte, 121 hatte ich einmal gezählt, doch es mochten mehr gewesen sein, hängte ich immer eine Dilettantenradierung des Schuberthauses an die Wand, stand unzählige Male davor und dachte: Das wirst du nie wiedersehen. Mittwoch, den 10., spätestens Donnerstag, den 11. Juni, konnte ich es sehen!

Es war zum Wahnsinnigwerden – als stiege, wie Mr. Cook gesagt hatte, ein Gestorbener, ein unsäglich Geliebter, aus dem Grab.

Erst da streifte mich der Gedanke an Hansis Tod.

»Es ist so schön, dass man sich schämen muss«, sagte ich zu Adrienne. Nach einem Schweigen antwortete sie: »Sich zu freuen ist keine Schande.« Ob auch sie sich freute, sagte sie nicht.

Eine Minute Panik

Nachmittags wurde die Brandung stärker. Es war nicht gerade rau, doch man spürte die stoßende Bewegung des Schiffes. Wenn man versuchte, weit hinauszuschauen, schien der Horizont sich zu heben und zu senken. Derselbe Blick ins Unbegrenzte war mir von der Herfahrt erinnerlich. Auch damals war es Frühling gewesen, auch auf der »Isle de France« hatte man einen Liegestuhl gehabt, »Touristenklasse« zwar, doch einen luxuriöseren als heute, und man hatte gewusst, die Bequemlichkeit würde noch vier oder fünf Tage dauern und dann endgültig zu Ende sein. Damals hatte ich versucht, mir vorzustellen, was nach diesen vier oder fünf Tagen kommen würde, das konnte ich aber nicht; alles hatte so verlassen ausgesehen wie die grenzenlose Einsamkeit der grauen Wasser unter dem sich hebenden und senkenden Horizont.

Jetzt konnte ich es mir vorstellen. Das Sich-Heben-und-Senken des Schiffes stimmte mit den Atemzügen überein, die das Freie atmeten. Welch ein Unterschied!

Ein Mann in gelbem Überzieher, den Hut auf dem Kopf, ein kleines, in ein Handtuch gewickeltes Päckchen unter dem Arm, machte die Runde um das Verdeck. Sooft er an uns vorbeiging, hob er einen Finger grüßend an den Hut; er hatte Schweiß auf Stirn und Wangen, obwohl es nicht mehr warm war. In unserer Nähe, die Arme um die Knie gelegt, steif aufrecht, statt ruhend, saß eine alte Frau. Unterhalb des Kinns hatte sie ein Tuch um den Kopf gebunden, trug eine lange, gestrickte Jacke und hohe schwarze Schuhe, wie man sie längst nicht mehr trug. Es war eine Köchin aus Budweis, vor acht Jahren mit ihrer »Herrschaft« herübergekommen, die Herrschaft lebte zum Teil nicht mehr, die Überlebenden blieben in Amerika, sie aber fuhr mit der ersten sich bietenden Gelegenheit zurück in die Tschechoslowakei, weil sie es hier nicht länger aushielt. In gebrochenem Englisch sagte sie das alles, und als ich ihr die tschechischen Brocken antwortete, deren ich mich aus meiner Kindheit entsann, fragte sie mit aufleuchtendem Gesicht: »Der Milospan fährt auch zu uns nach Haus?« – sie gehörte offenbar zum Geschlecht jener Barbaras, die Werfel verewigt hatte, und deren eine mir in der mütterlichen Gestalt der Frau Therese Polak begegnen würde, die uns noch heute die Wirtschaft führt. Unter den Passagieren machten sich auch eine französische Baronin Rothschild bemerkbar, von der es hieß, sie habe mehr als vierzig Koffer an Bord; ein junger fetter Pariser mit einem tragbaren, unablässig tönenden Radio; eine hübsche kleine Pariserin, die ihm gefiel und die ihre Eltern nicht aus den Augen ließen; ein ehemaliger Wiener Schauspieler, auf der Passagierliste als »Conte« figurierend, eine Baskenmütze über dem Ohr und sich anstellend, als kenne er uns nicht; ein brasilianischer Diplomat mit seiner Geliebten; vier wie Schlächter aussehende Männer, die Griechisch redeten und, seit sie auf dem Schiff waren, Karten spielten; eine von ihren »Lifes« und »Looks« fast nie aufschauende, vergnügte Leserin – sonderbare Begleiter ins Paradies hatte der Zufall uns zugewürfelt.

»Morgen wird man Europa hören können«, sagte der fette Pariser mit dem tragbaren Radio zu der hübschen kleinen Pariserin wie eine Liebeserklärung.

»Ah, c'est fantastique!«, antwortete sie.

In der Tat, phantastisch über die Begriffe, dass man auf dem Weg nach Hause war, morgen schon aus dem kleinen Radio Europa hören und dass es nicht mehr Hitlers Europa sein würde – die Brandung machte sich wie Schwindel fühlbar, die Luft, der Gin, die Zukunft. Das Denken verschwamm, einer ähnlich lösenden Verzauberung erinnerte ich mich nicht. Adrienne sah mir zu wie einem Nachtwandler, den man nicht wecken darf, weil er sonst stürzt.

Da rief ein Schiffsoffizier zu einer Übung auf. Wir hatten Rettungsgürtel umzuschnallen und uns an bestimmten Plätzen des Decks einzufinden, unterhalb derer im Ernstfall unsere Rettungsboote angebracht sein würden. Auch auf der Herüberfahrt war das ähnlich gewesen, man schickte sich darein wie in die überflüssige Routine, für die man es hielt. Allerdings wurde die See bewegter, Wind erhob sich, keineswegs wild, und der Himmel, obschon grauer, blieb klar. Dass das Schiff ein wenig schlingerte, war auch auf der Herreise geschehen, spürbar sogar – »il faut faire un petit effort, Madame!«, hatte ja deshalb der französische Aufwärter Adrienne ermahnt, wogegen der amerikanische nur sagte: »Better not notice it at all.« Sehr wahr, um das bisschen Schlingern kümmerte man sich besser nicht.

Aus dem tragbaren Radio tönte Raymond Gram Swings politischer Kommentar, »good evening« begann die wie immer ein wenig atemlose, beruhigende Stimme. Danke, Mr. Swing, jetzt bedürfen wir Ihres Zuspruchs gottlob nicht mehr, denn Ihre Prophezeiung von Hitlers unausbleiblichem Sturz ist längst eingetroffen. Wer hätte das gedacht, nach dem Zusammenbruch Frankreichs, dem »Blitz« in England, dem Triumphsommer in Russland!

Wir saßen im Speisesaal beim Dinner. Als wir herübergefahren waren, hatten wir einen Tisch zu dritt gehabt, Adrienne, Hansi und ich; manchmal saßen nur Hansi und ich daran, wenn Adrienne des hohen Seegangs wegen in der Kabine blieb, statt den »petit effort« zu machen. Der Seegang war auch jetzt ziemlich hoch, das Geschirr klapperte wie damals auf den Tischen, die Schüsseln schwankten in den Händen der sie akrobatisch balancierenden Stewards, »quite extraordinary for May«, meinte der unsere.

War es des Außerordentlichen zu viel gewesen, und wurden wir zur Ordnung gerufen, jeder Heimkehrer, der Champagner bestellt hatte und das unbequeme Schiff, das ihn heimführte, für ein Feenschloss hielt? Ein merkwürdiges Geräusch wurde in dem Schlingern und Stampfen vernehmbar, eine Art schrillen Knirschens. Dann schien das Schiff stillzustehen. Vielmehr, es stand still. Dann neigte es sich, es geschah ein jäher Ruck, und wir fuhren weiter.

»Gott im Himmel! Wir sind aufgefahren!« Der Schauspieler mit der Baskenmütze hatte es gerufen.

Jemand schrie französisch: »Eine Mine! Hilfe! Wir sind auf eine Mine aufgefahren!«

Der Erste Offizier, der dem Kapitäns-Tisch vorsaß, eilte fort.

In einer Sekunde waren die meisten Gesichter im Speisesaal fahl geworden, die Bissen im Munde erstarrt. Die Stewards, mit der freien Hand an die Wände geklammert, balancierten Schüsseln und Flaschen sinnlos mit der andern.

Jemand schrie etwas, es war einer der Griechen, dann schrie er es französisch: »In die Rettungsboote!«, schrie er gellend, stürzte hinaus.

Der Mann in dem Überzieher saß uns gegenüber. Er setzte den Hut auf und zerrte das mit dem Handtuch umwickelte Päckchen auseinander. Ein Gebetschal war darin, ein Briefumschlag, eine Zahnbürste und ein Stück grüner Seife. Er legte den Gebetschal hastig um die Schultern und betete laut.

Die Panik hatte kaum eine Minute gedauert, da erstarb sie ebenso jäh, wie sie begonnen hatte, denn jemand sagte auf Französisch: »Aber wir fahren ja! Wie kann denn ein Schiff, das fährt, auf eine Mine aufgefahren sein!« Die Mutter der kleinen Französin hatte es gesagt, und obwohl es für Seeleute lächerlich wenig Beweiskraft gehabt hätte, übte es auf uns überzeugende Wirkung aus. Auch stampfte das Schiff nicht mehr. Es wurde wieder serviert, man aß weiter, man schenkte die Gläser voll. Nur der Mann mit dem Gebetschal bewegte noch die Lippen.

»Die Gefahr ist vorbei«, stellte der Erste Offizier, der zurückkam und seinen Platz einnahm, lachend fest.

»Wir waren also doch in Gefahr?«, wollte jemand am Kapitäns-Tisch wissen.

»Sie ist jedenfalls vorbei«, antwortete der Gefragte. »I grant you that«, fügte er hinzu.

Der Mann gegenüber hatte den Schal von den Schultern genommen und packte ihn mit Hast und Verlegenheit in das Handtuch, zu dem Briefumschlag, der Zahnbürste, dem Stück Seife. Dann ging er. Er hatte keinen Bissen gegessen.

Bald darauf gingen auch wir. Vor der Tür des Speisesaals warteten die Passagiere der zweiten Serie auf ihr Dinner. Aus ihren Augen schaute ein Rest von Angst. Die »zweite Serie« gilt als die mindere. Dem Anschein nach waren es lauter Leute, die seit Hitler nicht viel anderes als Angst gehabt hatten.

Doch das war es eben. Die Einminutenpanik hatte für eine Vertreibung aus dem Paradies genügt. Als wir in den hölzernen Decksesseln saßen, der Himmel sich entfärbte und den Mond deutlich werden ließ, wurde ebenso deutlich, was dieser einen Minute Denkwürdigkeit gab. Die meisten, die auf diesem Schiffe fuhren, hatten seit vielen Jahren nichts als Angst gehabt. Verschiedene Arten von Angst, vor dem Vergastwerden, vor dem Erniedrigtwerden, vor dem Beraubtwerden, vor dem Krankwerden und Verhungern im fremden Land, vor dem Nichtweiterkönnen – vor gestern, vor heute, vor immer. Und im ersten Augenblick, da sie meinten, frei aufatmen zu dürfen, wurden sie gewarnt. Fünf Stunden oder sechs waren sie im Paradies gewesen. Zu lange offenbar.

Im »Salon«, einer Art Korridor, wo ein Kartentisch und ein schwarzes Piano standen, spielte eine Frau die A-Dur-Sonate von Schubert. Sie hielt dabei die Augen geschlossen und griff manchmal daneben. Der Schauspieler mit der Baskenmütze fragte sie, ob sie einen Walzer spielen könne. »Wir würden gern tanzen«, sagte er.

Die Frau entschuldigte sich; sie konnte keinen Walzer spielen; oder sie wollte keinen spielen. In mühsamem Englisch entschuldigte sie sich auch, dass sie überhaupt gespielt hatte. »Ich habe so lange kein Instrument mehr gehabt«, sagte sie, hörte zu spielen auf, tastete sich, von jemandem geführt, aufs Verdeck. Dort stand sie eine Weile. Sie war blind. In Dachau sei ihr Mann vergast worden, in Theresienstadt hätte sie das Augenlicht verloren, sie fügte es zu ihrer Entschuldigung hinzu, nannte aber, als ich sie fragte, die Ursache ihrer Erblindung nicht. »Es ist noch drei anderen geschehen«, sagte sie nur. Der Schauspieler hatte an ihrer statt zu spielen begonnen, den Walzer aus der »Geschiedenen Frau«. Er sang auch dazu. »Kind, du kannst tanzen wie meine Frau, drehst dich und wiegst dich wie meine Frau«, sang er. Der fette Pariser Jüngling und die hübsche Pariserin tanzten, der Grieche, der die Panik entfesselt hatte, tanzte mit einer Frau, die lachen musste, wenn er sie zu schnell drehte, der Zweite Offizier tanzte mit der Geliebten des brasilianischen Diplomaten. Die Köchin auf der Reise in die Tschechoslowakei schaute von draußen zu; wenn sie sich unbeobachtet glaubte, aß sie die Reste ihres Dinners aus einem Papier. Der Mann mit dem Päckchen unterm Arm ging um das Deck herum.

Die Panik war längst vorbei. Trotzdem war das Atmen nicht mehr so unbeschwert wie vorher.

»There are radiograms at the purser's office in the names of the following passengers«, wurde durch den Lautsprecher verkündet. Einige sprangen auf, holten sich ihre Radiogramme und lasen sie vor: Grüße aus Europa, gute Reise- und Ankunftswünsche aus Europa. Unsere Namen hatte man nicht aufgerufen.

Europa taucht auf

Aus dem tragbaren Radio des Pariser Jünglings kam die Stimme Europas, und wir alle umstanden den triumphierenden Eigentümer:

»C'est l'orchestre de l'Hotel George Cinque.«

Das Orchester des Pariser Nobelhotels spielte vermutlich dasselbe wie vor vier, acht, fünfzehn Jahren. Eine Zwischenmeldung gab eilig bekannt, dass die Gaullisten eine Wahlniederlage erlitten und die Kommunisten ihnen sechzehn Sitze in der Chambre abgenommen hatten. »Ouvre tes yeux bleux, ma mignonne«, süß, schmachtend, zärtlich. Die kleine Pariserin sang es mit, wie man es vor acht, zwölf und fünfzehn Jahren sang, als die »ligne Maginot« der Begriff der Uneinnehmbarkeit und der »l'exode lamentable« samt Vichy noch keine grauen Marksteine in der Geschichte der »grande nation« gewesen waren. Die »ligne Maginot« und die Unbesieglichkeit hatten sich als eine Legende erwiesen, die kleinen schmachtenden Lieder aber blieben unbesieglich, man sang sie, als hätte es weder das Horst-Wessel-Lied noch das apokalyptische Grauen gegeben; wahrscheinlich tanzten sie dazu im »George Cinque«, wie sie 1939 auf den Vulkanen getanzt hatten, als man auf der Préfecture den unwillkommenen Flüchtlingen Fingerabdrücke abnahm und ihnen, um Gottes und der Barmherzigkeit willen, drei Monate Zeit ließ weiterzuflüchten.

»C'est formidable«, sagte der junge Pariser, als sei die aus dem kleinen Radio tönende Stimme Europas sein Verdienst. In drei Stunden, sagte der Kapitän, würden wir die englische Küste sehen.

Das Weiße am Horizont war nicht Schnee, es waren die White Cliffs von Dover. Dann mischte sich Grün in das Weiß und kam näher; langsam erhielt das Grenzenlose Grenzen. Wir fuhren an den Rasen englischer Landsitze vorbei, sie schienen betreut und glatt, als hätte es keinen »Blitz« und keine Vorbereitungen gegen einen deutschen Überfall gegeben. Ein unscheinbarer Dampfer näherte sich, um Passagiere aufzunehmen, die in Southampton ausstiegen; die »Brazil« landete seit der Abreise aus New York zum ersten Mal.

Der Mann mit dem Päckchen unter dem Arm stand auf dem Verdeck und starrte auf den kleinen Dampfer.

»Sie ist nicht dabei!«, sagte er auf Englisch, mit ungarischem Akzent. Es waren die ersten Worte, die wir ihn sprechen hörten, er richtete sie an niemand, sondern redete zu sich, mit einer solchen Enttäuschung, dass ich ihn fragte, ob er jemanden erwartet habe.

Er antwortete, schaute aber dabei immer auf den kleinen Dampfer, er habe seine Tochter erwartet, die seit den Nazis als Pflegerin in England lebte. Acht Jahre hatte er sie nicht gesehen. Vom Schiff aus hatte er ihr ein Radiogramm geschickt, als er erfuhr, man würde in Southampton anlegen, und sie gebeten, unbedingt mit dem kleinen Hafendampfer zu kommen, der fast eine halbe Stunde Aufenthalt haben würde – »besser als nichts«, sagte er. Bei ihrem letzten Zusammentreffen sei sie zwölf gewesen.

Selbst wenn er sie jetzt nicht sähe, würde er sie ja in einigen Tagen sehen, sie habe das Telegramm vermutlich nicht bekommen, sagte ich.

Mit einem beschwörenden Blick starrte der Mann auf den kleinen Dampfer. Alle für England bestimmten Passagiere befanden sich bereits an Bord, die halbe Stunde war abgelaufen.

»Julika!«, schrie der Mann.

Es kam keine Antwort. Noch einmal, mit dem Aufwand seiner ganzen Stimme, schrie er, um sich zu vergewissern. Der kleine Dampfer pfiff und fuhr ab. Einige Passagiere winkten uns lachend. Die vergnügte Leserin illustrierter Zeitschriften war darunter.

Der Mann schaute dem kleinen Dampfer fassungslos nach. Dann erhob er die Arme in einer Gebärde der Vergeblichkeit und sagte: »Sie hat nur Aufenthaltsbewilligung für England, und ich nur für Ungarn. Wir hätten uns nur hier treffen können. Ich hätte gern gewusst, wie sie aussieht.« Dann ging er von Deck.

Gegen vier tauchte die französische Küste auf.

»La France! Voilà la France!«, schrie die hübsche Pariserin außer sich.

Allmählich wurden Umrisse sichtbar. Ich geriet in solche Erregung, dass ich aus der Menge, die sich vor der Kommandobrücke zusammendrängte, auf das jetzt verlassene Sonnendeck lief.

Das Schiff verlangsamte die Fahrt. Vielleicht geschah das nicht einmal, sondern die Umrisse kamen so schnell auf mich zu, dass es mir zu schnell wurde – so begierig ich das alles hatte sehen wollen, jetzt, da es geschah, traf es mich unvorbereitet. Vom Horizont hob sich Frankreich ab. Die See, unruhig seit dem Ärmelkanal, ebbte. Kein Luftbild. Ich sah die Küste erscheinen, von wo ich 1939 weggefahren war.

Sanfte Hügel. Häuser. Hatte man gesagt, dass Le Havre nicht mehr stand? Eine der vielen Lügen. Es stand. Immer war Le Havre der Ort gewesen, wo die Reisen ins Unbekannte anfingen oder endeten.

Die »Brazil« fuhr langsamer. Nicht Umrisse wurden sichtbar, sondern die Wirklichkeit. Wieder warf sie sich mir entgegen, brutaler diesmal. Ich sah die ersten Zeichen der Vernichtung. Bisher hatte ich sie nur im Film gesehen oder auf Bildern, jetzt sah ich, dass Film und Bilder nicht das Bild geben. Le Havre stand in der Tat nicht mehr. Doch das Erschreckende daran: Es sah aus, als stünde es. Die Silhouette stand. Dahinter gähnte das absolute Nichts zwischen gebliebenen Mauern, aus verkohlten Fensterrahmen. Man hatte es in der Wochenschau gesehen, Reporter hatten darüber berichtet, Briefe hatten es zu beschreiben versucht. Hinter der Wirklichkeit blieb es unvorstellbar zurück. Dass vor den saubergeräumten Ruinen Menschen sichtbar wurden, hier und da ein Auto fuhr, wo es keine Straße gab, machte den Anblick gespenstischer.

So hatte ich es mir nicht vorgestellt. Das nicht – wie vieles nicht, das kommen sollte! Die Qual des Anblicks schwärzte das Glück, zurück zu sein. Dass man sich nichts vorstellen kann! Dass man nichts beschreiben kann! Da tun wir uns auf unsere Fertigkeit zugute, zu schildern, zu ahnen, zu wissen. Allein vor der Wirklichkeit haben wir zu kapitulieren, die Naturalisten, die Realisten, die Impressionisten, die Expressionisten, die Existentialisten, die Gestrigen, die Heutigen, die Übermorgigen – was wir geben können, sind immer nur wir, sind immer nur sie. Die Realität bleibt ein offenes Geheimnis, das sich das Geheimnis nicht entreißen lässt.

»Recht geschieht ihnen!«, hörte ich jemanden beifällig genießerisch sagen. Es klang wie eine Schändung der Häuserskelette. Was konnte da recht sein, wem immer es geschah! Der nie gedachte Gedanke, ein vorher nie empfundenes Gefühl bemächtigten sich meiner verwirrend, und würden es von nun an immer wieder tun. Ich fing an zu begreifen, dass nicht nur die »divided loyalties« mein Problem sein würden. Doch damals widersprach ich nicht, aus meinem Mund hätte es zu falsch geklungen.

Dann saßen wir Passagiere im »Salon« und warteten, bis man uns vor die an Bord gekommenen Pass- und Zollbeamten rief. Die Kommission amtierte in dem kleinen Leseraum neben dem »Salon«, wir konnten sie durch die Glasscheiben sehen: vierzehn uniformierte, strenge Männer. Sie saßen an der Rückseite eines langen schmalen Tisches nebeneinander, legten Akten vor sich und bereiteten irgendwelche Befragungen vor, von denen man nicht wusste, wie sie enden mochten. Es fiel mir ein, dass ich mich in Amerika vor Beamten nie gefürchtet hatte. Man sah dort fast keine. Bekam man aber, selten genug, mit ihnen zu tun, wie bei der Einwanderung oder der Einbürgerung, dann amtierten sie hemdärmelig, betrugen sich nicht als Vorgesetzte, sondern als Mitbürger. Plötzlich änderte sich das. Die vierzehn Uniformen sahen wie vierzehn drohende Vorgesetzte aus. Man war in Europa.

Nach dem Alphabet wurden die Reisenden vorgerufen, jeder Buchstabe in Grüppchen bereitgestellt. Als wir an die Reihe kamen, wurde gerade der Mann mit dem kleinen Paket fertig, er zitterte am ganzen Leib. Dass er »Rückwanderer« sei wie die meisten auf diesem Schiff, hatte er angegeben, die amerikanische Staatsbürgerschaft habe er nicht erworben, sondern von der im Frühjahr erteilten Erlaubnis Gebrauch gemacht, auf eigene Kosten in die Heimat zurückzukehren – vorausgesetzt, dass man dort eine Anstellung besaß. Der Mann hatte es bewiesen. Seine Großeltern, seine Eltern und seine Frau waren ermordet; er besaß nur noch eine Tochter. Die Geschichte dieser Tochter hatte er zu erzählen versucht, auch seine vergebliche Hoffnung, sie in Southampton zu sehen, doch die Kommission zeigte kein Interesse dafür. Sollte vorhin der Unerbittliche mit seinem Ruf: »Recht geschieht ihnen!« nicht dennoch recht gehabt haben? Der »Rückwanderer« wurde gefragt, weshalb er zurückwandere und wovon er zu leben gedenke. Er beantwortete die zweite Frage zuerst, indem er einen Brief zeigte, den er offenbar schon unzählige Male gezeigt hatte, denn er zerfiel fast; es stand darin, Kertész Gyula sei 53 Jahre alt, ehemaliger Besitzer chemischer Werke in Györ, jüdischer Konfession, verwitwet und könne in einem chemischen Betrieb in Budapest für einen Monatslohn von 175 Forint Beschäftigung finden, wenn er sich jeder politischen Aktivität enthalte. »Ich möchte es wiedersehen«, sagte er und beantwortete damit die erste Frage für die meisten Passagiere.

Wir selbst wurden viel weniger gefragt, denn unser Fall lag offenkundig anders. Wir waren keine Rückwanderer, sondern amerikanische Bürger mit amerikanischen Spezialpässen, die im Auftrag des »Departments« reisten.

»When do you suppose, you'll be back home?«, war die einzige Frage, vor deren Beantwortung ich zögerte. Instinktiv hatte ich antworten wollen: »Spätestens in einer Woche werde ich zu Hause sein«, denn »back home« hatte ja keinen anderen Sinn. Dann erinnerte ich mich rechtzeitig, dass von nun an Amerika »zu Hause« war.

»As soon as my job is over«, antwortete ich daher sinngemäß: »sobald meine Verpflichtung vorbei ist.« In der Antwort lag kein Hintersinn, sie wurde erwartet, ich gab sie. Amerika war für mich kein Wartesaal gewesen, das Versprechen hatte ich bei der Bürgerprüfung gegeben, ich würde es halten. »Bist du sicher?«, fragte Adrienne ihrerseits nachher. Sie sprach wenig in diesen Tagen. Sie sah die Dinge mit ihrem klaren Blick. Manche sah sie anders als ich, manche klarer.

Nachdem wir das Schiff verlassen hatten, wurde uns bedeutet, unser Gepäck, einige hundert Meter weit, auf dem Festland zu erwarten, wo unter freiem Himmel Holzgestelle standen, und wohin man mit dem Handgepäck zu Fuß ging. Erst auf diesem kurzen Weg gewahrte man ganz, dass man sich in einem Hafen befand, den es nicht gab, weil das, woran man landete und worauf man ging, ein Ersatzstückchen Kai aus Beton zu sein schien, von Pfählen getragen. Dahinter befand sich nichts; davor nur der kleine Platz mit den Gestellen, wo aus plötzlich heransausenden Lastwagen Gepäck ausgeladen, vielmehr hinausgeschleudert wurde, es schmetterte auf den Boden, Schlösser zersprangen, zwanzig, dreißig Burschen in blauen Kitteln, die wie Träger aussahen, tauchten auf, stürzten sich auf die Koffer und, statt sie zur Verzollung auf die Gestelle zu heben, verschwanden sie blitzschnell damit. Die Passagiere schrien ihnen nach, riefen die müßig stehenden Zollwächter zu Hilfe. »Merde!«, sagten die Zollwächter. Was konnte man tun in diesen Zeiten! Keiner hatte ein Dach überm Kopf! Nichts hatte man, nichts! Nicht den Bissen Brot! Merde! Übrigens, was das Gepäck betraf, messieurs, dames, werde es auf den Zug geladen werden, der von dem ziemlich entfernten Bahnhof pünktlich nach Paris abging – sie mussten ja so eilen, ces pauvre garçons! Also keine Zollabfertigung? Achselzucken. Würde nichts verlorengehen? Achselzucken. In solcher Eile konnte man nicht wissen! »Mais – soyez calmes, messieurs, dames! Vous êtes en France!«

Als wir den Bahnhof betraten, kam ein amerikanischer Militärpolizist auf mich zu, der mich erwartet zu haben schien, denn er fragte mich, ob ich Mister Lothar sei. Ich möge sofort, noch vor Abgang des Zuges, dringend, Staatsgespräch, interurban, die Nummer anrufen, die er nannte. Wo? In Vienna, Austria.

Mit Vienna, Austria, hatte ich – von dem »Adieu!«, abgesehen, das ich Adriennes seither gestorbenem Vater nach »Vienne en Allemagne« aus Paris zurief – seit Mai 1938 nicht mehr telefoniert. Es war von meines Bruders Haus in Einigen am Thunersee gewesen, wo ich einem Advokaten die Meinung sagen wollte, der sich vor den Nazibehörden als mein Anwalt ausgegeben und »in meinem Auftrag« veranlasst hatte, dass alles, was ich besaß, teils »zur Deckung der Betriebskosten des Theaters in der Josefstadt«, teils als »Reichsfluchtsteuer« nach Berlin überwiesen werde; das Gespräch war von dem Mann des Rechtes mit »Heil Hitler!« begonnen und nach meinen ersten Worten mit dem Rat abgeschnitten worden, ich möge Gott danken, dass ich mich »abgesetzt« habe, sonst befände ich mich, wohin ich längst gehöre Dann wurde mit »Heil Hitler!« abgehängt. Seither hatte ich die Stimme Wiens, das damals in Niederdonau, Groß-Deutschland, lag, jenen Pariser Augenblick abgerechnet, nicht mehr vernommen. Dass ich sie jetzt in der Telefonzelle des »RTO« (»Railway Travel Office«) in Le Havre wiederhören und dass es die von Wien, Niederösterreich, im Staate Österreich sein würde, raubte mir die meine.

Es war in der Tat »Vienne en Autriche«, der Telefonistin zufolge, die das Staatsgespräch aufgeregt durchgab, »ne quittez pas, monsieur, ne quittez pas!« Was konnte man mir so dringend zu sagen haben, bevor ich in den Zug nach Paris stieg? Dass ich ihn nicht nehmen solle? Dass meine Kommandierung rückgängig gemacht und dass ich angewiesen sei, unverzüglich »back home« zu fahren? Mein Herz schlug so, dass ich kaum meinen Namen nennen konnte.

Aber es war mein Schwiegersohn, der seinen Posten bei derselben Dienststelle, die auch die meine sein sollte, einige Wochen vorher angetreten und berechnet hatte, wann ich europäischen Boden betreten würde. Sein Sinn für richtiges »timing« ließ ihn so wenig fehlgehen wie sein Instinkt für den unverbesserlichen Europäer, den er in mir erkannte. Er fand, dem Heimgekehrten sei bei seinem ersten Schritt »Willkommen!« zu sagen, er sagte es, eine Aufmerksamkeit besonderer Art, ich gedenke ihrer dankbar. Auch dass ich dringend in Wien erwartet werde, fabelte er dazu. Ladue heiße unser gemeinsamer Vorgesetzter, ein General, der zum Oberst »demoted« worden sei, ich verstand weder den Namen noch das Wort »demoted«. Ich verstand nur, dass ich mit Wien sprach, dass es in Österreich lag und dass jene Moskauer Alliierten-Garantie für die Wiederherstellung eines freien Österreich – am 2. November 1943 aus der »New York Times« ausgeschnitten, seither in unserem Wohnzimmer über dem Sofa als Beweis besserer kommender Zeiten angenagelt – kein vergilbter Fetzen Papier war. Die besseren Zeiten brachen an.

»Wie ist es in Wien?«, fragte ich auf Englisch, da ich mit einer amerikanischen Dienststelle sprach.

»Very lovely, indeed, Sir«, antwortete mein Schwiegersohn, zu jeder Schauspielerei jederzeit bereit.

»Wie geht es ...«, fragte ich, aber ich wusste niemanden, nach dem ich fragen sollte.

Dann fuhren wir in einem für die Passagiere der »Brazil« bereitstehenden Sonderzug. Unser Gepäck fanden wir vollzählig, vermutlich dank den pompösen offiziellen Zetteln darauf. Andere waren weniger verschont, und von den vierzig Koffern der Baronin Rothschild fehlten, wie ihre durch die Waggons irrende Begleiterin in jedem Abteil racheheischend klagte, mehr als die Hälfte.

Beiderseits der Geleise wichen die Zerstörungen weg, Anwesen erschienen mit üppig leuchtenden Sommerblumen, dahinter windbewegte Felder voll roten Mohns. Im herankommenden Abend wurde es noch schöner. Linden, breitwipflig, goldgrünschimmernd, honigbraun blühend. In Colorado Springs, auf dem Weg zwischen Cutler Hall und Music Department, waren auch Linden gewesen, sie hatten voller geblüht und weniger geduftet. Kastanien, rote Kerzen und weiß. Wie lange hatten wir Kastanien nicht gesehen? Akazien! Ihre Dolden schimmerten, die weiße Süße, betörend mit dem Lindenduft gemischt, drang durch die offenen Fenster. Laubwälder, manchmal einige Fichten oder Tannen. Mit verschwenderischen Händen, als sollte es in der allerersten Stunde sein, wurde das Entbehrte zurückerstattet. Die Holdheit drängte her, das Schöne, das aus sich selbst schön war und nicht erst als Abgerungenes, Ertrotztes, Aufgepfropftes – wie hatte man es entbehrt! Erlösende Beglücktheit, fast Erschlaffung bemächtigte sich meiner, als wäre ich zum Verschmachten durstig gewesen und hätte erquickend getrunken. Wem war alles Gepäck abhandengekommen? Wäre es das unsere gewesen, ich hätte keinen Schritt getan, danach zu suchen. Hier sitzen, das Schöne wiedersehen, nichts denken, der Entspannung nachgeben – unsägliche Wohltat nach so viel Spannung.

»Die Wälder von Connecticut sind schöner«, sagte jemand in unserem Abteil, der mir auf dem Schiff nie aufgefallen war.

Möglich. Connecticut. Maine. White Mountains. Colorado. Kalifornien. Aber man muss erst hinfahren, aus New York, aus Chicago, aus der Wüste, eine Tagereise, viele Tagereisen. Hier dagegen kam man an, und in derselben Sekunde war es schön. Und wem Mai dasselbe bedeutete wie Linden- und Akazienduft, für den gab es nicht einmal in Connecticut oder in Maine oder in den White Mountains oder in Colorado oder in Kalifornien wirklichen Mai. Auch Weihnachten war es dort nicht, wo am Heiligen Abend tiefblauer Himmel elektrisch brennende Tannenbäume sonnig übergrellte – ich verschwieg dem patriotischen amerikanischen Mitbürger diese Banalitäten, doch ich bekannte mich glücklich dazu.

Entzauberung

Auf den Champs Elysées hat der Junitag kaum begonnen. Vor dem Café Colisé stellen die Kellner eben erst die Tische ins Freie und kümmern sich nicht um den frühen Gast, der sein Frühstück will und es schließlich bekommt, Tee mit einer Tablette Sacharin und ein längliches Stück schwärzliches Brot. Der frühe Gast bin ich, denn ich muss so schnell als möglich nach Wien – verstehen die Kellner das Selbstverständliche nicht? Acht Jahre bin ich fort gewesen, und die Rückkehr hängt nicht mehr von den Herren Hitler, Runciman, Chamberlain und Daladier ab, nur noch vom Reisebüro Cook und der amerikanischen Botschaft. Das Reisebüro hat mir die Fahrkarten, die Botschaft den »grauen« Pass für die Ennsbrücke auszustellen. Deswegen sind wir in Paris, mein »dependent wife«, die noch schläft, und ich.

Die gemächlichen Kellner, gewöhnt an die Amerikaner, für die Paris das Ziel und jeder Tag in Paris abenteuerlich ist, würden jemanden, der am liebsten in der nächsten Stunde von Paris fortwill, bestimmt nicht verstehen. Für uns aber, für Adrienne und mich – um präziser zu sein, für mich –, ist Paris nur ein Umweg. Ich befinde mich in der schönsten Stadt der Welt, was ich schon vom Juni 1938 bis zum April 1939 nicht hatte glauben wollen, doch das hing vermutlich mit meinem damaligen Zustand zusammen. Heute scheint es mit dem Zustand zu tun zu haben, worin Paris sich augenblicklich befindet; etwas Graues, Verlebtes liegt über den Champs Elysées, die Triumphstraße der Welt leidet Not. Nach dem abscheulichen Tee stehe ich auf und gehe zu Fuß, denn es ist noch nicht acht, und Cook öffnet nicht vor halb neun. Am Rondpoint gehe ich vorbei, im Schaufenster der Redaktion des »Figaro« kommt das Wort »gloire« um einige Male zu oft vor – etwas weiter, vor dem Denkmal Alphonse Daudets, setze ich mich wie damals nieder, als ich dort einen Abschiedsbrief schrieb, den ich aufbewahre:

Paris, 9. August 1938
Wenn ich den Kampf, ohne ihn geführt zu haben, aufgebe, dann weiß ich, dass es dafür keine Entschuldigung gibt, außer die eine, nicht weiterzukönnen. Ich will mich nicht verteidigen. Aber nicht nur, dass ich die Empfindung habe, jedermann zur Last geworden zu sein, ist es mir klar, dass die zwei einzigen Menschen, die noch zu mir gehören, durch mein Fortgehen ihre Existenz sichern. Zwar bürde ich ihnen zu ihrem schweren Schicksal Kummer auf. Aber die Zeit, das hoffe ich, wird ihn lindern. Du, Adrienne, hast die Kraft und Tapferkeit aufbringen wollen, mich nicht alleinzulassen. Da Du bereit gewesen wärst, Deine Zukunft mir zu opfern, der keine Zukunft hat, und da Du nur durch mich in dieses Unheil gerissen wurdest, hätte ich noch unverantwortlicher gehandelt, wenn ich Dich nicht verlassen, sondern Dein Opfer angenommen hätte. Wenn ich aber nicht mehr bin, kannst Du in die Heimat und zu Deinem Beruf zurück – hier bricht das zerfallene Blatt ab, das ich seither in meiner Brieftasche trug. Vielleicht hat mich ein Vorübergehender gestört, vielleicht der Gedanke, wie unentschuldbar jenes »Oder« war, das später, als es von uns gemeinsam erwogen wurde, entschuldbarer schien, vielleicht hat es mir einfach an Mut gefehlt – ich weiß es nicht mehr. Ich sitze auf einem der grünspanüberzogenen, einmal gelblackiert gewesenen Eisensessel, möglicherweise auf demselben wie damals. Auch im November 1938 war ich hier gesessen, als der Ehrengast Ribbentrop in Paris ankam und das Tausendjährige Reich in Flandins »Matin« beifällig erwogen, ja »une possibilité très sérieuse« genannt wurde. Da hatte ich vor dem Antlitz Daudets, das mich anzog, weil es eine Ähnlichkeit mit dem Arthur Schnitzlers zeigte, an ein Schnitzler-Wort denken müssen: »Mit Hass verkürzt man alles, auch das Leben.«

Es war acht Uhr geworden, ich stand auf. Die Verwahrlosung wuchs mit jedem Schritt. In dem unbarmherzigen Morgenglanz sahen die Mauern, von denen der Verputz bröckelte, die grauen Fensterläden, die Fußgänger ohne die traditionelle Zigarette im Mund, die wenigen verwitterten Autos greisenhaft aus.

Cooks Reiseagentur in der Rue Royale machte mir auf Fahrkarten nach Wien keine Aussicht. Alles vorausbestellt. Vielleicht in zehn Tagen.

Ich widersprach heftig. Hatte ich denn schon die »grauen« Pässe? Die würde ich in einer halben Stunde haben, sagte ich. Keineswegs, entgegnete man. Sie arbeiteten langsam auf der amerikanischen Botschaft. Weshalb übrigens pressiere es mir so? Eine Woche oder zwei in Paris – jeder meiner Landsleute würde mich beneiden! Vielleicht erkundige ich mich in zwei, drei Tagen wieder, voyons, monsieur, auf einige Tage komme es doch nicht an! Auf Stunden kam es an, wenn man acht Jahre gewartet hatte, ließ ich mich hinreißen, dem meiner überdrüssigen Angestellten zu antworten. An dem Blick, den er mir gab, merkte ich seine Vermutung, ich habe die acht Jahre im Gefängnis verbracht. Ganz unrecht hatte er nicht, und etwas später hielt ich unsere Plätze in der Hand, sogar Schlafwagenplätze, Nummer 13, Nummer 14, Arlbergexpress, für morgen; mir war das Argument eingefallen, um sie zu bekommen – enfin, vous êtes en France!

In der Rue Boissy d'Anglas aber, wo ich vor sieben Jahren unsere Auswanderervisa erhalten und den amerikanischen Konsul wegen unzulänglicher Englischkenntnisse mit »good-bye!« begrüßt hatte, wurden dem im Auftrag des »Departments« reisenden Amerikaner die grauen Karten für seine Frau und ihn selbst unverzüglich ausgestellt. »Occupational Force Travel Permit« stand darauf, es ermächtigte den Inhaber, »via Enns and via Semmering« aus »US Zone Austria and British Zone Austria« innerhalb von drei Monaten nach Wien zu reisen, und verpflichtete ihn, nach Ablauf von drei Monaten zurückzukehren. Diese drei Monate würden jeweils auf drei weitere ausgedehnt, solange die Dienstzuteilung dauere. Doch könne das, meinte der Beamte beruhigend, keinesfalls länger als bis zum Herbst sein, schlimmstenfalls bis Weihnachten; wahrscheinlich werde der Friede mit Österreich in drei, vier Monaten perfekt – mit Deutschland allerdings mochte es sich etwas verzögern, »may take a bit longer«, räumte er ein, aber dorthin ginge ich ja nicht. Damit hatte der Pariser Aufenthalt die an ihn geknüpften Bedingungen erfüllt und unserer morgigen Abreise stand nichts mehr im Wege.

Als ich Adrienne die Papiere brachte, fragte sie: »Erwartest du dir nicht zu viel?«

Ich erwartete mir alles und nichts. Ich erwartete nichts von meinem Dienst, dessen Umfang ich mir nicht einmal vag vorstellte; ich erwartete nichts von Tätigkeiten und Menschen. Ich erwartete alles vom wieder zu Hause sein.

Nachts, in unserem »Hotel d'Angleterre«, Rue Saint Philippe du Roule, ging ich, wie in all den Hotelzimmern all die Jahre, in Wien und Salzburg spazieren, vom Prater nach Hellbrunn, aus der Kärntner Straße auf die Hohensalzburg, ungezählt oft hatte ich das im Exil – falsch, in meinem nunmehrigen Vaterland! – mit einem Herzen aus Stein getan. Jetzt war mein Herz leicht. Zwischen dieser Nacht und dem Abend, an dem mir Bruno Walter zum Überleben zuredete und meine empörte Gegenrede zurückwies, lag kaum ein halbes Jahr. Mein Herz war leicht. Freude ließ mich in dieser Samstagnacht nicht schlafen.

Die Waggontafeln des Sonntag in der Gare de Lyon bereitstehenden Zuges lauteten: »Paris–Basel–Buchs–Wien, Westbahnhof«. Lange bevor man einsteigen durfte, stand ich auf dem Perron und las es immer wieder. Wien. Wien, Westbahnhof. Bis übermorgen neun Uhr früh hatten wir zu fahren, in achtunddreißig Stunden waren wir dort. Ich nahm mir vor, von der Minute, da ich in den Zug stieg, bis zu der Ankunftsminute nichts zu denken als: Ich fahre nach Hause!

Es gibt Vorsätze, die man nur halten kann, wenn man sie nicht hat, heißt die paradoxe Wilde'sche Umschreibung der Selbstgerechtigkeit. Ich schlief ein, Bett 13, nachdem wir mehrere Stunden gefahren waren. Früh am Montagmorgen erwachte ich, der Zug stand im Bahnhof Basel, man hatte auszusteigen und zur Zollabfertigung zu gehen.

Zürich. Mein Bruder Hans, den ich verständigt hatte, wartete auf dem Bahnsteig. In siebeneinhalb Jahren, so lang hatten wir einander nicht gesehen, alterte man offenbar auch in der verschonten Schweiz – fast hätte ich ihn nicht wiedererkannt. Ich erschrak bei seinem Anblick, er tat es bei dem meinen, doch wir versicherten einander, wir hätten uns nicht verändert, wechselten die Redensarten, womit die Konvention das Unüberbrückbare überbrückt. Es war ein Zwanzigminutenaufenthalt, für den er aus seinem Örtchen Einigen gekommen war, uns zu umarmen und zum Tod Hansis, die er geliebt hatte, ein Wort zu sagen, er tat beides nicht. Von der für die Jahreszeit erstaunlichen Kälte redeten wir, er hatte ein neues Stück angefangen, wo würden wir in Wien wohnen, er wolle hinkommen, sobald er das Visum erhalte, übrigens war er inzwischen Schweizer Bürger geworden. Oder kämen wir nicht vorher wieder einmal zu ihm an den Thunersee? Dass unser älterer Bruder Robert nach Riga deportiert und dort von den Nazis erschlagen worden sei, wusste ich natürlich? Ich hatte es nicht gewusst, sondern ihn für verschollen gehalten und bis zur Stunde die absurde Hoffnung bei Hoffnungslosem genährt. Dort stand Herr Kienböck, der ehemalige Präsident der Österreichischen Nationalbank, und grüßte herüber, grüß Gott, Herr Präsident, ergebenster Diener, Herr Hofrat, wie steht das werte Befinden, hätte Sie in der Uniform gar nicht erkannt.

Dann war es Zeit einzusteigen. Woher kam die Nachricht vom Tode unseres Bruders Robert? Aus Wien, authentisch. Wir winkten einander, der Zug fuhr. »Herr Hofrat« war ich lange nicht angeredet worden. Unser Bruder Robert! Er war so stolz auf uns gewesen, auf »die zwei Jüngeren«. Die Nachricht kam aus Wien, authentisch. Man hatte sie hingenommen, kein Wesens davon gemacht, war zur Tagesordnung übergegangen, weshalb auch nicht, es passierte ja alle Tage, dass ein fünfundsechzigjähriger Wiener Rechtsanwalt, der keinem ein Haar gekrümmt hatte, nach Riga verschleppt und dort erschlagen wurde.

»Die Uniform wird man dir vorwerfen«, sagte Adrienne.

Nach zwei Stunden erreichten wir Buchs, bald danach Feldkirch, die österreichische Grenze. Hier hatten, vor acht Jahren, die Bahnhofsmauern schmückende Inschriften getragen: »Der deutsche Gruß heißt Heil Hitler!« Hier hatte sich der Polizeiinspektor Moser unser angenommen, sonst hätten Hansi und ich das Schicksal meines ältesten Bruders geteilt. Das heißt, Hansi hatte es inzwischen ereilt. Man durfte den Erinnerungen nicht nachgeben, an der österreichischen Grenze.

Man musste zum Fenster hinaussehen, als der österreichische Schaffner in seiner jämmerlich abgetragenen Uniform, vor den Spezialpässen und der amerikanischen Uniform salutierend, aus dem Abteil gegangen war. Bald würde man auf der Arlberghöhe sein, wo einem schon in der Jugend der Atem ein wenig stockte, vielleicht vom Herzen, vielleicht von der Lust des Daseins. Jetzt stockte er von beiden.

St. Anton, wo sie uns überfallen hatten. Landeck, von wo die SA-Männer gekommen waren. Immer wieder schob sich zwischen die ersehnten Anblicke eine untilgbare Erinnerung, die sie vereiste. In Kitzbühel, wo Mary, die Kinder und ich am Schwarzsee drei Sommer Ferienglück genossen hatten, erkannte ich vor dem Bahnhof mehrere schon zu Schuschniggs Zeiten mit den Nazis einverstandene Leute. Sie trugen Steirergewänder, Gamsbarthüte und sahen wie Sinnbilder des Patriotismus aus, ein wenig reduziert, doch selbstbewusst; einer hatte noch das Chaplin-Schnurrbärtchen Hitlers, vermutlich würde er es im Bedarfsfall rasieren. Dieser Bedarfsfall – ein Wiener Industrieller, der seit der Grenze mitfuhr, erzählte es uns – sei in dieser Gegend nicht wahrscheinlich, nach Tirol, der französischen Besatzungszone, hätten sich eine Menge Wiener »vorläufig abgesetzt«, denen es im Viermächtezentrum nicht geheuer schien; zu den wenigen durcheilenden Fernzügen gaben sie einander Rendezvous, eine Art Klub, wo man sich auf dem Laufenden hielt, wer zurückkam und ging. Allerlei berichtete unser freundlicher Informant, er selbst hatte manches zu erdulden gehabt, jedoch, meinte er, das sei nun vorbei, man müsse es vergessen, seinem Herrgott danken, dass es vorbei sei, und mit Zuversicht in die Zukunft blicken.

Etwa um neun Uhr abends näherten wir uns Salzburg. Es war noch hell. Beim Einfahren standen der Gaisberg, der Untersberg, die Hohensalzburg, die Türme und Kuppeln der Kirchen klar und herrlich gegen den Himmel. Jäh verschwand der Zwiespalt der Empfindungen, es zählte nicht, was sich der Wiedersehenslust entgegenwarf – die Wunder des Zurückgekehrtseins und des Überlebens geschahen wunderbarer, als man an sie geglaubt hatte. Im sacht ergrauten Licht zeichnete er sich ab, der stolz bescheidene Untersberg, den Garten der Götter übertreffend; der waldige Gaisberg, lächerlich unscheinbar, gemessen an den Waldbergen von Maine, doch zauberischer als die geheimnislosen; ohne Drohung zackte die Hohensalzburg, die lieblichste der Festungen, sich empor; Kirchenuhren schlugen die neunte Stunde, und Glocken läuteten mit einer Harmonie, die es sonst nirgends gab, weil sie Mozart hieß. Dass auf unserer Fluchtfahrt auch hier Spruchbänder des Hasses hingen, läuteten sie hinweg.

»Ist es nicht phantastisch schön?«, fragte ich Adrienne, die neben mir am Fenster stand. Und sie antwortete, zum ersten Mal seit unserer Heimfahrt ohne Rückhalt: »Ja!«

Übrigens lief unserem Waggon, der Zug fuhr noch ein, mein Schwiegersohn entgegen, von Wien gekommen, uns zu begrüßen, er sprang auf und wollte sofort zu erzählen anfangen, doch bat ich ihn, all dies noch einen Augenblick betrachten zu dürfen; der »Augenblick im Paradiese« wird paradiesischer für jene, die der Hölle zu nahe kamen, ich wollte ihn mir nicht verkürzen lassen.

Der Zug stand lange, inzwischen brach die Dunkelheit ein, die Umrisse des Wiedergewonnenen verschwanden, und ich ging in unser Abteil, um von dem Wien zu hören, das ich nicht mehr kannte.

Mir war bewusst geworden, wie falsch die Behauptung ist, das Erwartete bleibe hinter den Erwartungen zurück. Jedoch wenn beide übereinstimmen, dann wird, Schopenhauer erkannte es, das Erwartete »nicht die Vorstellung vom Möglichen, sondern der Wille zum Unmöglichen«. In dieser Stunde jedenfalls, einer der besten, vielleicht der besten meines Lebens, hatte das Erwartete die Erwartung übertroffen, weil ich erwartet hatte, von dem Entbehrten ergriffen zu werden, aber nicht von der Liebe dazu. Nur das eigene Leben lehrt die Wahrheiten. Die Wahrheit des Wiedersehens hängt von der Wahrheit des Wieder-lieben-Könnens ab. Dass ich es konnte, machte mich froher als das, was uns bevorstand.

Meinem Schwiegersohn zufolge stand uns manches bevor, im Moment, da er davon sprach, ließ es sich weder erkennen noch beurteilen. Er hatte eine mir unbekannte Wiener Zeitung mitgebracht, angeblich die verbreiteteste, worin es hieß, ich kehre zurück, »um dem österreichischen Kulturleben die notwendigen Antriebe zu geben, es von den ihm anhaftenden Resten der überwundenen kulturmörderischen Epoche zu befreien«, und dass mich »alle am geistigen Leben Beteiligten, aber auch alle wahren Österreicher mit freudigster Ungeduld« erwarteten.

»Mit freudigster Ungeduld«, wiederholte Adrienne in dem die wahren Sachverhalte herstellenden Ton, der ihr auf der Bühne Lachen sicherte. Daran sei nichts komisch, erklärte mein Schwiegersohn. Die Leute freuten sich ehrlich, mich unter den Ersten zu sehen, die zu ihnen zurückkamen. Adrienne wollte wissen, wer diese Leute seien. Mein Schwiegersohn zögerte, dann nannte er unbekannte Namen; auch über seine eigene Rückkehr habe man sich gefreut, vor allem seine ehemaligen Burgtheaterkollegen. Adrienne blieb unerbittlich. Ob denen seine amerikanische Uniform gefalle? Gerade von Schauspielern werde dies als ein die Rückkehr ermöglichendes Kostüm betrachtet, antwortete er schlagfertig. Es war Zeit, schlafen zu gehen, und wir vertagten das Gespräch. Schon morgen würden wir uns ja davon überzeugen, wie recht der Artikelschreiber hätte, meinte mein Schwiegersohn.

Enns war die Station, vor der unser französischer Schlafwagen-Schaffner uns warnte. Enns war in meiner Jugend die Garnison der Vierer-Dragoner gewesen, mehr wusste ich von der kleinen Stadt nicht. Bisher seien wir durch die französische und die amerikanische Zone gefahren, erfuhren wir, jenseits der Ennsbrücke beginne die russische, die Russen jedoch ließen manchmal die Reisenden nicht durch. Doch jedenfalls solche, die in alliiertem Auftrag reisten und den für Enns ausdrücklich geltenden »grauen« Pass besaßen? Auch bei solchen sei das vorgekommen. Damit wünschte der Schaffner uns gute Nacht.

Ein letztes Hindernis? Auch ohne diese Möglichkeit wäre ich während der zweiten Nacht in Bett 13 ruhelos gewesen. Wachträumend versuchte ich, das Widersprechende des Tages zu ordnen, da wurde es chaotischer. Schließlich muss ich eingeschlafen sein, denn bei Tageslicht wurde an die Tür geklopft, vor der zwei blutjunge russische Soldaten standen. Sie verlangten die Pässe, erst die grünen amerikanischen, dann die alliierten grauen, versuchten sie zu lesen, zuerst der eine, dann der andere. »Amerikanski?«, fragte der eine. »Tak«, sagte ich, woraus neben »Njet« meine einzigen Kenntnisse des Russischen bestanden und worauf sich, auf »Njet« besonders, wie ich erfahren sollte, die russische Konversation mit Amerikanern zu beschränken pflegt. Die Knaben salutierten und verschwanden. »Eh bien«, gab der Schaffner achselzuckend zu, »quelques-uns sont gentils.« Ich habe nie begriffen, warum es den Menschen Freude macht, Angst zu machen.

Obwohl es zeitig am Morgen war, hatten wir von Salzburg bis Enns acht Stunden gebraucht und würden noch drei bis Wien brauchen, wenn nicht vier, wegen der jämmerlich schlechten Geleise – es empfehle sich, weiterzuschlafen. Wir brauchten drei, und in den Rhythmus der vorsichtig rollenden Räder, aus dem ich als Kind die Zauberbotschaft herausgehört hatte: »Jetzt bin ich bald da! Jetzt bin ich bald da!«, sagte ich vor mich hin: »Heut' bin ich in Wien! Heut' bin ich in Wien!«

Als ich es oft genug gesagt hatte, waren wir in St. Pölten, eine Stunde später in Hütteldorf. Hütteldorf-Hacking. Penzing. Hier war man vorbeigekommen, sooft man aus den Ferien nach Wien zurückfuhr, die Züge verlangsamten das Tempo nicht, sondern eilten durch. Aus dem Salzkammergut war man gekommen oder aus Tirol, übermorgen fing die Schule an. Unser Zug fuhr so langsam, dass man hätte meinen mögen, er bewege sich nicht. Die gesprengten Brücken, nicht ungefährlich, sagte der französische Schaffner, der so gern Bescheid über Gefahren wusste. Dann sah man Straßen.

Dann fuhr der Zug im Fußgängertempo irgendwo ein. Es war nicht die Ankunftshalle des Westbahnhofes, sondern der »Sommerperron« im Freien, wo die Ausflugszüge anzukommen pflegten. Wir kamen von unserem Ausflug zurück.

Auf dem ungedeckten Sommerperron standen Adriennes Schwester, eine jüngere Kollegin meiner Frau, ein junger amerikanischer Leutnant und ein Photograph mit seiner Gehilfin; sie begrüßten, sie fotografierten uns. Es gab weder Taxis noch Träger. Das Gepäck wurde aus einer Holzbaracke in den Jeep des amerikanischen Leutnants von ihm selbst verladen. Mein Schwiegersohn und er fuhren damit voraus, wir fuhren in dem Dienstwagen, der mir zur Verfügung gestellt war, einem requirierten, zerbeulten Opel Kapitän; mein Fahrer hieß Benno; er ist vierzehn Jahre mein Fahrer geblieben.

Meine Schwägerin sagte: »Ihr seht beide gut aus.« Wir sagten: »Du auch.« In Zürich hatten wir mit meinem Bruder dasselbe Gespräch geführt. Wenn man einander sehr lange nicht gesehen hat, längere Zeit im Gefängnis gewesen war wie meine tapfere Schwägerin und noch länger im Exil wie wir, hat man gut auszusehen. »Wie lange werden Sie bleiben?«, fragte die Kollegin meiner Frau. »Solange sein Job dauert«, antwortete Adrienne für mich. »Wie lang wird das sein?«, fragte meine Schwägerin. »Einige Monate«, sagte Adrienne. »Und dann wollt ihr wieder zurück?«, fragte die Kollegin meiner Frau. »Wir müssen«, sagte Adrienne.

Vor der Mariahilfer Straße ein großes weißes Schild mit aufgemaltem Sternenbanner: »Entering US-Zone.« Die Mariahilfer Straße US-Zone! Schutt zwischen Verschontem, das Verschonte rissig, armselig, Einschüsse in den Mauern, über den Erdgeschoßen aufgemalte weiße Pfeile und Buchstaben: LSK, LSR. Nirgendwo Glas. Die Fenster mit Pappendeckel verschalt, die Schaufenster mit Holz, was in den Schaufenstern lag, nahm man im Vorüberfahren nicht wahr. Die wenigen Menschen, die man sah, hohlwangig, mit abgetragenen Salzburger Jacken, Kniestrümpfen, Steirerhüten. Links die Stiftskaserne – amerikanisch! Zwei hünenhafte MPs mit spiegelblanken Schuhen und schneeweißen Handschuhen regelten den Verkehr, der aus drei Jeeps bestand. Rechts gegenüber, am zerbombten Haus No. 13, hing ein Alkoven buchstäblich in der Luft, darüber nichts, darauf die Tafel: »U. M. Dr. Paul Berger.« Beim Zahnarzt Dr. Berger war ich oft gewesen, der Dr. Berger war vergast, die Tafel war geblieben. In der Babenbergerstraße, nächst dem Kunsthistorischen Museum, dem eine Kuppel fehlte, erhob sich unförmig ein Schuttberg aus Überresten von Zerbrochenem; dazwischen wucherte Unkraut. Das Unkraut blühte gelb.

»Jetzt sieht es schon viel besser aus«, sagte meine Schwägerin. »Vor einem Jahr hättet ihr es nicht wiedererkannt!«

Wir fuhren an der Oper vorbei, die kein Dach und nur eine halbe Fassade hatte, von der eine Trauerfahne herabhing. Der Tenor Leo Slezak sei gestorben, sagte die Kollegin meiner Frau. Den Heinrichshof gegenüber, wo ich den Tenor Slezak oft besucht hatte, gab es nicht. Aber das Hotel Bristol gab es, es war für amerikanische VIPs reserviert (»very important persons«). Dort sollten wir wohnen, bis man uns ein Privatquartier anwies. »Gottlob, dass ihr wieder da seid«, sagte meine Schwägerin, als der Wagen hielt.

»Ami go home!«, schrie ein Halbwüchsiger, als wir ausstiegen.

Wir waren wieder da.

Dritter Teil

DIE GRENZEN DES DASEINS

Das Alltägliche

Am Alltäglichen stirbt der Tag.
Rilke

Ich war überzeugt gewesen, dass nichts mir nahegehen, ja mich nur für Augenblicke beteiligen könnte als das Glück, zurück zu sein. Gewiss hatte ich mit den unvermeidlichen Ablenkungen gerechnet. Doch was immer sie sein mochten, sie würden mir nichts bedeuten, der Dienst vor allem, der mir bevorstand. Bereits am Abend unserer Ankunft änderte sich das.

Wir hatten uns in unserem Zimmer kaum umgesehen, vor dessen Fenstern die nackten Traversen der Opernruine in die Luft stachen, als ich aufgefordert wurde, mich bei meiner Dienststelle zu melden. Benno brachte mich hin, den Weg zurück, den wir eben erst gekommen waren, dann bogen wir aus der Mariahilfer Straße rechts ein und hielten vor Nummer 11 Seidengasse, ich kannte sie nicht, ebenso hätte es eine Pariser Vorstadtgasse gewesen sein können, mit der sich keine Erinnerung verband.

Man wies mich an den stellvertretenden Chef meiner Dienststelle, die »Information Services Branch« (ISB) hieß. Der stellvertretende Chef hieß Dr. Albert van Eerden, der holländisch klingende Name stand auf einem papierenen Türschild. Sein Zimmer, hinter einem geräumigen Vorzimmer, worin zwei Sekretärinnen genauso aussahen wie amerikanische Sekretärinnen überall auf der Welt, war winzig, und Dr. van Eerden, der in einer abgetragenen grünen Eisenhowerbluse am Schreibtisch saß, ein schmächtiger Mann, weit jünger als ich.

Er trug scharfe Brillen, durch die er scharf schaute. Auf den ersten Blick hatte ich die Empfindung, er werde mich nicht mögen oder mochte mich jetzt schon nicht. Er sprach Deutsch mit mir, ein fehler-, ja fast akzentfreies Deutsch, er habe es, bemerkte er mit Stolz, als Student in

München gelernt und, bevor er hierher berufen wurde, als Professor an der Universität Princeton gelehrt. Dort hätten wir, sagte ich auf Englisch, einen gemeinsamen Bekannten, Thomas Mann. Auch Einstein lehre in Princeton?

Der stellvertretende Chef hielt sich weder bei Thomas Mann noch bei Einstein eine Sekunde auf, sondern meinte, man habe ungeduldig auf mich gewartet, es sei notwendig, dass ich den Dienst sofort antrete; er erklärte ihn mir. Auch dem Umstand, dass ich vor einer Stunde nach achtjähriger Abwesenheit und einem Weltkrieg in die Heimat zurückgekehrt war, widmete er keine Sekunde, legte vielmehr Wert darauf, dass ich mich unverzüglich an die Arbeit mache; meine Diensträume befänden sich auf Nummer 13, im Nebenhaus, vorher möge ich mich beim Chef melden, Oberst Lawrence K. Ladue, nebenan, durch das Vorzimmer, dann durch die Türe rechts.

Ich entgegnete, in Washington sei ich angewiesen worden, mich zunächst bei Mr. Erhardt, dem politischen Berater des amerikanischen Kommandierenden in Österreich, General Mark W. Clark, zu melden, was der stellvertretende Vorgesetzte – »deputy chief« hieß er in der Amtssprache – ohne Kommentar zur Kenntnis nahm; ich gewann den Eindruck, er finde es richtig, diesen Rückkehrer unter seine eigene Aufsicht zu nehmen, und dass er mir deshalb so dringend empfahl, mich in allem und jedem zuerst an ihn zu wenden; er würde mich, wenn ich nichts dagegen habe, »Ernst«, ich möge in »Van« nennen, so nenne ihn der »outfit«, worunter er die Beamten von ISB verstand.

Der Chef, Oberst Ladue, ein auffallend hübscher Mann, etwa vierzig, groß, brünett, gepflegt, hatte eine offene Stirn und einen zum Genießen wie zum Lachen bereiten Mund. Aus der berühmten Militärakademie von Westpoint hervorgegangen, war er Berufsoffizier, ein vielfach dekorierter, nach den Kämpfen um Anzio zum Ein-Stern-General befördert, doch vermöge der Ersparungsmaßnahmen des Nachkriegs wie andere in seiner Situation zum Oberst rückgraduiert (»demoted«) und erst kürzlich zum Chef einer Behörde gemacht, die das Kunst-, Buch-, Zeitungswesen und Radio kontrollierte, worin er als Nichtfachmann auf sachkundige Helfer angewiesen blieb. Für einen solchen schien er mich zu halten, sogar für einen vertrauenswürdigen, zumindest lag das in der ungewöhnlich herzlichen Art, womit er mich empfing.

»They tell me, we could'nt have picked a better man«, meinte er und entließ mich, nachdem er mich zum Lunch ins Bristol eingeladen hatte. Der stellvertretende Chef dagegen pflegte in der Messe des Gasthofes »Auge Gottes« in der Nußdorfer Straße zu speisen, wie die weniger begünstigten Angehörigen von ISB.

Das mir zugewiesene Büro im Nebenhaus bestand aus zwei Kabinetten, ihr Hauptschmuck, noch im Juni, aus eisernen, durch die Fenster geführten Ofenröhren; im ersten sollte eine Sekretärin, im zweiten ich amtieren. Auf meinem Schreibtisch häuften sich die Akten. Das zuoberst liegende dickste Bündel trug den Vermerk »Denazification« und galt der schon dem Wort nach problematischen »Entnazifizierung« des österreichischen Theater- und Musikwesens.

Wer immer das Wort erfand, schien Analogien wie Entstaubung oder Entwässerung vor Augen gehabt und gedacht zu haben, dergleichen rücke man zuleibe, wie man es bei Teppichen mit Staubsaugern, bei Grundwasser mit Dränageröhren tut. Man konnte die Nicht-Nazis von den Nazis zeitweise absondern – jedoch wie entnazifizierte man die Nazis? Ich saß noch nicht, als Herr Ingenieur Hochleitner, Landeshauptmann von Salzburg, den »Theatre and Music Officer« interurban dringend zu sprechen und einen sofortigen Bescheid in der Angelegenheit eines Herrn von Karajan wünschte, ein Name, den ich nur aus der Biographie Grillparzers kannte. Offenbar hatte mein aus dem Dienst geschiedener Vorgänger, seit ich ihn abzulösen bestimmt war, grundsätzliche Erledigungen nicht mehr getroffen; meine Assistentin für Musikangelegenheiten bestätigte dies, Mrs. Virginia Pleasants, Pianistin und Gattin eines ehemaligen Musikkritikers am »Inquirer« in Philadelphia, der seinerseits als Major Dienst beim Wiener amerikanischen Hauptquartier versah. Man erwartete von mir, dass ich, dank meiner »Lokalkenntnis«, die Rückstände sehr bald (»in no time«) aufgearbeitet haben würde, äußerte Mrs. Pleasants mit dem freundlichsten Lächeln Amerikas.

Als ich zur Lunchverabredung ging, wusste ich, dass ich längstens in einer Stunde wieder in dem Ofenröhrenkabinett zu sitzen habe und dass mir ein grotesker Irrtum unterlaufen war: Ich hatte gemeint, das, worum es ging, sei zurück sein. Allein worum es ging, war Theatre and Music Section, Information Services Branch, USFA, mit je einem Büro in Wien, Salzburg und Linz. Zum Zurückgekommensein hatte ich demnach bis zum Sonntag keine Zeit, heute war Dienstag. Es könne mich auch an Sonntagen Journaldienst treffen, »if you're not lucky«, meinte Mrs. Pleasants.

Wenn es je eine tragikomische Situation gab, war es die meine. Jemand, der für ein Ziel gelebt hat, ist am Ziel, aber man lässt es ihn nicht sehen.

Der Tag verging mit Aktenlesen, Telefonaten, hektischen Anstrengungen, mich zumindest notdürftig zu informieren, wobei der junge Leutnant half, der mich bei der Ankunft erwartet hatte, ein ehemaliger Wiener aus der Familie des Lustspielautors Franz von Schönthan; auch er stand vor der Rückberufung nach Amerika, wie überhaupt die Ansicht zu bestehen schien, die Agenden meines Amtes bedürften einer neuen, festeren Hand.

Abends, im Hotel Bristol, kam Adrienne mir mit dem ersten Besuch entgegen, der zu uns gefunden hatte: der Schauspieler Alfred Neugebauer von der Josefstadt, ein nobel aussehender und denkender Mann. Wann ich die Josefstadt wieder übernehmen würde, war seine erste Frage. Ich besäße einen noch gültigen Vertrag?

Knapp bevor man mich vertrieb, hatte ich einen neuen zehnjährigen Vertrag geschlossen, der bis 1948 gelten sollte, also gültig war. Eigentlich, meinte Neugebauer, hätten mir die Schauspieler deputativ bis Feldkirch entgegenfahren und die Schlüssel »meines« Theaters überbringen müssen.

Ähnliches sagte die zweite Besucherin dieses ersten Tages, Paula Wessely. Sie hatte Blumen in der Hand, die unveränderte Anmut ihrer Einmaligkeit in den Zügen, Wien trat mit ihr ein. Habe ich bei einem früheren Anlass gesagt, dass nicht ein Einziger den Mut gehabt hatte, uns in die Emigration zu schreiben? Sie war die Einzige gewesen, es kam uns jetzt in Erinnerung, als sie plötzlich dastand; »wir leben davon«, hatte sie Adrienne nach Paris geschrieben, »was Reinhardt und Ihr uns hinterlassen habt!«

Noch ein dritter Besucher fand sich ein, als ich vor Erschöpfung nur noch Augen für das Bett hatte, er ließ sich keineswegs abweisen, obschon ich der Telefonistin sagte, einen Herrn namens Dr. Hilbert kenne ich nicht, und er möge die Freundlichkeit haben, sein Anliegen auf morgen zu vertagen – da stand er bereits im Zimmer, vielmehr er stürzte herein und saß bald danach auf dem Bett, ein merkwürdiger Mann, in der Tat, ein außergewöhnlicher Mann, wie ich Gelegenheit haben sollte, in den nächsten Wochen, Monaten und Jahren fast täglich wahrzunehmen.

Wir wären alte Bekannte, erinnerte er mich, hätten einander in Prag kennengelernt, wo er zur Zeit eines Josefstädter »Nathan der Weise«-Gastspiels als Presse-Attaché an der österreichischen Botschaft wirkte, und ohne ein Wort der Frage, wie wir es drüben gehabt hätten, eine Frage übrigens, die so lange niemand stellte, bis wir sie nicht mehr erwarteten und jeden berichten ließen, wie furchtbar es hüben gewesen war, ging er zu den Dingen über, die ihn erfüllten, den Leiter der Bundestheaterverwaltung, als den er sich zu erkennen gab. Er führe das Burgtheater morgen zu einem Gastspiel nach Zürich, vorher habe er mich unbedingt sprechen wollen, denn es handle sich um die ersten wirklichen Salzburger Festspiele seit Hitler, und sie müssten glanzvoll sein.

Von denen, die ich an diesem ersten Tage sah, erschien er mir am erstaunlichsten. Sieben Jahre im KZ, auch diese Bezeichnung hörte ich zum ersten Mal, hatten ihn nicht zerschlagen, vielmehr gestählt. Ein Enthusiasmus und Ehrgeiz für Österreich befeuerten ihn, den Eindruck nicht verfehlend. Ich wusste nichts von ihm, doch ich sagte ihm meine Unterstützung zu und glaube, dass ich sie ihm nie vorenthielt.

Jedenfalls hatte er alle Müdigkeit verjagt, und als er gegangen war, beschlossen wir, unten im Speisesaal zu Abend zu essen und nachher durch die Kärntner Straße bis zum Stephansplatz zu gehen. Wir aßen unter Amerikanern amerikanische Speisen, es nahm sich unwirklich aus, wie da in einem typisch österreichischen Restaurant mit Selbstverständlichkeit Dinge bestellt und von österreichischen Kellnern nicht anders aufgetragen wurden als in Indianola, Iowa, oder in Dallas, Texas; die Speisen schnitt man erst mit dem Messer in Bissen, dann wurde das Messer auf den Tellerrand gelegt, Bissen nach Bissen auf die Gabel gespießt und äußerst langsam verzehrt, bisweilen schwebte, Gespräches wegen, der Bissen so lange auf der Gabel, bis er kalt war, zum »Hamburger« wurde Kaffee genossen, alles wie in Omaha, Nebraska, oder in Portland, Oregon. Nach dem Dessert (als »Disöhrt« bestellt) gingen wir, Adrienne, das Ehepaar Pleasants und ich, »sight seeing« – da wir so nahe wohnten, wäre es absurd gewesen, bis Sonntag zu warten.

Zumindest die Kärntner Straße und die Stephanskirche wollte ich sehen, doch die Kärntner Straße waren Bombentrichter und Nachtruinen, aus denen Gras wuchs – das heißt, um genau zu sein, es gab ein britisches Informationsbüro gleich um die Ecke, ein amerikanisches Informationsbüro im Hotel Sacher, die Deutsche Ritterordenskirche und zehn oder zwölf herabgekommene, den Namen kaum verdienende Häuser; da wollte ich nicht weiter zur Stephanskirche, die Major Pleasants zufolge nur Stückwerk war.

Auf dem abrupt angetretenen Rückweg plauderte der Major von meinem Großonkel Hanslick, über den er ein Buch schreiben wollte und inzwischen in New York veröffentlicht hat – wie lange war er tot? Hatte sein Tod, der eines so bedeutenden Musikgelehrten, eine fühlbare Lücke im Wiener Musikleben hinterlassen? Vermutlich dachte er, die Frage sei eine lebendige Verbindung mit der Vergangenheit. An den Tod meines Großonkels hatte ich nicht die mindeste Erinnerung. Dass dagegen die Kärntner Straße gestorben war, blieb ein Todesfall, über den ich im Augenblick nicht hinwegkam, und dem ich auswich.

Übrigens klebten an der zur Maskierung meterhohen Schutts gegenüber unserem Hotel errichteten Holzwand handgeschriebene Zettel: »Tausche zweitürigen Eichenholzkasten gegen 1 Kilo Zucker. Tausche vollständige Ausgabe von Grillparzers Werken, gut erhalten, gegen 3 Herrenhemden« – so und ähnlich lauteten die Angebote, womit die Not auf die Gasse ging. Leute standen davor und schrieben sich Namen und Adressen derer auf, die Grillparzer gegen Hemden tauschten.

Aus dem Untergeschoß unseres Hotels tönte Jazz. Dort befinde sich der »Bristol-Club«, wollten wir schnell einen Drink nehmen? Noch bevor ich nein sagen konnte, waren die Frauen vorausgegangen; sehr animiert gehe es zu, weshalb wollte ich es nicht einen Augenblick genießen? Auch eine »floor show« gebe es, mit einer amüsanten Hundenummer.

Es gab eine »floor show«, wie es sie in Buffalo, Cincinnati, Pittsburgh und Saint Louis nicht besser und nicht schlechter gegeben hätte, Hunde produzierten sich, halbverhüllte Frauen, »Crooner«, die beinahe so schmachteten wie Bing Crosby oder »Frankie« Sinatra, die Tische standen im Kreisrund, so dass vor ihnen die Tänze getanzt werden konnten, die man in Oklahoma, Utah und Wyoming tanzte, an den Tischen saßen ein Brigadegeneral mit zwei amerikanischen Frauen, ein Oberst mit seiner Tochter, zwei Oberste allein, zwei Oberstleutnants mit Begleiterinnen in armseligen Fähnchen, einige andere solcher billig aussehenden Mädchen mit Uniformkavalieren, offenes, gebleichtes Haar, knallrote Nägel, barbarisches Englisch – »indigenous people«, erfuhren wir, Einheimische, von Offizieren zu einer kleinen Unterhaltung eingeladen.

Die schwarze Fahne wehte noch von der halben Opernfassade, als wir aus unseren Fenstern in die Nacht schauten. Der alte Hausdiener, den ich bereits gekannt hatte, als ich mit Adrienne am »Blumentag« Papierblumen nächst der »Sirk-Ecke« des Hotels Bristol verkaufte, machte uns darauf aufmerksam. »Net amal den Heinrichshof, wo der Herr von Slezak g'wohnt hat, ham s' stehn g'lassen, die Amerikaner – entschuldigen schon, der Herr Hofrat is ja jetzt aa aner!«, sagte er, auf die Wüste gegenüber dem Hotel zeigend. Und er fügte vertraulich hinzu: »Gelt'n S', Herr Hofrat, dös müass'n aa Sie zugeb'n – dös Bombenschmeiß'n war do' nix wie'r a Barbarei!« Ich hätte sagen sollen: »Es war die Konsequenz der Barbarei!«, doch ich sagte dem Herrn Steindl gute Nacht, und damit ging der erste Tag unserer Rückkehr zu Ende. »Es war ja klar, dass solche Probleme entstehen werden«, sagte Adrienne, »hast du's dir anders vorgestellt?« Ich hatte mir gar nichts vorgestellt. Vermutlich ist das die Vorbedingung der Existenz.

Am Abend darauf schrieb mir mein Dienst den Besuch der ersten Theatervorstellung vor, seit ich Wien verlassen hatte. Es war weder die

Josefstadt noch das Burgtheater. In den Kammerspielen wurde Franz Werfels »Jakobowsky und der Oberst« gegeben, ein bitterer Schwank, dem der Wiener Emigrant Oskar Karlweis einen außerordentlichen Broadway-Erfolg gesichert hatte. Zwischen Adrienne und ihm, Kollegen seit den Anfängen, war vereinbart gewesen, er werde ihr vom »try-out« das Ergebnis nach New York telegraphieren: »flop« für den Fall des Misslingens, »mild success«, wenn es mäßig, »great success«, wenn es bemerkenswert gelang; »triumph« hatte er telegraphiert. In seiner Rolle trat der Charakteristiker Skraup zwielichtig hervor und brachte mir die Komödie tragischer Konfusion näher, als sie mir drüben ging, weil ich einer nicht unähnlichen Situation gegenüberstand, die keinesfalls ein Triumph werden konnte. Jedenfalls fühlte ich mich in der Rolle eines Antipoden, von dem Wohl und Wehe abhing, »falsch besetzt«: Demnächst würde ich in »Denazifizierungs«-Fragen des Theaters Entscheidungen treffen und heiße Eisen angreifen müssen, die bisher niemand anrühren wollte, dazu hatte man mich hergeschickt. Kurz vor dem Theaterbesuch war mir das von Mr. Erhardt klargemacht worden.

Ein ehemaliger »call-boy«, wie er selbst von sich erzählte, ein Junge, der in Broadwaytheatern vor Spielbeginn an die Garderobentüren klopfte und »half hour, please!«, »fifteen minutes, please!« ausrief, war er, ins Diplomatenfach verschlagen, steil emporgestiegen – augenblicklich politischer Ratgeber des Generals Clark, dem er mich als einen genauen Kenner der »inside stories« präsentierte. »Don't let anything interfere!«, war sein Appell an mich, als er darauf hinwies, es gebe gedruckte Schwarze Listen, sie enthielten die Namen der Nazis »in the show business«, und diesen habe ich, soweit es bisher nicht geschehen sein mochte, jede Tätigkeit in ihren Berufen zu untersagen; sollten verdächtige Umstände Personen belasten, die sich noch nicht auf der Schwarzen Liste befanden, dann war gegen sie ein Verfahren einzuleiten und die Liste um ihre Namen zu vermehren.

Er wisse genau, bemerkte er und bediente sich hierbei eines akzentuierten Deutsch, dass die Österreicher »Ausnahmen liebten«. Doch ein Prinzip sei nur dann eines, wenn man sich ausnahmslos dazu bekenne;

ich werde ihm recht geben, dass gerade der Beruf der Schauspieler, denen »der Menschheit Würde« in die Hand gegeben worden war – er zitierte einwandfrei, obschon die Würde in seinem Mund »U-ordi« klang –, die Respektierung der Menschenrechte selbstverständlich mache.

Ich antwortete, was jeder, der mit Schauspielern zu tun hat, weiß: Eine der Voraussetzungen des Schauspielerberufes sei die Verstellung, und eine seiner Folgen eine Ichbezogenheit, die anderen Interessen wenig Raum gebe, Lektüre zumeist auf Theaternachrichten, allgemeine Bildung auf ein Spezialsegment und Teilnahme am Weltgeschehen darauf zu reduzieren pflege, inwieweit es sie betraf – ich zitierte sogar die berühmte deutsche Tragödin, der während des Ersten Weltkrieges ihr Hutkoffer abhandenkam, was ihr den empörten Ausruf entlockte: »An den Krieg werde ich denken!« Mr. Erhardt lachte, Humor war eine seiner besten Eigenschaften, doch ließ er keinen Zweifel, was er von mir erwartete.

Während ich Werfels Schauspiel sah und seiner Brüderlichkeit gedachte, kam mir zu Bewusstsein, dass ich vor vielen Jahren aus der Kutte des Staatsanwaltsgehilfen gesprungen war; ich sollte sie jetzt, unter entscheidend anderen Bedingungen, wieder anziehen. Damals hatte ich das Gesetzbuch als Grundlage gehabt, und es hatte mir nicht genügt; jetzt hatte ich nichts als eine Schwarze Liste. Damals hatte ich diejenigen, die ich anklagte, erst bei der öffentlichen Verhandlung zu Gesicht bekommen; jetzt würde ich die meisten von ihnen seit langem kennen. Damals hatte ich nur angeklagt; jetzt würde ich zugleich anklagen und richten. Zwar würde ich keine Skrupel haben, in den sogar über den Ozean gedrungenen notorischen Fällen die Verbotsstrafe zu verhängen, weil mein Widerwille vor Damen, die in den Zuschauerraum gerufen hatten: »Hier riecht's nach Juden!«, oder vor Herren, die einem von SA-Leuten zu Kniebeugen auf der Straße gezwungenen Kollegen auf die Glatze spuckten, kompromisslos und heftig blieb. Ich verhehlte mir auch nicht, dass es von den Betroffenen und ihrem Anhang als Ressentiment ausgegeben werden würde: Jedoch ich zweifelte daran, wie ich handeln würde, wenn zwar der Buchstabe der Anklage stimmte, nicht jedoch ihr menschlicher Hintergrund, also genau das, was mir seinerzeit das Amt des Anklägers unerträglich machte.

Andererseits ließ sich Mr. Erhardts Behauptung nicht bestreiten, Exempel seien nicht an den Episodisten und Komparsen des Üblen zu statuieren, sondern an seinen Protagonisten, die sich zu Fleißaufgaben gedrängt oder bereitgefunden hatten.

Ob es mir gefallen habe, fragte mich der Theaterdirektor. Es hatte mir sehr gefallen, das Stück des an der Todeskrankheit Emigration gestorbenen Freundes und das Wiedersehen mit dem österreichischen Theater. Ich vermutete nur, dass ich dem österreichischen Theater weniger gefallen würde.

Die Probe blieb nicht aus. Wir waren erst wenige Tage in Wien, und – absurde Fügung! – noch an keinem war es mir erlaubt gewesen, Wien wiederzusehen, weil ich von früh bis spät Dienst tun musste, während Adrienne Pflichtbesuche bei den Damen des Offizierskorps und der diplomatischen Vertretungen machte und empfing, da ließ mich Oberst Ladue rufen. »Shoot!«, pflegte er lachend zu sagen, wenn ich bei ihm eintrat, um Bericht zu erstatten, und legte, den Sessel zurückschiebend, ein Bein auf den Schreibtisch; seiner Zustimmung konnte ich sicher sein – »I'll back you up a hundred percent!«, blieb seine Redensart –, es sei denn, er machte die Einschränkung, vorerst mit seinem Stellvertreter beraten zu müssen: »Let me take it up with Van first.«

Diesmal war nicht ich es, der etwas vorbringen wollte, sondern er hatte mir etwas aufzutragen, und, es war ihm anzumerken, nichts Angenehmes. Ich habe noch am selben Abend abzureisen, um meine Büros in Linz und Salzburg zu visitieren, mich in beiden Städten nur kurz, jedoch in Salzburg so lange aufzuhalten, um der Festspielleitung Verbote zu überbringen und eine etwaige Drohung, die Festspiele abzusagen, nicht zur Kenntnis zu nehmen: Die Festspiele hatten stattzufinden, an den bestimmten Tagen mit den bestimmten Darbietungen.

»Ever heard the name Karadjahn?«, wollte er wissen und reichte mir ein Blatt, das alphabetisch die Namen der von mir zu Verbietenden enthielt. Den dicken Akt, der dem Gefragten galt, hatte ich kaum durchzublättern Zeit gefunden und sagte ihm das.

»Better do it right away«, wünschte er. »They« (womit die Festspieldirektion gemeint war) »pretend they can't do without him. Tell 'em they'll just have to.«

Bis zum Beginn der Festspiele waren es kaum sechs Wochen. Ich wusste, dass die meisten Engagements nicht später als ein halbes Jahr vor Beginn abgeschlossen werden mussten. Die Verbotsliste enthielt siebzehn Namen, Dirigenten, Regisseure, Sänger, Schauspieler, Techniker.

Und wenn, wie zu erwarten, erklärt würde, ein Ersatz könne in so kurzer Zeit nicht beschafft werden, vor allem kein festspielwürdiger?, fragte ich.

»That won't do«, war die Antwort; er konnte sehr bestimmt sein, der freundliche Oberst. Im Vorzimmer fand ich Dr. van Eerden. »Hello, Ernst!«, sagte er.

Immerhin, die Fahrt zum Bahnhof bedeutete die erste Möglichkeit, einen anderen Teil Wiens wiederzusehen. Durch diese zum Glück verschonten Gassen war ich täglich gegangen, als ich im Handelsmuseum amtierte, dem Professor Sigmund Freud gegenüber. Denn der Bahnhof, von dem die Amerikaner in ihre Zonen nach Linz und Salzburg fuhren, war nicht der West-, sondern der Franz-Josephs-Bahnhof, und der für sie zwischen Wien und Salzburg verkehrende Zug hieß »der Mozart« – »the Mohsahrt« nannten sie ihn, er blieb ein selbstverständlicher Begriff für sie, der Mann dagegen, nach dem er hieß, so wenig, dass ein zu unserer Dienststelle gehörender Captain aus dem Mittelwesten fragte: »It was a man? I thought it was a train.«

Als ich in meinem Schlafabteil lag, kam mir die Absurdität des seit unserer Ankunft Geschehenen in ihrer Krassheit zum Bewusstsein. Was bedeutete dieser »Dienst«! Er presste das Wiedersehenserlebnis zur _Bagatelle zusammen – wie lang waren wir jetzt zurück, und ich war noch nicht im Prater gewesen, nicht im Belvedere, nicht in Grinzing, nicht auf dem Kahlenberg? Wer mir vorausgesagt hätte, dass ich mich in der Ankunftsstunde in die Seidengasse würde kommandieren lassen, statt in den Stadtpark oder in den Volksgarten und in die Michaelerkirche zum Judas Thaddäus zu laufen, den hätte ich für einen Wahnsinnigen gehalten. Und jetzt war ich selbst ein Wahnsinniger in dieser Uniform, die nicht die meine, in dieser Sprache, die eine angelernte, in einer Amtswürde, die eine usurpierte blieb!

Beamter war ich oft in meinem Leben gewesen, hatte »in Akten gedichtet«, wie Stefan Zweig es nannte, der desgleichen an der Todeskrankheit der Emigration starb. Ich war ihr entgangen, wir hatten sie, Wunder genug, überlebt, und zu welchem Zweck? Dass ich ein CAF 12, Adrienne ein »dependent wife« wurde? Dass ich jetzt nach Salzburg fahren und die Festspiele unmöglich machen sollte, an deren Ermöglichung ich mir einen winzigen Anteil zuschrieb? Absurd und kläglich! Was würde Reinhardt dazu sagen – der Gedanke half. Auch er war der Todeskrankheit Emigration erlegen, denn man nenne es, wie man wolle, Herzschlag oder Selbstmord, die Herzen derer, die in der Ferne plötzlich zu schlagen aufhörten, die Seelen jener, die fernmüde zu sterben sich entschlossen, waren tödlich verbraucht. Reinhardt, der sich nie beklagte, hätte sich jetzt daran erinnert, dass die Tafel »Max-Reinhardt-Platz« in Salzburg zuerst mit Teer war beschmiert und dann entfernt worden, um dem Ort einen würdigeren Namen zu geben; dass der Reichspropagandaminister »vom Reinhardttempel des Gemauschels« gesprochen, und ein gelehrter Mann in Deutschland hatte drucken lassen: »Mit der Verjagung Max Reinhardts aus der Schumannstraße begann die Gesundung des deutschen Theaters.« Es half, daran zu denken. Und es half, in dem überwarmen Schlafabteil sich des überheißen Kämmerchens in der Columbus Avenue zu erinnern, wo ich gefragt worden war, ob ich Amerika für einen Wartesaal halte, und überzeugt geantwortet hatte: Nein.

Der Wirrwarr ließ sich ordnen. Nicht vertreiben.

Ich kam so früh in Salzburg an und an einem so schönen Junimorgen, dass ich vom Bahnhof zum »Österreichischen Hof« zu Fuß ging, die Akten in der Aktentasche, den entzückten Blick auf dem Mirabellgarten, wo ich eintrat, um das rosaleuchtende Schloss anzustaunen, die tückisch-sanften barocken Standbilder, die spielerisch verschnittenen Hecken – »grüne, braune, stille Teiche, glatt und marmorweiß umrandet, in dem Spiegelbild der Nixen spielen Gold- und Silberfische«, hieß es in Hofmannsthals Prolog zu Schnitzlers »Anatol« –, zur rechten Zeit gedachte ich des Mitbegründers der Salzburger Festspiele. Und dann saß ich im Festspielhaus Baron Puthon gegenüber, in dem unwahrscheinlich kleinen, aus zwei niederen Fenstern kärglich beleuchteten, unrepräsentativen Präsidentenzimmer, dessen einziger Schmuck in einer Reinhardtbüste und einer Radierung Paula Wesselys als Gretchen bestand.

Der alte Herr, wobei der Nachdruck auf »Herr« liegt, hatte sich, seit ich ihn nicht gesehen hatte, kaum verändert, wie er sich in den vielen Jahren seither kaum verändert hat. Ungebeugt saß der ehemalige k. u. k. Dragoneroberstleutnant da, der dem ehemaligen k. u. k. Dragoner in der amerikanischen Uniform beide Hände reichte und das »Du« nicht vorenthielt. Später würde ich von ihm schreiben, er sei der nüchterne Churchill von Salzburg, dieser untadelige, typisch österreichische Kavalier der Korrektheit und des Wagemutes, der zu sagen pflegte, Hindernisse brauche man, um sie zu überwinden. Seinesgleichen, von Franz Joseph angefangen bis zu den Bacquehem, Joseph Unger, Koerber, Lammasch, hatte es im Österreich meiner Vergangenheit viele gegeben, jetzt gab es in dieser perfekten Ausprägung vielleicht nur noch ihn.

Er erkundigte sich, der Erste, der es tat, wie es Reinhardt und uns ergangen war, von seinem eigenen Schicksal erwähnte er nur, die Nazis hätten ihn »weggegeben«, dann überflog er die Verbotsliste, stutzte, schüttelte den Kopf und sagte: »Unmöglich!« Würde darauf beharrt, dann müssten die Festspiele unterbleiben.

Da ich nichts anderes erwartet hatte, erbot ich mich, ihm jeden erträglichen Ersatz zu bieten, der sich in der kurzen Zwischenzeit beschaffen ließ, auch jede Hilfe an Lebens- und Transportmitteln.

Der ehemalige Berufsoffizier fragte, ob ein Befehl bestand, die Festspiele abzuhalten, was ich bejahte.

»Dann haben wir uns zu fügen«, entschied er. »Nur um eines bitt' ich dich. Lass uns den Karajan. Ohne ihn geht's faktisch nicht.«

Ich konnte lediglich zusagen, dass ich den betreffenden Akt am selben Vormittag genau lesen würde.

»Er ist in Salzburg. Schau dir ihn an. Sprich mit ihm. Dann wirst du ja sehen«, sagte Puthon.

Ich versprach es. Als wir uns verabschiedeten, machte er mir keinen

Vorwurf, sagte nur: »Ich versteh', dass du deinen Dienst tust. Aber den Festspielen wirst du doch nichts tun?«

Über den Eindruck, den ich von dem jungen Mann empfing, der am Nachmittag in dem mir zum Büro bestimmten Lehrzimmer des »Mozarteums« erschien und mich beim Eintreten an Kainz erinnerte, mag mein offizieller Bericht Auskunft geben, das »Memo« vom »Theatre and Music Officer« am 18. Juni 1946 an den »Chief of Branch« gerichtet und in die bezifferten Paragraphen des amerikanischen Amtsgebrauches geteilt. Darin hieß es:

1. *Herbert von Karajan ist vom Unterzeichneten einer zweieinhalbstündigen Befragung unterzogen worden, worin alle Fakten seines Aktes zur Sprache kamen.*

2. *Der Befragte stellte von dem gegen ihn Vorgebrachten nichts in Abrede. Er versuchte auch nicht, es mit seiner Jugend und Interesselosigkeit an politischen Dingen zu entschuldigen, dass er Parteimitglied wurde.*

3. *Zur Tatsache, dass er vor einem Konzert im besetzten Paris das Horst-Wessel-Lied dirigiert hatte, erklärte er, dies sei ein Routinevorgang gewesen, dem niemand sich habe entziehen können. Doch habe er diese Unvermeidlichkeit beim Dirigieren ostentativ zu erkennen gegeben und durch das von ihm gewählte, aus der Beilage ersichtliche Konzertprogramm bekundet, wofür er eintrete und wofür nicht.*

4. *Diese Aufklärung halte ich nicht für zwingend, fasse aber nach dem persönlichen Eindruck von dem Befragten meine Meinung folgendermaßen zusammen: Es handelt sich um einen fanatischen Menschen, dessen Fanatismus der Musik gilt, die ihm die Existenz bedeutet. Welche Eignung er dafür besitzt, kann ich nicht beurteilen, weil ich ihn nie dirigieren sah. Doch legen die Tatsache, dass bereits Bruno Walter den damaligen Anfänger*

aus der Provinz zu einem Dirigentengastspiel an die Wiener Staatsoper berief, ferner die aus dem Akt in Fülle ersichtlichen, fast durchwegs enthusiastischen sachverständigen Urteile über seine Tätigkeit seither und schließlich der Eindruck, den ich von der Unterredung mit ihm gewann, die Meinung nahe, dass es sich um ein Talent außergewöhnlichen Formates handelt.

5. *Politische Gefolgschaft scheint er weder geleistet noch gehabt zu haben. Die im Akt erwähnte Gegnerschaft des Dirigenten Wilhelm Furtwängler führe ich nicht auf politische Beweggründe zurück.*

6. *Ich empfehle, das im Falle Karajan ausgesprochene Verbot nur noch so lange aufrechtzuerhalten, bis die Alliierte Kommission seine Wieder-Zulassung (»to clear him«) beschlossen haben wird, und bitte, dass der entsprechende Antrag an die Alliierte Kommission so bald als möglich gestellt werde.*

7. *Bis dahin halte ich es im Interesse des Stattfindens der Salzburger Festspiele für geboten, Herrn v. Karajan, der sich bereits seit Wochen ihrer Vorbereitung widmet, daran nicht zu hindern, sondern ihm einen politisch unbelasteten Musiker von Rang zur Seite zu geben, der nominell als Dirigent erscheint.*

Dies wurde gebilligt. Und ich greife vor, um zu sagen, dass die bei den Schlussproben im verdunkelten Zuschauerraum auftauchende, ihn rastlos umkreisende Ephebengestalt, die unten mitdirigierte, während es oben der »Nominelle« tat, mich ebenso fasziniert hat wie der suggestiv verjüngte Opernstil, den er mit Sängerinnen und Sängern wie Maria Cebotari, Irmgard Seefried, Sena Jurinac, Paul Schöffler, Alfred Kunz und Anton Dermota meisterte.

Inzwischen freilich waren härtere Urteile zu sprechen, sie betrafen Paula Wessely und Werner Krauß. Von meiner kurzen Reise kaum zurück, wurde ich aufgefordert, den Film »Heimkehr« zu sehen; man zeigte ihn uns im Vorführraum der »MPA« in der Neubaugasse, Oberst Ladue saß neben mir. Den lachlustigen Mund zusammengepresst, betrachtete er, was zu sehen war, manchmal verlangte er die Übersetzung einzelner Dialogstellen, und nach dem Ende der abscheulichen Verlogenheit stand er auf, zerrte seine kurze Eisenhowerjacke herab und sagte nichts als: »What's your opinion?«

Dass die Wessely offenkundig gezwungen worden sei, sich zu diesem Machwerk herzugeben, denn ich wisse, wie sie dachte und denke, die glühendste Anhängerin Reinhardts, sagte ich.

Ob ich das beweisen könne?

Das Letztere durchaus, das Erstere nicht.

»As long as I am on the premises, that woman won't appear either on the stage or on the screen!«, entschied er heftig.

Damit hatte Paula Wessely Auftrittsverbot in der amerikanischen Zone, ja selbst die Mitwirkung im Rundfunk, wo sie Grillparzers »Libussa« hätte darstellen sollen, wurde untersagt.

Selten habe ich einen Befehl so widerstrebend ausgeführt. Ich kannte die Angst, von der die geniale Frau sich jagen ließ, Angst um Kinder und Familie, Angst um die Bewährung im Beruf, worin sie das Äußerste sich unerbittlich abforderte: Die Panik kannte ich, in die solche Angst bis zur Erbötigkeit blindlings treibt: Doch dergleichen lässt sich nicht vor den Richter stellen, der die schwarzen und weißen Tatsachen vor Augen sieht.

Im Falle meines Du-Freundes Werner Krauß – mit seiner damaligen Gattin Maria Bard von Adrienne, meinen Kindern und mir unzertrennlich, sobald wir uns in Morzg aufhielten und das Ehepaar in seinem Mondsee-Haus – fiel mir die Amtshandlung minder schwer.

Ich erinnerte mich eines Ausfluges, den wir 1937 mit ihm nach Dürnstein unternommen hatten. Wir saßen in einem Gastgarten an der Donau, ein deutscher Dampfer mit der Hakenkreuzfahne und sonderbaren Liedersängern fuhr vorbei, da sprang er auf und grüßte, den Arm schräg erhoben, die Liedersänger enthusiastisch – der große Komödiant mache einen fragwürdigen Spaß, meinten wir, und dafür gab auch er es aus.

Ich erinnerte mich eines Heurigen-Gespräches, eine Schauspielerin namens Holst war zugegen, bei dem er einen Streit über Reinhardt vom Zaun brach und, von jener Schauspielerin bestätigt, mit einer rasanten antisemitischen Philippika endete, die ich zurückwies; er sei betrunken gewesen, entschuldigte er es später.

Und ich erinnerte mich, dass er, 1938, einem Autogrammjüngling vor dem Burgtheater etwas in das Büchlein schrieb, was ich für »Heil Hitler!« und seine Unterschrift hielt; er tat es mit meinem »Verfolgungswahn« spöttisch ab.

Der Film »Jud Süß« allerdings, seine Staatsschauspielerwürde, seine Darstellung des Shylock und was damit zusammenhing, ließen sich weder abstreiten noch abtun.

Bei meinem nächsten »dienstlichen« Aufenthalt in Salzburg trat er bei mir ein, um Beschwerde zu führen, dass man ihm zumutete, sein Haus in Mondsee binnen vierundzwanzig Stunden zu verlassen und über die österreichische Grenze in seine deutsche Heimat zurückzukehren. Weder Maria Bard noch meine Kinder lebten mehr, und er war hereingetreten mit dem König-Lear-Schritt, Tränen im Auge, als er mich umarmen wollte, den endlich Wiedergewonnenen. Es würde mich ja nur ein Wort kosten, dass der lächerliche Ausweisungsbefehl zurückgenommen werde – er ging, hoffe er, nicht etwa von mir aus, unmöglich konnte er sich so in mir getäuscht haben!

Der Befehl ging nicht von mir aus, ich wusste nicht einmal davon, aber in mir getäuscht mochte er sich haben, wenn er mich für schwachsinnig hielt. Ich hatte ihn sehr gern gehabt, ich sagte ihm das, und dass ich ihn nach Bassermann für den größten lebenden Schauspieler hielt, musste ich ihm nicht sagen, weil er es wusste. Doch was ich davon hielt, wozu der zweitgrößte lebende Schauspieler sich bereitgefunden und was ihm die Brust geschwellt hatte, als es Hakenkreuze gab, das sagte ich ihm, und dass ich mehr für ihn kaum würde tun können, als die Dauer seines Aufenthaltes in Österreich ein wenig zu verlängern. Ich meldete ein Telefongespräch mit Oberst Ladue in Wien an, um diese Verlängerung zu erwirken; während wir auf die Verbindung warteten, saß er mir gegenüber, sah mich mit seinem weißflammenden Blick an.

»Aug um Auge?«, fragte er pathetisch.

»Wir sind in diesem Zimmer nicht allein«, antwortete ich pathetisch. »Hinter mir stehen sechs Millionen meinesgleichen und schauen mir zu.«

Ob ich mich erinnere, dass er damals, als es begann, bei Mr. MacCallum Englisch gelernt hatte und nach London gegangen war, um den Geheimrat Clausen in Hauptmanns »Vor Sonnenuntergang« zu spielen? Und dass er damit nicht erfolgreich genug gewesen sei, um eine Existenz im Ausland darauf zu bauen?

Ich sagte, dass ich mich erinnere. Und dass jenen sechs Millionen die Gelegenheit, im Ausland Fuß zu fassen, nicht gegeben, sondern dass ihnen der Aufenthalt sechs Fuß unter der Erde angewiesen worden war. Und dass von den Zehntausenden, denen die Flucht ins Ausland glückte, zehn, zwanzig, hundert Erfolg gehabt haben mochten, während der Rest zur Todeskrankheit Emigration verurteilt blieb.

»Aber du – du bist unter den zwanzig!«, sagte er mit der metallisch schneidenden Melodie, die nur er der Stimme zu geben wusste.

Da kam die telefonische Verbindung und der Befehl: »Um vierundzwanzig Stunden verlängert, keine Minute länger!«

Er gab mir die Hand und ging. Vor dem Mozarteum, ich sah es vom Fenster, erwartete ihn ein Motorradfahrer. Er saß hinten auf, sie fuhren weg. Der Anblick war schwer erträglich.

Noch von einem anderen in Österreich heimisch Gewordenen wurde ich bei einem meiner Salzburger Aufenthalte aufgesucht, von Emil Jannings, der in seinem Haus am Wolfgangsee die Zeit abwartete, die den Protagonisten des »Ohm-Krüger«-Films vom Auftreten ausschloss.

Auch da wurden mit nassen Augen Erinnerungen beschworen, an meinen Bruder Hans vor allem, mit dem Jannings jahrzehntelange Filmarbeit bei der Berliner UFA und in Hollywood verband, an meinen letzten vergnügten Besuch in seinem Haus, unmittelbar bevor Agathe starb – unsere alte Freundschaft wurde aufgerufen, das oftmalige Gedenken des »in dem wundervollen Land drüben« glücklicherweise geborgen Gewussten, stockend artikulierten sich die erregten Worte des Schwerfälligen.

Weshalb er in Deutschland mitgemacht habe, der in Hollywood leicht wieder hätte der Star werden können, der er früher dort gewesen war?

Weil man ihn nicht fortließ.

Hatte er es versucht?

Ja, vergeblich.

Weshalb er die Staatsratswürde angenommen und ausgeübt habe?

Um Schlimmeres zu verhüten.

Die zur Regel gewordenen Fragen, die regelmäßigen Antworten. Ließ man sich aber darauf ein, von einem der angeblichen Verhüter des Schlimmeren erfahren zu wollen, was er denn eigentlich verhütet habe, dann schrumpfte die Tollkühnheit zu einer oder zwei nichtssagenden Gefälligkeiten zusammen, einem oder zwei jüdischen Bekannten erwiesen, nicht einmal dies mehr beweisbar.

So blieb es bei dem vorläufigen Auftrittsverbot, doch versprach ich Jannings meinerseits, seiner angegriffenen Gesundheit wegen Schlimmeres, nämlich einen etwaigen Ausweisungsbefehl, zu verhüten.

Dass er mich beim Abschied den »Rache-Lothar« nannte, habe ich nicht vergessen; es machte mir länger zu schaffen als der Augenblick, da Werner Krauß sich hinter den Motorradfahrer duckte. Vergeblich sagte ich mir, dass die Freundschaft mit beiden Schauspielern, von ihnen aus betrachtet, nicht purer Zuneigung entstammt sein mochte, vielmehr der Zeit, da ich als Theaterkritiker tätig war. Und das Unbehagen an der mir zugemuteten Rächer-Rolle wuchs, als ich von dem Mahler-Apostel Fritz Stiedry einen freundschaftlichen Brief aus New York erhielt, eines der größten je gesprochenen Worte zitierend, Voltaires Ausspruch: »Obschon ich mit nichts übereinstimme, was du sagst, werde ich bis zum Tod dein Recht verteidigen, es zu sagen.« Es sollte ein Memento sein. Denn die Ermahnung war beigefügt: »Furtwängler kein Haar krümmen!«

Da ich bis zum Beginn der Festspiele vorläufig nach Wien zurückkehrte, verpflichtete ich als Sekretärin Frau Gustl Mayer, die in den Berliner Jahren Reinhardts bewährte Helferin blieb und unter den Nazis eine ähnliche Vertrauensstelle bei Gustaf Gründgens innegehabt hatte. Ich wollte nicht mehr auf Schwarze Listen angewiesen sein, die von völlig Fremden, mit den Tatsachen flüchtig Vertrauten oder von Ressentiment Geleiteten verfasst sein mochten, sondern mich darauf stützen können, was die Amerikaner »first hand report« nannten, das Urteil eines urteilsfähigen Orts- und Tatzeugen; so glaubte ich mich der vordringlichsten meiner Aufgaben, der »Entnazifizierung«, besser gewachsen.

Doch zurückblickend muss ich feststellen, dass, trotz Vor- und Rücksichten, kaum eine Aufgabe mangelhafter gelöst wurde als diese, und zwar von allen Beteiligten, mich eingeschlossen. Erzielt werden sollte: die Ausschaltung der am Schandregime Beteiligten oder aktiv damit Einverstandenen als Sühne für sie, als Warnung für die anderen, als Grundlage für einen sauberen Neuaufbau. Erzielt wurde: eine schematische, unkonsequente Vergeltung, andauernd von Ausnahmen durchlöchert, die das Vertrauen in die Korrektheit, Informiertheit oder Voraussicht der Säuberer erschütterte.

Wenn Männer zu mir kamen wie der mir seither zum Freund gewordene Burgschauspieler, der, mit einer Schaufel in der Hand, Schutt und Unrat wegräumend, dasselbe mit seiner Vergangenheit öffentlich tat und sie in einem denkwürdigen Gespräche weder bestritt noch beschönigte, dann war der Gerechtigkeit Genüge geschehen: Sofortige Wiederzulassung war auszusprechen, statt ihr im interalliierten, aus Amerikanern, Engländern, Franzosen und Russen paritätisch zusammengesetzten Rat, an dem ich gelegentlich teilnahm, dieselben Widerstände zu bereiten, wie sie etwa Karajan von den Franzosen und Russen vehement bereitet wurden; wenn andererseits eine Sängerin, die sich der Gunst eines höheren Offiziers erfreute, trotz den gegen sie sprechenden Beweisen vor dem – um den entzückten Offizier vermehrten – Publikum auftreten und Beifall finden konnte wie einst in Goebbels' Mai, so blieb das eine Ungeheuerlichkeit, und ich nannte sie so; was mir die Warnung des stellvertretenden Chefs eintrug: »Ernst, you'll get yourself into trouble!« Und wenn die Entnazifizierung der Wiener Philharmoniker, unter denen sich immer noch äußerst Belastete befanden, daran zu scheitern drohte (und schließlich scheiterte), dass vollwertiger Ersatz für einzelne Instrumente angeblich nicht zu finden sei, dann hatte Oberst Ladue naiv das Richtige getroffen, als er meinte, man möge das unvergleichliche Orchester bis zur Beschaffung solchen gültigen Ersatzes für eine kurze Übergangszeit lieber weniger herrlich, doch dafür anständig spielen lassen.

»I wouldn't make all that fuss«, sagte er. Er würde ohne viel Getue diejenigen, um die es sich handelte, einfach fragen: »Was spielen Sie – Violine?« Der Mann würde antworten: »Ja.« Der Mann würde zu hören bekommen: »You're fired!« (»Sie sind entlassen.«) Den nächsten würde er fragen: »Was spielen Sie – Oboe?« Der Mann würde antworten: »Ja.« Der Mann würde zu hören bekommen: »You're fired.« Und so fort durch alle kompromittierten Instrumente.

Aber dem summarisch simpel denkenden Oberst Ladue wurde von der Alliierten Kommission bedeutet, dergleichen habe er seinem zuständigen Sachbeurteiler zu überlassen, und mir, der dieser zuständige Sachbeurteiler war: Ich dürfe einer Körperschaft von musikalischem Weltrang diesen Rang nicht schmälern, weil ich ja auch dazu hier sei, das künstlerische Wirken Österreichs zu reaktivieren – eine der Sackgassen, aus der einen Ausweg zu finden mir nicht gelang. Wenn ich bis zur Ermüdung der Beteiligten erklärte, »rehabilitation of Austrian cultural life«, worin unsere offizielle Aufgabe lag, bedeute Rehabilitierung in jedem, also auch im moralischen Sinn, dann war denen, die mir zuzuhören hatten, die Ermüdung deutlich anzumerken.

Eines Anlasses erinnere ich mich besonders, bei dem Oberst Ladues britischer Kollege, Oberst de Beauclerk, und Dr. van Eerden meine Haltung so ironisierten, dass ich zu einer unmissverständlichen Entgegnung gezwungen war; sie nützte mir weder bei den zwei Herren, denen ich sie gab, noch bei denen, in deren Interesse ich sie zu geben meinte, nämlich bei den Österreichern.

In dem amerikanisch uniformierten, mit amerikanischen Befugnissen Ausgestatteten erblickten sie einen von Vergeltungsabsicht getriebenen Überläufer, und dagegen blieb ich trotz allen Befugnissen machtlos. Als Adrienne wenige Tage nach unserer Ankunft aus Amerika neben dem Fahrer eines Lastwagens Platz nahm, um die aus dem kleinen Haus in Morzg geraubten Möbel von Leuten in Ischl zurückzukaufen, die sie den Räubern abgekauft hatten, und der Fahrer, bevor sie noch fuhren, Adrienne fragte: »Leiden S' in Amerika auch so unter die Juden?«, war im Grunde alles gesagt, worin ich die Gefahr sah und noch heute sehe: die Voreingenommenheit, die Unbelehrbarkeit, die Unversöhnlichkeit, die Frevelhaftigkeit mangelnder Einsicht.

Damals lachte man über die unfreiwillige Komik des Lastwagenfahrers. Da ich dies schreibe, sind seit der komischen Frage zwölf Jahre vergangen – nur zwölf Jahre. Und wieder werden Hakenkreuze an die auf Bombentrichtern kaum erst neugebauten Mauern geschmiert.

Vielleicht finden jene Funktionäre der Besatzungsmächte, die schon damals das Vorbeischauen vorzogen, auch heute noch, es sei das Richtige. Allein sie waren Fremde und sind es geblieben. Ich dagegen war ein Fremder nur der Uniform nach, wie dieser Rechenschaftsbericht zeigen wird; denn was immer man zu sagen vorhatte, wenn man sich des Zweifelhaften unterfing, ein Buch mit so Zweifelhaftem zu füllen, wie es die eigene Existenz ist, es wäre weniger als nichts, wäre es nicht der Versuch, Rechnung zu legen. In jenem Stadium meiner Aktivität jedenfalls scheiterte ich kläglich.

Die Salzburger Festspiele 1946 zwar wurden abgehalten. Auf der Regiebank Max Reinhardts vor dem Dom saß Heinz Hilpert und rief die Reinhardt'sche Inszenierung des »Jedermann« zurück; Reinhardts Witwe Helene Thimig war, von den damaligen Salzburger Würdenträgern feierlich empfangen, als amerikanische Bürgerin zurückgekehrt, und im selben Augenblick, da oben auf dem Einfahrtsperron der Landeshauptmann zu ihr sagte, nun sei sie wieder, wo alle sie entbehrt hatten, die Trägerin des blauen Glaubensschleiers im »Jedermann«, wurden unten im Gepäcksraum ihre Koffer erbrochen und ihr auch ebenjener blaue Schleier entwendet, den sie unversehrt mitgebracht hatte; die Opern fanden statt, denen der unsichtbare Salzburger Karajan das sichtbare Kennzeichen seiner Meisterschaft verlieh; die Konzerte fanden statt, eines gab Jehudi Menuhin, den ich aus Clarens in der Schweiz hergebeten hatte, und dessen Ankunft in einem Hubschrauber auf dem damals kaum existenten Flugplatz ein Abenteuer blieb, angestaunter als der Gesang seiner Geige: Wie es sich in der Eile rekonstruieren ließ, ging es vor sich, manchmal glaubte man Reinhardts Tage zurückgekehrt, wenn man auf die Bühne und nicht in den Zuschauerraum sah, wo GIs und ihre Vorgesetzten in der Mehrzahl blieben – es war ihnen nahegelegt, Eintrittskarten der Festspiele von ihrem Sold zu kaufen und sie häufig zu besuchen, sie taten es beim ersten Mal aus Pflicht, nachher aus Begeisterung. Wie sie in Wien mit Vorliebe die in »ihrem« Sektor gelegene Volksoper aufsuchten – sie nannten sie, weil sie nächst ihrer PX-Einkaufsstelle lag, die »PX-Opera« –, so trugen sie ihren Teil zur Reaktivierung der Salzburger Festspiele nicht nur mit ihrem Sold bei, sondern mit ihrer kindlichen, leicht entzündlichen Hingabe an das Außerordentliche, einem ihrer liebenswerten Züge.

Schließlich waren die Festspiele um. Doch auch sie hatten für mich den dienstlichen Alltag bedeutet, weil ja der Lehrbetrieb des »Mozarteums« und die Theater- und Musikangelegenheiten Oberösterreichs gleichfalls zu meinen Aufgaben gehörten. Anfang Juni war es gewesen, als wir nach Österreich zurückkamen, jetzt war es Herbst, und ich hatte noch nicht Zeit gehabt, zurück zu sein. Was Schopenhauer dürr-dogmatisch »das Phänomen der totalen Verschiebung des Vorstellungsbildes durch das unvorhergesehen Zeitliche und Tatsächliche« nennt und womit er eine seiner unheimlich profunden Einsichten bekundet, hatte sich an mir unwidersprechlich ereignet. Als ich zu Beginn des Septembers in Wien eintraf, wo meines Bleibens nunmehr sein sollte, fühlte ich, vom Franz-Josephs-Bahnhof kommend, angesichts der verfallenen, schäbigen Nußdorfer Straße die erste stürmische Lust des Wiedersehens. Vor dem Schuberthaus ließ ich halten, trat ein und war, mit einer Verspätung von drei Monaten, endlich angekommen.

Österreichisches Zwischenspiel

Dann ereignete sich etwas, dessen ausschließliches Heimatrecht in Österreich sich nicht bestreiten ließ. Ministerialrat Hilbert, der Leiter der Bundestheaterverwaltung, mit dem ich als einem der Festspieldirektoren in Salzburg wiederholt zusammengetroffen und derselben Meinung gewesen war, zuletzt auch darin, dass er meinem Vorschlag zustimmte, Reinhardts Witwe Helene Thimig im nächsten Sommer die authentische Reinhardtregie des »Jedermann« anzuvertrauen, warf die Frage auf, ob ich zur Übernahme der von Raoul Aslan geführten Direktion des Burgtheaters bereit sei. Ich erinnerte mich an meine Erfahrungen mit dem gewesenen Hutfabrikanten und an Anton Edthofers Brief nach New York, dessen später nicht mehr Erwähnung geschah, antwortete daher, mein amerikanischer Dienst schließe eine solche Erwägung aus. Doktor Hilbert jedoch erklärte, die Bewilligung meiner Vorgesetzten erwirken zu wollen, wenn ich im Prinzip zustimme.

Damit hatte es so lange sein Bewenden, bis Oberst Ladue mich holen ließ, um mir ein wenig sarkastisch zu sagen, man brauche mich für das Wiener Burgtheater (»I understand they need you badly«) und er habe zugestimmt (»I agreed to let you accept the offer«). Meine Betroffenheit veranlasste ihn zu der Frage, ob dies nicht in meinem Sinn gewesen sei; in diesem Fall würde er die Erlaubnis zurückziehen (»and only too happy at that!«). Ich dankte ihm für sein unerwartetes Entgegenkommen und bat, mich vergewissern zu dürfen, ob ich unter so veränderten Umständen der richtige Mann für die Sache sei; denn nicht nur habe das Burgtheater sein zerbombtes Haus verloren und friste im Gebäude des Varietés Ronacher ein Zwischendasein, auch sonst stünde vieles auf unsicheren Füßen. Er hatte seinen listigen Blick, als er dieselben Worte sagte wie bei unserer ersten Begegnung: »I bet they couldn't have picked a better man.«

Wenn ich die Denkschrift las, die damals von den Vertretern des Burgtheaters, Otto Tressler als Doyen, Herbert Waniek als Oberregisseur und Hermann Thimig als Vertrauensmann, unterzeichnet und dem Unterrichtsminister Hurdes und mir übermittelt worden war, so hätte ich dem freundlichen Oberst beizupflichten gehabt. Sie lautete:

Hochverehrter Herr Minister!

Dienstag, den 9. Dezember, haben unsere Vertreter, um den Dienstweg einzuhalten, bei Herrn Ministerialrat Hilbert vorgesprochen. Sie haben Herrn Dr. Hilbert erneut vor Augen gehalten, es sei der brennende Wunsch des ganzen Ensembles, das Theater von einem künstlerisch hochstehenden Mann geleitet zu sehen. Das Ensemble sei sich einig, kunstfremde Elemente abzulehnen. Es sei für Experimente nicht empfänglich und brauche einen mit allen wünschenswerten Vollmachten ausgerüsteten Fachmann, Die Unterzeichneten glauben angesichts der langen Dauer der Direktionskrise und der unsinnigen, im Ensemble immer neue Unruhe stiftenden Gerüchte, einen Schritt weiter gehen zu sollen, und so wie es das Recht und die Pflicht einer Fakultät ist, bei Neubesetzungen einer Lehrkanzel dem Unterrichtsminister fachmännische Vorschläge zu unterbreiten, auch in diesem Fall mit einem positiven Vorschlag an Sie heranzutreten.

Nach reiflicher Überlegung und Abwägung aller in Betracht kommenden Faktoren schlagen wir von den uns genannten Kandidaten primo et unico loco

Herrn Hofrat Ernst Lothar

als den Mann vor, dessen hervorragendes fachmännisches Wissen, dessen überragende künstlerische Persönlichkeit uns einzig und allein eine Gewähr dafür scheint, dass das Burgtheater die hohen kulturellen Aufgaben, die es sich zum Ziel gesetzt hat, in Zukunft restlos erfülle.

Unsere Begründung:

Das einmütige, sympathische Echo, das die Nennung seines Namens bei sämtlichen Vertretern des Ensembles gefunden hat. Im Gegensatz zu den als ernste Kandidaten genannten Herren hat Hofrat Lothar nicht nur als Dramaturg und Spielleiter, sondern auch als selbständiger Führer eines vornehmen Kunstinstitutes seine Eignung als Direktor eines großen komplizierten Betriebes bereits erwiesen. Hofrat Lothar hat dreieinhalb Jahre hindurch das Josefstädter Theater mit größtem künstlerischen Erfolg geleitet. Es ist ihm in dieser Zeit aber auch gelungen, die ziemlich bedeutende Schuldenlast seines Vorgängers Max Reinhardt restlos zu tilgen und dem Theater eine gesunde wirtschaftliche Basis zu geben. Er hat sich in diesen Jahren als erstrangiger Schauspielführer, als Erzieher eines Ensembles und als Entdecker junger Talente bewährt. Hofrat Lothar hat dreieinhalb Jahre hindurch die Schauspielschule des Schönbrunner Reinhardtseminars geleitet und sich als ein ausgezeichneter, von seinen Schülern verehrter Lehrer erwiesen. Seine Grillparzer-Inszenierungen am Burgtheater (»Ein Bruderzwist in Habsburg«, »König Ottokars Glück und Ende«) waren vorbildlich. Am Josefstädter Theater hat er bewiesen, dass es möglich ist, den großen österreichischen Dramatiker Ludwig Anzengruber wiederzuerwecken. Seine Kenntnis der modernen französischen und englischen Literatur ist ebenso umfassend wie seine profunde Kenntnis der Meisterwerke unserer Klassiker. Hofrat Lothar beherrscht den komplizierten

technischen Apparat der Bühne vollständig, würde auch dem Bühnenbild neue Wege weisen und hätte die Fähigkeit, moderne Maler und Bühnenarchitekten heranzuziehen. Sein Ruf als Roman- und Novellenautor, als Kunstkritiker und Essayist sichern ihm das denkbar größte Ansehen in der Schriftsteller- und Theaterwelt des In- und Auslandes. Seine Rednergabe und vollkommene Beherrschung fremder Sprachen machen ihn auch in dieser Beziehung zu dem richtigen repräsentativen Führer unseres geliebten Burgtheaters.
Hofrat Lothar hat auch in der schlimmsten Zeit in seiner Gesinnung wie in seinem Schrifttum seine unerschrockene österreichische Haltung dokumentiert.
Wir bitten Sie, hochverehrter Herr Minister, unseren Vorschlag gütigst in Erwägung zu ziehen, bitten Sie auch, die Krise möglichst bald zu beenden, und hoffen, dass uns eine jahrzehntelange Tätigkeit an unserem Institut, an dessen Erfolg wir tätig mitgearbeitet haben, die Berechtigung gibt, als Fachleute gehört zu werden.

Dergleichen reproduziert zu haben, kann dem Betroffenen nur als Eitelkeitsexzess angerechnet werden. Ich besitze trotzdem eine Rechtfertigung. Denn selbst wenn man die auf bürokratische Schwerhörigkeit gestimmte Lautstärke solcher Empfehlung ihrer Superlative entkleidet und sie auf das Maß der Fakten reduziert, hätte man, wäre man noch so geneigt, an seinen Fähigkeiten zu zweifeln, wie ich es zeitlebens geblieben bin, die Vermutung hegen dürfen, dass man willkommen und der angebotenen Bürde gewachsen sei. Umso mehr, als mir Dr. Hilbert bald darauf mitteilte, der Minister habe ihn ermächtigt, über den mit mir abzuschließenden Vertrag zu verhandeln; zu diesem Zweck sende er mir die Dienstvorschrift bei den Bundestheatern.

Am folgenden Abend waren meine Frau und ich Gäste des amerikanischen Generals Tate. Bundespräsident Renner und Bundeskanzler Figl, gleichfalls Gäste, drückten mir ihre Genugtuung aus, dass ich mich entschlossen habe, an die Spitze des Burgtheaters zu treten und, wie Renner lachend und an den Gastgeber gewendet meinte, Österreich nie wieder untreu zu werden. Ich erinnere mich geantwortet zu haben, es sei eine »Untreue auf Verlangen« gewesen, wie der Kassationshof einmal in einer Ehebruchssache formuliert hatte, und war überrascht, dass der in vielen Sätteln gerechte Bundespräsident sogar den juristischen Doppelsinn jenes Ausdrucks kannte. Einen Abend später, vielmehr in der nächsten Nacht, denn Dr. Hilbert liebte es, bis in die frühen Morgenstunden zu arbeiten, und das Licht in seinem Amtszimmer war vom Michaelerplatz zu sehen, so spät man dort vorbeikam, suchte ich den Leiter der Bundestheaterverwaltung in seinem Büro auf. Unser Gespräch dauerte von halb zwölf bis eins und behandelte Punkt für Punkt meines Vertrages; wir erörterten jeden, erzielten in jedem Übereinstimmung. Mit »gute Nacht, Herr Direktor!« begleitete Hilbert mich zum Ausgang.

Dann hörte ich nichts von ihm, saß eine Woche später zufällig neben dem Unterrichtsminister im Theater in der Josefstadt, ohne dass er oder ich auf die Sache zu sprechen kamen, und erhielt, abermals eine Woche später, den folgenden Brief von Sektionschef Edmund Weber, im Jahre 1938 Direktor der Amtlichen Nachrichtenstelle, seit 1945 einer der wichtigsten Berater des Bundeskanzlers und ein über allen Zweifel erhabener österreichischer Patriot, der sich bereits vor einiger Zeit wegen des Burgtheaters an mich gewandt hatte:

Sehr geehrter Herr Hofrat!

Sie wissen, dass ich mich vor Ihrer Ankunft in Wien mit innerer Begeisterung bemühte, im Interesse der Aufrechterhaltung der gut österreichischen Theaterkultur unsere Leute dafür zu erwärmen, dass gerade Sie wieder zu uns zurückkehren, als einer der maßgebendsten und bedeutendsten Vorkämpfer ehrlicher und aufrechter österreichischer Kultur. Das ist mir nicht gelungen. Und ich sage ehrlich, ich schäme mich für das Unverständnis maßgebender Kreise im heutigen Österreich für bestimmte große kulturelle Zukunftsaufgaben dieses Landes. Ich konnte nichts dagegen tun.

Seien Sie versichert, wer wirklich Österreichs Kultur im Herzen hat, erhofft und erwartet den Moment, wo Sie nicht wieder zurück-, sondern heimkehren in die führende österreichische Theaterwelt.

Wie man sieht, hatte der ehemalige Hutfabrikant, der meine erste sogenannte Burgtheaterkandidatur zu Fall zu bringen hatte, Schule und der österreichischen Tradition Metternich Ehre gemacht. Der aber meine Rückkehr an das Theater in der Josefstadt verhinderte, war ein Bankmagnat, später Zellwattefachmann. Ich habe ihn nie zu Gesicht bekommen, sondern nur erfahren, er trage es mir nach, dass ich ihn zu der Zeit im Amt gesehen hätte, da er noch ein sehr kleiner Bankbeamter gewesen war. Wie sang der Volksschauspieler Girardi?

So und net anders is' halt in Österreich,
Die anen san arm, die andern san reich,
Die anen gehn grad', die andern gehn krumm –
Aber jeder halt' halt an' jeden für dumm …

Simplifizierung

Ich musste also meinen amerikanischen Vorgesetzten sagen, dass ich in Österreich unwillkommen war, und da fragte mich jemand etwas, was meine Lage, die eines Mannes zwischen einem angeborenen und einem angenommenen Vaterland, wesentlich erschwerte: ob ich glaube, dass dieses Sich-den-Österreichern-Anbieten, ohne ihnen genehm zu sein, den Amerikanern genehm sein könne? Die amerikanische Staatsbürgerschaft hätte ich erworben, befände mich hier in amerikanischem Auftrag und dürfe daher weder meine eigenen noch spezifisch österreichischen Interessen wahrnehmen, sondern nur die von meinem amerikanischen Auftrag und meiner amerikanischen Bürgerpflicht auferlegten. Dass die Frage nicht wohlgesinnt war, machte sie nicht weniger problematisch; sie traf zu, sie traf sogar ins Schwarze der Existenz. Es heißt bei Montesquieu, das Wesen des Tragischen bestehe darin, dass es sich simplifiziere. Das gilt nicht nur für das Wesen des Tragischen. Das Wesen der Probleme liegt darin, dass sie sich bis zu dem Punkt simplifizieren, der sie identifiziert. Wie ja das Auf-die-Grundformel-Bringen, also das Vereinfachen und Klarmachen, die schwerste Operation bleibt, die wenn nicht das Leben, so unter Umständen das Selbstvertrauen kostet. In diesem Falle befand ich mich.

Es ist viel über Heimatlosigkeit gesagt und geschrieben worden. Andererseits hat man behauptet, zuletzt ein so durchschauender Geist wie der tragisch früh vollendete Albert Camus, dass es nicht nur ein Wesenszentrum gebe, sondern mehrere gleichbedeutende, denen jeder Mensch zugehört. Dem widerspreche ich. Die Bedingungen, die den Menschen machen, sind die der Geographie, der Nationalität und der Rasse; von diesen drei empfängt er seine Gaben und seine Untugenden; sie abzuschütteln vermag er nur äußerlich. Die Assimilanten, Renegaten und lebenslangen Schauspieler werden durch die Todesworte des

Emigranten Heinrich Heine desavouiert, deren vorletzte bewusst französisch, deren letztes unbewusst deutsch war: »Aus!« Die Heimat legt man nicht ab wie ein Hemd, noch weniger seine Nationalität und am wenigsten seine Rasse.

Vor kurzem wurde ich auf ein Pamphlet aufmerksam gemacht, das im Zusammenhang mit neonazistischen Parolen die Anwendbarkeit der Begriffe »Jude« und »jüdisch« zu leugnen unternahm. Es stammte von einem jüdischen Journalisten und zielte keineswegs dahin, das Wiederzutagetreten eines gehässigen Antisemitismus die Schmach der Unbelehrbarkeit zu nennen, die sie ist, sondern im Gegenteil auf die Minimisierung solcher Vorkommnisse; wobei der Selbstzweck so entwürdigender Übung einer Erbringung des Beweises dienen sollte, der Schreiber besitze keine spezifisch jüdischen Merkmale, weil es sie nicht gebe.

Dass ein solcher Beweis misslingen muss, liegt auf der Hand. Aber dass er unternommen wurde, und dass fünfzehn Jahre nach Hitler ein Jude sich seines Jüdischen entledigen zu sollen meint, gehört in den quälenden Zusammenhang, von dem die Rede ist. Man hätte im Gegenteil erwarten müssen, dass auch die der Konfession nach nichtjüdischen Juden sich wie ein Mann zu ihrem oder zumindest zum Judentum ihrer Vorfahren bekennen würden, wenn es nach Hitler je wieder zu Tempelschändungen käme. Allerdings ist es nach Hitler in der ganzen Welt auch wieder zu Konzentrationslagern gekommen, wo bis zum heutigen Tage Millionen nirgendwo als Bürger Willkommene mit Kindern und Kindeskindern dem absoluten Nichts entgegenwarten.

Allein es bleibt eine der Unerlernbarkeiten des Daseins, zumindest für mich, bei ungelösten Grundfragen keine Ruhe zu finden. Daher versuchte ich, mich vor mir selbst blind und taub zu stellen und die zwei Loyalitäten, die der Mann in der Columbus Avenue für unvereinbar erklärt hatte, zu vereinen. Vielleicht war das Leugnen ihres Nebeneinanderbestehens sein Irrtum? Wenn sie nebeneinander bestehen *konnten*, gab es sie! Weshalb sollte man seinem ehemaligen Vaterland nicht anhänglich, seinem adoptierten nicht erkenntlich sein? Wem tat man damit Abbruch? Warum durfte man sich nicht für beide, statt gegen eines entscheiden?

Ich betrachtete es als eine Art Antwort auf die mich immer mehr bedrängende Frage, dass an den gemeinsamen Sonntagswanderungen durch den Wienerwald, zu denen uns das Ehepaar Erhardt aufgefordert hatte, auch der österreichische Minister des Äußeren, Dr. Gruber, und seine Gattin teilnahmen. Stundenlang pflegten wir die Wege zu gehen, die ich als Knabe gegangen war, stille höhenan führende Laubwaldwege, von deren Lichtungen man weit hinab in die nicht mehr österreichischen Ebenen schauen konnte; wenn der Oktober sie färbte, flammten die Wälder meiner Jugend so rotgolden wie damals, wenn der November sie entblättert hatte, strich durch ihre skelettische Kahlheit noch immer Gräberatem, wenn Schnee sie belud, versprachen sie vag die Weihnachtsseligkeit – die vier, fünf Sonntagswanderstunden lang war man zu Hause, als wäre man nie fort gewesen; mit verbundenen Augen hätte ich die Wege und die Umwege gefunden – wer konnte mir verbieten, sie als die meinen anzusehen?

Der amerikanische Gesandte jedenfalls tat es nicht. In seiner burschikosen, impulsiv an den Augenblick hingegebenen Art genoss er, wo er ging, stehenblieb und schaute, die Landschaft – »I love your Austria!«, sagte er immer wieder zu mir; doch auch Dr. Gruber, dessen Gattin in Amerika erzogen worden war, verübelte mir mit keinem Wort, dass ich einem Land diente, das ihm für Österreichs Zukunft entscheidend schien. Ohne es zu wissen, half er mir damit, zumindest eine Zeitlang: Wenn es der weltkundige österreichische Außenminister wünschenswert fand, Österreich in Amerika aus österreichischen Augen gesehen zu wissen – worin lag die Unvereinbarkeit, die der amerikanische Einwanderungsbeamte zu sehen glaubte? So sehr vereinfachte sich die Sache im Wienerwald. So sehr erschwerte sie sich innerhalb der Logik. »Wissen Sie, dass Anständigkeit eine Sache der Logik sein kann?«, wird in den »Dämonen« gefragt. Die Antwort würde ich eines Tages zu geben haben.

Bis dahin sollte es noch eine Weile dauern, sie verstrich mit alltäglichem Dienst, der es unter anderem mit sich brachte, allen in deutsch-amerikanischen Zonen außerhalb Österreichs reisenden Österreichern künstlerischer Berufe zu einer Reiseerlaubnis zu verhelfen; hierzu war die persönliche Befragung der Reisenden vorgeschrieben, und eine solche Befragung hinterließ dem späteren Burgtheaterdirektor Dr. Rott so bittere Eindrücke, dass er in einer Versammlung im Burgtheater empört darüber klagte. Verständlicherweise wuchs die Empfindlichkeit derer, die eine untadelige politische Vergangenheit hatten oder sie behaupteten, im Verhältnis zu ihrer Untadeligkeit; nur übersahen sie, dass danach zu fragen unsere Pflicht blieb, und dass wir nach so langer Abwesenheit nicht wissen konnten, wie es sich mit jedem Einzelnen verhielt.

»Sogar wenn sie Lämmer waren, müssen wir sie weißwaschen!«, sagte Carl Zuckmayer, der in Berlin ähnliche Funktionen versah wie ich, als er mich wegen der Aufführung seines neuen Schauspiels »Des Teufels General« aufsuchte; er wünschte Uniformtuch für die Kostüme, und ich schrieb einen Dienstzettel (»Memo«) an Oberst Ladue, damit aus amerikanischen Vorräten das Erforderliche bewilligt werde. Das »Memo« kam mit der ungehaltenen handschriftlichen Bemerkung zurück: »Wir lassen uns nicht in Tuchgeschäfte ein!« (»We don't go into the clothing business!«) Was das Gegenstück in einer Bruno Walter geltenden Anfrage fand, ob ihm für den Fall seines von mir erbetenen Dirigierens in Wien die Bequemlichkeiten (»facilities«) des Hotels Bristol zur Verfügung stünden: »Tell Bruno«, sagte der kompetente Mann bündig, »the answer is no!«

Trotzdem, sehr amerikanisch, wurde in beiden Fällen die Entscheidung bejahend revidiert, Bruno Walter erhielt »all due facilities«, Zuckmayer den Uniformstoff, und sein wirksames Schauspiel wurde ein Triumph, dem Oberst Ladue triumphierend beiwohnte. Auf Schritt und Tritt jedoch stieß man beiderseits auf Empfindlichkeiten und erkannte zu spät, dass selbst jene Österreicher, die bei Hitlers Einzug in Ekstase und Begeisterung geraten waren, dafür seither einen Wucherpreis in Qual zu bezahlen gehabt hatten, von den Widerstrebenden und Abseitsstehenden gar nicht zu reden. Ich machte mir das so lange klar, bis Voreingenommenheit und Misstrauen schwanden. Selbst dann noch traf jede die Vergangenheit streifende Frage, jede ihr Rechnung tragende Entscheidung empfindlich, und solche Fragen und Entscheidungen wurden mir desto schwerer, je länger es sich hinzog. Das Unerwartetste freilich, dessen ich mich hierbei erinnerte, geschah beim ersten Furtwängler-Konzert.

Mit Furtwängler war ich in Zürich zusammengetroffen, wohin ich zu diesem Zweck und zu einer Intervention bei Richard Strauss fuhr, über die ich zu berichten haben werde. Fritz Stiedrys Ermahnung gedenkend, trat ich dem überpünktlichen großen Mann gegenüber, der mich, halb abgewandt, vor einem Fenster des auf den Garten des Hotels Baur schauenden Gesellschaftsraumes erwartete. Die Qual, dieses Gespräch führen zu sollen, stand in seiner Haltung, in den leicht gesenkten Schultern, in der abrupt unwilligen Bewegung, mit der er sich wendete, in dem zugepressten Mund, der sich zögernd öffnete. Auch er war Staatsrat gewesen. Auch er hatte Deutschland nicht verlassen. Auch ihn hatte das Regime für sich beansprucht. Doch welch ein Unterschied! Wie sprachen diese flammenden Augen, ohne dass die Lippen ein Wort zu reden brauchten! Wie überzeugend trat einem mit diesem Aufrechtstehenden Unzweideutigkeit entgegen!

Es bedurfte keiner Bitte um Aufklärung auf meiner, keiner Rechtfertigung auf seiner Seite. Selten hat ein Verhör kürzer gedauert. Er eröffnete es, nicht ich.

»Sie wollten mich sprechen?«, fragte er.

»Danke, dass Sie gekommen sind«, antwortete ich.

Dabei hatte es sein Bewenden. Auf der Stelle waren wir Freunde geworden und blieben es. »Es ist ebenso«, schrieb er mir kurz vor seinem Tode aus Salzburg, wo wir vier Jahre nebeneinander arbeiteten und einen Sommer im selben Haus nächst Hellbrunn wohnten, »dass man Kunst weder bereden noch maskieren kann. Sie soll nicht beschwatzt werden, und sie soll ihr Gesicht zeigen. Lassen wir die Schwätzer schwatzen und die Maskenmacher sich schminken, und kommen wir mit der Kommentarlosigkeit des Echten aus.«

Er hat es mir nie vergessen, dass ich ihm den Kommentar nicht abverlangte, er hat mir später den Gefallen erwiesen, Bruno Walter um eine versöhnende Aussprache zu bitten, an der ich als stummer Zeuge teilnahm; sie fand in der Halle des Salzburger Hotels Bristol statt, damals noch der Besatzungsbehörde vorbehalten, zwei Ping-Pong spielende amerikanische Offiziere vergnügten sich dort; ihre Bälle flogen leichter hin und zurück als die Fragen und Antworten der beiden größten Dirigenten ihrer Zeit. Der Humanist Walter hatte seine Einwände und äußerte sie. Der Romantiker Furtwängler hatte seine Antworten und gab sie. Was von Welten getrennt erschien, näherte sich haarbreit, was bitter gewesen war, verlor den Nachgeschmack; das Echte siegte über den Kommentar wie damals in Zürich.

Noch damals in Zürich hatte ich die zur Rückkehr Furtwänglers in das aktive Musikleben erforderlichen Schritte getan, und eines ihrer Ergebnisse war jenes erste Konzert, das er in Wien leitete. Das Musikvereinsgebäude umlagerten Neugierige, keineswegs erstaunlich bei einem so herbeigewünschten Ereignis. Doch füllte der Große Saal sich erstaunlich langsam, als zögerten die sonst so pünktlichen Besucher der Sonntagvormittag-Konzerte, Platz zu nehmen. Vor einem nur zu zwei Dritteln gefüllten, an Applaus nicht sparenden Auditorium erschien der Gast schließlich, sein Gesicht war bleich, fast verzerrt.

Er hatte das Podium kaum betreten, da machten Zurufer ihm dies streitig. Immer heftiger drangen die Rufe auf ihn ein, auch Redner schienen zu Wort kommen zu wollen, das leergebliebene Drittel des Saales füllte sich drohend – es würde mir erforderlicherweise obliegen, dachte ich entsetzt, durch amerikanische Militärpolizei Ordnung zu schaffen: Die amerikanische Besatzungsmacht übte den allmonatlich wechselnden Vorsitz im Interalliierten Rat gerade damals aus.

Der erste Redner wurde vernehmlich, im Namen des »KZ-Verbandes« zu sprechen, erklärte er, der Opfer der Konzentrationslager. Mit einem Schlag änderte sich die Situation für mich. Die Sympathien – »divided loyalties«! – galten nicht mehr ausschließlich dem großen erbleichten Manne oben, sondern flogen dem Redner zu, der es als Schmach bezeichnete, einem mit dem verbrecherischen Regime in Zusammenhang Gestandenen öffentlich zuzujubeln. Ein anderer Redner folgte, noch aggressiver als der erste.

»Werden Sie nicht endlich Ruhe schaffen?«, fragte mich ein Mitglied der Gesellschaft der Musikfreunde. Und auch er zeigte sein Gesicht. »Wenn Sie dazu nicht hier sind, wozu sonst?«, fügte er hinzu – die der amerikanischen Uniform oder ihrem Träger oder beiden geltende Abneigung machte sich Luft. Dass ich dazu hier sei, wieder hier zu sein!, hätte ich ihm antworten können, und dass ich der amerikanischen Uniform zu diesem Zweck bedurfte. Doch ich sagte, ich sei nicht dazu hier, den Opfern der Konzentrationslager die Meinung beizubringen, man habe sie vergessen.

Die Situation wurde unhaltbar. Da ich unter keinen Umständen zugegeben hätte, dass amerikanische Militärpolizei gegen ehemalige Konzentrationslagerhäftlinge zu Hilfe gerufen werde, bat ich den damaligen Stadtrat für das Kulturwesen, Matejka, das Wort zu ergreifen und die Demonstranten zu beruhigen. Selbst ein Naziopfer, tat er es in überzeugendster Weise. Der Sturm legte sich, die Demonstranten verließen den Saal, die Philharmoniker griffen nach den Instrumenten, und Wilhelm Furtwängler erhob den Stab. Fünf Minuten später herrschte Beethoven, die einzige Diktatur, der die Wiener sich enthusiastisch fügten. Jedoch das Unvergesslichste an der Denkwürdigkeit bleibt mir einer der Hauptdemonstranten, der mit wilden Entschlüssen zurückgekommen sein mochte, dann aber mit einem hingenommenen, fast verklärten Ausdruck auf der Galerie stehenblieb und lauschte. Es gibt weniges, das den Wienern mehr Ehre macht.

Relativität der Wichtigkeiten

Im Zwischenakt einer Aufführung des Theaters an der Wien, der provisorischen Unterkunft unserer zerstörten Staatsoper, sagte mir ein bei meiner Dienststelle beschäftigter Amerikaner, seine Verpflichtung laufe ab, und er hoffe, längstens binnen Monatsfrist wieder nach Amerika zurückzukehren. Bei mir werde es wohl auch bald so weit sein, denn er befinde sich nur um zwei Monate länger hier als ich.

Ich erinnere mich nicht mehr an die Oper, die gegeben wurde, jedoch an jedes Wort dieser völlig harmlosen Frage. Sie weckte mich aus einem Schwebezustand. Ich sehe uns dort in dem Foyer, worin die fremden Uniformen vorherrschten, und wo ich plötzlich wusste: Was auch geschieht, wie immer man mir hier gegenübersteht, fort von hier gehe ich nicht. Meine Anstellung dauerte vorläufig noch vier Monate; sie konnte verlängert werden, ich wusste von mehreren Fällen, in denen dies wiederholt geschehen war.

Dergleichen antwortete ich. Doch mein Gesprächspartner, in der Meinung, mir Erwünschtes zu bieten, beruhigte mich: Dazu werde es nicht kommen. Die bisher erfolglos geführten Verhandlungen über den österreichischen Staatsvertrag stünden seit heute so aussichtsreich, dass mit der Unabhängigkeitserklärung binnen zwei Wochen zu rechnen sei; spätestens neunzig Tage danach, das stehe fest, dürfe kein Mann der Besatzung länger hier sein, und Dienststellen wie unsere zivile würden weit früher aufgelöst werden. »Cheer up, Doc! You'll be back home in no time!«

Es klang wie Verhöhnung und war als Trost gemeint. Nicht länger brauche ich hier zu verkümmern, Times Square würde »in no time« vor mir auftauchen – cheer up! Ich bemühte mich um das selige Gesicht, das der Glücksbote von mir erwartete, ich zweifle, dass es mir gelang.

Das Ende der Aufführung wartete ich nicht ab, sondern ging durch die nahezu finsteren Straßen meines Weges. Je weiter ich ging, desto klarer sah ich. Anvertrauen konnte ich mich niemandem, nicht einmal Adrienne, die sich nur mit Vorbehalten hier zurechtzufinden wusste. Ein neues Kapitel war vor mir aufgeschlagen, auf dessen erster Seite die Befürchtung stand, dass Österreich einen Friedensvertrag erhielt.

Als ich es mir eingestanden hatte, fand ich die Gegnerschaften, die mir seit meiner Rückkunft entgegentraten, verdient. Konnte ein Österreicher in seiner Selbstsucht so weit gehen wie ich, Österreich das Vitalste zu missgönnen, das ihm nottat? Für Augenblicke beschwichtigte ich mich mit der Ausflucht, Österreich brauche zurzeit den fremden Schutz. Das mochte zutreffen, jedoch es war nicht mein Motiv. Mein Motiv war: hierbleiben dürfen. Erhielt Österreich den Friedensvertrag, dann hätten die Besatzungstruppen binnen neunzig Tagen abzuziehen, nicht ausschließlich militärische Organisationen wie die meine aber viel früher – der Major, der mir das baldige Wiedersehen mit Times Square versprochen hatte, wusste Bescheid.

Er wusste nur nicht, dass ich das Wiedersehen fürchtete, obschon ich Times Square mein Leben verdankte. Und dass mich dies hinderte, meinen Abschied zu nehmen, um einen österreichischen Pass zu bitten und für den Rest meines Lebens hierzubleiben. Denn fünf Minuten von Times Square hatte mein Verleger Doubleday aus einem Bettler einen amerikanischen Autor gemacht; um die Ecke von Times Square war Adrienne die beste New Yorker Charakterschauspielerin des Jahres geworden. So etwas vergilt man nicht mit Schnödigkeit. Aber wünscht man deswegen dem Land, zu dem man gehört, noch weitere jahrelange Unfreiheit – nur damit man sich, dort wie hier, aufrecht kann blicken lassen? Die Frage erheischte eine sofortige Antwort, oder es war um das Existenzminimum an Selbstachtung geschehen, ohne das die Existenz unmöglich ist.

Hier folgt der Dialog, den ich mit Oberst Ladue am Morgen des nächsten Tages führte, nachtüber hatte ich mich darauf vorbereitet.

»Well?«, sagte er wie sonst, wenn ich bei ihm eintrat: »Shoot!«

»Sir«, sagte ich, »es handelt sich noch einmal um eine private Sache.«

Wieder das Burgtheater? Oder diesmal ein anderes? Sei mein Bedarf an Theatern und den »indigenous people«, womit die Einheimischen gemeint waren, nicht gedeckt?

Um eine Feststellung der Standpunkte handle es sich, um die für mich entscheidende, sagte ich.

Er sah mich fragend an.

»Es ist mir klargeworden, dass ich an diesem Land mehr hänge, als ich geglaubt habe«, sagte ich.

Das sei mein Recht. Jeder anständige Mensch (»any decent guy«) hänge an seinem Land. Sogar wenn dieses Land – er unterbrach sich.

Sogar wenn dieses Land ihn vor die Wahl gestellt habe, zu fliehen oder vergast zu werden, ergänzte ich.

»Sogar wenn dieses Land den Zurückgekommenen« – er zögerte und vollendete – »nicht gerade mit Enthusiasmus aufgenommen hat, um es mild auszudrücken?« (»none too enthusiastically, to put it mildly«). Es war das erste Mal, dass er auf die Negligierung zu sprechen kam, die seiner Erlaubnis widerfuhr, mich dem Burgtheater zur Verfügung zu stellen.

»Auch dann«, sagte ich. »Sie müssen verstehen, dass ich in einer fremden Uniform zurückgekommen bin, in den Augen der Österreicher also als Feind. Und dass ich in meinen Schriften, die in Amerika erschienen sind, die Dinge, ja sogar die Menschen beim Namen genannt habe.«

Aber die österreichische Ausgabe des »Engels mit der Posaune« habe hier mehr Beifall als Widerstreben gefunden? Wenigstens habe Dr. van Eerden ihm das berichtet. Weshalb lasse ich nicht österreichische Ausgaben meiner anderen Anti-Nazi-Bücher folgen?

Weil ich, sagte ich, manches darin zu revidieren hätte, wozu noch nicht Zeit gewesen war. Und weil ich über manches anders zu denken gelernt habe.

Mit anderen Worten: Ich fände die Nazis nicht mehr so schlimm?

Ich fände sie schlimmer denn je, antwortete ich. Und deswegen fände ich, dass ich hierhergehöre. Nach meiner Überzeugung – habe ihn Dr. van Eerden nicht auch hierüber unterrichtet? – würde die Zeit kommen, wo sie sich regen und den Schock der Niederlage überwunden haben würden. Da seien Leute nötig, die sich erinnerten –

obschon Dr. van Eerden diese meine Meinung vielleicht ebenso wenig billige wie meine allzu genaue Erinnerung. Jedenfalls fürchte ich, dass ich der gute Amerikaner nicht sein könne, der zu sein ich bei der Bürgerprüfung schwor.

Oberst Ladue – vom Tod in Korea trennte ihn damals nur noch grausam kurz bemessene Zeit – wurde ernster, als ich ihn je vorher sah. Wolle ich damit sagen, ich wünsche die amerikanische Staatsbürgerschaft aufzugeben?, fragte er.

Viel stand in dem mir betroffen, fast ängstlich zugewendeten Gesicht, in das ich immer gern geschaut hatte. Den Blick ertrug ich nicht. In dem Blicke stand: Wir haben dir deine Existenz wiedergegeben; wir sind, obwohl wir den Teufel damit zu schaffen hatten, nach Europa gekommen und zu Zehntausenden gestorben, um dir dein Leben wiederzugeben. Und jetzt stehst du da, machst große Worte und redest mit der Miene der Rechtschaffenheit von deiner Pflicht? Du hast vorhin gesagt, was deine Pflicht ist. Nicht zu vergessen, ist deine Pflicht! Also vergiss nicht! Ohne uns wärest du kein »best-selling-author«, sondern erschlagen oder vergast. Ohne uns trügst du nicht eine Uniform, die der eines Oberstleutnants gleichkommt, sondern lägest wie sechs Millionen deinesgleichen mit zerschlagenem Schädel, dem die Zähne ausgebrochen wurden, um Gold darin zu finden, in einem Massengrab. Erinnere dich!

Nicht ein Wort davon sagte er. Sondern, da ich schwieg, sagte er mit einer Stimme, die fremder und enttäuschter klang als sonst: »I can see your point.« Und dann bat er mich, ich schäme mich, es hinzuschreiben, er bat mich, nichts vorschnell zu tun, denn er würde ungern auf mich verzichten und halte mich trotz meiner augenblicklichen Stimmung, die er verstünde, »for a pretty good American«. Wollte ich ein falsches Beispiel geben? Wenn Leute wie ich – »people in the public eye« – die amerikanische Staatsbürgerschaft wegwürfen wie unbrauchbaren Abfall (»refuse«), würde es meinesgleichen nicht schaden –: den vor Hitler nach Amerika geflohenen Emigranten, die sich dort niedergelassen hatten, zuerst vielleicht aus Not, jedoch später, weil sie fanden, es sei »a good country to stay«? Ich hatte ihn nie so lange und so bedrückt reden gehört, den ladykiller Ladue. Wisse ich übrigens, fügte er hinzu, als ich schwieg, dass er die Erneuerung meiner Verpflichtung auf ein halbes Jahr vorgeschlagen habe?

Der österreichische Friedensvertrag stehe unmittelbar bevor, sagte ich. Die ganze Besatzung würde binnen drei Monaten Österreich verlassen haben.

Zum ersten Mal während dieser Unterredung lachte er. Von wem ich das so genau wisse?

Ich nannte den Namen.

Eine geringschätzigere Miene hätte man nicht machen können. Die Leute, die »den Mund weit auftaten«, wüssten nie etwas! »Listen to what I tell you. This country won't ever get that treaty. This country has no future.«

Ein Ausweg hatte sich gezeigt. Doch wenn der »schöne Oberst« ein Prophet war, und das Land »keine Zukunft hatte«, dann war dieser Ausweg der aussichtsloseste von allen.

Sei meine Entscheidung getroffen? Oder wolle ich Zeit zu überlegen?

Ich akzeptiere die mir angebotene Verlängerung meines Dienstverhältnisses mit Dank, antwortete ich. Zwei Monate lief mein augenblicklicher Vertrag noch, das machte acht. Acht gewonnene Monate, um mich für exemplarische Undankbarkeit oder gegen ein Verbleiben zu entscheiden, an dem das Leben hing. Hippolyte Taine, einer der gegenwärtigsten gewesenen Philosophen, zu dem ich oft meine Zuflucht nehme, spricht, lange vor Einstein, von der »Relativität der Wichtigkeiten« und stellt fest, was für den einen ein Selbstmordgrund, sei für den anderen der Inbegriff des Gleichgültigen.

Desto fragwürdiger wird es, ein Problem zu erörtern, das unter Tausenden keinem begegnet ist und, sollte es der Fall sein, nicht als existenzentscheidend, sondern als eine Frage der Sentimentalität, der Opportunität oder der Taktik gälte.

Indizien

Dass Adrienne wieder in Wien als Schauspielerin auftrat, war Mr. Erhardt zu verdanken, der sich der Meinung widersetzte, »dependent wives« hätten nicht auf Kosten der »indigenous people« zu leben, mit anderen Worten, die Frauen der im amerikanischen Dienst stehenden Amerikaner sollten keine österreichische Anstellung annehmen.

Diese Meinung wurde von den Generälen im ehemaligen Gebäude der Österreichischen Nationalbank vertreten, wo das amerikanische Hauptquartier (»Headquarters USFA«) seinen Sitz hatte, und wo Mr. Erhardt ein widerspruchsfreudiger, fortschrittlicher Zivilist blieb. Mit General Clark verstand er sich vortrefflich. Doch als dieser von General Keyes abgelöst wurde, einem streng katholisch, streng konservativ gesinnten Offizier, kühlte das Einvernehmen zwischen dem Vertreter der Armee und seinem politischen Zivilberater sich ab, ja es entstanden Gegensätze, die Erhardts Leute, zu denen ich zählte, empfindlich zu spüren bekommen würden.

In Adriennes Sache jedenfalls setzte seine Meinung sich durch; er fand es absurd, das Engagement einer Schauspielerin dem einer Stenotypistin gleichzustellen, und, seiner Anfänge als »call-boy« eingedenk, dem Theater enthusiastisch ergeben, besiegte er auch Adriennes eigenen Widerstand. So stand sie in Lilian Hellmanns »Die Wacht am Rhein« mit Attila Hörbiger als Partner wieder auf einer Wiener Bühne, der des Volkstheaters diesmal, das ihr Großonkel Emmerich von Bukovics als erster Direktor geleitet hatte – fast nach neun Jahren, und nach mehr als 2500 Abenden in englischer Sprache.

Ihre Erregung war groß. Indes, das Publikum schien dasselbe geblieben, es grüßte eine seiner unvergessenen Schauspielerinnen schon beim Erscheinen mit demonstrativem Applaus, Mr. Erhardt strahlte, denn alle gaben ihm recht, Publikum, Kritik, Oberst Ladue, der keine Silbe verstand, da er des Deutschen weder mächtig war noch werden wollte – alle bis auf Einzelne, die sich vorderhand im Hintergrund hielten. Noch in drei anderen amerikanischen Stücken, in Thornton Wilders »The Skin of our Teeth« (»Wir sind noch einmal davongekommen«), in »Life with Father«, einer jahrelang auf dem Broadway heimischen Komödie, von Hans Jaray übersetzt und »Der Herr im Haus« genannt, und in Arthur Millers »Death of a Salesman« (»Der Tod des Handlungsreisenden«) trat Adrienne auf, diesmal in ihrem, unserem Theater in der Josefstadt.

Dort wieder im Zuschauerraum sitzen zu dürfen, in diesem schönsten, festlichsten, unpompösesten Theatersaal, den ich kenne, den Kristallluster sacht emporschweben, das Goldene, Weiße, Rote ins Dunkel tauchen und auf der Bühne, deren Resonanz die einer Geige ist, die Schauspieler wiederzusehen, die »meine« gewesen waren, Adrienne unter ihnen, noch unter Josef Jarnos Direktion hier Elevin, dann von Reinhardt entdeckt und zu der Vollendung geführt, die ihr einige Jahre später durch die Verleihung des Max-Reinhardt-Ringes und die Berufung an das Burgtheater bestätigt werden sollte –: Es war umso beglückender, je öfter ich es mir als den unerfüllbarsten der Träume ausgemalt hatte. Wo hatte ich dieses Augenblicks nicht gedacht, wenn sie in »Claudia« oder »I Remember Mama« auf der Bühne gestanden war »from coast to coast«, im Booth Theatre und der Music Box auf dem Broadway, in Washington, Boston, Philadelphia, Pittsburgh, Buffalo, Toronto, Cleveland, Chicago, Saint Louis, Los Angeles, San Francisco, und mit ihrem erst vorsichtig angestrengten, dann fast selbstverständlichen Englisch ihre Sätze nicht anders gesprochen, ihre Pointen so fallengelassen oder serviert, ihre Gestalten so profiliert hatte wie »die Schauspieler im Theater in der Josefstadt unter Führung von Max Reinhardt« – bezweifelt hatte ich diesen Augenblick und herbeigesehnt.

Nun war er da. Nicht länger schickte Hitler sie auf Reisen in eine andere Welt, sie stand dort oben, als wäre sie nie weg gewesen, ein wenig ernster vielleicht, die Komikerin, ein wenig mehr gekennzeichnet, die Kennzeichnerin – ein Traum, und das Erwachen daraus die Erfüllung.

Allen gefiel es, es entzückte alle, bis auf einen oder zwei. Sie sagten es mir nicht, sie schrieben es nach Washington, und von Washington kam eine Anfrage, wieso a) Mrs. Lothar, obschon »dependent wives« erst sechs Monate nach dem Eintreffen ihrer Gatten im Ausland ihnen dorthin folgen durften, zugleich mit mir eingetroffen sei, und wieso b) Mrs. Lothar, obschon »dependent wives are not supposed to accept any job, paid or unpaid, with citizens of the country in which their husbands are serving for the US Government«, Verpflichtungen als Schauspielerin habe annehmen und erfüllen dürfen? Adrienne wusste von diesen Anfragen nichts, Mr. Erhardt unterrichtete mich davon und versprach, sie persönlich zu beantworten; es nützte weder ihm noch uns.

Mittlerweile hatte mein Roman »Der Engel mit der Posaune« eine Verbreitung in Österreich gefunden, die seine Verfilmung nahelegte; mehrere Anfragen lagen vor, unter denen die Karl Hartls, eines ehemaligen Mitarbeiters Alexander Kordas, einige Gewähr für nicht ausschließlich kommerzielle Ambitionen bot. Meine Erfahrungen mit der Verfilmung eigener Romane mahnten mich zur Vorsicht, denn weder »Macht über alle Menschen«, die Romantrilogie meiner Anfänge, in der ich »Irrlicht der Welt« und »Irrlicht des Geistes« zum »Licht« des nach innen gewandten Menschen zu führen gestrebt hatte, noch »Der Hellseher« (mit Claude Rains), noch das typische Hollywoodprodukt, das aus der »Mühle der Gerechtigkeit«, also aus der Euthanasie, einen »Mordfall« machte, scheuten vor Vergröberungen und Entstellungen zurück; nur »Kleine Freundin«, dank Berthold Viertels Regie, bildete eine Ausnahme. Jedenfalls fragte mich auch Korda, vielmehr »Sir Alexander«, als er ein britisches »Remake« des Posaunenengels erwog, in seinem Londoner Hyde-Park-Corner-Regierungssaal so charmant, unschuldig und dezidiert, wie nur er solche Zumutungen äußerte: »Tell me, why don't you bring in a bishop?« – eine Frage, die denkwürdiger als der Film blieb, weil sie das Filmgeschäft entlarvte. Warum ließ ich eines der Familienmitglieder meines Romanpatrizierhauses nicht einen Bischof sein, da ein Bischofskostüm doch so effektvoll war?

Es füge sich nicht in die Familie, meinte ich.

Und Sir Alexander, der das Englische mit perfektem ungarischen Akzent meisterte, tat eine zweite lapidare Frage: »Do you really think that matters?« Immerhin, er fügte sich Einwendungen, wenn es nicht anders ging, weshalb ich seinem Schüler Hartl den Vorzug gab.

Das alles geschah mit der ausdrücklichen Zustimmung, ja auf den Wunsch meines Vorgesetzten Ladue, der in der deutschsprachigen Verfilmung meines Romans eine Art österreichischen Lehrfilms sah und so weit ging, diesem Film zuliebe Paula Wessely jenen »Heimkehr«-Film nicht länger zu verübeln, sondern ihre Mitwirkung in der Hauptrolle zu gestatten. Auch die Verpflichtung zweier bisher Unbekannter, die mir aufgefallen waren, billigte er: Sie hießen Maria Schell und Oskar Werner und sollten zum ersten Mal vor die Kamera treten. Beide Verfügungen Ladues gehörten zu seinen letzten, der Dienstzettel, der sie enthielt, war vom Vortag seiner Abreise datiert, am folgenden Abend verließ er Wien, das ihn nicht viel anging, um nach Amerika zurückzukehren und in Korea, das ihn nichts anging, für Amerika zu sterben. Wir standen auf dem Franz-Josephs-Bahnhof und winkten ihm, erst hatte es geschienen, als könne er den Tag der Abberufung kaum erwarten, nun wurden seine Augen nass; da dies einem Kommandierenden General, der er gewesen war und wieder sein würde, nicht anstand, rief er, als der Zug schon fuhr, lachend etwas zurück, was ich nicht mehr hörte. Ich sollte ihn noch einmal wiedersehen. Jetzt jedoch war er außer Reichweite, ich fühlte, dass ich den Vorgesetzten verloren hatte, der mich schützte.

Wie sehr dies zutraf, zeigte sich, als sein Nachfolger, ein schwerhöriger pensionierter Brücken- und Straßenbauer im Generalsrang, kulturellen Fragen denkbar fernstehend, in Wien einlangte und sich durchaus auf seinen Stellvertreter stützte. Und als bald darauf ein amerikanischer Zonenkommandant bei einer zur Dienst-Routine gehörenden »party« Adrienne ohne äußere Veranlassung fragte: »I understand, your husband is partly Jewish?«, und ich zu dem Manne hinging und ihm sagte: »You are mistaken, Sir. I am entirely Jewish«, konnte es nicht ausbleiben, dass ich mehr oder minder gutgemeinte Ratschläge, um nicht zu sagen Weisungen erhielt, in meinen Äußerungen nicht aggressiv zu werden; eine Redewendung wie die des Zonenkommandanten sei eine Gesprächsfloskel ohne jede Absicht, jedenfalls ohne beleidigende.

Darauf oder auf Dr. van Eerdens Lieblingsmahnung: »You're laying yourself wide open to comment!« zu entgegnen: Mit solchen nicht beleidigenden Redewendungen habe Hitler begonnen, den aus der Welt zu schaffen der Zonenkommandant mit dem Einsatz seines und seiner Soldaten Leben geholfen hatte, wäre zwecklos gewesen. Es mochte ja zutreffen, dass ich unbotmäßig gewesen war; jedenfalls blieb ich bereit, der Sache, je länger sie zurücklag, desto weniger Gewicht beizulegen, umso eher, als man mir unverhofft den Auftrag erteilte, von Richard Strauss im Interesse der Salzburger Festspiele die Erlaubnis zur Uraufführung seiner Oper »Die Liebe der Danae« zu erwirken.

Dieses Werk war bei den Festspielen bereits uraufführungsbereit gewesen, als die Kriegslage die Schließung aller Theater nach sich zog; Clemens Krauss hatte es damals einstudiert, und Clemens Krauss, unter den Dirigenten von Rang einer der politisch besonders Belasteten, hieß der Dirigent, den Richard Strauss zur Bedingung der Salzburger Aufführung machte. Meinerseits hatte ich während jener kläglich erfolglosen Entnazifizierungsperiode mit Clemens Krauss mehrmals Gespräche gehabt, die mich bestimmten, das über ihn verhängte Auftrittsverbot in Geltung zu lassen. Umso mehr erstaunte es mich, als man mir freie Hand ließ, Richard Strauss zum Verzicht auf seine Bedingung zu bestimmen.

Er befand sich damals im Kurhotel Verenahof in Baden bei Zürich, wo ich ihn mit einem Vertrauensmann der Wiener Bundestheaterverwaltung aufsuchte. Keineswegs vom Alter gebeugt, trat er in den sparsam beleuchteten Salon des altmodischen Gasthofes, und wenn man nach der Röte seines Gesichtes schließen wollte, in blühender Gesundheit oder im Zorn. Wie sich zeigte, traf das Letztere zu. Unser Gespräch, bei dem er wiederholt aufsprang und zum Fenster eilte, um bei Tageslicht Aufzeichnungen zu Rate zu ziehen, dauerte fast zwei Stunden. Auch ich notierte mir manches, während wir sprachen, denn es war eine ungewöhnliche Unterredung.

Sie begann damit, dass ich ihn an die Wiener Premieren der »Elektra« und des »Rosenkavaliers« erinnerte, bei denen ich ihm durch seinen Verleger Fürstner, einen Freund meines Bruders Robert, vorgestellt worden war; in einer wenig gelesenen Wiener Monatsschrift und in der

»Münchner Allgemeinen Zeitung« hatte ich, ein blutjunger Mensch, so enthusiastisch darüber geurteilt, dass er die zwei ihm von mir gesandten Ausschnitte mit einem Dankbrief beantwortete und – meiner Verwandtschaft mit Eduard Hanslick bewusst – erklärte, die Ehre meiner Familie sei gerettet. Erstaunlicherweise erinnerte er sich daran genau. Auch nach meinem Bruder Robert fragte er, von dem ich nur zu sagen vermochte, er sei in Riga umgebracht worden.

Weitere Erörterungen schnitt er, ehe ich noch mein Salzburger Anliegen vorbrachte, mit einer Attacke auf die Amerikaner ab. Sie hätten ihm und seiner Familie Schwierigkeiten in den Weg gelegt, er verbitte sich das ganz energisch. »Nach Ihrer Uniform zu schließen, gehören S' auch dazu. Aber nur der Uniform nach?«, fragte er heftig.

»Ich gehöre dazu, Herr Dr. Strauss«, sagte ich.

»Das kann ich nur äußerst merkwürdig nennen!«, wies er mich zurecht.

Dergleichen bleibe besser außer Betracht, sagte ich. Denn ich sei mir bewusst, dem größten lebenden Komponisten gegenüberzustehen, und ebenso, dass die Zukunft nur fragen werde, ob er in seinen Opern, Symphonien oder Liedern am bedeutendsten war.

»Dann sollten S' selber und Ihre Amerikaner mir keine Schikanen bereiten!«, brauste er auf. »Sie wissen ja, dass ich mich nie politisch betätigt und mit den Nazis nie was zu tun g'habt hab'! Alle diese Pauschalverdächtigungen von hasserfüllten Rückkehrern müssen endlich aufhören!«

Ich trachtete, seine Erregung nicht noch zu steigern, brachte daher das Gespräch auf seine Oper »Die Liebe der Danae«, vielmehr, ich versuchte es. Doch unterbrach er mich nach den ersten Worten. »Ich hab' ja schon g'sagt – entweder mit dem Clemens Krauss oder gar nicht! Jedes weitere Wort können S' sich sparen!«

»Glauben Sie, dass Hofmannsthal Ihre Haltung gebilligt hätte?«, fragte ich.

Einen Augenblick schwieg er. »Der Hofmannsthal hat immer alles gebilligt, was ich g'macht hab'!«, antwortete er dann. »Der war viel zu g'scheit, als dass er sich mit Politik eing'lassen hätt'!«

»Mit Politik nicht, aber mit Europa. Und in seinem Europa hätten die Nazis keinen Platz gehabt. Jedenfalls nicht in seinem Salzburg.«

Er sprang auf. »Soll ich das als einen Vorwurf gegen mich auffassen?«

»Als eine Feststellung über Clemens Krauss«, sagte ich. »Er hat mit den Nazis sympathisiert, vom Tag an, als er – noch vor dem Anschluss Österreichs – die Wiener Staatsoper verließ, die Herren Manowarda und ihresgleichen mitnahm und nach Hitler-Deutschland ging, wo er ein Hitler-Liebling wurde. Dass Sie das nicht wissen sollten, ist unmöglich!«

»Auch der Furtwängler ist geblieben! Auch der Pfitzner! Und ich – ich bin auch ein paar Jahre geblieben! Daraus lässt sich nichts ableiten! Keiner von uns hat sich mit dem Hitler eing'lassen!«

Ich hätte allerlei Gerüchte zitieren können, die Mister Sykes, Leiter der Musikabteilung am Colorado College, vom Willen und Unwillen des epochalen deutschen Musikers während der deutschen Barbarenepoche kannte. Doch im Bewusstsein der Exterritorialität des Genies und im Vertrauen auf Strauss' Bindung an Hofmannsthal appellierte ich daran, was Hofmannsthal »die Wahlverwandtschaft der Auserwählten« genannt hatte.

Die sofortige Reaktion war merkwürdig. Der Zornige, der keineswegs im Recht war, hatte plötzlich recht. Er sagte vor sich hin: »Ja, der Hofmannsthal! Der hat mich halt verstanden!« Und dann, abschließend: »Von mir aus sollen die Amerikaner mich weitersekkieren. Ich hab' jedenfalls den Deutschen keine Schande g'macht!«

Da stand das Werk hinter dem alten Mann, und der alte Mann hatte um die zornrote Stirn den Schimmer der Unsterblichkeit.

Er wollte durchaus nicht, dass wir schon gingen, bestellte Tee und war ein musterhaft aufmerksamer Gastgeber. »Da sind S' also extra zu mir hergekommen?«, fragte er. »No, und wird man mich vielleicht gnädigst nach Salzburg hineinlassen, wenn die ›Danae‹ dort aufg'führt werden sollt' – ich versprech' nichts, ich frag' nur?«

Man würde ihn mit Freude empfangen, antwortete ich, ohne dazu ermächtigt zu sein.

Und wer solle das Werk dirigieren, da es ja keinen Besseren gab als Clemens Krauss?

»Einen viel besseren«, sagte ich: »Sie selbst!« Und ich sagte ihm, welche unvergesslichen Eindrücke ich von ihm als Dirigenten empfangen hatte.

Es schien ihn zu freuen. »Vom Mahler hat's immer g'heißen, er ist ein so guter Operndirigent, weil er keine Opern komponiert«, sagte er. »Das ist ein Unsinn. Ich behaupt', nur ein Opernkomponist kann eine Oper richtig dirigieren – ich mein' nicht akademisch richtig, sondern nachschöpferisch richtig – was sag' ich, schöpferisch! Wissen S', dass ich, wenn ich den ›Giovanni‹ dirigiert hab' oder den ›Fidelio‹, plötzlich geglaubt hab', das ist von mir!«

Ich erinnerte ihn an Schillers Ausspruch, als er sich dramaturgisch des »Egmont« bemächtigte.

»Ja, nur hat der Schiller den ›Egmont‹ verpatzt!«, sagte Strauss. Und meinte lachend: »Jetzt halten S' mich außer für einen Nazi auch noch für größenwahnsinnig! Aber jedenfalls – die ›Danae‹ dirigier' ich nicht! Da bin ich zu alt dazu. Und damit S' mich nicht für gar so größenwahnsinnig halten – an der ›Danae‹ häng' ich nicht. Lassen wir also die ›Danae‹ so lang' unaufg'führt, bis Sie finden werden, der Clemens Krauss ist doch der Richtige!«

Grundsätze ließen sich nicht mit einer Handbewegung aus der Welt schaffen, auch nicht mit der eines bedeutenden Dirigenten, sagte ich.

Er zuckte die Achseln. »Im Gegenteil! Principiis obsta!«

Als wir uns verabschiedeten, sagte er: »Bei meinem Alter kann ich Ihnen nicht auf Wiederschaun wünschen. Aber sollten S' den Bruno Walter sehn, richten S' ihm aus – richten S' ihm lieber nix aus! Das ist auch so einer mit Vorurteilen!«

Denen, die sie haben, kann sie niemand nehmen. Auch großen Männern nicht. Wir dankten für die freundliche Aufnahme und gingen.

Hatte ich indes geglaubt, meinen Auftrag angemessen ausgeführt zu haben, täuschte ich mich. Irgendwann, von irgendwem schien unser Gespräch »mit Vorurteilen« wiedergegeben worden zu sein. Jedenfalls wurden bereits vorhandene dadurch bestärkt und die gegen mich sprechenden Indizien um ein wichtiges vermehrt.

Ich hätte also nicht betroffen sein dürfen, als mich der Fachmann für Brücken- und Straßenbau eines Morgens zu sich beschied, um mir, durchaus urban, sein Bedauern darüber auszusprechen, dass meines Bleibens in Österreich nicht viel länger sei, sondern dass meine Frau und ich uns spätestens binnen fünf Wochen in Amerika zu befinden hätten.

Die Logik ließ mich wieder einmal im Stich, ich war nicht nur betroffen, ich war fassungslos und fragte nach den Gründen, obschon ich sie hätte kennen sollen. Es sei ein Befehl aus Washington, blieb alles, was ich erfuhr.

An das endgültige Abschiednehmen hieß es jetzt denken – vielmehr daran, wie es sich vermeiden ließ. Befehl oder nicht, ich würde nicht gehorchen. Der schwerhörige General hatte mich, als ich Einwendungen machte, an meine Verpflichtung gegenüber Amerika erinnert, auch an meine Staatsbürgerschaft. Ich, meinerseits, hatte an den in meinen Händen befindlichen Qualifikationsnachweis erinnert, worin schwarz auf weiß zu lesen stand, wie »outstanding« ich meinen hiesigen Dienst erfüllte; daher widerspreche sich mit meiner Abberufung das Department of State oder wer dahinterstand.

Ich unterließ es ebenso wenig, Mr. Erhardt zu verständigen, der in meiner Gegenwart General Keyes telefonierte – bei der Spannung zwischen ihnen mag ihm das nicht leichtgefallen sein. Dem Telefongespräch entnahm ich, dass sein Gesprächspartner geäußert haben dürfte, ich stieße bei den Österreichern auf Widerstreben, denn Mr. Erhardt entgegnete, davon sei ihm nichts, höchstens das Gegenteil bekannt, weil ich noch immer österreichisch fühle – »in his inmost soul«, wie er sagte. Offenkundig enthielt die Erwiderung des Generals den Hinweis auf jene vorhin berichteten Indizien. Mr. Erhardt entgegnete temperamentvoll; damit endete seine ergebnislose Intervention.

Ob es stimme, dass ich einmal im Dienst – als mir auf die von mir geforderte Ablehnung eines Ansuchenden wegen Zugehörigkeit zur NSDAP eingewendet wurde, jetzt sei die Zugehörigkeit zu einer anderen Partei entscheidender – eine äußerst kritische Bemerkung gemacht habe?

Es stimme, sagte ich. Doch habe sich der Vorfall so abgespielt, dass ich die Wiederzulassung eines auf der Schwarzen Liste Stehenden mit der Begründung ablehnte, er sei bereits 1937 illegales Parteimitglied gewesen; darauf sei ich gefragt worden: »Welcher Partei?«

Der NSDAP, habe ich geantwortet.

»Oh, forget it!«, habe man mich beschieden und außerdem belehrt, ich müsse einen Salto (»somersault«) machen: denn um die Nazis handle es sich nicht mehr, nur noch um die Kommunisten. Darauf hätte ich keinen Zweifel daran gelassen, dass ich nicht für Turnübungen, sondern für die Wiederherstellung sauberer Zustände verpflichtet worden sei.

Mache ich mir klar, dass man daraus falsche Schlüsse ableiten könne?, fragte Mr. Erhardt.

Ich sagte: »Wer aus meiner Weigerung, die Nazis zu vergessen, den Schluss ableitet, ich ziehe die Kommunisten vor, ist entweder schwachsinnig oder, was wahrscheinlicher ist, böswillig.«

Mr. Erhardt schüttelte mir die Hand, und als er Adrienne und mir ein offizielles Abschiedsessen gab, bei dem er mir im Namen Amerikas »for outstanding services« dankte, waren jene, die falsche Schlüsse hätten ziehen können oder gezogen hatten, nicht eingeladen.

Ohne es zu beabsichtigen, erleichterten sie es mir. Die Loyalität, die mir abgefordert wurde, hatten sie verletzt – zumindest redete ich es mir ein, um weniger Bedenken zu haben, meine Dankschuld nicht bis zum letzten Cent abtragen zu müssen; wenn man einem neuen Staatsbürger so wenig Vertrauen zeigte, dass man ihn die Bürgerpflichten nicht erfüllen ließ, hatte man an ihn keine Rechte – und was dergleichen sophistische Ausreden zur Beschwichtigung eines beunruhigten Gewissens mehr sind. Sie fielen mir freilich erst ein, als unsere Sachen gepackt und wir der Gewissheit waren, sie nie wieder hier auspacken zu können; der Staatsvertrag rückte in unsichtbare Fernen. Pässe hierher würden wir bis dahin nicht erhalten, folglich mussten wir, ich zumindest, mit besserem oder schlechterem Gewissen eine Entscheidung treffen.

Adrienne traf sie. Der Gedanke, für immer nach Amerika zurückzukehren, schreckte sie weniger als mich. Doch ebenso wie sie seinerzeit zu mir gekommen war, um nach Amerika zu reisen, das sie fürchtete, nahm sie mich jetzt, da sie es lieben gelernt hatte, auf einem Umweg nach Österreich mit, dem sie noch nicht vertraute. In der Komödie »I Remember Mama«, worin sie auf dem Broadway fast zwei Jahre aufgetreten war, sollte sie ein mehrmonatiges Gastspiel in London geben. Wir wechselten also auch diese Rollen: Galt sie bisher als ein »dependent wife«, so wurde ich ein »dependent husband«; gegen einen vorläufigen Aufenthalt in England konnten die Amerikaner keinen Einwand erheben, vorausgesetzt, dass wir dann »nach Hause« zurückkehrten.

Da kam, rechtzeitig auf die Minute, ein von Baron Puthon unterzeichnetes Telegramm aus Salzburg: Wolle ich im Sommer Grillparzers »Des Meeres und der Liebe Wellen« mit Paula Wessely als Hero inszenieren?

Die Salzburger Festspiele gehörten zu den wichtigsten Agenden des Amtes, das ich verließ. Mein Nachfolger, ein Amerikaner, den ich nicht kannte, und der sich zurzeit unterwegs nach Wien befand, würde vermutlich ihren Wunsch auch gegen bürokratische Widerstände unterstützen – zumindest hatte ich es so gehalten. Ich fragte nicht mehr nach Erlaubnis, sondern telegraphierte Puthon meine Zusage.

Wir fuhren über Zürich, wo Carl Zuckmayer, desgleichen den amerikanischen Dienst verlassend, mit einem Filmbuch beschäftigt war. »Nach dem Sturm« würde es heißen und die Rolle eines weiblichen amerikanischen »Music officer« enthalten, Adrienne auf den Leib geschrieben; sobald sie von London frei kam, sollte in Zürich damit begonnen werden – eine neue willkommene Verlängerung unseres »erlaubten« Europa-Aufenthaltes.

In einem meiner ersten Bücher nannte ich den Zufall das Wunder der Ausweglosen. Das glaube ich noch immer, weil ich noch immer an Wunder glaube; nur ereignen sie sich nicht, wie man uns lehrte, außer uns, sondern wir selbst schaffen sie, indem wir sie für möglich halten. Wer das Wunder einen Zufall nennt, statt den Zufall ein Wunder, fälscht die Begriffe. Wir schaffen den Zufall, sobald wir bewusst die Grenze überschreiten, die uns von ihm trennt. Heißt die Grenze Verzweiflung, dann geschieht das Wunder in jenem äußersten Augenblick bewusster Grenzüberschreitung: Hüben ist, was wir verlassen müssen, drüben, was uns die Kraft gegeben hat. Aber wir sehen es erst, sobald wir weit genug drüben sind. Daher irren wir uns und nennen es Zufall.

Der stoische Regenschirm

Wenn die unvermeidliche Phrase stimmt, Paris sei die Stadt der Frauen, dann sollte die Gegenphrase, London sei die Stadt der Männer, stimmen. Ein flüchtiger Blick auf die Londoner Straßen zeigt rotfarbige Autobusse und graugekleidete Männer. Viele haben schwarze steife Hüte, viele schwarze weiche Hüte, manche schwarze taillierte Überzieher, und alle, im Winter wie im Sommer, einen nett gefalteten, nicht einmal bei Regen aufgespannten Regenschirm.

Auch wenn sie, was sogar im kältesten Winter geschieht, auf Überröcke und Hüte verzichtend, in ihren gutgeschnittenen hellgrauen oder dunkelgrauen Anzügen aus ihren schlechtgeheizten Häusern auf die Straße treten, die nicht kälter als ihre Wohnungen ist, tragen sie den Schirm über dem Unterarm, viele halten Handschuhe in der Hand, die sie nicht benutzen. Mittags kann man sie, aus Ämtern oder anderen Büros kommend, einzeln, zu zweit, zu dritt in der »City«, in Whitehall, Trafalgar Square, Piccadilly, durch St. James's Park, Green Park, Regent's Park in ein Lunch-Lokal gehen sehen, wo sie, beide Hände in den Hosentaschen, eintreten, weder eilig noch langsam, mit festen Schritten, unangefochten von Kälte, Wärme, Freude, Not und Tod, den Schirm über den Unterarm gehängt.

Das sieht wie die zufälligste Momentphotographie aus. Sie ist es nicht. Die ungezählten Männer, von denen viele wie Herren aussehen, geben dem Kolossalstadtbild ein unveränderliches Gepräge; besser zu den Häusern im Georgischen, Regency- und Viktorianischen Stil als zu den nicht länger fernzuhaltenden Wolkenkratzern passend, gehen sie unangefochten und unanfechtbar daran vorbei, aus der Vergangenheit durch die Gegenwart in die Zukunft, in Schnellabfütterungs-»Pubs«, in ihre Clubs oder zu Simpson's am »Strand«, wo es nur Männern vorbehaltene Speisesäle gibt; so gehen sie in die Theater, wo sie bei Lears Fluch und

Othellos Mord höflich-störend rauchen; so, nur um ein weniges salopper, in die Fabriken und Docks; so sind sie während des »Blitz« gegangen, so haben sie den homerischen Rückzug aus Dünkirchen vollzogen, so gingen sie in den Krieg und aus ihm, durch Kälte, Wärme, Freude, Not und Tod. Ein Heer von Männern, deren viele Herren sind, und von denen sich fast alle so betragen. Sie nennen die Herren »gentlemen« und haben einen Begriff daraus gemacht.

Selbst wenn sie stören, geschieht es artig. Auch wenn sie anderer Meinung sind, beginnen sie den Widerspruch mit »the right honourable gentleman« oder »my honourable and gallant friend«; sogar wenn sie Niederlagen erleiden, die zuzugeben sie sich zeitlebens weigern werden, behalten sie ihren trotz angeborener rosiger Röte kühlen Kopf; und wenn sie Siege feiern, beschränken sie das Triumphgefühl auf die dafür offiziell bestimmte Stunde.

Phantasielos? Leidenschaftslos? Einförmig? In dieser Phantasielosigkeit wurde Shakespeare gezeugt. Diese Leidenschaftslosigkeit gebar die Feuerreden Churchills. Diese Einförmigkeit gewährleistete ein Weltreich extremster Vielfalt.

Wenn man in Park Lane an dem Haus vorbeikommt, wo Benjamin Disraeli, Lord Beaconsfield, Jahrzehnte hindurch lebte, und das noch heute so ausschaut und bewohnt wird wie zu seiner Zeit; wenn man, einige Schritte von seinem Standbild in Westminster Abbey, Begräbnisstätten mit den Jahreszahlen 713, 1011 und 1024 findet; wenn in Nummer 10, Downing Street, der blanke Messingtürklopfer an der schwarzen Eingangstür zu der einstöckigen Residenz der Premierminister vorläufig noch so funkelt wie zu Dickens' Zeiten; wenn man die berittenen Garden in Whitehall, die Leibwachen vor Buckingham Palace und Clarence House dieselben hölzernen Pirouetten, dasselbe maschinenhafte Auf-und-ab-Schleudern des rechten Arms, dasselbe grotesk stampfende Gleichzeitig-Stehenbleiben vollziehen sieht, das Friedrich dem Großen zur Preußenlust gereicht hatte, dann mögen die Begriffe Rückständigkeit oder Unzerstörbarkeit sich aufdrängen. Es ist beides, und etwas dazu: die Romantik des Nüchternen. Stoisch verbirgt sie sich unter den schwarzen steifen Hüten und dem nicht entspannten Regenschirm.

Darin liegt mehr, als es den Anschein hat. Unter anderem die Erhaltung der Staatsform, die aus der Mode kam und für antediluvianisch gilt: London, die Männerstadt, Großbritannien, das Männerreich der Nüchternheit, wird zurzeit von einer Frau regiert. Bei einem späteren Londoner Aufenthalt sollte ich ihre Krönung sehen, und der Zufall fügt es, dass ich diese Zeilen in London nach dem Tage schreibe, an dem ihr ein zweiter Sohn geboren wurde. Wie sich bei beiden Anlässen eine Anhänglichkeit kundgab, von der sich die unromantische Stadt in Brand stecken ließ, so dass sie Tag und Nacht auf den Straßen kampierte, vor den Palastgittern eine Woche lang unermüdlich wartete, in Jubel und Tränen ausbrach, als die junge Frau, die Krone auf dem Haupt, das Zepter in der Hand, in der vergoldeten Märchenkutsche vorbeifuhr, oder als man am Palastgitter eine kleine goldgerahmte, handgeschriebene Notiz anbrachte, worin drei Leibärzte bekanntgaben, um 3.30 p. m. habe Ihre Majestät die Königin einem »infant prince« das Leben geschenkt: mit welcher elementaren, von niemandem befohlenen, von niemandem gelenkten Teilnahme freute die Kolossalstadt sich ihres Königtums! Es sollte nicht nur denen zu denken geben, die sich des Zustandekommens »spontanen« Bevölkerungsjubels aus der jüngsten Vergangenheit erinnern, sondern auch denen, die im Königtum eine definitiv begrabene undemokratische Vergangenheit erblicken.

Eine demokratischere Grundhaltung als in der Königinnenstadt kann es nicht geben, und es bedürfte kaum der berühmten Hyde-Park-Stelle nächst dem Marble Arch, wo jeder, Atheist, Anarchist, Kommunist, öffentlich und ungehindert den um ihn Gescharten sagen, predigen, einhämmern kann, was ihm beliebt (die Londoner zitieren den klassischen Ausspruch eines Polizisten, der nach einem wütenden anarchistischen Appell, den Buckinghampalast endlich anzuzünden, lediglich sagte: »Gut. Und jetzt sollen, bitte, alle, die für das Anzünden sind, links und die anderen rechts gehen!«); es hätte nicht einmal der noblen Huldigung an die Königin bedurft, mit der Mr. Gaitskell nach der Geburt des Prinzen im Namen der Labour Party den Worten des Premierministers sekundierte, der im House of Commons die Glückwünsche der Nation keine Pflicht, sondern eine Herzensfreude nannte. Zwei Tage vorher hatte das Land einen Generalstreik der Eisenbahner befürchtet, er hätte es am Lebensnerv getroffen; gleichwohl konzentrierte sich das Interesse ausschließlich darauf, wann die Geburt stattfinden, ob es ein Knabe oder ein Mädchen sein würde – »well, no news yet!«, sagte der Gemischtwarenhändler bedauernd, bevor man noch die Orangen verlangte, der Bus-Schaffner, ehe man das Fahrziel nannte: Die Liebe einer Nation dokumentierte sich.

Freilich könnte man sagen: Die angeborene, anerzogene Nüchternheit schuf sich ihr romantisches Ventil. Die Engländer halten sich ihre Königsfamilie wie viel romantischere und viel merkantilere Länder ihre Stars. Jedoch, und das unterscheidet sie fundamental, sie entthronen die Stars nicht, sondern sind, rechts und links, darin einig, den Thron zu stützen und sich in seinem Abglanz wohlzufühlen.

Damals freilich, als wir aus dem zerbombten Wien in London ankamen, dem die tödlichen Spuren des »Blitz« anhafteten, bekamen wir von der Romantik wenig und von den stoischen Regenschirmen mehr zu sehen. Adrienne ging ihren Proben im Aldwych Theatre nach, ich begann an ein Buch zu denken, für das mich Mr. Costain vor meiner Abreise von New York verpflichtet hatte; zumindest seit einem Jahr hätte es erschienen sein sollen, und jetzt noch stand kein Wort davon auf dem Papier. Es sollte davon handeln, was mir am nächsten lag: von meiner Rückkehr. Doch die Verwirrung der Gefühle, wie Stefan Zweig solches Zwischenleben nannte, woran er starb, war noch zu zwiespältig, um sie zu äußern. Abermals erfuhr ich, dass es die Distanz bleibt, die das persönliche Erlebnis braucht, bevor es Gestalt, ja bevor es auch nur erörtert werden kann, und einer alten, unheilbar kranken Frau blieb es vorbehalten, mir, wie bereits vorher in meinem Leben, mit einem Jugendmut zuzusprechen, dessen exemplarischer Optimismus aus einer exemplarischen Haltung wuchs. Im Vorort Putney Hill lebte sie, in einer Emigrantenwohnung, mit vielen, zu sehr großen Häusern passenden Möbeln, denn in großen Häusern war Frau Andy Zsolnay zu Hause gewesen. Felix Braun, der in Abendschulen unterrichtete, ging gerade von ihr fort, als ich kam, sie schien auch ihm von ihrem Mut zum geistigen Überleben gegeben zu haben, denn er sagte: »Sie hat sich nicht verändert!

Sie ist die tapferste Frau geblieben, und ihre Tapferkeit steckt an!« In der Tat, hier konnte man sich ein Beispiel nehmen, wie man nicht sich, sondern die Proportionen und Kategorien sah.

Zu ihrem achtzigsten Geburtstag, einer fast Sterbenden, schrieb ich einen öffentlichen Brief:

»Verehrte Freundin,
da haben wir nun die Rollen getauscht, und Sie, die mir erst kürzlich versicherte, es sei ›kein Alter‹, fünfundsechzig zu sein, müssen es sich gefallen lassen, dass ich Ihnen Ähnliches sage, obschon Sie mir um fünfzehn Jahre voraus sind. Dergleichen gehört zur Konvention des Älter- und Altwerdens. Man macht gute Miene dazu, stellt sich sogar an, als glaubte man es. Doch man glaubt es nicht. Es gibt unvermeidliche Redensarten, man bedient sich ihrer, ohne dass sie einem selbst oder denen dienen, an die man sie richtet.
Deshalb erlauben Sie mir, der Redensart die einzige Art hinzuzufügen, die sie rechtfertigt: den Dank. Und halten Sie es Ihrem Gedenktag zugute, wenn ich ihn lauter ausspreche, als es Ihnen, die es sowohl versteht, im Hintergrund zu bleiben und von dort zu wirken, lieb sein mag. Erinnern Sie sich des Buches, das ich vollendete, als Sie mich in Morzg aufsuchten? ›Eine Frau wie viele‹ hieß es und handelte vom Durchschnitt. ›Auch das Mittelmaß hat den Hang zum Außerordentlichen, sagten Sie damals, als meinten, als entschuldigten Sie sich. Dies glich aufs Haar Ihrer Bescheidenheit. Denn Sie sind eine Frau wie die wenigsten, und Sie haben nicht den Hang zum Außerordentlichen, sondern Sie besitzen es. Ich sehe Sie vor mir, während Sie diese Zeilen lesen und die stille, abwehrende Bewegung machen, mit der Sie zeitlebens alles wegwiesen, was Sie in den Mittelpunkt rücken konnte. Wie haben Sie es verstanden, beseitezustehen und trotzdem – dank der exemplarischen Dreiheit Ihres Wesens, dem Geist, der Güte, dem Charakter – einen Mittelpunkt zu schaffen, der bleibend schöpferisch war. Im Wohlstand wie im Sich-Bescheiden atmeten Ihre

Zimmer die belebende Luft des Morgigen; was aus ihnen zu Grabe getragen wurde, stand zu besserem Dasein auf; was sie schmückte, als sie geräumig waren, was sie festigte, da sie sich verengten, war nicht das Käufliche, sondern die Erkenntnis von der Kraft und Herrlichkeit des Unverkäuflichen. Wenn ich die wahrsten Worte bedenke, die ich sprechen hörte, die Antwort wird darunter sein, die Sie Gerhart Hauptmann gaben, als er – nach einer Aufführung seiner Mitleidstragödie ›Fuhrmann Henschel‹ – die Frage aufwarf, wann das Theaterpublikum am stärksten aufgerüttelt sei. ›Wenn sie sich schämen‹, sagten Sie.

Da war der Schatten des Tausendjahrplanes der Mitleidlosigkeit gefallen.

Aus aller Welt kamen sie zu Ihnen, die Weltbekannten. Werfel, der die Neigung eines Sohnes für Sie hegte; Heinrich Mann, den Sie, mit Ihrer geheimnisvollen Gabe des Einfühlens, aus dem Hanseaten, der er war, zu einem Wiener bekehrten; Alma Mahler, deren Tochter Ihre Schwiegertochter wurde; Alban Berg, Sie verführten ihn fast zur Harmonie; Arthur Schnitzler, John Galsworthy, Frank Thiess, Felix Salten, Raoul Auernheimer, Felix Braun, Egmont Colerus, Hermann Kesser, Kasimir Edschmid, die Colette, Bruno Walter, Kokoschka – wer nach Wien kam und etwas zu sagen hatte, wollte es auch Ihnen sagen. So wurde Ihr Haus, was man damals einen ›Salon‹ nannte, und worüber man später abschätzig urteilte, wie über vieles, das man nicht mehr kannte. Man hatte etwas gegen die Salons. Doch in Ihrem jetzigen Heim in der Londoner Vorstadt Putney, wo nur Möbelstücke an früher erinnern, ist kein Platz für einen Salon, und trotzdem nach wie vor Raum für den Weltgeist.

Dies war es, was Sie auszeichnete, lang bevor der Name Ihres Sohnes dadurch zum Weltnamen wurde, dass er dem Weltgeist eine Wiener Heimat schuf. Sie haben ihm, an den Sie glaubten, Ihren unerschütterlichen Glauben an das Leben im Geist gegeben. Und Sie haben ihm den Mut gegeben – einen tollen Wagemut; denn alle Versuche, in Wien einen Verlag internationalen Formats zu gründen, waren vorher kläglich gescheitert. Als aber mit Werfels Roman ›Verdi‹ der erste, entscheidende Schritt getan war, sagten Sie, das Buch in Händen: ›Nicht wahr? Das ist schön?‹ Das ist schön, verehrte Freundin. Das ist großartig. Denn Sie haben ein Beispiel gegeben, das wichtigste, das man geben kann. Sie haben geglaubt, geliebt, gelitten und geopfert. Ihr Name gehört dem Menschentum. Haben Sie Dank.«

Als ich damals aus dem Gässchen King's Keep in Putney Hill wegging, wusste ich, dass die Zeit, über Dinge zu berichten, die einem so nahetraten, dass man sie zu genau sah, noch nicht gekommen, und dass sie abzuwarten war. Daher begann ich, an einem Versuch über das englische Theater zu schreiben, den ich am Colorado College begonnen hatte. Er sollte vor allem die Erscheinung Shakespeares, jenseits der Spekulationen über seine Person, als das Elementarereignis darstellen, das sie bedeutet.

Da es in der Weltliteratur seinesgleichen nicht gibt, nicht seine Fülle der Gestalten, nicht seine Fülle der Gesichte, nicht den göttlichen Akkord von Zartheit, Derbheit, Qual und Lust; da er aber auch, ein Engländer, für Engländer schrieb, nicht für ausgesuchte, sondern für Könige, Untertanen, Schurken, Schuldlose, und da sie ihm nicht nur zuhörten, sondern zugehörten, bleibt er ein weltdramatisches und ein nationalenglisches Phänomen, dazu bestimmt, die Fehlmeinung über englische Phantasielosigkeit, Leidenschaftslosigkeit und Eintönigkeit zu widerlegen. Goethe, den die Deutschen als deutschen Inbegriff reklamieren, versinnbildlicht nur eine winzige geistige Minorität. Shakespeare repräsentiert alle Engländer. In seinem Requisitorium fehlt weder das majestätische Zepter noch der stoische Regenschirm, in seinem Lager ist alles, Tugenden, Untugenden, »hobbies«, »whims«. Wenn Churchill in der Stunde äußerster Gefahr »blood, sweat and tears« anzubieten hatte, kam die Gabe von Shakespeare.

Daher passte es in meinen Kram, dass die Theatervorstellungen, die ich damals im Westend sah – übrigens auch manche späterer Jahre –, eine gewollte Theatralik zur Schau trugen, die geradewegs von Shakespeare kam. Dass Theater gespielt wurde, blieb keinen Augenblick verschämt verborgen, es zeigte sich vielmehr mit Absicht. Nach den Griechen hatte Shakespeare die Überwahrheit über die Wahrheit gestellt, das Allgemeine im Besonderen enthüllt. In der Vorzeit bedurfte man dazu des Kothurns, der Masken und des Chors, in der seinen der Schauspieler, die nie vergessen durften, dass sie es waren: Ihnen oblag, Überwahrheit durch das Darüber-, nicht das Darinstehen zu verdeutlichen, den Lear nicht zu irgendeinem, sondern zu dem Vater im Leid, Othello nicht zu irgendeinem, sondern zu dem Eifersüchtigen, Zettel nicht zu irgendeinem, sondern zu dem Einfältigen zu machen; gemeint war bei Shakespeare zuerst die Gattung, dann das Individuum.

Folglich setzte sich das englische Schauspiel mit englischer Konsequenz als das zur Schau gestellte Spiel fort. Und für jemanden, der wie ich das Lamento über das pathetische Burgtheater im Ohr hatte, bedeutete es eine Bestätigung mehr, die Lobeshymnen zu lesen, die etwa dem »Old Vie« gespendet wurden, während dergleichen in Wien Vernichtung zuteilgeworden wäre. Veraltet indes war daran nicht das ewig-junge Shakespeare-Prinzip: das Gültigmachen des Einzelfalles durch große Überhöhung, sondern die kleineren Ornamente und Arabesken, die ihm zu dienen glaubten, mit anderen Worten, Schauspielerei an und für sich, statt Schauspielen für das Symbol. Selbst so namhafte Darsteller wie John Gielgud, Laurence Olivier, Alec Guinness, Ralph Richardson, Edith Evans, Sybil Thorndike, Peggy Ashcroft, Flora Robson hielten sich davon nicht frei; sie betrieben ein Neben-die- und Aus-der-Rolle-Treten, das man ebenso gut komödiantisch nennen konnte, wie man es einige Jahre später den letzten Schrei, nämlich die Brecht'sche Verfremdung nennen würde. So nahe berühren sich die Gegensätze, wenn sie nicht von außen, sondern aus dem Wesen der Sache kommen. Aus der Schule Shakespeares aber, der aus der Schule des Euripides und des Aristophanes gekommen war, kommt das Schauspiel der Welt; es ist noch immer das kühnste und das modernste, das im Schein steht, denn es enthüllt, trotz Ibsen, Strindberg, O'Neill und Brecht, das menschliche Geheimnis in seiner Blöße und Größe.

Ich war mit dem ersten Kapitel nicht zu Ende, als ich zu einem

Vortrag in der »Anglo-Austrian Society« eingeladen wurde, der ein ehemaliger Wiener Anwalt Dr. Harpner vorstand, und die den Schutz des gewesenen österreichischen Botschafters in London, Sir George Franckenstein, genoss. Seiner ihm bei Kriegsbeginn vom König verliehenen britischen Staatsbürgerschaft ungeachtet, war Franckenstein ein österreichischer Edelmann unverwechselbarer Prägung, in seiner Erscheinung den historischen Bildern des Martinswand-Maximilian merkwürdig ähnlich. Sein Problem schien das meine, auch er war aus einem bewussten Österreicher ein bewusster Bürger, sogar ein Ehrenbürger eines anderen Staates geworden, dem einen nicht weniger ergeben als dem anderen. Freund Hofmannsthals, mit dem Theater durch seinen Bruder Clemens Franckenstein, seinerzeit Intendant der Münchner Hofbühnen, verbunden, regte er an, dass ich aus meinen Schriften lese und dann über »den Geist Salzburgs« spreche, ein Thema, dem er eine Vorrede vorauszuschicken sich erbot. Österreichs damaliger Vertreter in London war der Gesandte Dr. Schmid, den ich aus meiner Jugend nicht nur als einen überlegenen Juristen, sondern auch als einen vorzüglichen Klavierspieler kannte, jene typisch österreichische, an sich unvereinbare Mischung des Musischen mit dem Beamtentum trat an jenem Vortragsabend hervor, von dem ich nicht viel mehr erwartete, als ähnliche Veranstaltungen vor einem aus Höflichkeit oder Pflicht erschienenen, am Vortragsthema kaum interessierten, zum Teil der Sprache des Vortragenden nicht einmal mächtigen Auditorium zu bieten pflegen.

Wie erstaunt war ich aber, als ich unter den Zuhörern manche erkannte, die zu meiner vorherigen Existenz gehört hatten. Da war ein Herr, der im alten Bösendorfersaal, der Zauberstätte der Harmonie, als einer der vier des berühmten Rosé-Quartettes Cello gespielt hatte, Buxbaum hieß er; die Witze, die er gemacht, und die man kolportiert hatte, waren so vortrefflich wie sein Cellospiel, unter Mahler schon stand er am Cello der Hofoper, und bei den ersten Salzburger Festspielen hatte er desgleichen getan; jetzt saß er hier, todkrank, des Englischen noch immer nicht kundig, doch noch immer bereit, von Salzburg zu hören. Auch Rosés Witwe, Gustav Mahlers Schwester, saß dort. Und ein Arzt, der meine Hansi behandelte, als sie nach Agathes Tod an einer undefinierbaren Krankheit litt, sie hatte ihn gerngehabt, und er hatte sie gesund gemacht, der Allergie-Spezialist Dr. Erwin Pulay, er winkte mir zu, da ich auf das Podium trat, damals war er ein junger Mann gewesen, jetzt, nach fünfzehn Jahren, sah er greisenhaft aus. Der Sohn meines ehemaligen Lehrers im Bürgerlichen Recht, Baron Schey, saß mit seiner Gattin dort, einer Jugendfreundin Adriennes, und einer saß dort, der in der Brünner Kronprinz-Rudolf-Volksschule auf derselben Bank wie ich gesessen war, auch er winkte, ja rief mich beim Vornamen, Robert Schwarz, ein weißhaariger, hinfälliger Mann. Und die hohe Gestalt mit dem beseelten schmalen Gesicht gehörte dem Dichter Felix Braun. Schauspieler waren da, die mit mir gearbeitet hatten, ein aufgeregter Herr, während meiner staatsanwaltschaftlichen Funktion in Wels Bezirksrichter und nie mit mir einverstanden, zwei uralte Damen, die eine fragte mich nachher, ob ich mich erinnere, dass wir zusammen tanzen lernten – eine Vollversammlung der Vergeblichkeit. Sie sprachen Englisch miteinander, nicht anders als es die nach Amerika Emigrierten getan hatten, wie diese gaben sie sich den Anschein, in der Fremde heimisch geworden zu sein, und dabei leuchteten ihre Augen, wenn man in ihrer Sprache zu ihnen sprach, von Salzburg, von Österreich. Doch von den ähnlich trostlosen Zusammenkünften, an denen ich in den letzten zehn Jahren teilgenommen hatte, war dies die trostloseste. Denn jene fanden während des Krieges statt, da zumindest eine Hoffnung bestand, unterdrückt vielleicht, trotzdem vorhanden, in das vorherige Leben zurückzudürfen; diese, nach dem Krieg, hatte die Endgültigkeit des Verzichtes.

Die hier saßen und mit nassen Augen von etwas reden hörten, wonach sie sich trotz ihrer britischen Pässe sehnten, machten sich keine Illusionen mehr. Zwei oder drei würden das Geld und die Kraft aufbringen, es wiederzusehen. Die anderen wussten, dass sie hier sterben und über Hannover Street, wo sie sich augenblicklich befanden, nicht viel weiter hinauskommen würden, als es von einer sinnlos gewordenen Existenz zum Grabe ist. Zu ihnen, die ein Teil meiner Vergangenheit waren, von der Zukunft der Salzburger Festspiele zu sprechen, schien absurd. Ich fühlte es bei jedem Wort und hatte die Empfindung, ich müsste für jedes um Entschuldigung bitten.

Sir George war völlig anderer Meinung. Auch ihn trennte vom Tod, den er bei einem Flugzeugunglück finden sollte, kurze Zeit. Allein sein Optimismus und sein unzerstörbarer Glaube an die österreichische Zukunft blieben so infektiös, dass die Schatten der Stunde einem jäh aufleuchtenden euphorischen Glanz wichen; die Verzicht geleistet hatten, erhoben mit einem Mal Anspruch; Zerstörte bauten sich Häuser im Heimwehland. Es wurde der Beschluss gefasst, unter dem Vorsitz Franckensteins eine Hofmannsthal-Gesellschaft zu gründen, um einen nicht einmal in Österreich genug bekannten Österreicher der Welt bekanntzumachen und – euphorischer Hintergedanke! – den Mitgliedern das Recht zum Besuch der Salzburger Festspiele zu sichern. Ich übernahm es, die Statuten auszuarbeiten, tat dies später auch. Da waren George Franckenstein und die am liebsten nach Salzburg hatten kommen wollen, schon tot.

Ich behaupte nicht, dass solchen Zusammenhängen eine andere Bedeutung zukommt als jene, die ein Übermaß an Maßverschiebung ihnen anweist. Jedoch die Philosophie des stoischen Regenschirms konnte ich mir, obwohl ich selber einen trug, so wenig zu eigen machen, dass ich nach einem zweiten Vortrag über Österreich, den ich in der B. B. C. hielt, in eine bemerkenswerte Auseinandersetzung mit einem britischen Zuhörer geriet. Er stellte in Frage, ob es zulässig sei, seine Gefühle zu äußern.

»Do you really think one ought to show one's feelings?«, fragte er wörtlich und hatte damit die Grundfrage einer Grundverschiedenheit gestellt. Im Verlaufe des Gesprächs, das von mir ungeduldig, von ihm mit unveränderlich artiger Stetigkeit geführt wurde, konnte ich mich nicht enthalten, ihn meinerseits zu fragen, was ein Mann wie er, der Gefühlsäußerungen unstatthaft fand, von Liebeserklärungen, also von der Entstehung der Menschheit halte. Er entgegnete, ohne einen Augenblick zu zögern, die denkwürdigen Worte: »Um einen Menschen zu zeugen, bedarf es keiner Liebe. Liebe ist ›strictly‹ eine Privatsache, die man nicht gesteht, sondern äußerstenfalls ahnen lässt. Sobald man sie gesteht, wird sie eine Indiskretion.«

Ob ihm, fragte ich, aus seinem Leben oder aus der Literatur seines Landes, zu der er selbst beitrug, unbekannt geblieben sei, dass diese Indiskretion zum Inbegriff der Existenz führe?

Wörtlich erwiderte er: »Was man der Ahnung überlässt, trägt die Dauer in sich. Was man ausspricht, wird vom nächsten Moment überholt.«

Da ich der erschreckend wahren Behauptung nicht widersprechen konnte, begnügte ich mich mit einem sophistischen Versuch. »Würden Sie sich«, fragte ich, »wenn Sie Ihr Vaterland verloren hätten, an ein anderes anschließen?«

Er verneinte.

»Und wenn Sie es müssten?«

»I'd rather die.« (»Da stürbe ich lieber.«)

Der gedämpfte Vorwurf, dass ich das nicht schon längst getan hatte, traf mich weniger als die unausgesprochene Verurteilung derer, die auf den Pass eines Landes stolz waren, zu dem sie nicht gehörten. Die Ungarn, sagte ich, hätten von alters her das lateinische Wort: »Extra Hungariam non est vita. Et si est vita, non est ita.«

Die Ungarn hätten unrecht, sagte er; es bleibe bei »non est vita«.

Ein verhältnismäßig junger Mann, im Krieg hatte er bei der RAF gedient, jetzt war er ein Autor, dessen Bücher man las. Wir gingen zusammen aus dem »Bush House« fort, an einem kalten Märztag, er trug weder Mantel noch Hut, nur einen Regenschirm.

Auch Adrienne machte ihre Erfahrungen. Das Stück, das in New York einen jahrelangen Sensationserfolg gehabt hatte, missfiel dem Londoner Westend und der Kritik. Wie lange es gespielt werden würde, fragte sie, weil es davon abhing, ob wir »nach Hause« mussten; würde es sofort abgesetzt, dann hätten wir keinen triftigen Grund, länger in Europa zu bleiben, jedenfalls nicht so lange, bis wir unsere Engagements in Zürich und bei den Salzburger Festspielen (beide »im amerikanischen Interesse«) antreten konnten. Wahrscheinlich fragte sie um eine Spur zu dringend.

Der Empfangsherr im Tennent-Office, dem für das Stück verantwortlichen Theaterunternehmen, wies sie an einen anderen Herrn, der gerade zur Tür hereintrat; er hatte den steifen Hut, die Handschuhe und den Regenschirm noch in der Hand, sagte etwas Freundliches über die von Adrienne gespielte »Aunt Trina« und etwas weniger Freundliches über die Kritiker, legte Hut, Handschuhe und Regenschirm ab und ließ ihre Frage unbeantwortet. Sie fragte ein zweites Mal. Er hatte denselben bedauernden Blick wie mein Gesprächspartner der B. B. C. und antwortete ebenso höflich: »Not too long, I'm afraid.« Was er unter »nicht zu lang« verstehe, beharrte Adrienne, doch da wurde er zu einer Besprechung gerufen, und der Empfangsherr vermutete, es werde eine Stunde dauern, wenn nicht länger.

Seither war keine Auskunft zu erhalten; wenn man telefonierte, waren die Herren gerade ausgegangen, wenn man hinkam, fand gerade eine Besprechung statt. Nicht nur die Unwilligkeit zu einer verpflichtenden Auskunft lag darin. Vielmehr ein für die Nation bezeichnender Unwille, eine Niederlage zuzugeben, außerdem ein stummer Tadel gegenüber Leuten, die Schweres nicht leicht nehmen wollten – so waren wir »continental people« eben, nie zufrieden, immer im Widerspruch, nie verkleinernd (»playing it down«), immer übertreibend: Der stumme Verweis ließ sich nicht überhören, hierin nicht, in anderem nicht. In Amerika, wo man weniger Regenschirme sah, gab und erhielt man keine Zensuren im Betragen. Hier blieben sie an der Tagesordnung. Sie machten die neblige Luft dicker.

Doch sobald die königsgläubigen Demokraten vor Tatsachen oder Erscheinungen standen, die ihnen entsprachen, schien die Sonne einer beispielhaften Haltung. Sie strahlte an einem Morgen, da auf dem Grosvenor Square das Denkmal Roosevelts enthüllt wurde. Vom Balkon der italienischen Botschaft betrachteten wir das Schauspiel, dessen Hauptdarsteller Winston Churchill hieß. Auch König George VI. spielte darin eine Rolle, eigentlich hätte sie die Hauptrolle sein müssen, denn er war es, der das Zeichen zum Fallen der Hülle gab, und als er von dem inmitten des Platzes errichteten Königszelt zum Denkmal hinschritt, regte sich bei den unzähligen das Rechteck säumenden Zuschauern kein Laut. Er sprach einige zögernde Worte, das weiße Linnen fiel, der König schritt zurück, bescheiden und scheu.

Dann aber – die Menge hatte ihn, als er und seine Gattin vorfuhren, mit brausenden »Good old Winnie!«-Rufen begrüßt, und er hatte ihr mit dem V-Zeichen des ausgestreckten Zeige- und Mittelfingers gedankt – trat der kleine, stämmige alte Mann, barhaupt trotz der plötzlich stechenden Sonne, vor das Denkmal.

Einer der martialischen, den Platz absperrenden Gardesoldaten, erschöpft vom stundenlangen Strammstehen in der schweren Paradeuniform und der Hitze, fiel ohnmächtig auf den Gehsteig. Man hörte ihn fallen, die Blicke richteten sich hin, nur Churchills nicht. Im gleichen Augenblick, vermöge eines sonderbaren Zufalls, geschah dasselbe auf der gegenüberliegenden Seite des Squares, die beiden Ohnmächtigen wurden sofort von Kameraden zur Seite geschafft – doch da hatte der alte Mann, den Zwischenfall ignorierend, den barhäuptigen Kopf, auf den die Sonne brannte, zum Denkmal erhebend, seine Ansprache schon begonnen. Ich sehe ihn dort stehen, unangefochten von der Hitze, Schwächezeichen nicht zur Kenntnis nehmend, einen stählernen vor dem erzenen Mann, dem er über den Ozean hinweg Treue gehalten hatte. Und die »former naval person«, denn so hatte er seine Hitlers Untergang besiegelnden Botschaften und Briefe an FDR unterzeichnet, verbeugte sich tief vor dem Standbild, das jenes für Unabwendbares wie für Willkommenes bereite Lächeln und das kurze Mäntelchen zeigte, die von Franklin Delano Roosevelt unzertrennlich gewesen waren.

Bei Shakespeare in die Schule gegangen – nicht bei Julius Caesar wie Mussolini, den er mit der abgründigen Verachtung, die er seinen Worten geben konnte, »the lackey of Herr Hitler« nannte –, hob der alte Mann nach seiner Rede die Arme in die Höhe, es schien, als wüchse er aus seiner Kleinheit, verharrte einen Augenblick in der Gebärde eines großen Grußes, nahm den ihm gereichten Kranz, legte ihn, Hilfe sich verbittend, vor die Mitte des Sockels und sang, als sie jetzt erklang, mit seiner rauen Stimme die amerikanische Hymne laut: »Oh say can you see by the dawn's early light, what so proudly we hail …«

»Triumph und Tragödie«, wie er den letzten Band seiner Geschichte des Zweiten Weltkrieges genannt hatte, eine der stolzesten, shakespearisch geschriebenen, seherisch inspirierten Dokumentationen des Siegs der Demokratien, »der es ihnen ermöglichte, die Tollheiten wieder zu begehen, die sie fast ihr Leben gekostet hatten«, waren in dieser völlig bewussten Schaustellung. Der erzene Mann oben, vom Schicksal nicht ausersehen, seinen Triumph zu erleben, der unbeirrbare Mann unten, dem man den Triumph in jenem Potsdamer Moment entwand, da er ihm gebührte. Zwei unvollendete Vollender.

Dann war die Feier vorbei, er ging zum Zelt zurück, Winston Spencer Churchill, beugte sich zum Abschied tief vor seinem König und seiner Königin, das Haupt unbedeckt in der Gewitterschwüle. Bald darauf fing es zu regnen an. Die Besitzer der Regenschirme, also alle anwesenden Zivilisten, ließen sie unentfaltet. Da wurde das lächerliche Requisit wieder zu dem stoischen Symbol, das es unter Umständen sein kann.

Der Autor ruft sich zur Ordnung

Der Heiterkeit sollen wir,
wann immer sie sich einstellt,
Tür und Tor öffnen, denn sie
kommt nie zur unrechten Zeit.

Schopenhauer

Eines Tages, früher oder später, fühlt man sich überdrüssig seiner selbst und so bewusst seiner Unzulänglichkeiten, dass man, könnte man es, vor sich davonliefe. Wer das nicht zugibt, meldet sich falsch. Das Unbehagen an der eigenen Natur wird desto empfindlicher, je länger man sie kennt. Da ist es noch immer nicht zu spät, sie zu ändern.

Ein angenehmes Buch, »Le Tour du monde du rire«, gibt eine Art Geographie des Lachens, nach Nationen geordnet, und Marcel Pagnol wäre kein Komödiendichter, wenn er den Ursprung des Lachens nicht im Lächerlichen sähe. Henri Bergson, der Philosoph, weiß es ebenso französisch, doch besser. Er führt das Lachen auf den »élan vital« zurück, was Lebensdrang bedeutet.

Mit mir konfrontiert als einer, der den fragwürdigen Versuch einer Selbstbeschreibung macht, um im Spiegel weniger sich als die anderen zu sehen, erkannte ich an einem jener Londoner Tage, dass ich im Lachenwollen ein Stümper und dass die dunkle Seite der Existenz nicht nur zu kennen, sondern hervorzukehren mir zur zweiten Natur geworden war; unter der Hand waren die Farben mir trüb geworden. Jenes Morgens im Hyde Park jedenfalls, als drei unbekümmert Lachende an mir vorbeigingen, fühlte ich das so akut, dass ich ihnen nachstarrte, um zu sehen, wie sie das machten.

Drei junge englische Männer, sie waren unzweifelhaft im Krieg gewesen, unzweifelhaft war Schwarzes ihnen widerfahren. Sie lachten, weit lag das Schwarze dahinten. Wer verbürgte ihnen, dass nicht schon dort, am Hyde Park Corner, Krankheit, Tücke, Unheil sie erwarteten?

Sie verbürgten es. Der »élan vital« verbürgte es, die Erziehung, oder wie Hippolyte Taine glaubte, die für alles Verantwortlichen: Religion und Klima. Ich ging weiter und sah es allmählich klar. Wer in und nach der Schwärze so lachen kann, als hätte es sie nicht gegeben, ist sich keine Last, den anderen eine Hilfe. Wer es aber hielt wie ich und die Schatten heraufbeschwor, hatte sich, sobald es ging, solange es noch ging, an allen Lachenden ein Beispiel zu nehmen, die aus dem Finstern kamen.

Das war es, was mich bestimmte, den permanenten Schatten auszuweichen, die meine Vergangenheit warf, das Buch für den New Yorker Verleger vorläufig ungeschrieben zu lassen, die Studie über das englische Theater in den Koffer zu sperren und mich denen zuzuwenden, die Tag und Nacht oder zwischen beiden alltägliche Brücken machen konnten. Mit einem Genuss, dem wenig gleichkam, das ich vom Lesen empfangen hatte, las ich längst nicht mehr Gelesenes: Andersen, Dickens, Keller. Bei Andersen fand ich die Verzauberung meiner Kindheit wieder, bei Dickens die Zuflucht der Jünglingsjahre, bei Keller den Trost während des ersten Krieges, denn die drei spendeten die Fülle dessen, was unter und über dem Lachen steht: die Versöhnlichkeit an sich, die Versöhnlichkeit der Ironie und die Versöhnlichkeit der Distanz.

Wenn im Entenhof, wo das hässliche junge Entlein ein Schwan zu werden anfängt, die besuchende Nobelente der vermeintlichen Entenmutter aufgeblasen rät: »Ich wünschte, Sie könnten es umarbeiten!«, warf die Ironie dem Präpotenten sanften Schimmer, es hatte weder die Kanten der Bitterkeit noch des Hohns, also das, woran man sich stößt, und das, womit man sich und den anderen wehtut – gerade davor hatte einer sich zu hüten, der seine Abrechnung als Rechenschaft betrachtet. Welch ein Lehrer war jener unsterbliche Märchenerzähler, der die Wunder geschehen ließ, als wären sie keine, und die Märchen zur Folge oder Bedingung der Tatsachen machte; und ohne sie knarren oder prunken zu lassen, die Tür aus den Bedrängnissen in unendliche Räume öffnete, wo man sich so zu Hause fühlte, als wären sie Jahreswohnungen der Geborgenheit; wo die Möbel falsch sind oder falsch stehen, rückt sie die Ironie auf ihren Platz, und wo Unwohnliches hereinwill, wirft die Lustigkeit es hinaus. Des Kaisers neue Kleider, die niemand sieht, hat jeder an: Sie sind aus dem Stoff, der jedem passt, weil er nicht mit der Schärfe der Schere, sondern mit Nachsicht zugeschnitten wurde.

Und wie ist es das unwirkliche Leben selbst, wenn Sam Weller, des ehrenwerten Mr. Pickwick Bedienter, die heillosen Grenzüberschreitungen des Verwirrten beharrlich zurückzupft, bis alles ins Geleise und niemand zu Schaden kommt als die Schadenfreude. Welche Unterweisung im Hauptgegenstand der Reifeklasse, der Mitmenschenkunde heißt! Manche haben ihre Verächtlichkeiten und ihre Niederträchtigkeiten; allein weniger als nichts ist damit getan, sie ihnen vorzuhalten, fast alles dagegen ist damit getan, in ihnen Ausnahmen zu sehen, die sie vermutlich nicht sind, aber aus dem im Hauptgegenstand der Reifeklasse zu erlernenden Gesichtswinkel werden mögen, so dass man ihren Tücken nicht die Faust, sondern den Spiegel, dem Schaum vor ihrem Mund ein Lächeln und, wenn man die Klasse mit Vorzug absolvierte, sogar ein Lachen entgegenhält. Als Charles Dickens noch Mr. Boz hieß, führte er ein trübseliges Leben. Als er es zum Namen Dickens gebracht hatte, beschrieb er das trübselige Leben der anderen, ohne sie das seine entgelten zu lassen. So trocknete er David Copperfields und Nicholas Nicklebys Tränen. Sie mitzuweinen hatte er zu viel mitmenschliches Talent zum Lachen.

Und erst der Stadtschreiber Gottfried Keller! 1914, wenige Wochen nach Kriegsanfang und dem Katastrophen-Kommuniqué »Lemberg noch in unserem Besitz«, das Österreich-Ungarns Todesurteil vier Jahre vor dem Tag verkündete, an dem man es vollzog, las ich in meiner Verzweiflung »Kleider machen Leute«. Ich hatte die Erzählung auch vor Rigorosen, Operationen und ähnlichen Ereignissen gelesen, vor denen ein Untertauchen ins Beschützte heilsam war. Jetzt las ich sie wieder, mitsamt den anderen Abenteuern der »Leute von Seldwyla«, jene wackerbescheidenen Spießbürgerabenteuer. Welches Hinabsteigen in die Untergründe des Agierens und Reagierens, welch ein Darübersteigen in den Bezirk, wo das Anklagen keine Sache der Vergeltung, bloß eine der Feststellung bleibt. Und welche Lehre für den ehemaligen Staatsanwaltsgehilfen! Der Bezirk schien überschaubar, es blieb die Schweiz, die schön geglückte Vereinigung des Zwiespältigen in der Natur; damit wurde es jener unübersehbar weite Bezirk des Vereinbarens der Gegensätze, aus dem der Wanderer erst spät, vielleicht erst vor dem Ende wiederkehrt, wenn er erkannt hat, dass das Leben nicht Nehmen ist, sondern Geben. So simpel das ist, so schwer erlernt es sich.

Als ob die Lektion uns erleichtert werden sollte, fügte es sich, dass wir noch mehrere Wochen in London bleiben durften, weil das Publikum späterer Aufführungen das Stück des Mr. van Druten unterhaltender fand als das der Premiere. Doch auch nachher und da wir vom Victoriabahnhof, der sich »Gateway to the Continent« nennt, mit unseren hundert Dingen, die nirgendwo anders zu Hause gewesen waren als in Koffern, einer neuen Unsicherheit entgegenfuhren, erfüllte uns die absolute Sicherheit, uns nicht mehr irremachen zu lassen. Adrienne würde in Zürich ihren Film, ich nachher in Salzburg meine Grillparzer-Inszenierung absolvieren und inzwischen Rat schaffen, die Rückkehr über den Ozean nicht antreten zu müssen; denn ein Zuhörer jenes Vortrags, der mir so vergeblich erschienen war, hatte mir das Wichtigste eröffnet, dessen ich bedurfte: Ich brauchte lediglich geltend zu machen, von einem amerikanischen Verlag für ein Buch über Österreich verpflichtet worden zu sein, das sich nicht anderswo als an Ort und Stelle schreiben ließ; hierfür sei meiner Frau und mir der Aufenthalt in Österreich für die Dauer meiner Arbeit zu bewilligen. Vielsagend hatte er hinzugefügt: »Ein Schriftsteller ist keine Maschine. So eine Arbeit kann jahrelang dauern.« Es war ein Anwalt, der mir das sagte, im Nebenberuf Schriftsteller, er sollte es also wissen.

Des Aufenthaltes in Zürich gedenke ich wie einer Oase, und sooft ich seither hinkam, erneuerte sich das geborgene Gefühl, die unguten vergessen machend, die das Schweizer Vierteljahr 1938 erweckte. Noch genug schweizerisch, um die nationale Besonderheit kräftig zu bewahren, schon westlich genug, um Paris ahnen zu lassen, übte die Stadt Lavaters, Kellers und C. F. Meyers, seither auch die Stadt Friedrich Dürrenmatts, Max Frischs und jenes Schauspielhauses im »Pfauen«, das die Ehre des deutschen Theaters während seiner Entehrung durch Hitler gerettet hatte, den befreiendsten Einfluss aus.

Strahlender denn je unter dem Maihimmel, an ihrem bergbehüteten, von kleinen Dampfern, Seglern und Ruderbooten fleißig befahrenen blauen See, eine Großstadt, die sich den Luxus einer Kleinstadt leistet, oder, wie Thomas Mann sagte, keine Groß-, doch eine Weltstadt, respektables Altes sorglich hütend, dabei dem blitzend Neuen die Arme öffnend. Eine der bestinformierten Zeitungen der Welt, die »Neue Zürcher«, erscheint dort, nach wie vor ohne Schlagzeilen, Sekundensensationen und jene schändlichen Eingriffe in das Privatleben, womit Hollywood den internationalen Journalismus infizierte; eines der vorbildlichen Krankenhäuser der Welt steht dort und eine weltberühmte technische Hochschule; dort wird nichts bagatellisiert, jedes auf die Brauchbarkeit geprüft, Wertvolles, auch das Kühnste akzeptiert, Lumpiges abgewehrt, mit Umständlichkeit zwar, mit Voreingenommenheit gegen das »Usländische«, dem man so viel verdankt, mit einer Geradheit jedoch, der nicht einmal der ortsübliche Föhn ihre Frische rauben kann.

In Zürich begann, vielleicht auch dank der Standrede, die ich mir im Hyde Park gehalten hatte, jedenfalls durch die näher gerückte Hoffnung, das Problem der »divided loyalties« für den Mann in der Columbus Avenue ebenso wie für mich erträglich lösen zu können, eine ungetrübte Zeit. Alexander Lernet-Holenia befand sich dort, ein streitbarer Österreicher, dem sein mutiges Gedicht »Germanien« einen Platz in der Galerie österreichischer Dichter und Charaktere sichert, auch wenn er selbst sich ihn mutwillig streitig macht; Zuckmayer war dort wegen seines Films, Brecht anlässlich der Uraufführung der Komödie »Herr Puntila und sein Knecht« im Schauspielhaus, für dessen Direktion mich 1938 der damalige österreichische Generalkonsul interessieren wollte, und das bei Oskar Wälterlin und seinem Dramaturgen Kurt Hirschfeld in die richtigen Hände kam.

Dieses fast baufällige, auch technisch veraltete Haus sah seit dem Nationalsozialismus eine Gemeinschaft im Geist am Werk, die der Theater- und Kulturgeschichte angehört. Aus Deutschland und Österreich Vertriebene künstlerischen Rangs hatten hier eine Bühne gefunden und sie mit ihren schweizerischen Kollegen zu einer Weltbühne gemacht – der einzigen, auf der das deutsche Wort frei blieb; die Schranken, die sie sich auferlegte, beschränkten sich auf die Vertreibung des Ungültigen. Dort wie nirgendwo sonst durfte das deutsche Wort sich der Hetzdemagogie und der gefälschten Ideale enthalten und die Wahrheit reden. Im Haus zum Pfauen bestand während des tausendjährigen Reiches der Barbarei, an keinem Abend verleugnet, das zwölfjährige des Widerstandes gegen die Barbarei. Und wenn sich, wie einer der meistgelesenen barbarischen Herolde drucken ließ, »die Macht deutschen Geistes auf dem Theater überwältigend manifestierte«, so geschah das nirgendwo anders als auf dem Heimplatz in Zürich. Nur wenige Schritte vom Gottfried-Keller-Haus entfernt, blieb es unverrückbar »das Fähnlein der Aufrechten«, Dichter, Schauspieler, Regisseure und Publikum; auf der Bühne zeigten sie Mut und Kunst, im Zuschauerraum Mut und Verständnis. Unter den Augen der Späher und Angeber hatten sie es weder oben noch unten leicht, es bekümmerte sie nicht; und wenn die Geschichte der Schweizer Heldentaten geschrieben werden sollte, wird die Geschichte des Zürcher Schauspielhauses von 1933 bis 1945 zu schreiben sein.

Kein Wunder, wenn man sich in solcher Umgebung zu Hause fühlt. Und noch weniger verwunderlich, dass ich meiner Gottfried-Keller-Liebe hier die Zügel schießen ließ und zu C. F. Meyer zurückfand, dessen »Schwarzschattende Kastanie« mir in meiner Jugend das herrlichste Gedicht erschienen war. Nach seinem Wohnsitz Kilchberg, wo bald darauf Thomas Mann die letzten Jahre verleben und im Tode ruhen sollte, zog es mich; nach Küsnacht in die Brunner'sche Nerven-Klinik, wo man mir das Zimmer des dort Bewachten, Umnachteten aufschloss, von dem niemand Gültigeres gesagt hatte als Hofmannsthal: »Bei Meyer ist es so, dass die höchste, besonderste Inspiration, der edle Gram, die bewusste, fast mit Glück empfundene Todesnähe und über allem ein ihm eigenes, tiefstes und dennoch mutiges, ja beinahe trunkenes Bangen ihn zugleich zum unbedingten Meister der Sprache macht. Nicht die Zeile nur, nicht die einzelne Strophe wird herrlich; das ganze Gedicht durchwaltet dann eine gedämpfte, melodische Trauer, eine finstere Kühnheit, der jeder Klang und Fall gehorcht … Damit tritt der Lyriker C. F. Meyer in die kleine Schar der wenigen großen Dichter der Deutschen.«

Es ist aber nicht nur die Sprach- und Todesgewalt, die der deutschen Sprache hier zu solcher Suprematie verhilft – auch Hölderlin besaß sie, und deshalb ergriff er damals so, da das Heimatgefühl von den Blut-und-Boden-Trompetern in Pacht genommen und verdächtig blieb –, es ist eine Klarsicht, ja eine elairvoyance des Heimatlichen, die im Deutschen ihresgleichen nicht hat:

»Melde mir die Nachtgeräusche, Muse,
Die ans Ohr des Schlummerlosen fluten!
Erst das traute Wachtgebell der Hunde,
Dann der abgezählte Schlag der Stunde,
Dann ein Fischer-Zwiegespräch am Ufer,
Dann? Nichts weiter als der ungewisse
Geisterlaut der ungebrochnen Stille,
Wie das Atmen eines jungen Busens,
Wie das Murmeln eines tiefen Brunnens,
Wie das Schlagen eines dumpfen Ruders,
Dann der ungehörte Tritt des Schlummers …«

Da ist der See beschworen, an dem er lebte, irre wurde, Frieden fand und starb.

Stärkendere Bestätigung für einen, der an der Heimat zweifelt, konnte es nicht geben, als zwei aus ihrer Heimat nicht Wegzudenkenden wie Keller und C.F. Meyer auf ebendiesem Boden zu begegnen, der ihr Werk schuf. Sooft wir darüber sprachen, Lernet-Holenia mit seinem zynischen Gleichmut, Zuckmayer mit seiner fröhlichen Ursprünglichkeit, konnten wir uns nicht einigen; es muss wohl so sein, dass die gleichen Anliegen in verschiedenen Augen wesensandere Dimensionen annehmen. Jedenfalls beschloss ich, dem Rat des schriftstellernden österreichischen Juristen in London zu folgen und den Stier bei den Hörnern zu packen.

Auf dem Rückweg von einem Besuch bei meinem Bruder am Thunersee legte ich in Bern dem amerikanischen Konsul meine Sache und unsere Pässe vor. Er prüfte sie und entschied, gegen unsere vorläufige

Wiedereinreise nach Österreich keinen Einwand zu erheben, weil ich einen gültigen Vertrag der in der amerikanischen Zone gelegenen Salzburger Festspiele besaß; ob eine Verlängerung unserer Pässe dank dem Vertrag mit dem amerikanischen Verleger möglich sei, wäre vor ihrem binnen zwei Monaten bevorstehenden Ablauf zu prüfen; denn es treffe zwar zu, dass naturalisierte amerikanische Bürger im Lande ihrer Herkunft länger als die ihnen hierfür gesetzte Frist bleiben konnten, jedoch nur dann, wenn dies im nachgewiesenen Interesse eines amerikanischen, ihre Arbeit und ihren Aufenthalt bezahlenden Unternehmens geschah. Das Erstere hoffte ich behaupten zu können, das Letztere würde von Mr. Costain abhängen.

Der Beamte schien »Beneath Another Sun« gelesen zu haben, denn er fragte mich, wo das Buch geschrieben worden sei. Während meines Aufenthaltes in Colorado Springs, antwortete ich ohne Bedenken. Zufrieden meinte er, das sollte mein Problem automatisch lösen. Denn wenn ich ein Buch solch erheblicher Lokalkenntnis fremder Gebiete nicht an Ort und Stelle, sondern tausende Meilen entfernt hatte schreiben können, so sei – unvorgreiflich der Entscheidung des »Departments« – durchaus anzunehmen, ich würde das mir vertraute Wien und Österreich überall zu schildern wissen; es müsste geradezu »a cinch« für mich sein, nannte er es mit dem amerikanischen Wort für »Kinderspiel«. Damit entließ er mich.

Ich entschied, dass ich mich, bevor ich sie in Zukunft aufsuchte, würde informieren müssen, ob die Konsulatsbeamten Romane lasen. Als ich Adrienne davon erzählte, sagte sie: »Daran erkennt man deine Naivität.« Lernet-Holenia sagte: »Das kommt von der krassen Autoreneitelkeit.« Zuck sagte: »Diese Vöchel stelle eben Fallen!« Der große André Gide aber hatte gesagt: »Nur die Kunst ist mir genehm, die von der Unruhe ausgehend zur heiteren Ruhe strebt.« Die Unruhe hatte zu lange geherrscht. Zur Ruhe, sogar zur heiteren, strebte ich nach dem Ordnungsruf im Hyde Park. Mein Problem, das der belesene Berner Beamte für ein Kinderspiel hielt, bestand also nur noch darin, die Kunst dort auszuüben, wo sie der Natur entsprach.

Jedermann oder:
Die Künste von Hellbrunn

Als wir in Salzburg eintrafen, konnten wir das kleine Haus in Morzg nächst Hellbrunn noch nicht bewohnen. Wir fanden im Theresienschlössel, Hellbrunn noch einige hundert Schritte näher, freundliche Unterkunft, unser Zimmernachbar war Wilhelm Furtwängler, und morgens und spätnachmittags vor den Proben konnten wir ihn in einer abgelegenen Ecke des Hausgartens stehen und heilig-ernst ein unsichtbares Orchester dirigieren sehen. Unter den Bäumen, bei den Gebüschen, die er überragte, stand er, nichts gewahrend. Mit halbgeschlossenen Augen, mit Lippen, die lautlos sangen, hob und senkte er die Arme, unhörbare Musik umtönte ihn, er strömte in sie aus, er setzte ihr beschwörend Dämme, er ließ sie aufrauschen und sacht verklingen. Nichts war für ihn da, die Bäume nicht, die Menschen nicht, nur die Musik. Ihr lauschte er nach wie einer Gottheit, ihr gehörte er, der romantische Deutsche, der das Deutsche begreifen und lieben ließ.

Ging man aber den kurzen Weg aus dem Schlösschengarten in den Schlosspark von Hellbrunn, dessen Wasserkünste auf dem Programm der Touristen bleiben, dann geriet man in einen Bezirk, der den Konsulatsbeamten aller Weltteile hätte gezeigt werden müssen, um ihnen beizubringen, worin das Problem von Leuten bestand, die dergleichen wiedersehen und sich nicht mehr davon trennen wollten.

Durch einen Barockhof tritt man ein. In Blumen, Steinbildern, Wasserbecken und hintergründigen Wipfeln waltet stille Symmetrie, Ausgleich aller Disharmonien. Auch Versailles und seine Kopien Schönbrunn und das Belvedere haben schnurgerade gestutzte Laubwände; auch die Villa Borghese besitzt gedichtstille Wasser; auch Isola Bella und die Villa Carlotta sind Farbensymphonien, sinnlicher als diese; das Blühen des Sevillaner Alcazar ist gefährlicher.

Dennoch, wer Augen hat zu sehen und jene Gide'sche, zur heiteren

Ruhe strebende Unruhe, der wird in Hellbrunn nächst Salzburg, einem mäßig geräumigen, keineswegs atemraubenden Park, sein Ziel finden. Rosen sind da, sie überblühen aus niedriggehaltenen Büschen die Erde leicht, von zarter Farbe, rosa und weiß, springende gebäumte Rosse und Windhunde aus Sandstein bewachen die dunklen, ihr Geheimnis mit Wasserrosen bedeckenden Becken, worin Forellen und Karpfen kreisen. Das Ganze ist ein heller, nach oben offener freier Saal, die Bäume rauben die Höhe des Himmels nicht. Erst jenseits der Bassins und ihnen gegenüber grenzt eine Wand von Linden die Freiheit tiefgrün ab, und sogar hier noch ist dem Wäldchen eine Durchschau abgewonnen, weil es zu einem belaubten Tor einladend ausgeschnitten ist, so dass die Allee dahinter ein luftiger, runder Bogengang wird.

Auch die Festung Hohensalzburg, das Denkmal der Gewalt, das Salzburg dominiert, wird hier sichtbar wie im ganzen Umkreis, doch in der Distanz nicht drohend. Kaskaden sprühen aus Steinlippen üppiger Najaden, Wasserstrahl, Blumenbuntheit, Kies und Wiese gehegt und gebändigt, alles stimmt überein, alles ist aufeinander gestimmt. Und sogar die Marmorfigur der erdolchten Kaiserin Elisabeth, überschmal, das schöne Antlitz unter krönend geflochtenem Haar zur Seite geneigt, die Hände ruhevoll gefaltet, als hätten sie sich von einem Gebet noch nicht gelöst, erinnert weniger an Mord als an Vergebung. Der Garten von Hellbrunn übt Künste, auch wenn er seine berühmten Wasserspiele nicht aufdreht; weiße Magie ist es, man verhalte die Konsulatsbeamten, hier einzutreten, bevor sie Passbewerbern nach Österreich nein sagen.

Wie nah den magisch weißen Künsten von Hellbrunn die schwarze Magie benachbart ist, blieb mir nicht verborgen. Nach diesen Festspielen, denen die Hero Paula Wesselys und der Leander des am eigenen Feuer zu früh verbrannten Horst Caspar die Höhe des Gefühls schenkten wie bei den nächsten der Clavigo Will Quadfliegs und die Marie Beaumarchais der schwingenden Seele Käthe Golds; nach einem gleichfalls von mir inszenierten »Verschwender«, worin der Girardi-Nachfolger Josef Meinrad und die Niese-Nachfolgerin Inge Konradi das Tischlerpaar, Adrienne das Holzweib, Oskar Karlweis den Chevalier Dumont, Hans Jaray den Flottwell spielten: Noch bevor die Passkundigen ihre endgültige Entscheidung getroffen hatten und die Duodez-Odyssee zu Ende war, der diese Blätter gelten, wurden in Salzburg Einwände gegen den ortsansässigen »Jedermann« laut.

Sie waren schon unmittelbar nach dem Kriege erhoben und damit begründet worden, dass nach dem Millionensterben der Tod eines Einzelnen, noch dazu eines Steinreichen, niemanden zu bewegen vermöge, und dass sein bußfertiger Hingang, von nichts als einer symbolischen Jenseitsermahnung bewirkt, nicht überzeuge. Darin lag Wahres, und es hatte mich dazu bestimmt, Reinhardts Inszenierung auf dem Domplatz von seiner Witwe Helene Thimig verwalten zu lassen, um nichts von Glanz und Tiefe einzubüßen, die er dem Gleichnisspiel verlieh. Attila Hörbiger war denn auch, wie bei Reinhardt, wieder Jedermann, Helene Thimig der Glaube, Alma Seidler die Werke, Frida Richard die Mutter und Werner Krauß, vermutlich mit sich zu Rate gegangen, dass es hoch an der Zeit sei, seine Abneigung durch eine Tat zu widerlegen, spielte den Teufel. Allein je länger die Aufführung gezeigt wurde, desto bedenklicher schien sie an Zulauf einzubüßen – zumindest war es das, was Dr. Hilbert hervorhob, als er sich mit der Bitte an mich wandte, die Inszenierung selbst zu übernehmen. Sonst bestünden nur zwei Möglichkeiten: das Stück in Salzburg nicht mehr oder in einer von Reinhardt sich lossagenden, neuen Art zu spielen.

Beides schien mir unstatthaft. Ich hatte wiederholt gesagt und drucken lassen, Regisseure besäßen keine Denkmäler, die einzige Ausnahme bilde Reinhardt, sein Denkmal stehe in der Gestalt des Jedermann auf dem Domplatz, von wo es nie mehr wegzudenken sei. Zur Abtragung dieses Denkmals selbst die Hand zu leihen, stand für mich außer Frage; mich zu seiner Restaurierung bereitzufinden, hing ebenso davon ab, ob Reinhardts Witwe dies gutheißen, wie ob es mir gelingen würde, dem Hofmannsthal'schen Werk durch verjüngte Neubesetzung, Striche, Unterstreichungen und auf ein Minimum beschränkte Hinzufügungen die ihm vom Moment angetane Zeitwidrigkeit zeitweilig zu nehmen und, innerhalb seiner Wesensgrenzen, Zeitbezogenheit zu geben.

Hier ging es um die nachdrücklichere Profilierung von Jedermanns asozialem Dasein, wozu die Bettler- und Schuldknechtszenen sich anboten; auch um die aus der Zufälligkeit zu lösende Tafelszene und schließlich um die späte, aus dem Gegenübertreten von Werken und Mammon gewonnene Erkenntnis des reichen Mannes, sein Leben so völlig verfehlt zu haben, dass seine Wandlung zur reuigen Gläubigkeit nicht durch das ihm gewiesene Händefalten, vielmehr durch seine ihm durchaus bewusst gewordene Mitmenschenschuld, folglich erst nach einer von ihm selbst dem Mammon aufgetragenen Sühne geschieht: mit anderen, auch dem Spielansager in den Mund zu legenden Worten, die Wiederherstellung des »morality play« im Sinn einer Beispielhaftigkeit, die jedem zurief: »Sieh her und hüte dich! Auch du bist so!« Übrigens hatte Hofmannsthal in einer gedruckten Vorrede zum »Jedermann« die Möglichkeit zugestanden, es könnte eines Tages angebracht sein, dem alten Spiel neue Züge zu geben: »Vielleicht muss es durch den Zugehörigen einer künftigen Zeit noch einmal geschehen.«

Die Zustimmung Frau Thimigs sei eingeholt und erteilt worden, erfuhr ich; die von mir geplante Text-Einrichtung bitte man mich, dem Verlag bekanntzugeben, der sein und der Hofmannsthal'schen Erben Einverständnis würde zu erteilen haben; vorläufig möge ich meinen Besetzungsvorschlag mitteilen.

Bevor ich das eine und das andere auch nur genauer hätte erwägen können, nämlich schon am folgenden Tag, hatte sich Frau Thimig, ich erfuhr es von ihr selbst, beim Unterrichtsminister über die Salzburger Vorgänge beschwert: An ihrer angeblichen Zustimmung sei kein wahres Wort; meiner Bitte, den Glauben oder die Mutter nach ihrer Wahl zu spielen, vermöge sie nicht zu entsprechen. Keine meiner Vorstellungen fruchtete. Deshalb ersuchte ich Dr. Hilbert, jemanden anderen mit der undankbaren Regieaufgabe zu betrauen, und hatte eine den Umständen Rechnung tragende Erklärung an die Presse bereit, als ein vehementer publizistischer Angriff gegen mich erschien. Er unterschob mir eine Hofmannsthal- und Reinhardt-Entehrung, da ich den ganzen »Jedermann« verfälschen, die Reinhardt-Inszenierung sabotieren und seiner Witwe eine beabsichtigte Kränkung zufügen wolle.

Darin freilich hatte man sich verrechnet. Ich änderte meinen Entschluss und begann mich an die Arbeit zu machen. Eine Zeitlang wurde sie von fast täglichen Zeitungsattacken belebt, denen ich einen während meiner ganzen öffentlichen Wirksamkeit befolgten Grundsatz entgegenhielt: unwürdige Angriffe einer Erwiderung unwert zu halten.

Bis zum letzten Moment waren uns Schwierigkeiten in den Weg gelegt worden, es gab sozusagen niemanden, der sich nicht störend einmischte, bald waren es die nicht wieder aufgeforderten Schauspieler, die ihre Nachfolger und mich in Acht und Bann taten, bald regten sich, wo sonst profunde Unkenntnis oder grundsätzliche Ablehnung des ganzen Hofmannsthal'schen Wirkens und des »Jedermanns« besonders herrschten, die Apostel für seine buchstabengetreue Interpretation, bald wurden politische Treibjagden veranstaltet, als ich den schon unter Frau Thimigs Regie in der Rolle des Teufels am besten bewährten, doch als Kommunisten bekannten Karl Paryla verpflichtete; es wurde mir allen Ernstes als »Attentat gegen den Erzbischof« ausgelegt, und da, wie Hitler bewies, nichts widersinnig genug sein kann, wenn es nur oft genug und mit hinlänglich hohlen Brusttönen wiederholt wird, musste ich einen Schauspieler, dessen Talent ich bereits geschätzt hatte, als er im Theater in der Josefstadt bei mir engagiert gewesen war, seiner vollzogenen Verpflichtung entheben lassen, wobei ich freilich darauf bestand, ihn materiell schadlos zu halten.

Als die Premiere herankam, war ich demnach ein Kommunist, ein Faschist, ein Salzburg entfremdeter amerikanischer Söldling, ein Reinhardt- und Hofmannsthal-Schänder, ein Verletzer des simpelsten Anstandes gegen ehrwürdige Institutionen und Personen – und der Spaß dabei blieb, dass diejenigen, die es ausposaunten, seinerzeit ein kommunistisches oder nationalsozialistisches Parteibuch besessen hatten.

Die Phrase »ich ließ es mich nicht anfechten« drängt sich auf, sie stimmt aber nicht. Dergleichen ficht jeden an. Doch da ich mir in den Kopf gesetzt hatte zu zeigen, dass der »Jedermann« jeden anging, und dass Salzburg ihm die Reinhardt'sche, dem Augenblick näher gerückte Inszenierung schulde, focht ich zurück, und die Aufführung, bis zur letzten Stunde durch Umbesetzungen und Drohungen gefährdet, fand statt; bei der mit Absicht zurückhaltenden, der Gleichnissphäre zugeordneten Choreographie unterstützte mich Grete Wiesenthal, eine der beiden berühmten Schwestern, trotz vorgerückten Jahren nach wie vor ein Inbild österreichischer Holdheit, Harmonie und Selbstverständlichkeit, die nur Auserwählten innewohnt.

Wir waren auf alles gefasst. Jedoch nichts Störendes geschah, außer dass die fieberhafte Erregung der Mitwirkenden, von denen noch nicht jeder das Maß seiner Aufgabe erreichte, der völligen Verwirklichung unserer Absichten entgegenstand. Immerhin ließ sich das Publikum von den überall verteilten Gegnern zu Gegenkundgebungen keineswegs bestimmen, verharrte vielmehr in derselben schweigenden Ergriffenheit, wie es dies in den nächsten Sommern bei jeder Vorstellung, die Bänke und den zum Stehen dienenden Raum bis zum letzten Platz füllend, nach der ausklingenden Orgel getan hat.

Das Beisammensein, das nach Erstaufführungen die Beteiligten zu vereinen pflegt, verlegten wir allerdings außerhalb der Stadt. In einen entfernten Gasthof am Salzachufer flüchteten wir, weil wir Geächteten uns im Umkreis der Kaffeehausrichtstätten des »Bazar« und »Tomaselli« nicht wollten blicken lassen. Erschöpfung nach dem Kampf und Verdruss hatte sich der meisten von uns so bemächtigt, dass wir einem vom Begräbnis gekommenen Trauergeleite glichen. »Stimmt ja auch!«, sagte Will Quadflieg, der neue, vitale, unendlich sensitive, durchaus geistige und deshalb für eine Hofmannsthal-Gestalt prädestinierte Darsteller des Jedermann: »Ihr habt mich vorhin begraben!« Und er fügte zweifelnd hinzu: »Ob ich wiederaufstehen werde?«

Die Kritiken – damals las ich sie noch – bezweifelten es desgleichen, mit einigen Ausnahmen, von denen die Otto Basils die mutigste war. Das Hochgericht fand dort, wo ich es erwartete, pünktlich statt, die Vorurteile wurden Urteile, anders weiß es ja jene Art von Journalismus nicht, dem es nicht um Rechttun, sondern um Rechthaben geht. Doch kaum hatten uns, was Egon Friedell mit gebührendem Sarkasmus »die Herren Doktoren« nannte, das Sündenregister hämisch und höhnisch vorgehalten, da sagte mir Joe Israels, Berichterstatter der im amerikanischen Theaterbetrieb einflussreichsten New Yorker Wochenschrift »Variety«: »Take a deep breath. Forget those skunks. You didn't have a success – you won a battle!« Und er prophezeite, und es wurde gedruckt:

»die Wiederauferstehung des veralteten ›Jedermann‹ für das nächste Vierteljahrhundert«.

An fast einem Drittel davon – ich greife beträchtlich vor, um den Dingen ihre symmetrische Rundung nicht zu rauben – habe ich mitgewirkt und mich dessen gefreut. Der Zulauf, früher alarmierend geschwunden, steigerte sich so lange, bis die »Jedermann«-Aufführungen jedes Sommers viele Monate vorher ausverkauft waren, so dass man zusätzliche erwog.

Als eine »schöpferische Pause« eintrat, wie man die radikale Verbannung des Schauspiels – außer dem »Jedermann« – euphemistisch umschrieb, sah ich mich mit dem Verlangen nach Gleichberechtigung des Schauspiels und der musikalischen Festspieldarbietungen vereinzelt. Das gewichtige Gegenargument mangelnden Publikumsinteresses, in der finanziell unbefriedigenden Besucherzahl mancher Schauspielaufführungen kundgegeben, blieb aber nur so lange unwiderleglich, bis mir 1955, mit der Inszenierung von »Kabale und Liebe«, die sich als Kassenmagnet erwies, der Gegenbeweis glückte: Von da an erhielt sich das Schauspiel mit wechselndem Gelingen im Festspielplan.

Es wird allerdings – durch die Sprache gegenüber der Musik von vornherein eher im Nachteil – allgemeine Anziehungskraft auch auf des Deutschen nicht Mächtige erst dann üben, wenn Werke und Mitwirkende dem einmalig Salzburgischen unverwechselbar gemäß sind, wie es in seiner Art der »Jedermann« tut und, im Abstand, Reinhardts »Faust-Stadt« vermochte. Literarische Selbstzweck-Experimente sind zum Scheitern verurteilt. Denn auch beim gesprochenen Wort, gerade bei ihm, bedarf Salzburg, um der Festspielinvasion standzuhalten: des absoluten Höchstwertes der Werke; ihrer unbedingten Eignung für das Ortsbedingte; einer Darbietungsperfektion, die nur durch die Erfüllung dieser beiden Erfordernisse nirgendwo anders anzutreffen, das heißt konkurrenzlos sein wird. Daher habe ich seit 1956 in mehreren Veröffentlichungen die Aufführung beider Teile des »Faust«, jeweils am selben Tage, im neu zu erbauenden Festspielhaus gefordert; in der Zwischenzeit sollte das Festspieldrama der politischen und individuellen Freiheitsidee dienen.

Eines Tages jedoch wurde mir ein Gespräch hinterbracht, dessen Zeuge mein Gewährsmann an einem Kaffeehaustisch geworden sein wollte. Ein Donnerstag war es, die Hauptproben zum »Jedermann« hatten noch nicht stattgefunden, bei den bisherigen außer den Mitwirkenden niemand Einlass gehabt, die erste Aufführung stand erst für den Sonntag bevor. Trotzdem sei, dem belauschten Gespräch zufolge, die frühestens am Montag publizierte »Jedermann«-Rezension einer Salzburger Zeitung bereits an jenem Donnerstag Wort für Wort geschrieben gewesen, und zwar als ein »massiver, ganzseitiger Angriff«.

Für Späherdienste habe ich nie etwas übriggehabt. Doch dass eine verantwortliche Zeitung ihre aggressive Rezension vorliegen oder sie bestellt haben sollte, bevor das zu Rezensierende gezeigt wurde, blieb ein bedenkliches Novum der Nach-Hitler-Journalistik. Das verlegene Leugnen der von mir zur Rede gestellten Verantwortlichen schien dem Späher recht zu geben. Er hatte recht. Pünktlich am Montagmorgen wurde der »massive Angriff« publiziert, er stammte von einem weder der Zeitung noch der kritischen Zunft angehörenden, für den Anlass verpflichteten Rundfunkangestellten. Wie manches andere Lob und mancher andere Tadel wäre mir auch dieser entschwunden, hätte nicht bald darauf ein Mitglied der Festspieldirektion, im Hauptamt Salzburger Kultur-Landesrat, vor Akademikern den »verstaubten« Jedermann öffentlich beklagt. Ohnehin entschlossen, mich demnächst zurückzuziehen, bat ich, die Arbeit bei den Salzburger Festspielen zurücklegen zu dürfen.

Der Brief, worin es geschah, empfahl Leopold Lindtberg als meinen Nachfolger und endete mit den Worten: »Ich wünsche den Salzburger Festspielen, mit deren Bestehen und Sinn ich mich tief verbunden weiß, eine Zukunft, die das Vermächtnis Hofmannsthals und Reinhardts nicht vergisst und ihnen das Salzburger Heimatrecht nie wieder streitig macht, dessen die Nazizeit sie verlustig werden ließ.« Diese Zeilen waren kaum abgesandt, als von Unbelehrten und Unbelehrbaren an Mauern geschmierte Naziparolen überall in der Welt von sich reden machten. Der Ring schloss sich in jedem Sinn.

Später hat der missglückte Versuch meines in Hollywood als Filmregisseur tätig gewesenen Nachfolgers, Reinhardts Konzept dadurch zu reformieren, dass auf gebahnten Geleisen ins durchaus Wesenswidrige abgeirrt wurde, nicht nur die Gültigkeit der Reinhardt'schen Orts- und Zeitlosigkeitsvision bewiesen, sondern leider auch Geltung und Zukunft des bewährten dramatischen Sinnbildes in Frage gestellt; ja, es ergab sich, dass man die wenigen der Sinnbildlichkeit dienenden Textänderungen, die, als ich sie wagte, sakrilegisch erschienen, vermisste. Es hat also der eifrige, einer »Entstaubung« günstige Landesrat einen Staub aufgewirbelt, worin der Salzburger »Jedermann« begraben zu werden droht, wenn nicht Abhilfe aus wahrer innerer Beziehung geschieht.

Trotzdem waren es die Hellbrunner Künste, die triumphierten. Und wem der Mut im Festspielbezirk für Augenblicke zu sinken drohte, den ließ die Anmut, die ihn hier vollendet umgab, nicht nur den Vollkommenheitsanspruch, sondern die Vollkommenheit finden, deren Festspiele bedürfen. Österreichs Geheimnis, Grillparzer hatte es gewusst und in seiner Selbstbiographie schonungslos enthüllt, liegt in der dämonischen Janusköpfigkeit: Die Ziele erreicht man hier auf Umwegen, das Unbedingte durch das Bedingte. Doch noch immer sind Abgründe, über die man nach Hellbrunn kommt, der Wüste tausendmal vorzuziehen, durch die man nach Hollywood gelangt. Und noch immer ist der Blick auf die Festung Hohensalzburg, von Hellbrunn gesehen, der Ausblick auf den Sieg Mozarts über die Kerker.

Angeklagter

Die ablaufenden Pässe wurden nicht erneuert, unsere Heimreise nach Amerika wurde verlangt. Ich entschloss mich, mein Problem, das nicht meines allein, sondern das vieler anderer Emigranten war, in Washington offen zur Sprache zu bringen und die lange vertagte Reise sofort zu unternehmen. So landeten wir nach einer äußerst stürmischen Überfahrt im Hafen von New York an demselben Pier, wo der Kellner der »Isle de France« Adrienne seinerzeit zum letzten Mal ermahnt hatte: »Il faut faire un petit effort, Madame!«

Die meisten an Bord der »America«, auf der wir diesmal reisten, zeigten ihre Wiedersehensfreude, sie wurden erwartet, man winkte ihnen, Willkommens-Blumen im Arm, von weitem zu. Uns erwartete ein Chauffeur, den Maria Jeritza aus dem eine Stunde von New York entfernten Newark im Staate New Jersey gesandt hatte, wo sie mit ihrem Gatten Mr. Seery wohnte, und wohin sie uns eingeladen hatte; sie besaßen dort ein Gästehaus, sie stellten es uns während ihrer Reise nach Europa, die sie am selben Tage antraten, freundlich zur Verfügung.

Wir sprachen sie noch, bevor sie ihrerseits zum Hafen fuhren, sie hatte sich das Strahlen ihrer blauen Augen erhalten und das faszinierende Temperament, womit sie am Brünner Stadttheater begonnen und sich seither die Kontinente unterworfen hatte; sie sagte mit dem leichten tschechischen Anklang ihrer weltberühmten Stimme, sie würde ziemlich lange fortbleiben, inzwischen sollten wir uns wie zu Hause fühlen; vielleicht mieteten wir später in ihrer Nähe, es gab dort reizende Möglichkeiten, wenn Adrienne nicht eine schnellere Broadway-Erreichbarkeit vorzöge. Oder locke mich Hollywood? Beides lasse sich vereinigen, der Flug Hollywood–New York werde immer kürzer. Als der Sturm auf unserer Überfahrt das Höchstmaß erreichte, hatte ich mir ausgerechnet, unseres zweiten Bleibens in Amerika würde nicht länger als drei Wochen sein.

Ich begann damit, meinen Verleger aufzusuchen, um mit ihm, dank der unverändert hilfreichen Miss Hulse, zu stipulieren, ich würde »Return to Vienna« an Ort und Stelle zu schreiben haben, das Buch, das im Deutschen »Die Rückkehr« hieß. Ich war also von einem amerikanischen Unternehmen vertraglich verpflichtet, mich bis auf weiteres in Wien aufzuhalten, womit eine der gesetzlichen Bedingungen unseres Dortseins erfüllt schien; das Missliche daran (»the catch« nennen es die Amerikaner) blieb allerdings die Unbeträchtlichkeit der vom Gesetz für solchen Auslandsaufenthalt vorgesehenen »beträchtlichen« Entlohnung, weil ich bereits an Vorschüssen zu viel bezogen hatte.

Als ich mich daher in Washington bei Mrs. Shipley melden ließ, zweifelte ich, ob sie sich zur Erörterung einer keineswegs simplen grundsätzlichen Frage entschließen würde. Sie tat es sofort. Schon dass sie sich, unter den ungezählten, meiner eigenen Sache erinnerte, blieb bemerkenswert. Darüber hinaus fand sie, in Anspruch genommen, wie sie war, unverzüglich Zeit, meinen Fall mit dem zuständigen Referenten in meiner Gegenwart zu erwägen; durchaus erkannte sie meine Situation und widersprach auch nicht, als ich sie der verzweifelten Lage aller jener neu Eingebürgerten gleichstellte, die hüben die Loyalität nicht verletzen wollten, drüben jedoch nicht anders konnten, als ihre Heimat dort zu finden, wo sie war.

Ich verwies – denn für diese Stunde hatte ich mich wie seinerzeit vorbereitet, als ich noch »in Akten dichtete« – auf die allen naturalisierten britischen Staatsangehörigen eingeräumte Erlaubnis, ihren Wohnsitz im In- oder Ausland nach Belieben zu nehmen, auch in ihrem Geburtsland, und dort nach Gutdünken beschäftigt; ich unterließ nicht, die Selbstverständlichkeit zu betonen, dass die amerikanischen Verbote weder Amerika zugutekamen noch der verbotenen Heimat, weil der in Amerika heimische »good-will« darunter litt; ich führte Adriennes und meinen als typische Berufe an, die in einer erlernten Sprache wie auf Stelzen ausgeübt werden, daher kategorisch die eigene verlangen; ich zitierte einen Ausspruch des »besten aller Amerikaner«,

George Washingtons: Je mehr Leute im Ausland lebten, die Amerika aus eigener Anschauung kannten, desto leichter würden Missverständnisse zerstört.

Die Herrscherin über das Reisen hörte geduldig zu. Sie bestritt nicht, was ich vorbrachte. Sie räumte sogar ein, dass sie sich über diese Frage nicht unähnliche Gedanken gemacht hatte, und dass manche Bestimmungen des Naturalisationsgesetzes reformbedürftig seien – sie wären unter den Nachwirkungen des Hitlerkrieges zustande gekommen, so zu verstehen, so zu rechtfertigen. Vermutlich würde die Zeit ihrer Abänderung kommen, so lange müsse ich eben Geduld haben. Wie lange, wollte ich wissen. Das hänge nicht von ihr, sondern von »Capitol Hill« ab, dem Parlament – in zwei, drei Jahren vielleicht.

Tatsächlich sollte es viel länger dauern. Doch auch dass zwei, drei Jahre Amerika in jener Lage, in der ich mich befand, um zwei, drei Jahre zu lang waren, konnte ich ihr nicht sagen. Und ich wollte ihr nicht sagen, dass ich versucht hatte, meine Dankschuld an Amerika nach meinen Kräften abzustatten, dass man mir dafür keinerlei Dank gewusst habe, wir also quitt seien. Für solche schnöde Abrechnung wäre Mrs. Shipley die unrichtige Adresse gewesen. Denn sie las in Gesichtern.

Den Vertrag des Verlages Doubleday in Händen, meinte sie, ich müsse an Ort und Stelle sein, um ein Wiener Buch zu schreiben. Wie lange ich dazu brauche? Ein Jahr vielleicht? Der »beträchtlichen« Entlohnung wurde keine Erwähnung getan und die Verlängerung unserer Pässe um ein Jahr verfügt; sie würden mir nach Newark geschickt werden. »I still think you are a pretty good American«, sagte der gute Geist des Passdepartments zum Abschied.

Zum Abschied wollte ich auch den Mann wiedersehen, in dem ich die amerikanischen Tugenden und Schwächen am liebenswertesten verkörpert gefunden hatte. Ich traf Oberst Ladue im Washingtoner »Army and Navy Club«, wo er mich zum Dinner erwartete, und der Shrimp-Cocktail stand noch nicht vor uns, da fragte er mich im Ton der Selbstverständlichkeit: »You're staying for good?« Die Möglichkeit, dass es anders sein, und ich nur noch so lange in Amerika bleiben würde, bis unsere Pässe eintrafen, streifte ich nicht einmal.

Wir führten ein ausweichendes Gespräch, wie zwei, die voneinander so viel zu wissen meinten, dass gewisse Fragen sich erübrigten. Ich wusste von seiner »America first«-Gesinnung, seiner Tollkühnheit, seinem Charme, daher auch von Damen, die in Wien um ihn trauerten und erinnert sein wollten; doch ein an ihm ungewohnter müder Blick ließ mich schweigen. Oder machte ihn der graue Zivilanzug so fremd? Von mir wusste er, dass ich während der gemeinsamen Wiener Tätigkeit an manchem Wienerischen Anstoß nahm, weshalb er voraussetzen mochte, ich hätte von Wien genug, um mich endlich – viel zu spät! – zur Konsequenz zu entschließen. Wir redeten an den Dingen vorbei, bis er, nun schon beim »leg of lamb with string beans«, beiläufig fragte, wo Adrienne und ich wohnen würden.

In Grinzing oder in Sievering, wenn wir dort etwas Passendes fänden, antwortete ich, er werde sich Grinzings vom Heurigen, Sieverings von den Filmstudios erinnern, die seinem Befehl unterstanden.

So viel Sinn für Humor er besaß, diesmal ließ er ihn im Stich. »You mean it?«, fragte er mit kalten Augen.

Auch deswegen habe ich ihn wiedersehen und seiner Zustimmung gewiss sein wollen, antwortete ich, denn er müsse gemerkt haben, dass mir daran liege.

Weshalb? Ob ein Militärmensch wie er, der nicht viel gelesen, nicht genug Interesse an Kunst, keines an »high brow«-Dingen habe, meine Meinung teile oder nicht, könne mich wenig bekümmern. Sollte es trotzdem der Fall sein, und jetzt wurden seine Augen nicht nur kalt, sondern drohend, dann möge ich mich erinnern, dass mir »lovely Vienna«, Grinzing und Sievering eingeschlossen, ans Leben gewollt, wogegen mir Amerika (»this country«, sagte er) das Leben gerettet und später den Mut dazu zurückgegeben habe. So erzürnt hatte ich ihn nur einmal, im »Allied Council« auf dem Wiener Schwarzenbergplatz, gesehen, als über das disziplinäre Verhalten eines ihm Untergebenen Beschwerde geführt wurde.

Ich versuchte ihm zu erklären, worum es mir ging.

Da hatte er seine Beherrschung wiedergewonnen und sagte wie jemand, der eine Enttäuschung mehr erfährt, ich hätte ihn in Wien nicht glauben machen sollen, dass Amerika mir etwas bedeute. Denn dass ich das tat, gäbe ich wohl zu?

Selten hatte ich als Staatsanwaltsgehilfe eine belastendere Frage gestellt.

Ich beantwortete sie uneingeschränkt. Amerika stehe mir nahe und würde mir immer nahestehen. Doch dass es mir weniger nahestehe als mein eigenes Land, könne niemand verhindern, das State Department nicht, er nicht, am wenigsten ich; ein Pass und eine Urkunde könnten das Rechtsgefühl binden, nicht das Gefühl. Wie nahe mein eigenes Land mir aber stand, hätte ich erst zu erkennen vermocht, seit ich wieder dort war; gutes Gedächtnis für schlechte Erfahrungen, sagte ich, nütze da nichts, Reglement und Anstandssinn ebenso wenig. Er möge mir seinerseits eine simple Frage nicht verübeln: Er sei wiederholt in Europa gewesen, habe dort mit dem Tode gekämpft, doch auch das Leben genossen; er habe sich, ich wisse das, von Europa sehr schwer getrennt; würde er sich, selbst wenn Amerika ihm etwas Unverzeihliches zufügte, von Amerika so endgültig abwenden, dass er dauernd in Europa bliebe?

Der Kellner in der weißen Leinenjacke brachte Brandy und Zigaretten. Ladue wartete, bis er außer Hörweite war, dann schenkte er zwei Gläser voll, schob mir das eine zu, erhob das andere. »You win«, sagte er und trank mir zu.

Wollte man der Fairness ein Denkmal setzen, es müsste seine Züge tragen, der sich nicht viel später zum Frontdienst nach Korea meldete, weil er fand, Offiziere seien nicht dazu da, in grauen Anzügen spazieren zu gehen, sondern in Korea getötet zu werden.

Bevor unsere Pässe eintrafen, hatte ich ein Gespräch, das mir noch schwerer fiel. Wir waren in New York gewesen, die dort verbrachten vielen Jahre der Hoffnung und Verzweiflung, winziger privater Anfangssiege und katastrophaler Anfangsniederlagen in der freien Welt, Widerstand, Sich-Fügen, langsames Fußfassen im Allerfremdesten, verwunderlicher, fast wunderbarer Erfolg, Anhänglichkeit schließlich, ja Zugehörigkeit – alles lebte auf!

Hier, im Plazahotel, war es gewesen, wo wir am Radio Chamberlains grotesk optimistischen Ausspruch gehört hatten: »Hitler missed the bus«, dort in der 52. Straße, Ecke Park Avenue, hatten wir den Neuvermählten, meiner Tochter Hansi und ihrem Gatten, Reiskörner auf die Hochzeitsreise nachgeworfen, die in den Tod führen sollte, und in dem kleinen Haus in der 79. Straße, nächst der Madison Avenue, hatte die Französin Madame Mascal, bei der wir zur Miete wohnten, sich auf ein Sesselchen gestellt, aus dem Telefonautomaten Nickelmünzen mit einer Haarnadel herausgefischt und den Ausspruch getan: »La Compagnie est riche – moi, je suis pauvre!«; hier, auf der Central-Park-Bank gegenüber den Tigerkäfigen, hatte ich Adrienne die Kritik in der »New York Post« vorgelesen: »Miss Gessner geht der Ruf einer der besten europäischen Schauspielerinnen voraus. Nach dem gestrigen Abend bezweifeln wir das nicht«; in Womraths Buchhandlung auf der Fifth Avenue hatten wir einen Stapel von fünfundzwanzig Exemplaren meines Romans »A Woman is Witness« gezählt; ein paar Schritte weiter, vor St. Patrick's Cathedral, war der Rückschlag in den Ardennen ausgeschrien worden: »Battle of the Bulge – serious setback!« –, das Herz war uns stillgestanden, wie oft geschah uns das hier, jahrelang, immer wieder.

Nah stand es uns vor Augen, und wir wussten, ich zumindest, dass alles uns nur deshalb so bewegt, beglückt, niedergeschmettert hatte, weil wir die Heimkehr dahinter erscheinen oder verschwinden sahen.

Das Schöne bedürfe keines Vorwandes, um es schön zu finden, widersprach Adrienne. Sie habe New York zuerst gehasst, dann seinen kühnen, fairen Rhythmus geliebt, nicht als Zuflucht, sondern um seiner selbst willen. Ich hatte das keinen Tag und keine Nacht getan. Auch in Paris, das sich die schönste Stadt der Welt nennt, war es mir so ergangen: sobald das TSF erträgliche Nachrichten gab, war Paris schön; als es die Münchner Schande verkündete, wurde es die hässlichste Stadt der Welt.

Da solle man an Objektivität, Urteilsvermögen und Vernunft glauben!, sagte Adrienne, der bald nach ihrer Ankunft eine Rolle in dem neuesten Van-Druten-Stück »Bell, Book and Candle« angeboten worden war.

Objektivität, Urteilsvermögen und Vernunft bestünden nicht, sie dürften es gar nicht, wenn es um die drei elementaren Empfindungen gehe, verstieg ich mich zu sagen. Liebe sei eine, Tod die andere, Heimat die dritte.

Unsere Auseinandersetzung wurde hitzig, der Bus-Schaffner meinte lachend: »Take it easy, folks!«

Der Bus führte mich in die Lexington Avenue, wo ich Wiener Bekannte traf, drei Ärzte, die sich in New York angesiedelt und nach wie vor kein Kaffeehaus gefunden hatten, weil es in New York keines gab. So beschränkten sie sich auf eine »Cafeteria« in der Lexington Avenue. Mittags wendeten sie fünf Minuten und 40 Cent, abends fünfzehn Minuten und 75 Cent an ihr Lunch und Dinner. 1939 hatten sie für ihre »State-board examination« zu studieren angefangen, 1940 waren sie jeder zweimal bei der Sprachprüfung, jeder einmal bei der medizinischen Prüfung durchgefallen, 1941 ließ man zwei von ihnen, 1942 den dritten zur Praxis zu. Ältere Herren mit grauen Schläfen. Einer war in Wien Universitätsprofessor für Gynäkologie, einer Spezialarzt für Ohrenheilkunde gewesen, der dritte ein Anatom. Ihre Ordination hatten sie in der »guten Gegend«, Ostseite, zwischen 52. und 89. Straße, und jeder teilte sie mit zwei oder drei amerikanischen Kollegen. Ich kannte ihre Wohnungen, die in der »schlechten Gegend« lagen; einer von ihnen verwahrte seit 1939 seine Koffer unter den Schränken, er hatte sonst nirgendwo Raum dafür und deshalb noch nicht ausgepackt.

Zwischen den hastigen Essern, beim Rasseln der ins Spülwasser geschleuderten Teller und Bestecke, im Aufknattern der Speisetablette auf die Metalltische kam das Gespräch zustande, eines der folgenschwersten meines Lebens.

Zuerst wollten die drei wissen, wie es in Österreich »wirklich« zugehe, und ließen mich berichten, obwohl einer von ihnen behauptete, eigentlich interessiere es sie nicht. Dann stellten sie Fragen wie: »Und wer hat die Erste Gynäkologische? Ist es wahr, dass die Laryngologie im Rudolfinerhaus vakant ist?« – er frage rein akademisch, schränkte der Fragende ein. Und die allgemeinen Lebensbedingungen? Fand man überhaupt eine Wohnung? Wie viel müsse man verdienen, wenn man sich alles neu anzuschaffen habe? War Kohle tatsächlich so schwer zu erhalten? Und der Antisemitismus – bestand er nach wie vor, stimmte das?

An der letzten Frage beteiligten sich alle, als sei es jene, die man ohne den Rückschluss erörtern könne, einer von ihnen dächte daran, nach Wien zurückzukehren. Dabei dachten sie es alle, lesbar stand es in ihren ruhelosen Augen. Heraus mit der Sprache, wie war es damit? Würde zum Beispiel der Professor an unserem Tisch, wenn er sich dafür interessierte – er interessiere sich aber nicht, auch diese Frage sei rein akademisch –, eine Berufung erhalten?

Er würde sie nicht erhalten, sagte ich. Der Antisemitismus – und damals war die Wiederkehr der Nazi-Schmierereien noch nirgends in Erscheinung getreten – herrsche nach wie vor. Dass sechs Millionen Juden ermordet worden waren, seien die sieben Millionen Österreicher, vermutlich sogar die ganze Welt, im Begriffe zu vergessen; sie nähmen es übel, daran erinnert zu werden, es gelte als taktlos. Zwar ziehe der Antisemitismus momentan die Krallen ein und drapiere sich mit Alibis, da mitunter kleinere Posten in nichtarische Hände kämen; auf die entscheidenden würden Juden grundsätzlich nicht oder nur mit äußerstem Widerstreben berufen. Nach Rückkehrern, obschon man es offiziell nicht zugab, bestehe kein Verlangen, nach anerkannten am wenigsten; man wolle unter sich bleiben und sein angegriffenes Gewissen schonen.

»Folglich«, sagte der Ohrenspezialist, »sind Sie jetzt dauernd hier zurück.« Er sagte nicht »for good« wie Oberst Ladue, er sagte es auf gut Deutsch, aber mit derselben Selbstverständlichkeit.

Zum dritten Mal hatte ich mich zu verantworten, diesmal vor einem Gericht, dem ich Rechenschaft schuldete.

Ich sagte, dass ich auf ein Jahr nach Österreich zurückkehre. Wäre es in dem Lärm möglich gewesen, das Schweigen meiner drei Richter hätte man gehört.

»Wenn es dort so ist, wie Sie es schildern, können Sie sich doch unter diesen Leuten unmöglich wohlfühlen?«, sagte schließlich der Anatom.

Ich gedachte der Künste von Hellbrunn. »Es ist wie überall«, sagte ich. »Man lebt mit den wenigen, denen man vertraut. Übrigens kehre ich nicht zu Leuten zurück, sondern, entschuldigen Sie den pompösen Ausdruck, zu einer Landschaft, die ich zum Leben brauche.«

»Landschaften hängen von den Menschen ab«, sagte der Anatom.

»Die Menschen hängen von der Landschaft ab«, sagte ich.

»Dann wäre Ihre Lebenslandschaft unerträglich. Sie hat den unerträglichsten Menschen der Geschichte hervorgebracht.«

In der Sackgasse, in die ich geraten war, konnte man nicht Haare spalten. »Ich bin ein Österreicher«, sagte ich. »Deshalb habe ich meine Bücher in Österreich angesiedelt, und Grillparzer, Hofmannsthal und Schnitzler sind die Dichter, die ich am liebsten inszeniere. Man kann seinen Pass ändern, nicht sich.«

Abermals entstand eine lähmende Pause.

»Stolz ist Ihnen unbekannt?«, fragte der Anatom.

»Wenn es sich um Tod und Leben handelt«, sagte ich.

»Und dass Sie unsere Sache verleugnen, wenn Sie sich mit denen einlassen, beschämt Sie nicht?«, fragte der Anatom. »Oder sind Sie vielleicht der Ansicht, es ist nicht Ihre Sache?«

»Es ist meine Sache«, sagte ich. »Taufwasser wäscht die Blutmischung nicht ab, wer das irgendwann behauptete, hat sich geirrt, und wer es nach Hitler behauptete, hätte sich zu schämen. Aber gerade weil es meine Sache ist, nütze ich dort mehr, wo man sie verleumdet, als hier, wo man ihr keinen Schaden tut.«

»Kreuzfahrer wie Sie brauchen eine Erlaubnis. Sagten Sie nicht vorher, Ihr Pass laufe nach einem Jahr ab? Was werden Sie nachher tun?«, fragte der Anatom als letzte Frage. Seine Fragen waren das, was wir bei Gericht »Fangfragen« genannt und vermieden hatten.

Als die letzte Frage kam, fand ich die einzige zulängliche Antwort, die der problematischen Sache entsprach. Ich verzögerte sie, bis es an der Zeit war, sie zu geben. Aber dass ich sie geben und damit meine kläglich lange Unschlüssigkeit beenden würde, dessen war ich gewiss.

Ich verdankte es den drei Richtern, die mich verurteilten.

Ein Mann des Theaters und die Sache des Theaters

Kurz nachher starb mein Bruder Hans. In diesen Blättern habe ich seiner Erwähnung getan, nicht genug, scheint mir, angesichts einer Verbindung, die, manchmal unterbrochen, manchmal gestört, innerlich fortbestand. Zwei Schriftsteller in derselben bürgerlichen, nach festen Prinzipien lebenden Familie – es war des Ausnahmshaften zu viel, deswegen, auch das erwähnte ich, stieß ich, der nicht nach der Regel geratene Jüngere, auf Warnungen, und da sie nichts fruchteten, auf Vergleiche, die zu meinem Nachteil gereichten.

Hans begann wie ein Meteor. Noch während seiner Studien hatten führende deutsche Wochenschriften seine Gedichte gedruckt, während ich es zu Hardens »Zukunft« und zur Sonntagsbeilage der Wiener »Zeit« brachte; der Münchner Verlag Albert Langen sammelte sie in den Büchern »Die lockende Geige« und »Die Rosenlaute«, Otto Julius Bierbaum pries beide überschwänglich; meine Gedichtbücher »Der ruhige Hain« und »Die Rast« dagegen waren unbeachtet geblieben. Hier endeten die Vergleichsmöglichkeiten, denn Hans wendete sich, zweiundzwanzigjährig, dem Drama zu.

Vom damaligen Burgtheaterdirektor, dem Ibsen-Biographen Paul Schlenther, gefördert, trat er schon mit seinen ersten Versuchen, den Einaktern »Arme kleine Frau« und »Troubadour«, lebhaft hervorgerufen, vor den Vorhang des Burgtheaters, der – bis auf Schnitzler, Schönherr, Bahr – den österreichischen Dramatikern verschlossen blieb, und Hugo Wittmann, dessen Nachfolger ich an der »Neuen Freien Presse« werden sollte, prophezeite: »Man wird den jungen Mann den erfolgreichen Weg vor den Vorhang des Burgtheaters noch oft antreten sehen.« Eine fulminante Theaterlaufbahn hatte begonnen.

Kaum ein Jahr später spielte das Burgtheater meines Bruders Tragikomödie »Die Puppenschule«, worin Adolf Sonnenthal den letzten, und der junge Autor seinen zweiten Triumph feierten. Zwar folgte bald darauf ein Rückschlag, sogar ein legendärer Theaterskandal, bei der gegen Kunstsnobismus gerichteten Satire »Haargudel am Bach«, die den Burgtheaterdirektor sein Amt kostete; doch das historische Schauspiel »Könige«, von den meisten deutschen Bühnen gespielt; das Dirnenstück »Flamme«, worin die Dorsch im Berliner Lessingtheater den Weg aus der Operette zur Menschendarstellerin fand; Bassermanns zwingende Gestaltungen in der Galilei-Tragödie »Die Sterne« und dem Erfinderdrama »Der Schöpfer« führten meinen Bruder zu einer Reihe von Schauspielen; sie rückten seine unversiegliche Kraft der Erfindung, seine dem Theater gehörenden und hörigen Effekte, seine eminente Fähigkeit, vortreffliche Rollen zu schreiben, ins Licht.

Solcher Gaben vergewisserte sich der Film, solange er noch stumm war, und sofort, nachdem er des Wortes fähig wurde, indem er meinen Bruder als Chefdramaturgen der UFA berief. Es reihten die seiner leichten, sicheren Hand spielend gelingenden Bearbeitungen alter Erfolgsstücke sich an, des lahmgewordenen »Weißen Rössels« etwa, das mit neu aufpoliertem Zaumzeug zu tausenden Aufführungen über die Kontinente sprang. Erfolg, Erfolg, Erfolg!

Er wollte, er hatte ihn. Doch den er hatte, wollte er nicht. An seinem siebzigsten Geburtstag, er erlebte ihn nicht mehr, tat buchstäblich niemand seiner Erwähnung, keine Bühne erinnerte sich des vordem Umworbenen, eine einzige Zeitung gedachte seiner, in der ich veröffentlichte, was ich hier wiederhole:

Hans Müller? Hieß nicht der Mann so, der das Blumenthal'sche »Weiße Rössel« wieder einspannte? Derselbe, von dem Sudermann gesagt hatte: »Er ist mein Kronprinz«? Der Kriegshetzer, der Erzreaktionär, den Karl Kraus erledigt hatte?

Tragische Groteske. Er hatte die Kraft, ja die Berufung zur Dichtung. Wer seine Prosaschriften liest, etwa die in Form und Gestaltung den Meisterwerken der Gattung zugehörenden Novellen »Die Menschen sind alle gleich«, »Der Brand von Trukitzan«, »Der Spiegel der Agrippina«, oder das epische Gedicht »Der Garten des Lebens« und die atmosphärisch dichten Aufzeichnungen »Jugend in Wien«, der sieht das wahre Bild seiner Erscheinung. Das falsche machte er selbst, weil er dem Effekt Konzessionen machte und das Postulat der Wirkung über den Primat der Wahrheit erhob. Doch wurden Sardou und Scribe über die Achsel angesehen? War es, außer in der Enge jenes kritischen Kaffeehausbezirkes, den Egon Friedell als den des »tierischen Ernstes« begrenzte, ehrenrührig, die Theaterfaust eines Sudermann zu ballen? Und als Wilhelm II. während des Ersten Weltkrieges nach Wien kam und den mit Rilke und Zweig dem Kriegsarchiv zugeteilten Fähnrich Hans Müller zur Audienz in die Hofburg befahl: Welcher Unteroffizier hätte diesen Befehl verweigert, welchem jungen Autor solch majestätischer Beifall nicht geschmeichelt? Mein Bruder war – er warf mir zuweilen vor, dass ich dazu neige – kein Cato. So ging er in die Hofburg und ließ sich von einem Kaiser zu dem Schauspiel »Könige« beglückwünschen. Ja, er tat noch etwas Schlimmeres. Von der »Neuen Freien Presse« darum gebeten, brachte er sein Gespräch mit dem deutschen Kaiser zu Papier, und es wurde in einem Leitartikel veröffentlicht. Den Rest besorgte Karl Kraus.

Hier mag dem Wunsch, einem verunglimpften österreichischen Lebenswerk posthum Gerechtigkeit widerfahren zu lassen, die Notwendigkeit gegenübertreten, es mit einem über Gebühr gerühmten nicht anders zu halten. Die augenblickliche Überschätzung der Person und der Schriften von Karl Kraus nimmt fast dieselben extremen Ausmaße an wie sein Totschweigen während der Epoche seiner lebendigsten Wirksamkeit.

Der Ethiker, der er zu sein wähnte und später wurde, hatte immerhin in seinen Anfängen die Herren Moriz Benedikt und Emil Lippowitz, die Herausgeber der »Neuen Freien Presse« und des »Neuen Wiener Journals«, ihm als Inbegriff der Zeitungsschmach (»Journaille«) nachher verhasst, um Erlaubnis zur Mitarbeit gebeten. In exemplarischem Deutsch, das gleichwohl dem Wortspiel mehr Raum gab, als zulässig gewesen wäre, weil es – die größten englischen und französischen, ihm bewusst aus dem Wege gehenden Stilisten lehren es – das Wesen zum Witz erniedrigt, das Witzige (so beschämend billige Wortwitzelei wie etwa »Sterilke« für Rilke) zum Wesen erhebt, das heißt der Zeit, worauf es dem Zeitbetrachter und Sprachbildner ankam, mit dem Jargon statt mit der Sprache beikommt, hatte er zu Ereignissen und Erscheinungen fast durchaus die Grundbeziehung des Ressentiments gehabt.

Damit jedoch, wäre ihre Bloßstellung auch so haarscharf und tödlich wie die seine, entzieht sie sich das Podest, worauf er, wie er wusste, anfänglich keineswegs stand, auf das er sich aber, als es die anderen nicht mehr wussten, stellte: auf das des thronenden Richters. Kein Satiriker, und er war ein vollblütiger, muss einen ethischen Waffenpass besitzen; er verschießt seine Pfeile, sogar die vergifteten, ohne anderen Anspruch, als ins Schwarze zu treffen. Aber wer solche Schießübungen als Kreuzfahrer macht, muss zuvor das Kreuz der unbefleckten Selbstentäußerung genommen haben. An Kaffeehaustischen kann man nicht Papst sein, und mit dem Willen zur Nichtobjektivität, den die Satire voraussetzt, nicht arbiter morum; zwei Herren kann man nur dienen, wenn man sich beherrscht.

Was Kraus an den von ihm Attackierten am unverzeihlichsten fand, blieb Überhebung und Unkenntnis ihrer selbst. Beides trifft auf ihn zu und trifft ihn. Er war ein großer Schriftsteller, in einzelnen Verszeilen ein Dichter, und das Kämpferbeispiel, das er in den »Letzten Tagen der Menschheit« für die schriftstellerische Abwehrpflicht gab: sich der Sinnlosigkeit, ja dem Verbrechen des Krieges entgegenzusetzen, wird bestehen bleiben. Indes zu der Größe, die er sich bei Lebzeiten, und die man ihm posthum zumaß, fehlte ihm ein Spiegel. Die anderen sah er manchmal, wie sie sein mochten, und jedes Mal so, wie er sie sehen wollte. Er selbst sah nicht, wie er war – schlimmer, er sah darüber hinweg. Er war eitel und nachträgerisch bis zur Besessenheit; sein jüdischer Geist prangerte Jüdisches nicht weniger grausam an, als es nach ihm die ungeistige Goebbelsmeute tun würde. Folglich wächst, mit den Augen eines Zeitgenossen des Eichmannprozesses gesehen, seine Mitverantwortlichkeit für den mörderischen Antisemitismus des Dritten Reiches ins Apokalyptische, was jene Zeitgenossen des Eichmannprozesses zu übersehen belieben, die Karl Kraus kanonisieren. Sie vergessen, dass es Größe ohne strenge Selbstkritik nicht gibt, und dass Gerechtigkeit als Selbstgerechtigkeit den Sinn verkehrt.

Daher werden die von ihm Getroffenen und Verwundeten, mein Bruder gehörte zu ihnen, durch die Nachfolge gerächt, die er hinterließ. Wie er sich räusperte und spuckte, hat sie ihm so entlarvend abgeguckt, dass er sich gegen sie desto erbarmungsloser gewendet hätte, je mehr sie demaskieren, wie er es machte.

Mein Vater freilich pflegte zu sagen, Karl Kraus habe meines Bruders schriftstellerische Karriere vernichtet. Die Karriere eines Schriftstellers lässt sich nur durch seine Talentlosigkeit vernichten, und als Hans Müller in Einigen begraben wurde, entsandten trotz Karl Kraus die meisten Schriftsteller- und Schauspielerverbände Vertreter.

Curt Goetz, der Schauspieler, Komödienautor und Seenachbar aus Merligen, hielt ihm die schönste Totenrede, die einem Dramatiker zuteilwerden kann. »Du lebtest für das Theater, zu dem das Leben dir geworden ist«, sagte er. »Du hast das Theater geliebt, und das Theater hat dich geliebt. Und du hast das Theater so durchaus respektiert, dass du, wärest du nachts über eine leere, finstere Bühne gegangen, den Hut vor ihr gezogen hättest. Daher respektiert dich das gesamte deutschsprechende Theater. Auch wir ziehen den Hut vor dir, wir sind stolz darauf, in deinen Stücken gespielt oder sie aufgeführt zu haben.«

Ungezählte Erinnerungen hatte diese Beerdigung an dem grauen winterlichen See wachgerufen, wo ein sprühendes, glanzumgebenes Leben grau und vergrämt zu Ende gegangen war – manches Ungetane fiel mir aufs Herz, Getanes tauchte in ein fragwürdiges Licht.

Ich war zeit meines Lebens der »jüngere Bruder« gewesen, worin schon die Rangordnung lag: Den Vortritt hatte der Ältere. Dass ich diese Rangordnung später nicht streitig, jedoch diskutabel gemacht hatte, dass mein Name in die Welt gedrungen, und dass es mit Schriften geschehen war, die denen des Berühmten weder glichen noch aus seiner Schule kamen, mochte ihm, ohne dass er es zugab, schmerzlich gewesen sein, unerträglich vielleicht, als sein Stern tiefer sank. Er musste wissen, dass ich seine Auffassung vom Theater nicht durchaus teilte, und dass ich als Theaterkritiker Maßstäbe anlegte, die sich von den seinen unterschieden. Es hatte seine Einsamkeit einsamer, seine Verbitterung bitterer gemacht. Zur Sprache aber kam es nie; im Gegenteil pflegte er jedes neue Buch von mir ermutigend aufzunehmen, sich nicht nur zu mir, sondern auch zu anderen mit Anerkennung darüber zu äußern, ja, immer wieder vergessend, dass ich über die Anfänge hinaus war, erbot er sich wie vor Jahrzehnten, bei Leuten, die er für einflussreich hielt, ein empfehlendes Wort dafür einzulegen.

Als ich zurückfuhr, ließ es mich nicht los. Das wächserne, unsäglich schmal gewordene Gesicht stellte mich zur Rede und verlangte die Antwort, nach der es nie gefragt hatte. Der jüngere Bruder war jetzt der letzte Überlebende der Familie geworden, eine Rechtfertigung oblag ihm abermals. Ich schrieb sie als ein Zwiegespräch auf, das nie stattfand, und gebe sie hier wieder, weil sie eine Art Bekenntnis zu einer und gegen eine Form des Theaters ist, das ihn und mich vereinte und trennte:

Du hast oft gesagt, die Vermassung der Einzelexistenz, ihre Verflachung auf dem laufenden Band einer von New York bis Moskau wesensgleichen Freizeit-Routine habe zu jenem Tiefpunkt geführt, wo das geistige Massenbedürfnis vor dem Fernsehschirm, vom Radio-Jazz und von Kondensextrakten aus Lesenswertem befriedigt werde, und dass daher das Theater die letzte Zuflucht des Individualismus, ja die Erziehung dazu bedeute.

Dem stimmte ich zu, doch ich habe eine Einschränkung. Wer heute »Theater« sagt, führt zugleich das Wort im Mund: »Im Theater will ich mich unterhalten!« Dafür zeigtest du volles Verständnis. Du hast indes vergessen und wolltest es offenbar, dass es zwei Arten von Unterhaltung gibt: die der Sekunde mit dem schalen Nachgeschmack, jene Belustigung, von der dein Entdecker Theodor Herzl schrieb, man kaufe sich damit die morgige Reue ein, und jene andere, die ihren Sitz nicht im Zwerchfell hat. Mit dieser Unterscheidung wirst du nicht einverstanden sein, es ist, um dein Lieblingstadelwort zu gebrauchen, eine »catonische«, und du magst mir die Tagesmühen, die Abnützung entgegenhalten, woraus du den berechtigten Anspruch auf Entspannung, jedenfalls auf Spannung ableitest.

Auch das räume ich ein. Aber ich gebe dir zu bedenken, dass Leute, die im Theater dasselbe suchen wie im Film, am falschen Orte sind. Da wir es so mechanisch weit gebracht und um die Ecke Breitwand-Kinos,

Fernsehschirme, Hot-music-Verabreicher und Striptease-Ergötzungen haben, warum profitieren wir nicht davon? Du billigst, dass man unterhalten sein wolle, und ich bin nicht der Narr, den Spaß zu verderben. Jedoch dann mache man von den gelegenheitsmacherischen Gelegenheiten Gebrauch und ermögliche damit eine reinliche Trennung, die dem Theater sein Recht, dem Amüsementkäufer seinen von dir unterstützten Anspruch, und ihn, was er irrig vom Theater erwartet, dort beziehen lässt, wo das Zeitalter es ihm ehrlich und kulant liefert: von der Stange der Unterhaltungskonfektion.

Du hast es ungern gesehen, als ich dir während meiner Direktion des Josefstädter Theaters anlag, in deiner dort gespielten Chopin-Komödie »Kleiner Walzer in a-Moll« das eine oder andere auf Kosten der Brillanz und zugunsten der Glaubhaftigkeit zu ändern. Du beriefst dich auf Wildes Wort: »Das Theater hat zu überraschen!« Missverstehe mich nicht. Weder entspricht es mir, am Lachenwollen zu mäkeln, einer Existenznotwendigkeit, die nur Pharisäer unterschätzen, noch teile ich Zensuren an Zuschauer aus. Doch das Theater war dein Leben lang deine, und es ist nun schon eine Weile auch meine Sache. Du kannst auf mehr als dreißig Bühnenwerke hinweisen, weit mehr als die Hälfte ist vorzüglich, ich auf bald hundert Inszenierungen, von denen mir viele missraten sind. Vielleicht aber hast du mir vorgeworfen, bestimmt tatest du es, dass keines deiner Stücke darunter war. Habe daher so viel Geduld – denn dies ist eine Rechtfertigung meines, wie du es wahrscheinlich empfinden musstest, unbrüderlichen Verhaltens –, es mich begründen zu lassen.

Das Theater als Geisteselement kämpft zurzeit einen Kampf auf Gedeih und Verderb. Es muss ihn gewinnen, weil mit seiner Preisgabe, wie du selbst erkannt hast, die letzte Verteidigung des allgemein-erzieherischen, leicht zugänglichen Individualismus fiele. Du sagst, das Theater kenne kein anderes Gesetz als das der überzeugenden dramatischen Wirkung (oder Überraschung), und postulierst die Wirkung zuerst und das Überzeugende nachher.

Ich verfahre umgekehrt, weil das, was nicht überzeugt, überhaupt nicht oder nicht genug wirkt, um daraus zu machen, was es sein muss:

die allabendliche Verzauberung des Alltags in die Einmaligkeit, mit anderen Worten: das Theater nicht als allabendliche Gewohnheit, sondern als allabendliches Ereignis – wenn du willst, das tägliche Spiel als Festspiel einer Scheinwelt, deren Kontinente Spiel und Beispiel heißen.

Aber auch darauf kommt es an, was das Theater nicht ist: ein Amüsierbetrieb, eine zufällige Gelegenheitsmacherei für Schauspieler und am allerwenigsten ein Intellektbetrieb, der Herz und Seele für untergeordnete Organe hält.

Als Direktor des Theaters in der Josefstadt empfing ich keinen Groschen Subvention, und wenn ich – du musst es inkonsequent gefunden haben – gelegentlich Wertloses spielen ließ, subventionierte und ermöglichte ich damit den Wert. Heute indes werden die Theater subventioniert, es besteht also nicht, wie noch zu meiner Zeit, die tägliche Gefahr, Gagen, Löhne und Lieferanten würden nicht bezahlt werden können, wenn der verbohrte Direktor Theater der Dichtung spielte: Folglich hätte heute der verhältnismäßigen finanziellen Sorglosigkeit des Unternehmens die Sorge um den Sinn des Unternehmens die Waage zu halten.

Du hast mir einmal, das Unterhaltungstheater verteidigend, geschrieben, ich verwechsle den Zuschauerraum mit einem Hörsaal. Erinnerst du dich der Handwerkerszenen in Reinhardts Inszenierung des »Sommernachtstraums« – an einen Inbegriff der Poesie, dem der Begriff der unausrottbaren Stupidität so bruchlos-sanft angeknüpft blieb, dass ein beglücktes Gelächter nie versiegte? Diese Art Hörsaal hast du damals nicht gemeint, ich aber meine sie nach wie vor: jenen heiteren Anschauungsunterricht, der mit den Lachmuskeln Geist und Seele bewegt.

Durchaus hingegen sind wir darin einer Meinung, das Theater dürfe kein Intellektbetrieb sein. Wo der Boden eine schräge Niere ist oder eine schräge Niere als Dach einen schrägen Boden überhängt; wo Bänke Drahtspinnen, Stühle Dreifüße für Pygmäen, Bäume Galgen oder Turnleitern sind; wo Briefschreiber ihre Briefe mit in die Luft stechenden Zeigefingern schreiben; wo denen, die sich in den Spiegel schauen, ein gerahmtes Nichts entgegenstarrt; wo hinter allem – noch bevor es der Zuschauer tat – finstere oder grelle Leere gähnt; wo Scheinwerfer das Licht verbreiten, das den Worten und Gefühlen vorbehalten wäre; wo die Redeweise so uniformiert klingt, wie es die Redner sind; wo zwar der Gedanke gedeiht, doch seine Atmosphäre verdorrt; wo das Einzelne die Einheit des Drills hat und dem Ganzen die Einheit der Notwendigkeit fehlt: Dergleichen Inszenierungsabenteuer, bei denen der Inszenator nur sich in Szene setzt, wagen alles, außer das tolle Abenteuer der Wahrheit und Klarheit. Denn nichts ist leichter, als zu verblüffen, und nichts ist so schwer, als wahr und dabei auch noch klar zu sein.

Doch obschon das zutrifft, ich muss das hervorheben, gibt es der Konvention nicht recht, die im Hergebrachten erstarrt und das Konservieren als Prinzip betreibt. Selbstverständlich obliegt es dem Theater wie jedem Lebensgebiet, Abgestandenes festzustellen, Veraltetes zu verjüngen, ja es obliegt ihm, solche Schritte schonungslos offensiv zu tun, wenn es Fortschritte sind.

Hier drängt sich der dir verhasste Brecht'sche Begriff »Verfremdung« auf – jeder Spieler zugleich Kommentator des von ihm Gespielten, also je nachdem Über- oder Unterspieler. Dies abzulehnen, wie du es tust, halte ich für irrig, wie ich Brecht für den bedeutendsten zeitgenössischen und, in »Mutter Courage«, für einen zur Dauer bestimmten Dramatiker halte. Sein Verfremdungsdogma gilt dort, wo der Dramatiker – aus Unvermögen, wie du meinst, aus gegründeter Absicht, wie mir scheint – nicht nachprüfbare menschliche Menschen gestaltet, was dir in deinen besten Hervorbringungen gelang, sondern Ausnahmswesen, Fremde von Geburt, denen Verfremdung entspricht. So wären Ibsen, Strindberg und Wedekind heute zu spielen. Man könnte sagen: Nicht Menschen, sondern Unter- und Übermenschen bedürfen der Verfremdung, und dass sich das Verfremdungs- zum Illusionstheater so komplementär verhält wie Schönberg zu Bach.

Du, der dem Theater die unbedingte Illusion abfordert, kannst dich dem Deutungs- und Andeutungs-, also dem Desillusionstheater nicht verschreiben, das vom Körper zum Skelett führt, weil es vorgibt oder vorhat, vom Ebenbild zum Weltbild zu führen. Und deine Behauptung steht auf festen Füßen, es gäbe nicht nur die Illusion der Realität, sondern die fruchtbarere der Irrealität, das Glaubenmachen daran, was nicht ist, jedoch sein sollte. Und dass dieses Illusionstheater der Fortschritt wäre, den das Andeutungstheater zu geben meint, um auf seiner Bühne zumindest den Wahrscheinlichkeitsbeweis der besseren Welt zu erbringen. In einer Welt, die mit Raketen in den Himmel dringt, lässt sich das vertreten.

Indes, Moden überleben sich, mitunter dadurch, dass sie wiederkehren. Die Reduzierung auf das optisch-seelische Nichts war schon in den zwanziger Jahren der Trumpf im Spiel des seither verstorbenen, in Amerika wiedergebornen, von dort zu uns rückemigrierten Expressionismus. Doch seine großen Nachfahren, die O'Neill und Wilder, im Abstand Arthur Miller und in noch weiterem Tennessee Williams, in Frankreich Montherlant und Anouilh, in der Schweiz Dürrenmatt und Frisch, setzen der Blutleere den Blutandrang, dem Schema das allgemeingültige Thema als schlagendes Herz ein, und deshalb macht es, was dich versöhnen müsste, das unsere schlagen; während die Dramatiker des Hintergründigen wie T.S. Eliot und Christopher Fry den Tiefsinn angestrengt mit Worten heben oder, wie John Osborne, gegen die Familienlüge Front machen, was jede zornige Jugend tat. Aber auf Godot zu warten und auf Ionesco zu hoffen, ist Zeitverschwendung. Denn hier halten wir bei der Torheit letztem Schluss, die das Theater von heute nicht nur nicht weiterbringt, sondern abwürgt; beim Nichtsgefühl statt beim Allgefühl, das du unwidersprechbar richtig als das Höchstmaß des im Theater Erreichbaren bezeichnest. Dahin zielten deine Stücke, und wenn manche über das Ziel schossen, lag es daran, dass du den Schauspieler über das zu Spielende stelltest, das heißt, statt eines Stückes, Gelegenheit für Rollen schufst.

Die Ausschreier des »Heutigen« jedenfalls sollten vor der unvermeidlichen Erfahrung verstummen, dass das Heutige, das nichts als heutig ist, morgen so veraltet sein wird wie eine Zeitung von gestern. Unsere chrom- und glasstrotzenden Bauten werden einer morgigen oder übermorgigen Generation so unerträglich gestrig erscheinen wie der gegenwärtigen Plüschmöbel; die Namen Hitler oder Chruschtschow werden so unbekannt klingen, dass man Näheres aus Nachschlagbüchern wird erfahren müssen; und das exzessiv abstrakte Wort-, Ton- und Bildgestammel wird eines nahen Tages als der Bluff abgetan werden, der es ist. Denn das wahrhaft Heutige, dulde den Gemeinplatz, ist immer nur das Bleibende.

Sei dem wie immer, man hat dir Unrecht getan, und wahrscheinlich war ich selbst unter denen, die dich kränkten. »Ich glaube an die Unsterblichkeit des Theaters«, heißt es in Reinhardts unvergänglicher Rede an die Schauspieler, »es ist der seligste Schlupfwinkel für diejenigen, die ihre Kindheit heimlich in die Tasche gesteckt und sich damit auf und davon gemacht haben, um bis an ihr Lebensende weiterzuspielen.« Auch du hast an die Unsterblichkeit des Theaters geglaubt und wie die ewigen Kinder damit gespielt; ich, der außerdem an die Sendung des Theaters in einer Zeit glaubt, die des Theaters als einer geistigen Rettung bedarf, habe deinen vielen Gaben zu viel abgefordert.

»Man kann von einem Kirschbaum nicht verlangen, dass er Pfirsiche trägt«, pflegtest du angesichts deines Kirschen-Hausbaumes in Einigen zu sagen. Wir Besserwisser werden eines Tages unser Schlechtermachen zu verantworten haben. Wenn die Kirschbäume reife Kirschen tragen, haben sie ihre Bestimmung erfüllt; Aufpfropfenwollen aber, jeder Gärtner hätte mich belehrt, ist ein so riskantes Geschäft, dass man die Hand davon zu lassen hat, wenn es dem Stamme schadet.

Verzeihe mir. Was immer ich vom Theater wissen mag, du warst es, der mir darüber zu denken gab.

Der Regenbogen oder: Österreich wird frei

Diesmal war unser Zurückkommen nach Wien anders gewesen.

Zwar galt der verlängerte Pass nur noch ein Jahr, aber mitunter hängen Termine weniger von einem Amtsstempel und mehr von der Klarheit ab, zu der man gelangt. Auch stand am Morgen nach unserer Ankunft ein Regenbogen am Himmel. In der Nacht waren schwere Frühjahrsgewitter niedergegangen, aus der Nässe stieg die Sonne jäh auf, brach, spiegelte und beugte die Tropfen rot, orange, gelb, grün, indigo und fahl, warf ihren Bogen groß an das Firmament, vertiefte sich, verharrte, verblasste und verschwand. Nicht oft hatte ich solchen vollkommenen Glanz gesehen, selten solchen selbstverständlichen Zusammenhang der Farben.

Mit dem Schicksal hadern, zu spät hielt ein alltägliches Phänomen es mir vor Augen, bleibt vergeblich; Schicksale sind Naturereignisse; wem sie in ihrer Fülle beschieden werden, Glanz und Fahlheit, mag sie preisen. Mir war sie beschieden worden. Nicht erst im Hyde Park und angesichts eines Regenbogens hätte ich es erkennen sollen.

Die Arbeit an dem Buche, das uns das Zurückkommen erlaubte, ging schneller vonstatten, als es die Pässe verlangten, ich sandte, um nicht fälschlich als Fabulierer zu gelten, kleine Bruchstücke an den Verlag und fand daneben für Theaterarbeit Zeit.

Bereits vorher hatte ich O'Neills »Mourning Becomes Electra« im Akademietheater, den »Egmont«, den »Ottokar« und den »Treuen Diener« im Varieté Ronacher, der provisorischen Unterkunft des Burgtheaters – »Pathos-Reifenhalter« von Berthold Viertel genannt – in Szene gesetzt und Gelegenheit gehabt, jene »Grillparzer-Renaissance« fortzusetzen, die ein jüngst erschienenes Buch über Grillparzers Bühnenwerke mir freundlicherweise zuschreibt und die, ihm zufolge, im Jahre 1933 mit meiner »Bruderzwist«-Inszenierung begann. Dass es mir später auch vergönnt sein sollte, eine ähnliche Entwicklung für das dramatische Werk Arthur Schnitzlers mit meinen Akademietheater-Inszenierungen der »Liebelei«, des »Weiten Lands« und »Anatol« anzubahnen und, bei den Salzburger Festspielen, Hofmannsthal die ihm gebührende Aufmerksamkeit der Welt, seinen Lustspielen aber, besonders dem für den genialen Pallenberg geschriebenen, trotzdem eindruckslos gebliebenen, von der Bühne verschwundenen »Unbestechlichen«, dank dem jüngsten Träger des Ifflandringes Josef Meinrad, einen andauernden internationalen Erfolg zu sichern, den ein Schweizer Kritiker »das theatergeschichtliche Ereignis einer Neubelebung« nannte, erscheint mir als meine befriedigendste Begegnung mit dem praktischen Theater.

Als eine der hässlichsten bleibt mir ein Konflikt in Erinnerung, der mich während jenes Ronacher-Interims bei der Inszenierung von Hauptmanns »Vor Sonnenuntergang« endgültig mit Werner Krauß entzweite. Er wurde damals zu sehr entstellt, als dass ich ihn nicht richtigstellen sollte.

Krauß hatte die Hauptrolle des fünfaktigen Trauerspiels unter Reinhardts Regie am Berliner Deutschen Theater seinerzeit in einer Vieraktefassung dargestellt, an der Hauptmann zwar selbst mitwirkte, ohne dass sie ihn jedoch befriedigte, weshalb er mir bei einem Semmeringer Zusammentreffen, an dem auch Adrienne, Alma Mahler, Werfel und Wildgans teilnahmen, in seiner hohepriesterlichen Feierlichkeit sagte: »Wenn Sie ›Vor Sonnenuntergang‹ je auf die Bühne bringen sollten, dann nur mit dem fünften Akt, wie ich das Stück drucken ließ. Vieraktig bleibt es ein schiefer Torso.«

Daher hatte ich, als das Stück mir zur Inszenierung angeboten wurde, nicht nur wegen des gewesenen Göring'schen Staatsschauspielers, sondern auch wegen der verkürzten Form, in der er es wieder spielen wollte, Bedenken, und stellte die fünfaktige zur Bedingung.

Während der Proben hielt Werner Krauß an jedem Detail der ursprünglichen Inszenierung fest – in meiner Bewunderung für Reinhardt ließ ich ihm dabei freie Hand; als er aber, nicht um Reinhardt zu ehren, sondern um mich zu desavouieren, der Reinhardt-Treue zu viel tat und den fünften Akt, den er neu zu lernen gehabt hätte, unter Berufung auf Reinhardt so lange zu probieren verschob, bis es fast zu spät war, kam es zwischen uns zu einer Auseinandersetzung, bei der ich ihn auf den Gegensatz zwischen seiner vormaligen Reinhardt-Abneigung und augenblicklichen Verehrung hinwies: Es folgte einer seiner unvergleichlichen, dämonisch gespielten Ausbrüche, wonach er das Theater zürnend verließ.

Dergleichen Schauspielereien im Privatleben haben mir nie Eindruck gemacht; ich bestand auf dem fünften Akt. Doch die zur Entscheidung Berufenen, bemüht, den genialen Mimen bei Laune zu erhalten, nahmen seine Partei und versuchten, die Schuld an dem Konflikt mir zuzuschreiben, indem sie seine Ursache auf von mir in anderen Akten vorgenommene Striche und dramaturgische Straffungen zurückführten; ich verzichtete auf diese und bestand auf dem fünften Akt.

Noch in der öffentlichen Generalprobe, vor versammeltem Publikum, provozierte Werner Krauß einen wilden Streit, mit einem Beleuchter diesmal, den er, das Spiel unterbrechend, scharf tadelte. Ich ging auf die Bühne, bestätigte dem Attackierten, dass er meine Anweisungen untadelhaft befolgt habe, die Probe wurde fortgesetzt. Der fünfte Akt, das Sterben eines verliebten Greises, übte tiefen Eindruck.

Als ich Krauß nachher sagte, unsere Mühen seien nicht vergeblich gewesen und hätten Gerhart Hauptmann zur Freude gereicht, wandte er sich – noch in der Maske des Geheimrates Clausen, dem er, sonst wäre er nicht Werner Krauß gewesen, in jenem strittigen fünften Akt Antlitz und Gehaben des gealterten Goethe lieh – brüsk zu mir und sagte:

»Bei Gerhart Hauptmann hast du vergessen, dass er in Deutschland blieb! Bei mir nicht – obwohl du genau weißt, dass ich diese Rolle in London spielte, und dass sie mich dort nicht haben wollten! Du hast ›Die Mühle der Gerechtigkeit‹ geschrieben! Aber das ist deine Gerechtigkeit! Voreingenommenheit ist deine Gerechtigkeit!«

Er sprach es nicht anders als seine großen Rollen. Trotzdem, da er dort stand, in dem Schlafrock und weißen Halstuch des alten Goethe, mit seinem eigenen weißen, lodernden Blick, mit seiner Stimme, die wie erzene Seufzer klingen konnte, mit den drohenden, vorwärtsdrängenden Bewegungen seines rechten Armes, stand das Genie dort, und es bleibt eine schon von Carlyle notierte Eigenschaft des Genies, dass es »unrecht tun und haben darf, ohne es zugeben zu müssen«. So war es sinnlos zu entgegnen, wir gingen auseinander, als kennten wir einander nicht mehr, und das stimmte ja auch. Es sei eine Don Quixoterie von mir, sagte Berthold Viertel.

Da er selbst das nächste Opfer der Emigrations-Verbrauchtheit wurde, fragte mich Dr. Hilbert, ob ich Viertels Nachfolge am Burgtheater antreten wolle. Ich antwortete, dass ich – wie er sich aus beiderseitigen sonderbaren Erfahrungen erinnern müsse – vorher meine Bewegungsfreiheit würde zu sichern haben; bis dahin möge er mir Zeit lassen.

Inzwischen aber kam eine Inszenierung am Theater in der Josefstadt zustande, in der ich zeigen konnte, was ich an Amerika geliebt, und ebenso, was mich dort am meisten erschreckt hatte: die Existenzangst. Es war Arthur Millers »Der Tod des Handlungsreisenden«.

Ferdinand Bruckner hatte das Stück, eines der unkonventionellsten, hintergründigsten der Gegenwart, übersetzt, Adrienne und Edthofer spielten die Hauptrollen, eine kleinere war Nadja Tiller anvertraut. In Otto Niedermosers beklemmend suggestiven Bühnenbildern, mit einer vom Broadway importierten Nervenmusik und in einer nur in Sternstunden zu erzielenden völligen Hingegebenheit der Beteiligten gewann die Tragödie des amerikanischen Dutzendmenschen Gestalt.

Denn »salesman«, was »Handlungsreisender« nur annähernd übersetzt, ist drüben ein Begriff. Der des Warenhausgeschöpfs, das von früh bis spät verkauft; das es, wenn es Glück hat, vom Verkäufer zum Einkäufer (»buyer«) bringt, doch keineswegs für sich, sondern für das Warenhaus; auch der Begriff des flotten, Musterkoffer schleppenden Animiermannes, der auf Geschäftsreisen entsendet wird, bei solchen Gelegenheiten ein wenig über die Stränge schlägt, wacker zur Familie heimkehrt, verkauft, fürs Warenhaus. Das geht, so lange es geht. Nämlich solange er bei den Kunden nicht nur »gern gesehen«, sondern »sehr gern gesehen« ist (»not only liked but well liked«).

Hört das auf, und es muss am selben Tag aufhören, da die Übermüdung ihn zerbricht und die Musterkoffer ihm zu schwer werden, dann liegt das nackte Nichts vor ihm, die Raten (»instalments«) für das kleine Haus, worin er wohnt, für den Wagen, den er fährt, für den Eisschrank und für alles sonst, was man auf Raten kauft, auf alles also, sind dann meist noch nicht abbezahlt, und da ist dem Willy Loman, so heißt Millers Jedermann des Kaufhauses, nur seine Frau Linda geblieben, die an ihn glaubt. Denn seine zwei Söhne, einer ein Tunichtgut (»bum«), halten ihn für das, was er ist, einen Aufschneider, der, um sich zum Leben Mut zu machen, in Optimismus handelt.

Edthofer war weder ein Amerikaner noch ein Dutzendmann, doch hatte er etwas unvergesslich Kindnahes, Zartes, Leichtgläubiges, Leichtzerstörtes; und Adrienne war die Frau der Frauen; stand sie vor Willys Grab, erzählte dem Selbstmörder, dass die letzte Rate für das Haus gestern ausbezahlt worden sei, und fragte ihn fassungslos, weshalb um Gottes willen er es getan habe, dann stand das Land vor einem, das riesige Land, das wir so gut kannten und das so viel Spaß und so wenig Ernst verstand.

Da war auch der Augenblick gekommen, davon Abschied zu nehmen.

Auf keine Prüfung oder Entscheidung meines Lebens habe ich mich so lange und mit so widerstreitenden Gefühlen vorbereitet. Ich hatte sie alle vor Augen. Den Mann in der Columbus Avenue, vor dem ich die Bürgerprüfung abgelegt, den Richter, dem ich geschworen hatte, ein guter Amerikaner zu sein; Mrs. Shipley, die mich dafür hielt; Miss Hulse, die nicht zweifelte, ich würde »bestseller« schreiben; Franklin Delano Roosevelt, der mit dem Flüchtling sprach wie mit seinesgleichen; »Leftie« Davies, der mich zum Collegeprofessor gemacht hatte, ohne mehr von mir zu wissen, als was in einem oder zwei meiner Bücher stand; die Schüler dort in Colorado Springs, die einem aufs Wort glaubten, was man mit Worten nicht beweisen konnte, den Schiller-Feind Sweet und die Bill Latimer, deren Gräber meinetwegen in Europa lagen; die Obersten Ladue, die ihr Vertrauen nicht enttäuscht sehen mochten; die Ungezählten von der Gestalt meines Sommernachbars in Scarsdale bei New York, Besitzer einer Teppichreinigungsanstalt, der, die Wiese wässernd, Tränen über den ihm vom War

Department gemeldeten Tod seines in der Normandie gefallenen Sohnes mit einem Wassertropfen aus dem Gartenschlauch entschuldigte; Mittie, unsere alte weise, und Violet, die jüngere, in ihr Schicksal ergebene »coloured maid«; die Generäle, die erfahren hatten, ich sei »partly Jewish«; Hollywoods kalte Grausamkeit; das einsam aus Asphalt blühende japanische Kirschbäumchen am Ankunftstag; die Laubwälder in Connecticut, massenhaft, im Wind sich wiegend wie der Ozean; den Garten der Götter mit den blauen Vögeln; Mr. Raymond Gram Swings »Good evening!«, womit er Hitlers Schandtaten zu kommentieren und ihr Ende vorauszusagen begann: Noch einmal und immer wieder ließ ich es in den schlaflosen Nächten vor mir stehen, in denen ich mich bekämpfte und entschloss.

Dann stand ich in dem Parterrezimmer des Wiener amerikanischen Konsulates auf dem Friedrich-Schmidt-Platz einem sehr jungen Mann gegenüber, einem Vizekonsul, seinesgleichen sah ich in den Jahren, seit ich dieses Zimmer kannte, mehrere kommen und gehen. Diesen kannte ich nicht, und auch er wusste nichts von mir.

Ich hatte einen Brief mit, worin versucht war, zweierlei außer Zweifel zu stellen: meine anhängliche Dankbarkeit für nie genug zu Dankendes; meine Unfähigkeit, dem Land die von mir gelobte Treue zu halten, weil sie dem Land gehörte, zu dem ich gehörte. Auch Adriennes und meinen Pass nebst unseren Bürgerurkunden hatte ich mitgebracht.

Der junge Mann las den Brief. Dann sagte er, ohne Zeichen der Zustimmung oder Ablehnung, ohne Teilnahme, Zorn oder Bedauern, er wolle in meinen »files« nachlesen.

Die »files« wurden gebracht, er blätterte in dem Aktenheft.

Dann fragte er, ob ich Mr. B. kenne, der »im gleichen Boot« sei wie ich? Habe nicht auch ich etwas mit dem Theater zu tun?

Das habe ich, sagte ich, und ich kenne Mr. B.

Mr. B., meinte der junge Mann, dessen Fall ihn mehr zu fesseln schien als der unsere, sei ein früherer Österreicher, doch er entspreche dem Gesetz und arbeite in Berlin für das Theater, also nicht in seiner früheren Heimat, was das Gesetz den Naturalisierten verbiete.

Genau das wollten weder meine Frau noch ich, sagte ich, vielmehr ich könnte es nicht, und die Gründe dafür enthalte der Brief, den er noch in der Hand hielt.

Keine Antwort.

Der Entschluss zu diesem Brief sei mir unendlich schwer geworden – das Wort sei unzulänglich, er habe mich jahrelang gequält.

Keine Antwort.

Einen anderen Ausweg wisse ich nicht.

Mr. B. habe ihn gewusst. Vielleicht kenne ich Mr. B. doch nicht? Er sei ein berühmter Theatermann. Was ein so berühmter Mann imstande sei, sollte auch ich können.

Mr. B., ein Episodist, der für kleine Aufgaben von mir gelegentlich engagiert worden war, hatte die letzte Rolle, die ich von ihm sah, in dem Mietzimmer der 88. Straße – Aussicht auf den Lichtschacht – mit mir studiert, um sie zweimal im Theresa-L.-Kaufmann-Auditorium zu spielen. Jeder habe seinen Ausweg, sagte ich. Der meine, sollte ein anderer vom amerikanischen Gesetz nicht gefunden werden, hieß, mich diesem Gesetz nicht mehr unterzuordnen.

Der junge Mann schwieg.

Dies waren meiner Frau und meine Bürgerurkunden, dies unsere Pässe. Ich überreichte sie.

Er fragte, ob ich eine Bestätigung wünsche.

Ich bat darum.

Er tippte sie selbst auf der Maschine, sie lautete:

»I have received from Mr. Ernst Lothar Certificates of Naturalization Nos. 5961778 and 5958483 and United States Passports Nos. 450 FS 34380 and 400 FS 34329.« Und die Unterschrift.

Ob er mir die Hand reichte, erinnere ich mich nicht mehr. Aber einen der gefürchtetesten Augenblicke meines Lebens hatte er mir erträglicher gemacht, und dafür bin ich ihm verbunden. Später erfuhr ich, er habe geäußert, ich hätte ihm meinen Pass auf den Tisch geworfen: »he threw his passport on my table«. Vielleicht war ihm inzwischen bedeutet worden, dass Adriennes Fall und der meine dem des Mr. B. nicht durchaus glichen.

Es sind aber jene jungen (und zuweilen auch ältere) Männer, die, bei allem »good-will«, durch ihr Unvermögen, sich eine andere als die amerikanische Denkart nur annähernd vorzustellen, desgleichen durch ihre die Grenzen der Naivität überschreitende Leichtgläubigkeit und jenen »it will turn out all right«-Optimismus nicht nur dem Ansehen ihres großartigen Landes, sondern auch der freien Welt entscheidend schaden. So kam vor dem letzten Krieg die grundfalsche Chinapolitik zustande; so wurde, im Krieg, aus »good-will« und chevaleresker Waffenbrüderschaft, die Armee des Generals Patton im falschesten Augenblick zurückbefohlen; so erfolgte, in buchstabengetreuer Einhaltung der Abmachungen, die unselige totale Abrüstung und damit ein zeitweiliges Wehrlossein unmittelbar nach dem gewonnenen Krieg; so sollte, aus missverstandener fairness, jener Swerdlowsk-Luftzwischenfall seine unverständliche Rechtfertigung erfahren und das in internationalen Konfliktzeiten verderbliche, fast einjährige Regierungsvakuum vor jeder Präsidentenwahl die Geltung der zumindest wohlgemeinten Regierung Eisenhowers noch zuletzt erschüttern. Wer Amerika liebt und achtet, und ich tue beides, erkennt resigniert, dass diese so realistisch denkende Nation aus ihren notorischen Fehlern nicht lernt, sie zu vermeiden, sondern sie immer von neuem begeht.

Wir waren nun nicht mehr Amerikaner und taten Schritte, um wieder Österreicher zu werden. Ein von Gewissensbissen nicht unfreies, trotzdem tief beseligendes Gefühl, statt der grünen ansehnlichen die einfachen gelblichen Pässe in Händen zu halten, die statt Vorrechten das Recht gaben, sich dort zu Hause zu wissen, wo man es war!

Die es mit mir freundlich meinten, fanden es einen Wahnsinnsakt, die Staatsbürgerschaft freiwillig aufzugeben, die »unbegrenzte Möglichkeiten« versprach; die anderen hatten sich vorwurfsvoll gewundert, dass es nicht schon längst geschehen sei, denn es verstehe sich von selbst.

Als ich den Pass in der Tasche hatte, machte ich einen Besuch bei einem Denkmal.

In meinem »Rückkehr«-Buch war ich fast gleichzeitig zu der Stelle gelangt, wo der Held, in einer ähnlichen Situation wie der meinen, ehe er sich entschied, vor dem Denkmal eines großen Amerikaners in Washington seine Gewissensfrage stellte: vor Abraham Lincoln, der entschieden hatte, ein Staat sei »of the people, by the people, and for the people«, Sache des Volkes, geschaffen vom Volk, vorhanden für das Volk, woran der Mann in meinem Buch so glaubte wie sein Verfasser.

Ich aber ging, nach der Entscheidung, in den Wiener Volksgarten zum Denkmal eines großen Österreichers. Erstaunlich ähnelten die Marmorgesichter einander. Auch Grillparzers Antlitz war schmal und lang und hatte um den Mund die Linien des Verzichtes. Sein eigener Name, Hofmannsthal sagte es ungemein schön, ward ihm verhasst, er schämte sich, wenn er ihn ausgesprochen hörte, wie ein Spottname erschien er ihm. Stelle man aber den Vaters- und den Mutternamen zusammen, Grillparzer und Sonnleithner, so meine man, in eine österreichische Dorflandschaft hineinzublicken, und sehe linker und rechter Hand die weichgeformten Hügelhänge, da und dort ein dunkles Waldstück, den Gehöften zugehörig, und in der Ferne die Donau. Und er war, sagt Hofmannsthal, ein vereinsamter Greis, aber ein gewaltiges Wesen. Groß war in den Stunden, in denen er seiner höchsten Kräfte Herr war, in ihm die Strenge, Bewusstheit und Klarheit des Geistes; eine mächtige Erfahrung schmiegte sich an ihn. Die Zeit, die ihn noch umgab, war ein Nichts. Aber mit dem Lande, dem er zugehörte, mit dem unzerstörbaren Wesen des Volkes, mit dem Weben der großen Geschicke – mit all dem wusste er sich verbunden.

Wie Hofmannsthal es gesehen hatte, so las ich es in dem marmornen, halb abgewendeten Denkmalantlitz. Auf Rosen gerichtet, die unterhalb blühten, doch kaum mehr auf das noch in Trümmern liegende Burgtheater gegenüber, saß der höchste Richter in meiner Sache.

Als die Wiener sich bei der Uraufführung seines zauberischen Zauberspieles »Weh dem, der lügt« ungebührlich betrugen, hatte er ihnen den Rücken gekehrt und ein einmaliges Beispiel in der Geschichte der Schöpfer gegeben – er schrieb weiter, er schrieb die drei mächtigsten Stücke seines Lebens, den »Bruderzwist«, die »Jüdin von Toledo« und die »Libussa«, allein er sekretierte sie in seinem Schreibtisch, entzog sie denen, die ihn anpöbelten; die Selbstentäußerung, eine so ungeheure Gestalt wie die des Kaisers Rudolf, des Zweiflers im Wissen, eine so epochale Vorwegnahme der Individualpsychologie, wie sie in der

»Jüdin von Toledo« vor Augen tritt, eine so gültige Prophetie des nationalen Unheils wie in der »Libussa«, ihrer Bedeutung bewusst, den Zeitgenossen vorenthalten zu haben, hat nicht ihresgleichen.

Dass es mir beschieden war, mich an diesen und drei anderen von ihm stammenden Hauptstücken Österreichs versuchen und ein wenig dazu beitragen zu dürfen, Grillparzers ihm verhassten Namen zum österreichischen Ehrennamen zu machen, entschuldigte mein Dastehen. Auch dass mein Vater als Mitglied einer Studentenabordnung an Grillparzers achtzigstem Geburtstag bei ihm in der Spiegelgasse gewesen war, um ihm einen Lorbeerkranz der Universität zu überreichen, für den der zu spät Geehrte – mein Vater hatte es oft erzählt – mit kargen Worten dankte, mochte mich bei dem Steinbild für den Eingriff in sein Schweigen entschuldigen.

Allein die Worte, die ich hören wollte, hatte er vor fast 130 Jahren bereits gesprochen.

»Weil er von der Welt sich abschloss, nannten sie ihn feindselig, und weil er der Empfindung aus dem Wege ging, gefühllos. Ach, wer sich hart weiß, der flieht nicht! Die feinsten Spitzen sind es, die am leichtesten sich abstumpfen und biegen oder brechen. Das Übermaß der Empfindung weicht der Empfindung aus! Er floh die Welt, weil er in dem ganzen Bereich seines liebenden Gemüts keine Waffe fand, sich ihr zu widersetzen. Er entzog sich den Menschen, nachdem er ihnen alles gegeben und nichts dafür empfangen hatte. Er blieb einsam, weil er kein zweites Ich fand. Aber bis an sein Grab bewahrte er ein menschliches Herz allen Menschen, ein väterliches den Seinen, Gut und Blut der ganzen Welt.«

So hatte der Schweigende am Grabe Beethovens gesprochen, ein Genie der Einsamkeit zu einem einsamen Genie, und ihn und sich und Österreich gemeint, auch die Nicht-Genies, diejenigen, die fliehen, weil sie nicht hart sind und keine Waffe finden, sich zu widersetzen, den »österreichischen Menschen«.

Das Wort wurde nicht erst von Wildgans, sondern bereits von Anastasius Grün geprägt, obschon nicht definiert. Mir schien die Definition festzustehen. Den österreichischen Menschen kennzeichnen: Phantasie, im Geniefall Dämonie, im Dutzendfall Hintergründigkeit; Andacht und Anmut, welche die Höchstgrenze, Holdheit, erreicht; angeborene Musikalität; Scharf- und Leichtsinn, gleich gemischt; Witz, den Witzelei entwürdigt; Mangel an Beharren (daher auch an Charakter); Gefühlsreichtum, durch Trivialität verarmend; Widerspruchsgeist um seiner selbst willen; Intrigantenlust, Nörgelei und Schadenfreude, die zuweilen dem vorhandenen Hang zur Melancholie und Fatalität entspringen; ein unbeirrbarer, dem Monotonen wie der Pose abgeneigter Individualismus; Humor, gepaart mit dem Instinkt für das Echte: Positives überwiegt bei weitem. Die Österreicher sind die Franzosen unter den Deutschen.

Die es damals freundlich mit mir gemeint und den Vorgang bei dem jungen Vizekonsul ein Aufgeben unbegrenzter Möglichkeiten genannt hatten, vergaßen, dass auch das Unbegrenzte Grenzen hat; es sind die Grenzen der Existenz, und sie werden vom Geborenwerden bestimmt. Wer sie überschreitet, mag Rechte gewinnen. Das Recht an sich selbst jedoch verliert er.

Sonst hätte mir jener Tag im Belvedere, an dem Österreich frei wurde, nicht als der Tag erscheinen können, dem meine Existenz galt.

Mit antiösterreichischen Demonstrationen in meiner Geburtsstadt Brünn hatte sie begonnen, die Zerreißung Österreichs war ihre Jugend, Österreichs Vergewaltigung und Schädigung die Mitte, Zorn und Qual durch Österreich, Hoffnung auf Österreich und Sehnsucht nach Österreich waren die Emigration, Wiederkehr nach Österreich das Alter gewesen. Alles andere blieb Beiwerk. Beruf, vielleicht sogar Berufung, Abenteuer, Erfolg, versäumte und genützte Möglichkeiten, Enttäuschung, Wirken in Werken – alles Beiwerk. Auf Österreich gründete es sich oder stürzte, auf ein einziges Land, ob besser, ob schlechter als andere, blieb gleichgültig.

So einfach wird alles, wenn man zurückschaut.

Daher befand ich mich an jenem 15. Mai 1955 im Belvedere unter den Zahllosen, die zu Prinz Eugens Schloss emporschauten. Wieder hatte ich meinen österreichischen Pass in der Tasche, um mich, erforderlichenfalls, vor mir selbst zu legitimieren. Dass es zu diesem Tag kommen würde, dem zehn Jahre vergeblichen, verbissenen, politischen Feilschens vorangingen, gehörte zu den Wundern, an die ich glaube.

Dort standen sie, auf dem Balkon des Schlosses, von dem der Ermöglicher Österreichs, Prinz Eugen von Savoyen, seine Menagerie exotischer Tiere überschaut hatte, die er von Freunden und besiegten Feinden zum Geschenk erhielt: von dem bei Zenta, Peterwardein und Belgrad geschlagenen Sultan einen Käfig voll Affen, von seinem ehemaligen König Ludwig XIV. von Frankreich, dem er den Dienst aufgesagt hatte, um von Leopold, Kaiser des Römischen Reichs deutscher Nation aus dem Hause Österreich, ein Generalskommando zu empfangen, einen afrikanischen Löwen. Auch jetzt standen Fremdlinge dort, wie er einer gewesen war, als er, ein halber Knabe, nach Österreich kam und ihm zuerst die Armee und dann die Doppelmonarchie schuf, dort standen sie, John Foster Dulles aus Amerika, Harold Macmillan aus Großbritannien, Wjatscheslaw Michailowitsch Skrjabin, genannt Molotow, aus Russland, Antoine Pinay aus Frankreich, und erklärten Österreich frei.

Das Wunder war geschehen, ohne dass es jemand dafür hielt.

Und das Wunder würde geschehen, aus dem eigenen geschlagenen, zerschlagenen Land, dem der Oberst Ladue keine Zukunft prophezeit hatte, ein blühendes, üppiges, fast allzu üppiges zu machen – wem es damals und wem es später zu verdanken war, steht dahin, denn alle Beteiligten schreiben es sich zu, nicht am wenigsten – mein ex-amerikanischer Sinn regt sich – Amerika mit seiner Marshall-Plan-Hilfe.

Eine halbe Autostunde von dem unterjochten Ungarn, eine und eine halbe von der unterworfenen Tschechoslowakei, fünf von dem bis heute nicht befreiten Deutschland, war ein freier neutraler Staat entstanden, er hieß wieder, wie es ihm seit 1029 Jahren gebührte, Österreich, nachdem er die Ungebühr, eine Hitlerprovinz zu sein, und das Besiegtenschicksal, in eine amerikanische, britische, französische und russische Zone zu zerfallen, abgeschüttelt hatte. Am Ursprungsort seiner großen Vergangenheit empfing er die Garantie seiner Zukunft, die er selbst zu bestimmen haben würde, wie es Ranke von den Schweizern rühmte, »frei unter Freien, mannhaft unter Männern, menschlich unter Menschen«, oder wie Grillparzer, der seine Landsleute kannte, ihnen strenger empfahl: »Mit Mut und Demut.«

Ich hatte das große Land klein werden und verschwinden gesehen, beides war mein unvergesslicher Schmerz. Jetzt sah ich das verschwundene wiedererstehen. Es war das reinste Glück meines Lebens.

Als ich dort stand, wichen die Wichtigkeiten oder was ich dafür gehalten hatte, zu ihrer Nichtigkeit zurück. Hatte ich den einen etwa vorzuwerfen, anderen gram zu sein? Wer hatte mir unrecht, recht und mehr als recht getan? In die Winde verflog es, die von den trotz aufziehenden Regenwolken sichtbaren, grünenden, sacht sich erhebenden Bergen herabwehten, vom Kahlenberg, vom Leopoldsberg, hinter die 1683, als alles verloren schien, der neunzehnjährige Fremdling Prinz Eugen mit seinem dreizehnten Dragonerregiment die Türken zurückschlug.

Abermals geschah das Wunder des Überlebens. Allenthalben hatte es sich ereignet, wo das Zerstörte aufstand und Gestalt gewann.

Ob es aus Schuld oder Unschuld zerstört wurde – dem Zerstörten war homerische Qual geschehen, Leid, Grauen, unvergleichbar allem, was ich und meinesgleichen zu bestehen hatten. Deshalb können ich und meinesgleichen nicht klar genug, nicht ernst genug aussprechen, dass wir um diese Qual wissen und sie, sei sie verschuldet gewesen oder unverschuldet, erschüttert zu ehren haben, wo immer sie erlitten wurde, wer immer sie erlitt. Und dass nicht nur unser, sondern hunderttausendfach mehr das Überleben aus den Ruinen das Wunder ist, das sich vollzog. Die es ein »Wirtschaftswunder« nennen, tun ihm zu wenig. Es ist ein Gotteswunder.

So stand denn das Haus Österreich wieder da, dem eines meiner Bücher gegolten, und von dem ich in einer Nachschrift, die zu wiederholen mir erlaubt sei, 1945 gesagt hatte:

»Dort wohnten die langlebigen, korrekten Buchhalter österreichischer Tradition, die Kaiser wurden, und die unsterblichen Schriftführer österreichischer Rebellion, die es zum Range Grillparzers brachten. Sie wohnten, sie wohnen in einem widerspruchsvollen, zwielichtigen, verwinkelten, unsinnig-sinnlichen, herrlich schönen, gefährlichen, im Zentrum stehenden, tief unterkellerten, dämonischen Haus, welches das Haus Österreich ist. Es steht auf den ewigen Grundlagen der Menschennatur, wo sie am erden- und himmelnächsten ist. Deshalb wird es aus Ruinen sich phönixhaft erheben. Deshalb wird es, geschützt oder preisgegeben, ewig stehen.«

Siebzig Jahre in sieben Minuten oder: Der Rhythmus meines Lebens

In meiner Kindheit brannte man Gaslicht und, als Sensation, die weißen Strümpfchen des Herrn Auer Ritter von Welsbach; in meiner Kindheit war das Radfahren eine Kühnheit, die nächstkühne das Rodeln, in beiden habe ich mich nie hervorgetan; als die Brünner »Dampftramway«, die von Königsfeld in den Schreibwald fuhr, in eine grünbraune »Elektrische« verwandelt wurde, stand die Bevölkerung starr; wenn man sparen wollte, hieß Reisen in einen »Personenzug« steigen, der zu kürzesten Strecken die längste Zeit brauchte, doch die es sich leisten konnten, fuhren mit dem »beschleunigten Personenzug«, Verschwender im »Schnellzug«; als ich sieben war und die Nachricht von der Ermordung der Kaiserin Elisabeth eintraf, von der auch die Tschechen sich beunruhigt zeigten, sandte uns der Bierbrauer Julius Brauner, ein Verehrer meiner Mutter, Gerüchten zufolge in Paris gewesen, weshalb er sich »Jules« nannte, seinen »Kutschierwagen« mit dem Apfelschimmel »Dongo«, den zu »kutschieren« mir eine Viertelstunde lange erlaubt wurde, vermutlich um das schreckhafte Ereignis zu betäuben; derselbe Weltmann war es, der meine erwachsenen Brüder und mich in seiner mit matten Lampen, Nippes, Fächern und Statuetten geschmückten Junggesellenwohnung mit dem Neuesten bekannt machte, einem Grammophon; als aus dem unförmigen Trichter die Stimme einer Wiener Soubrette schrillte, war unseres Staunens über das Neueste und des Stolzes unseres Gastgebers auf die ihm nahestehende Künstlerin kein Ende.

Besaß man ein »Sechserl«, wie das kleinste kaufkräftige Geldstück damals hieß, dann trug man es ins »Panorama«, einen finsteren Fabelort, man hockte rund um Gucklöcher, die Abbazia, die Dolomiten, Venedig und anderes Unnahbare zeigten, und das Klingeln bei jeder Bildumdrehung schrillte aufregend. Als wir nach Wien übersiedelten, wo der Schall der Pferdehufe auf Gummirädern vorbeieilende Fiaker nächtlich verriet, kündigte mein Vater die Unglaublichkeit an, dass es Automobile gab und dass er eines anschaffen werde.

»Nesselsdorfer« hieß die Marke, Buck der Chauffeur, sie kamen nicht miteinander aus; entweder versagte der Motor, meist bei der ihm erlaubten Teilstrecke der Prater-Hauptallee, zwischen »Zweitem Rondeau« und »Lusthaus«, wo die Rauch- und Lärmverschulder verächtlich angesehen wurden, und außer Fiakern nur die zeitlupenlangsamen Elektromobile sich ortsgemäß betrugen, oder Herr Buck bekam einen Zornanfall und machte die Spaziergänger dafür verantwortlich, dass sie seine Strategie störten.

Ich war in der letzten Gymnasialklasse, als der französische Ingenieur Louis Blériot mit einem selbstgebauten Eindecker den Ärmelkanal überflog; und da ein Klassenkollege, nach dem Vorbild jenes Wiener Gymnasiasten Loris, in einer Ode den französischen Zeitgenossen – Ikarus zur Seite – in den Himmel hob, nach welchem schon Graf Zeppelins silberfunkelnde starre Riesenzigarren strebten, konnte ich mich einer Gegenode nicht enthalten; sie fand für den beim Flug auf selbstgefertigten Flügeln ins Meer gestürzten Sohn des Dädalus die Todesstrafe angemessen – kindische Anmaßung, mit der ich bereits damals die Frage stellte, die seither von der rasanten Aufeinanderfolge aller Übergriffe in den Himmel beantwortet ist: Sie werden nicht eher den neuen Kolumbus hervorbringen, bevor sie den Weltraum nicht als das Neuland entdecken, aus dessen Himmel keine Drohung, sondern der Friede auf Erden kommt.

Aus einem ungebräuchlich gewordenen Wort, das der Geschichtsunterricht lehrte, und hinter dem keinerlei wahrheitsnahe Vorstellung stand, wurde ein Schicksalswort. Es war so unbekannt geblieben, dass es beflügelte und begeisterte, sobald es in aller Mund geriet. Mit Eichenlaub geschmückt, mit Blumen beworfen, in farbigen, blitzblanken, weit erspähbaren Uniformen zogen sie in das unbekannte Wort wie in ein Sommerabenteuer, aus dem sie ein paar Wochen später zurück sein wollten. »Jeder Schuss ein Russ!«, hatten sie auf die Viehwagen gemalt, womit man sie in das Wort beförderte, Krieg wurde es buchstabiert und hieß Tod.

Als jene zurückkamen, die ihnen, ihren Nachfolgern und den Nachfolgern ihrer Nachfolger folgten, kehrten sie in eine Katastrophe von solchem apokalyptischen Ausmaß zurück, dass man gemeint hätte, Ähnliches würde sich in Jahrtausenden nicht wieder ereignen.

Es ereignete sich kaum zwanzig Jahre später. Damals war ich achtundzwanzig gewesen, jetzt war ich achtundvierzig, und die der Frau von Suttner den Nobelfriedenspreis verliehen hatten, mussten, wie Romain Rolland verzweifelt schrieb, der Meinung sein, sie würden als Wahnsinnige in die Geschichte eingehen.

Die Wahnsinnigen aber machten die Geschichte, und die epochalen Fortschritte halfen ihnen beim Zurückschleudern der Epoche in die des Dschingis Khan. Dem Schützengraben, dem Drahtverhau, dem Maschinengewehr, dem angedrohten Giftgas war der zur Bestialität entartete Bombenkrieg gefolgt, Zerstörung wurde nicht mehr en detail, sondern en gros, nicht auf »Schlachtfeldern«, sondern über Zivilistenstädten und in Zeitrekorden betrieben, für deren Blitzschnelle die Nachfolger des Monsieur Blériot phantastisch gesorgt hatten; das Radio, dem bei seiner Erfindung die noch von mir getragenen Scheuklappen der Kopfhörer verschämt anhafteten, posaunte sie triumphierend wie Sportnachrichten aus, die das Hauptinteresse der Jugend werden sollten.

Ich war achtundzwanzig, da gehörte mein Geburtsland Mähren nicht mehr zu Österreich; ich war achtundvierzig, da gehörte ich nicht mehr zu Österreich, sondern zu einem Zwischenreich, wo die epochalen Errungenschaften Alltäglichkeiten blieben. Hatte es Leute gegeben, die im gleichen Hause Wiege und Sarg fanden? Hatten Beständigkeit, ja Sicherheit gegolten? Relativ so Konstantes wie die Geographie änderte sich. Fundamente wie das Recht wankten. Nicht der Glaube versetzte die Berge, sondern Dynamit. Das Fortschreiten war ein Fortstürzen und Unter-sich-Begraben des Gestrigen. Es wurde in Raritätenkabinetten gezeigt gleich indianischen Tomahawks. Gab es wirklich einmal Stummfilme, wie lange war das her? So kurz, dass inzwischen der schwarzweiße Tonfilm vom Farb- und Breitwandfilm, diese vom Fernsehen überholt sind: Fortjagen bis zum Herzinfarkt des Herzlosen.

Wenn ich als Kind fieberte, was öfter geschah, halfen »Umschläge« zuweilen erst nach Wochen. Als es mir im Alter lebensgefährlich widerfuhr, verjagte es der Wiener Kliniker Lauda mit »Cortison« fast über Nacht.

Von Brünn nach Wien hatte man in meiner Kindheit länger gebraucht als heute von Paris nach New York. Die Atombombe, die Kern- und Raketenwaffen jedoch, die ich gleichfalls erleben durfte, würden, sobald jemand auf den Knopf drückt, Paris und New York, London und Wien wegradieren, und wenn jemand auf einen anderen Knopf drückt, wären Budapest und Prag, Bukarest und Moskau nicht mehr vorhanden; nur gäbe es dann niemanden, sich davon zu überzeugen. Und was die Satelliten und Trabanten betrifft, von unserem Professor Castle seinerzeit in der Geschichtsstunde des humanistischen Wiener Franz-Joseph-Gymnasiums als Leibwächter bezeichnet, hat man sie zu Botschaftern der Atomenergie erhoben, die sie zum Mond entsendet und bei der Sonne akkreditiert, um dem Kosmos sein letztes himmlisch bewahrtes Geheimnis zu entreißen, das der Gestirne: so viel, zu viel, als dass ihm, statt flüchtig-willkürlicher Feststellung, das ihm innewohnende Gesetz gefunden werde – und dies alles in einer und derselben Lebenszeit.

Es war die meine, sie geht dem Ende zu. Ob ich mit jenem gegen die kosmische Entgeheimnissung geschriebenen Schülergedicht recht gehabt und die Ungeheuerlichkeit der Technik und der Materie zu gering geachtet habe, weiß ich nicht. Doch als ich jüngst auf dem Petersplatz dem Ewigsten der Ewigen Stadt gegenüberstand, das sich nie ändert und, je länger es währt, desto höher dorthin weist, wo die Taten erst dann zählen, wenn sie aus den Gedanken, die Gedanken erst dann, wenn sie aus den Leiden, die Leiden erst dann, wenn sie aus der Liebe stammen, und wo das Mächtigste, Kühnste, Zukunftsträchtigste die Selbsterkenntnis ist – unzweideutiger: die Rechtfertigung nicht durch die Leistungen, sondern durch die Motive der Leistungen: da hatte ich die unabweisliche Empfindung, ein Leben sei erst dann gelebt, sein Rhythmus erst dann verzeihlich, wenn es sich Grenzen setze und vor ihnen innehalte.

Dies war es, worum es mir vor allem ging, und was es mir, so unbeträchtlich es gewesen sein mag, zulässig erscheinen lässt, davon berichtet zu haben.

»Old men forget: yet all shall be forgot.
But he'll remember with advantages,
What feats he did that day«,

widerspricht Shakespeare solcher Selbstgerechtigkeit. Er kannte die jungen und die alten Männer zu gut und wusste, wie gern sie sich zu ihrem Vorteile bespiegeln. Trotzdem folgt das Leben dem Gesetz, nach dem man angetreten, und wohin es geworfen und wie es unterworfen werden mag, sein Rhythmus bleibt derselbe.

Verschiedenartigeres, Verwirrenderes, Umstürzenderes konnte in eine Existenz nicht gepackt sein als in die meine, die zwei Weltkriege, Heimat und Exil, Revolution, Evolution bis zum Wahnsinn der Technik, mit einem Wort das Maßlose zum Übermaß umfasst. Doch sie endet, wie sie anfing: mit der Lust am Niederschreiben dessen, was man für wahr hält.

Zuerst waren es erdichtete, nun ist es mein eigenes Leben. Ich würde es nicht wiederleben wollen. Zuzeiten aber habe ich es enthusiastisch gern gelebt, jener Augenblicke im Paradiese, die mit dem Tode nicht zu hoch bezahlt sind, der Schiller-Spötter Mr. Sweet mag das Zitat entschuldigen, waren weit mehr als einer.

Nun ist es so weit, den letzten Satz des letzten Buches zu schreiben. Uns Schriftstellern fällt dies schwer, daher zögern wir damit. Wie wohltätig, dass ich einen Ausweg fand. Mein letzter Satz fällt mir leicht, denn er stammt nicht von mir, sondern von Adalbert Stifter:

»Was gewesen ist und was man nicht ändern kann, dem widme man eine Träne, wenn es schmerzlich war, und ein Lächeln, wenn es zum Guten geriet.«

Nachwort von Ernst Lothar

Hinzugefügt der Ausgabe 1965

Seit diesem letzten Satz sind fünf Jahre vergangen. Sie würden mich nicht dazu bestimmen, einen allerletzten hinzuzufügen, wäre dieser Zwischenzeit, also auch meinem eigenen Lebensbericht, nicht etwas hinzugefügt worden, was meinem Willen nicht mehr unterlag.

Um es in fünf Worten zu sagen: Ein alarmierender Rückschlag ist erfolgt.

Wenn der Siebzigjährige inständig hoffte, am Beginn einer allgemeinen humanen Menschheitsentwicklung zu stehen, erfuhr der Fünfundsiebzigjährige, dass diese Hoffnung auf Sand gebaut war.

Von den drei »amtlichen« Errungenschaften meiner Existenz, die Stefan Zweig seinerzeit »Dichten in Akten« nannte, besteht keine mehr. Die Salzburger Festspiele sind ein Kommerzunternehmen wie andere geworden. In Wiener Straßen wurde ein Demonstrant gegen den antisemitischen Professor Borodajkewicz, Lehrer an dem von mir aus der ehemaligen Export-Akademie zur »Hochschule für Welthandel« umgewandelten höheren Lehrinstitut, totgeprügelt. Die »Wiener Messe«, die ich, einem Promemoria des Wiener jüdischen Krawattenhändlers Ernst Hochmuth folgend, ins Leben rief, vergaß ihre Herkunft.

Solchen nur im nächsten Umkreis vernehmbaren Alarmsignalen aber gesellten sich erschreckend unüberhörbare des Weltraums: John F. Kennedy wurde ermordet; de Gaulles Diktatorengeste; Vietnam und gleichen Schicksals maßlos Absurdes, Böses, Rechtloses und Rohes gediehen trotz tapferer päpstlicher Ideologie raubtierhaft.

Mitmenschlich beurteilt, leben wir demnach so, wie zu jener Terror-Epoche, da keiner unseresgleichen mehr aufatmen zu können meinte. Die mir zu meinem fünfundsiebzigsten Geburtstag erwiesenen vielen Freundlichkeiten täuschen darüber nicht hinweg.

Fortan, so scheint es, will demnach eine Welt existieren, die den sichersten Aufschwung zum Himmel als einen Triumph über den Mond betrachtet.

Indes, und man übe Nachsicht mit dem endgültig letzten Satz eines unbelehrbaren Belehrten:

Der Himmel wird sich nur denen öffnen, die dort nicht das Irdische, sondern das Himmlische suchen, um es allmenschlich zu finden.

E. L.
Wien, 27. Dezember 1965

Nachwort

ZU DOKTOR FREUD IN SACHEN ÖSTERREICH

von

Daniel Kehlmann

Die Schlüsselszene dieses Buches findet schon früh statt. Der Erste Weltkrieg ist vorüber, die Doppelmonarchie hat aufgehört zu existieren, und Ernst Lothar ist verzweifelt: »Denn was da unterging, war eine Macht und Herrlichkeit ohne Beispiel gewesen.«

Das meint er ernst, und sein Leid ist so groß, dass er meint, damit nicht umgehen zu können. Es sprengt die Grenzen des normalen Patriotismus, sein Ausmaß ist pathologisch. Das merkt er selbst, und deshalb lässt er sich einen Termin bei Doktor Freud geben. Was dann folgt, ist eine der merkwürdigsten Schilderungen der österreichischen Memoirenliteratur. Ein erschütterter Patriot bittet Sigmund Freud um Hilfe dabei, mit dem Verlust der K.-u.-k.-Monarchie umzugehen. »Wie kann man ohne das Land leben, für das man gelebt hat?«

Freud antwortet mit einem Hinweis auf Lothars verstorbene Mutter. Wer erwachsen sei, verwaise nun mal früher oder später.

Aber Lothar lässt sich nicht besänftigen. »Es ist das einzige Land, wo ich leben kann!«

»In wie vielen Ländern haben Sie schon gelebt«, fragt Freud und kommt auch damit nicht weiter. Lothars Patriotismus ist vernünftigen Einwänden nicht zugänglich. Es ist ziemlich offensichtlich, dass Freud mit der Erwähnung von Lothars Mutter ins Herz des Problems getroffen hat. Zu Beginn von *Das Wunder des Überlebens* hat Ernst Lothar seine einsame und triste Kindheit als »spätgeborenes Kind alternder Eltern« geschildert, zu denen er keine innige Beziehung hatte. Tatsächlich scheint das Heimatland im Seelenleben Lothars schon früh eine Art Mutterstelle eingenommen zu haben, von der zu emanzipieren er sich lebenslang weigerte.

Ernst Lothar war zunächst Jurist, dann Theaterkritiker, dann ein erfolgreicher Regisseur, dann auch Romanautor und Direktor des Theaters in der Josefstadt. *Das Wunder des Überlebens* ist die Autobiographie eines klugen, nachdenklichen und allem Anschein nach überaus liebenswürdigen Mannes, der nur in einem einzigen Aspekt emotional labil erscheint, und das ist seine regelrecht hysterische Liebe zur Heimat.

Stolz und verlegen zugleich berichtet er, dass er einmal Max Reinhardts Angebot, dessen Berliner Bühnen zu leiten, ablehnen musste, weil das nun mal bedeutet hätte, dass er anderswo als in Österreich hätte leben müssen. Später, nachdem das geliebte Land ihn schimpflich vertrieben hat, stürzt ihn der Treueeid, den er als neuer Bürger auf die Verfassung der Vereinigten Staaten von Amerika leisten muss, in drastische Gewissenskonflikte, und obgleich er gemeinsam mit seiner Frau, der Schauspielerin Adrienne Gessner, in den USA eine stabile Existenz aufgebaut hat – weiß Gott keine geringe Leistung! –, ergreift er die erste sich bietende Gelegenheit, um nach Österreich zurückzukehren. Er nimmt sich vor, im Nachtzug von Paris nach Wien »von der Minute, da ich in den Zug stieg, bis zu der Ankunftsminute nichts zu denken als: Ich fahre nach Hause!« Das ist so rührend wie nachvollziehbar, aber wie bringt man es zusammen mit dem Zorn, mit welchem er nur wenig später auf einer Abendgesellschaft im zerstörten Wien folgende Frage aufwirft:

»Würde zum Beispiel der Professor an unserem Tisch, wenn er sich dafür interessierte – er interessiere sich aber nicht, auch diese Frage sei rein akademisch –, eine Berufung erhalten?

Er würde sie nicht erhalten, sagte ich. Der Antisemitismus – und damals war die Wiederkehr der Nazi-Schmierereien noch nirgends in Erscheinung getreten – herrsche nach wie vor. Dass sechs Millionen Juden ermordet worden waren, seien die sieben Millionen Österreicher, vermutlich sogar die ganze Welt, im Begriffe zu vergessen; sie nähmen es übel, daran erinnert zu werden, es gelte als taktlos. Zwar ziehe der Antisemitismus momentan die Krallen ein und drapiere sich mit Alibis, da mitunter kleinere Posten in nichtarische Hände kämen; auf die entscheidenden würden Juden grundsätzlich nicht oder nur mit äußerstem Widerstreben berufen. Nach Rückkehrern, obschon man es offiziell nicht zugab, bestehe kein Verlangen, nach anerkannten am wenigsten; man wolle unter sich bleiben und sein angegriffenes Gewissen schonen.«

Diese bitteren, klarsichtigen Sätze aber spricht der gleiche Mann, der, von der amerikanischen Behörde mit der Entnazifizierung des österreichischen Kulturlebens beauftragt, folgende Befragung des schwer belasteten Wilhelm Furtwängler durchführt:

»Selten hat ein Verhör kürzer gedauert. Er eröffnete es, nicht ich.

›Sie wollten mich sprechen?‹, fragte er.

›Danke, dass Sie gekommen sind‹, antwortete ich.

Dabei hatte es sein Bewenden. Auf der Stelle waren wir Freunde geworden.«

Das eigentümliche Pendeln zwischen scharfem Urteil und allgemeiner Umarmungsbereitschaft machen diese Memoiren zu einem ergreifenden Zeugnis der moralischen Unsicherheit, in der sich nach dem Krieg nicht nur die Täter, sondern auch die Opfer befanden. Ernst Lothar besitzt nicht die denkerische Schärfe einer Hannah Arendt, er ist eine träumerisch gutwillige Natur, die mit seiner Umwelt in Einklang leben will und die doch zu ehrlich ist, die Dinge zu beschönigen oder Lügen zu glauben.

Diese Memoiren sollten Pflichtlektüre sein für jeden, der sich für die Kulturgeschichte Österreichs interessiert. Ein Grund dafür, dass das Buch lange vergriffen war, ist wohl auch Lothars zeitweiliges Naheverhältnis zu Kurt Schuschnigg, dem Kanzler und Semidiktator des christlichen Ständestaates, der ihm, wie auch Franz Werfel oder Karl Kraus, als Garant gegen die Annexion Österreichs durch Hitlerdeutschland erschien.

»[Schuschnigg, Anm.] war ich, als ich vor Jahren im Burgtheater *König Ottokars Glück und Ende* inszenierte, zum ersten Mal begegnet und hatte in ihm einen Theater- und Musikfreund von ungewöhnlichem Verständnis kennengelernt. Dass er überdies ein Anhänger meines Großonkels war, dessen Bücher er immer wieder las, begründete einen Zusammenhang, der – fern der Politik, worüber wir verschieden dachten – jener wachen Bereitschaft für die Künste galt, die ihn als typischen Österreicher unwiderstehlich anzogen. Im Laufe unserer Bekanntschaft lernte ich seinen Mut, seine Integrität, die Selbstverständlichkeit, Opfer zu bringen, daher auch zu verlangen, eine Urteilsgabe, die der Phantasie mehr als der Realität vertraute, kennen, verstehen und respektieren.«

Hier hat man alle Widersprüche Lothars in einem Absatz: die Bereitschaft, einem »Theaterfreund« alles zu vergeben, zugleich die Einschränkung, dass man in der Tat politische Differenzen gehabt habe, dann die etwas alberne Zuschreibung der Offenheit für die Kultur als typisch österreichischer Eigenschaft und schließlich die auf dessen persönlichen Charakter abhebende Verteidigung des Kanzlers gegen die wohlbegründeten Vorwürfe der Historiker. Gleich darauf aber berichtet Lothar von einer Veranstaltung der Vaterländischen Front, bei der Schuschnigg in schwarzer Uniform aufgetreten sei, die ihn »penetrant an Vorbilder jenseits der Grenze« erinnert habe. Und dann kommt es auf der gleichen Feier zur aberwitzigsten Wendung. Lothar unterhält sich mit einem austrofaschistischen Funktionär, der ihm aufs Freundlichste zu seinen hervorragenden Theaterkritiken gratuliert.

»Am vorangegangenen Nachmittag aber hatte er die Weisung erteilt, mir und zwei anderen Theaterdirektoren den Pass ›im gegebenen Augenblick‹ unverzüglich abzunehmen. Ob der zweite hohe Funktionär, er wünschte mir zu dem ›österreichischen Triumph‹ unserer Morgenfeier Glück, es gewesen ist, oder der dritte, er ließ bei einem Glase Wein ›Lothars Josefstadt‹ hochleben, kann ich nicht mehr nachprüfen: Jedenfalls schrieb mir meine zuverlässige Sekretärin Josefine Holman zwei Wochen später, einer der beiden habe sich am Tag nach meiner Emigration telefonisch bei ihr erkundigt, ob ich denn nicht endlich ›im Lager‹ sei.«

Gerade weil Lothar auch aus dem Inneren des Ständestaates zu erzählen vermag – immer zur Verteidigung bereit und doch niemals beschönigend –, ist dieses Buch ein Quellenwerk ersten Ranges. Es ist darüber hinaus enorm lesenswert, weil Ernst Lothar ein wirklich guter Schriftsteller ist, dem immer wieder so grandiose Szenen gelingen wie jene Konsultation bei Freud oder auch der Besuch, den Lothar gemeinsam mit Richard Beer-Hofmann, Anton Wildgans, Arthur Schnitzler, Robert Musil, Rudolf Kassner, Hermann Broch, Joseph Roth und Alban Berg beim österreichischen Kanzler Ignaz Seipel macht, um die Erlaubnis zur Gründung einer Schriftstellergewerkschaft zu erwirken. Vermutlich hat es in der Kulturgeschichte Österreichs weder zuvor noch jemals danach eine Versammlung solchen Kalibers gegeben – und natürlich kommt dabei *gar nichts* heraus. Prälat Seipel fragt, wer denn

Schriftsteller sei und wie man ein literarisches Kunstwerk definiere, was ihn folgerichtig zur Frage bringt, ob die Kunst alles dürfe.

»Sofort antwortet Schnitzler: ›Alles, was zum Leben und zum Tod gehört, ist Gegenstand der Kunst. Nicht der Gegenstand verbietet sich, sondern nur die unkünstlerische Art, ihn zu behandeln. Der Gegenstand ist frei.‹

An dem Tisch regt sich kein Laut.

Da schaut der Prälat durch seine scharfe Brille auf den Dichter. ›Herr Doktor Schnitzler‹, sagt er grau, ohne die Stimme zu erheben, ›da trennen uns Welten!‹«

Wenig später verjagen zwei lemurenhafte NSDAP-Schauspieler des Josefstadt-Ensembles, deren Namen Lothar in deplatzierter Noblesse verschweigt, ihn aus seinem Büro und seiner Wohnung. Seine Emigrantenzeit beginnt. Die Schilderung seiner gehetzten Flucht ins Exil ist, auch wenn man den Ausgang natürlich vorher kennt, so spannend, dass sie einem den Atem nimmt. Unvergesslich sind auch viele von Lothars Skizzen über die Härten des Exils, etwa die Begegnung mit einem alten Mann auf einer New Yorker Parkbank, der dem verzweifelt in ein Schulheft kritzelnden Nachbarn lakonisch sagt: »Emigrieren ist eine Sache für junge Menschen« – und dann später, und im scharfen Gegensatz dazu, das nächtliche Beisammensein mit Franz Werfel, bei dem zwei eben noch bedrohte Flüchtlinge den Umstand feiern, dass ihre Romane zur gleichen Zeit auf der Bestsellerliste der *New York Times* aufgetaucht sind. Und natürlich sind da die tragischen Tode seiner beiden Töchter – auch darauf bezieht sich der in diesem Zusammenhang auf einmal bitter klingende Titel; dass es ein Wunder ist, dass man nach solchem Leid überhaupt weiterlebt, dass das Dasein trotzdem nicht endet.

Nach dem Krieg wurden Ernst Lothar und Adrienne Gessner wieder heimisch in Österreich, ganz wie er es sich ersehnt hatte. Er verkörperte dort jene Kontinuität, auf welche die österreichische Kulturpolitik sich gerne berief: Reinhardt, Schnitzler, Broch und Musil waren nicht mehr da, aber Ernst Lothar war ihr Mitarbeiter oder Freund gewesen – der verkörperte Abglanz einer unwiederbringlich verlorenen Zeit. Mit dem Roman *Der Engel mit der Posaune* gelang ihm ein wirklich bedeutendes Buch, das bald verfilmt wurde, und er nahm auch seine Tätigkeit als vielseitiger Kulturfunktionär wieder auf, unter anderem bei den Salzburger Festspielen. Und er schrieb *Das Wunder des Überlebens* – sein Werk der Rückschau und Rechtfertigung. Es ist ein Buch, das ein vitales und klar umrissenes Bild seines Autors zeichnet, in seinen Stärken und Schwächen, mit entwaffnender Deutlichkeit. Die Frage, ob der Schöpfer eines Memoirenwerks sympathisch ist, sollte an sich bei der Lektüre keine große Rolle spielen, aber in diesem Fall darf man es doch einmal sagen: Es ist schwer möglich, *Das Wunder des Überlebens* zu lesen und dabei Ernst Lothar, diesen genialisch kindlichen Menschen, nicht ins Herz zu schließen.

Personenregister

Inhalt

Erster Teil

DIE GRENZEN DER GEOGRAPHIE

Zweiter Teil

DIE UNBEGRENZTEN MÖGLICHKEITEN

Dritter Teil

DIE GRENZEN DES DASEINS

Nachwort

ZU DOKTOR FREUD IN SACHEN ÖSTERREICH

Personenregister